汽车维修
从入门到精通

（彩色图解 + 视频）

第 2 版

于海东　编著

机械工业出版社

本书内容主要分为四大部分，即汽车构造与维修基础、汽车动力系统、汽车底盘以及汽车电气系统。与第 1 版相比，在汽车动力系统部分，增加了新能源汽车动力电池系统和驱动电机系统结构原理与维修方面的内容，以适应当前汽车行业的电动化趋势；在汽车电气系统部分，既增加了汽车电路图的识读方法，又着重介绍了当前流行的高级驾驶辅助系统等，以反映汽车智能化和网联化的发展动态。

本书可供汽车售后服务人员学习，也可供汽车类专业学生和汽车爱好者参考使用。

图书在版编目（CIP）数据

汽车维修从入门到精通：彩色图解＋视频 / 于海东编著 . -- 2 版 . -- 北京：机械工业出版社，2025.6.
ISBN 978-7-111-78798-3

Ⅰ . U472.4-64

中国国家版本馆 CIP 数据核字第 20259NA441 号

机械工业出版社（北京市百万庄大街 22 号　邮政编码 100037）
策划编辑：谢　元　　　　　　　　　　责任编辑：谢　元
责任校对：杜丹丹　杨　霞　景　飞　　封面设计：张　静
责任印制：单爱军
中煤（北京）印务有限公司印刷
2025 年 9 月第 2 版第 1 次印刷
184mm×260mm ・ 20.25 印张 ・ 485 千字
标准书号：ISBN 978-7-111-78798-3
定价：99.00 元

电话服务　　　　　　　　　网络服务
客服电话：010-88361066　　机 工 官 网：www.cmpbook.com
　　　　　010-88379833　　机 工 官 博：weibo.com/cmp1952
　　　　　010-68326294　　金 书 网：www.golden-book.com
封底无防伪标均为盗版　机工教育服务网：www.cmpedu.com

前言 Preface

《汽车维修从入门到精通（彩色图解＋视频）》第 1 版自问世以来深受广大读者的青睐，销量已突破 3 万册。然而，随着汽车技术的持续演进，特别是近期汽车电动化、网联化、智能化和共享化等新趋势的逐步普及，第 1 版的内容已难以全面满足当前行业发展的需求。为此，基于广大读者对第 1 版图书内容的反馈和建议，同时融入全新的汽车维修技术，我在保留第 1 版高清图解构造与维修流程特色的基础上，对全书整体内容进行了精心优化和调整。新版内容主要划分为四大部分，即汽车构造与维修基础、汽车动力系统、汽车底盘以及汽车电气系统。在汽车动力系统部分，增加了新能源汽车动力电池系统和驱动电机系统结构原理与维修方面的内容，以适应当前汽车行业的电动化趋势。在汽车电气系统部分，既增加了汽车电路图的识读方法，又着重介绍了当前流行的高级驾驶辅助系统等，以反映汽车智能化和网联化的发展动态。希望通过这些更新，能够让读者们紧跟汽车行业的发展步伐。

本书紧跟汽车行业的发展趋势，增加了大量的新内容，旨在为读者提供一本更全面、更实用的汽车维修指南。我相信，本书将成为汽车售后服务人员和爱好者的案头宝典，帮助他们提升技术水平，提高工作效率。

鉴于编者能力有限，书中所述内容可能存在不足之处，敬请广大读者提出宝贵的意见和建议，以便进行修正和改进。

于海东

目录 Contents

前言

第 1 部分　汽车构造与维修基础

第 1 章　汽车基础 …………………… 2
 1.1　传统汽车总体构造 …………… 2
 1.2　新能源汽车基础 ……………… 6

第 2 章　汽车维修基础 ……………… 13
 2.1　汽车维修认知 ………………… 13
 2.2　汽车维修工具仪器认知与使用 … 15

第 2 部分　汽车动力系统

第 3 章　发动机维修基础 …………… 28
 3.1　发动机基础知识 ……………… 28
 3.2　配气机构维修与故障诊断 …… 35
 3.3　曲柄连杆机构维修与故障
   诊断 …………………………… 49
 3.4　冷却系统维修与故障诊断 …… 62
 3.5　润滑系统维修与故障诊断 …… 70
 3.6　进排气系统维修与故障诊断 … 80
 3.7　燃油供给和喷射系统维修与
   故障诊断 ……………………… 93
 3.8　点火系统维修与故障诊断 …… 108

**第 4 章　新能源汽车动力电池
    系统** …………………………… 118
 4.1　动力电池组成及结构 ………… 118
 4.2　动力电池系统维修与
   故障诊断 ……………………… 126

**第 5 章　新能源汽车驱动
    电机系统** …………………… 141
 5.1　新能源汽车驱动电机系统
   结构 …………………………… 141
 5.2　新能源汽车驱动电机维修与
   故障诊断 ……………………… 143

第 3 部分　汽车底盘

**第 6 章　传动系统维修与
    故障诊断** …………………… 156
 6.1　传动系统基本组成原理、
   布置形式 ……………………… 156
 6.2　离合器维修与故障诊断 ……… 160
 6.3　手动变速器维修与故障诊断 … 165
 6.4　自动变速器维修与故障诊断 … 175
 6.5　主减速器、差速器与传动轴
   维修与故障诊断 ……………… 187

目录

第7章 制动系统维修与故障诊断 …… 191
- 7.1 制动系统的基本组成与原理 …… 191
- 7.2 盘式制动器 …… 193
- 7.3 鼓式制动器 …… 198
- 7.4 制动助力系统 …… 201
- 7.5 制动控制系统 …… 204

第8章 转向系统维修与故障诊断 …… 207
- 8.1 转向系统的基本组成与原理 …… 207
- 8.2 转向系统的维修与故障诊断 …… 211

第9章 行驶系统维修与故障诊断 …… 223
- 9.1 行驶系统基础知识 …… 223
- 9.2 车轮与车胎维修与故障诊断 …… 223
- 9.3 悬架系统基础知识 …… 230
- 9.4 悬架系统维修与故障诊断 …… 235

第4部分 汽车电气系统

第10章 汽车电气系统特点与电路图识读 …… 242
- 10.1 汽车电气系统特点 …… 242
- 10.2 汽车电路图识读 …… 243

第11章 电源充电、启动系统维修与故障诊断 …… 254
- 11.1 电源充电、启动系统基本知识 …… 254
- 11.2 电源充电、启动系统维修与故障诊断 …… 256

第12章 汽车空调系统维修与故障诊断 …… 261
- 12.1 汽车空调系统基础知识 …… 261
- 12.2 汽车空调系统维修与故障诊断 …… 265

第13章 照明系统维修与故障诊断 …… 278
- 13.1 汽车照明系统基础知识 …… 278
- 13.2 汽车照明系统维修与故障诊断 …… 279

第14章 汽车中控门锁系统维修与故障诊断 …… 282
- 14.1 汽车中控门锁系统基础知识 …… 282
- 14.2 汽车中控门锁系统维修与故障诊断 …… 284

第15章 汽车音响、导航系统维修与故障诊断 …… 287
- 15.1 汽车音响、导航系统基础知识 …… 287
- 15.2 汽车音响、导航系统维修与故障诊断 …… 289

第16章 其他电动辅助装置的维修与故障诊断 …… 292
- 16.1 刮水器/洗涤器系统维修与故障诊断 …… 292
- 16.2 电动后视镜维修与故障诊断 …… 294
- 16.3 电动门窗维修与故障诊断 …… 295

第17章 高级驾驶辅助系统 …… 298
- 17.1 行车辅助系统 …… 299
- 17.2 泊车辅助系统 …… 311

第 1 部分

汽车构造与维修基础

Part 1

第 1 章　汽车基础	2
第 2 章　汽车维修基础	13

Chapter 1
第1章 汽车基础

1.1 传统汽车总体构造

传统汽车通常由发动机、底盘、车身、电气设备等组成。传统汽车总体构造如图 1-1-1 所示。

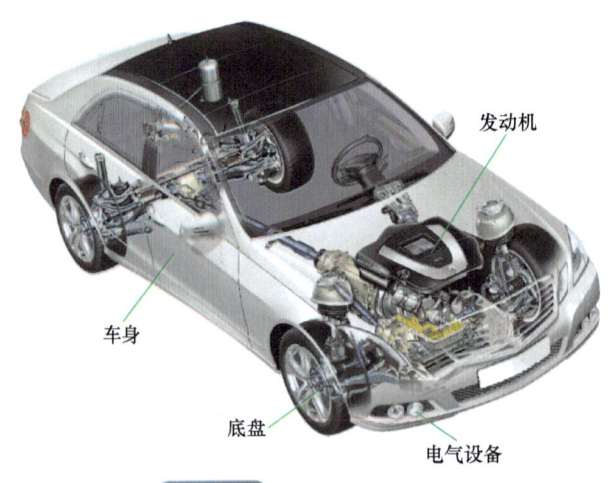

图 1-1-1 传统汽车总体构造

1.1.1 发动机

发动机的作用是燃烧进入气缸内的燃料以产生动力。目前，传统汽车均采用往复活塞式发动机，它主要由曲柄连杆机构、配气机构、燃料供给系统、冷却系统、润滑系统、点火系统（仅针对汽油发动机）和启动系统等组成，它们共同协作以确保发动机的稳定运转和高效性能，如图 1-1-2 所示。

1.1.2 底盘

底盘负责接受发动机产生的动力进而驱动汽车，并按照驾驶人的意志确保汽车在各种工况条件下都能正常行驶。如图 1-1-3 所示，底盘主要由传动系统、行驶系统、转向系统和制动系统组成，这些系统协同工作，共同实现汽车的稳定操控和安全行驶。

第 1 章　汽车基础

图 1-1-2　汽车发动机

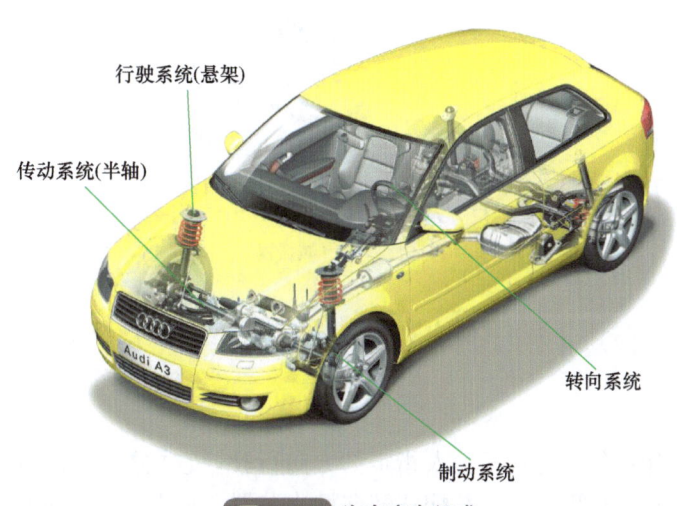

图 1-1-3　汽车底盘组成

1. 传动系统

传动系统的主要作用是将发动机产生的动力有效地传递至驱动车轮。该系统由多个关键部分组成,包括但不限于离合器、变速器、传动轴、万向节、主减速器、差速器、半轴及桥壳等。典型的传动系统如图 1-1-4 所示。

2. 行驶系统

行驶系统旨在确保汽车各总成及部件得以安装在恰当位置,对全车起到支撑作用并附着于路面,从而有效缓解道路冲击和振动。该系统涵盖负责支撑全车重量的承载式车身、车桥和前后悬架等部件,它们协同工作以保证前后轮正常附着。图 1-1-5 所示为典型的行驶系统。

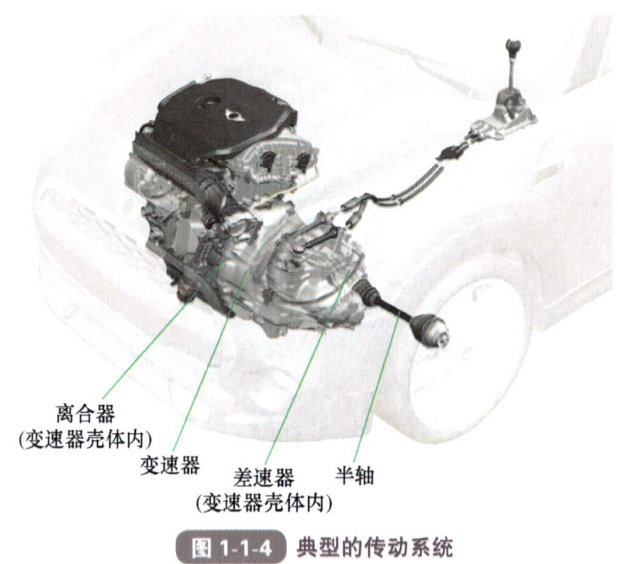

图 1-1-4 典型的传动系统

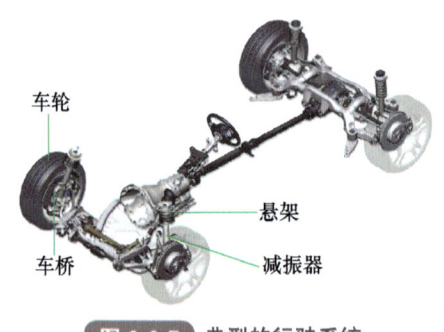

图 1-1-5 典型的行驶系统

3. 转向系统

转向系统旨在确保汽车按照驾驶人指定的方向行驶。它主要包括转向操纵机构、转向器以及转向传动机构,大部分车型都配备转向助力装置,如图 1-1-6 所示。

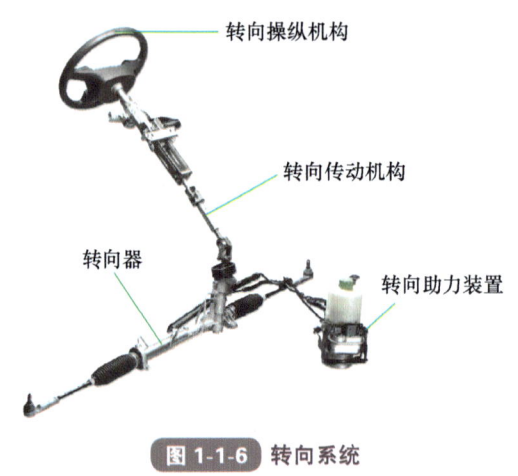

图 1-1-6 转向系统

4. 制动系统

制动系统旨在确保汽车能够平稳减速直至完全停车，并能维持可靠驻停状态。它主要包括前后轮制动器和制动传动装置，如图 1-1-7 所示。

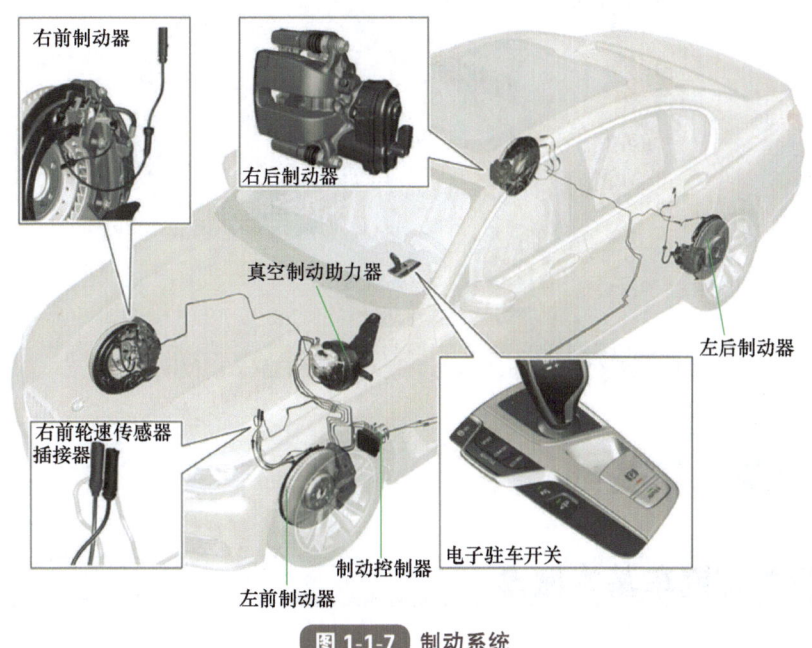

图 1-1-7 制动系统

1.1.3 车身

车身是形成驾驶人和乘客乘坐空间的部件，也可存放行李等物品，如图 1-1-8 所示。它既要为驾驶人提供方便的操作条件，又要为乘客提供舒适的环境；既要保护全体乘员的安全，又要保证货物完好无损。也就是说，车身既是安全部件，又是承载部件。在现代汽车中，它还是技术与艺术有机结合的艺术品。轿车车身由本体、内外装饰和车身附件等组成。

图 1-1-8 车身

1.1.4 电气系统

电气系统由电源、发动机点火系统和启动系统、照明和信号装置、空调、仪表和警告装置以及辅助电器等组成。高级轿车更多地采用了现代技术，尤其是电子技术，如计算机控制的各种人工智能装置、智能网联汽车的各种辅助驾驶装置等。图 1-1-9 所示为大众途观车身电气系统车载电网安装位置图。

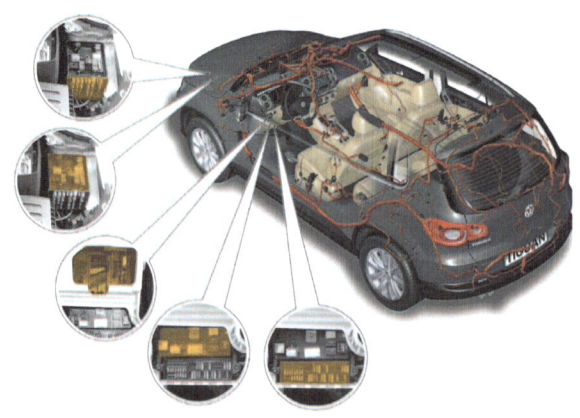

图 1-1-9　大众途观车身电气系统车载电网安装位置图

1.2 新能源汽车基础

1.2.1 新能源汽车基本概念

1. 新能源汽车

新能源汽车是指采用非常规车用燃料作为动力来源（或使用常规的车用燃料，但采用新型车载动力装置），综合动力控制和驱动方面的先进技术，形成的技术原理先进、具有新技术、新结构的汽车。

2. 电动汽车

电动汽车是指以车载电源为动力，用驱动电机驱动车轮行驶，符合道路交通、安全法规各项要求的车辆。

3. 非常规车用燃料

非常规车用燃料指除汽油、柴油、天然气、液化石油气、乙醇汽油、甲醇、二甲醚之外的燃料。

4. 动力电池

鉴于电池单体在电压与容量方面的局限性，为了满足车辆应用的具体需求，通常采用串联或并联的方式，将多个电池单体组合成电池组，这一组合通常叫作动力电池。在构建电池组的过程中，可以采用先并联后串联的组合方式，也可以采用先串联后并联的组合方式。

5. 制动能量回收

制动能量回收是指汽车在减速或制动时,驱动电机运行在发电机状态,将汽车的部分动能回馈给动力电池以对其充电,并产生制动力,使车辆减速或制动,这样既获得了制动效果,又实现了能量回收,最终增加了电动汽车续驶里程。

6. 续驶里程

续驶里程是指电动汽车在动力电池完全充电状态下,以一定的行驶工况连续行驶的最大距离。

1.2.2 新能源汽车类型与特点

新能源汽车包括五大类型:混合动力汽车、纯电动汽车(包括太阳能汽车)、氢气燃料汽车、燃料电池电动汽车、其他新能源(如超级电容器、储能飞轮等高效储能器)汽车等。

1. 混合动力汽车

混合动力汽车是指同时装备两种动力来源——热动力源(由汽油机或柴油机产生)与电动力源(动力电池与驱动电机)的汽车,如图1-2-1所示。混合动力汽车的优点主要是耗油量较低,同时在内燃机的所有不利运行范围内驱动电机可以为其提供支持。混合动力模式可以对所使用的驱动电机和内燃机的功率特性曲线进行较好的补充,驱动电机的较高转矩可以为(低转速范围内)内燃机的较小转矩进行最佳补充,还可以起到启动机和发电机的功能,取消了启动机和发电机。

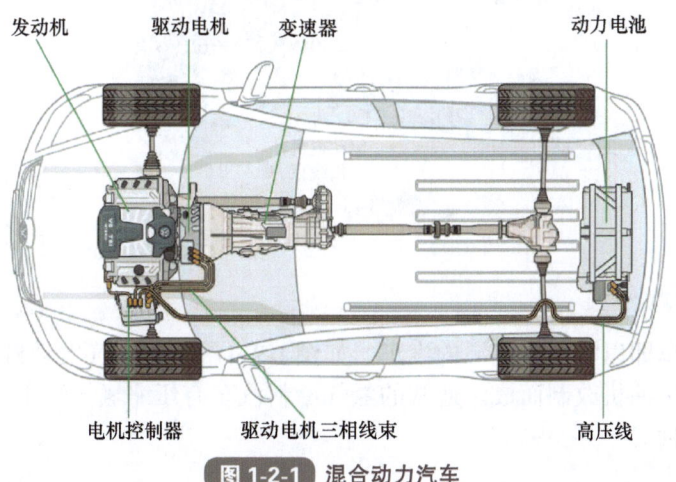

图1-2-1 混合动力汽车

插电式混合动力汽车(Plug-in Hybrid Electric Vehicle,PHEV),作为一种新能源汽车,其定位介于纯电动汽车与燃油汽车之间。它集成了传统汽车的核心部件,包括发动机、传动系统、油路以及油箱,同时亦配备了纯电动汽车所特有的动力电池、驱动电机以及控制电路,且动力电池容量较大,设有充电接口。此类汽车综合了纯电动汽车(Battery

Electric Vehicle，BEV）与混合动力汽车（Hybrid Electric Vehicle，HEV）的双重优势，既能实现纯电动、零排放的行驶模式，又能通过混合动力模式显著提升车辆的续驶能力。奥迪 A3 e-tron 插电式混合动力汽车结构，如图 1-2-2 所示。

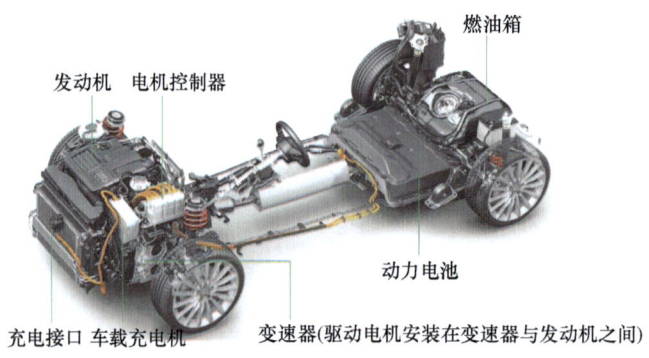

图 1-2-2　奥迪 A3 e-tron 插电式混合动力汽车结构

2. 纯电动汽车

纯电动汽车是以动力电池为储能单元，以驱动电机作为驱动系统的车辆，如图 1-2-3 所示。纯电动汽车的特点是结构比较简单，生产工艺相对比较成熟，行驶中无废气排出，噪声小，可以在用电低峰时充电，以平抑电网峰谷差，使发电设备得到充分利用。

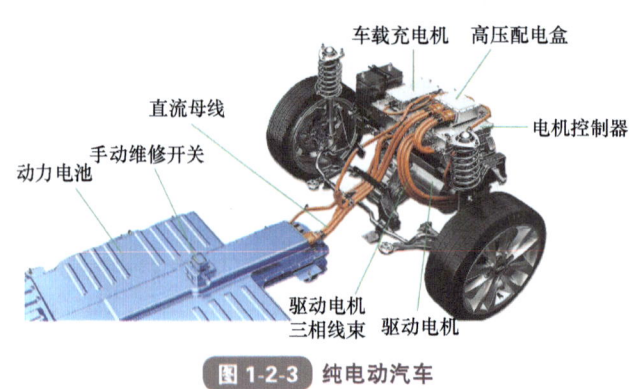

图 1-2-3　纯电动汽车

3. 氢气燃料汽车

氢气燃料汽车即以氢气为能源的汽车，如图 1-2-4 所示。氢气发动机属点燃式发动机，可以由汽油机或柴油机改制而成。通常的氢气燃料汽车有压缩氢气汽车、液化氢气汽车和吸附氢气汽车 3 种。

4. 燃料电池电动汽车

燃料电池电动汽车如图 1-2-5 所示。在车身、动力传动系统、控制系统等方面，燃料电池电动汽车与普通电动汽车基本相同，主要区别在于它的动力电池的工作原理不同。一般来说，燃料电池通过电化学反应将化学能转化为电能，其电池的能量是通过氢气和氧气的化学作用直接变成电能的,而不是经过燃烧。燃料电池的化学反应过程不会产生有害产物,因此燃料电池车辆是无污染汽车,燃料电池的能量转换效率比内燃机要高2～3倍。

图 1-2-4 氢气燃料汽车

图 1-2-5 燃料电池电动汽车

1.2.3 纯电动汽车基本结构

纯电动汽车的组成与传统燃油汽车相比,在电器和车身上变化不大,但是在底盘上变化很大。纯电动汽车在驱动和传动方面的组成包括电力驱动及控制系统、动力传动等机械系统,以及完成既定任务的工作装置等。电力驱动及控制系统是纯电动汽车的核心,也是区别于内燃机汽车的最大不同点。电力驱动及控制系统由动力电池、驱动电机和驱动电机调速控制装置(以下统称"电机控制器")等组成。

1. 动力电池

动力电池为纯电动汽车驱动电机提供电能,如图1-2-6所示。目前,纯电动汽车上应用最广泛的动力电池是锂离子电池和磷酸铁锂电池。

2. 驱动电机

驱动电机的作用是将动力电池的电能转化为机械能，通过传动装置或直接驱动车轮和工作装置，如图 1-2-7 所示。目前，纯电动汽车上广泛采用交流同步电机，部分车型采用交流异步电机等。

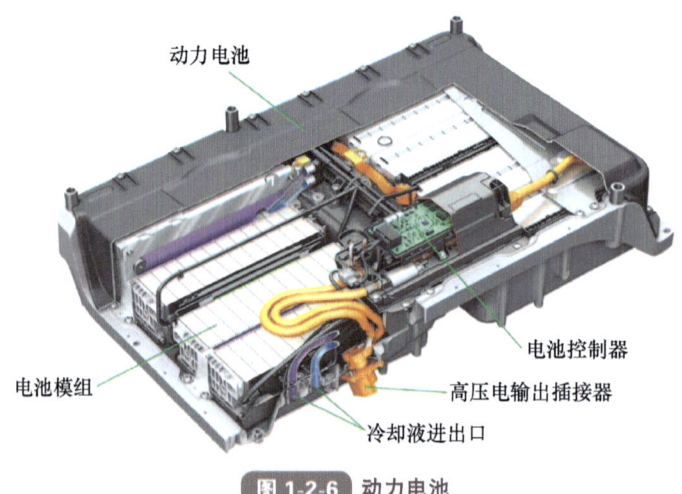

图 1-2-6　动力电池

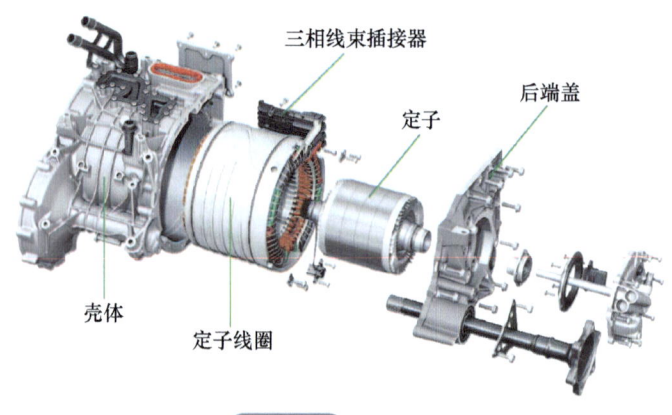

图 1-2-7　驱动电机

3. 电机控制器

电机控制器是为纯电动汽车的变速和方向变换等设置的，其作用是控制驱动电机的电压或电流，完成驱动电机转矩和旋转方向的控制，如图 1-2-8 所示。它采用交流电机及其变频调速控制技术，使纯电动汽车的制动能量回收控制更加方便。

4. 传动装置

纯电动汽车传动装置的作用是将驱动电机转矩传递至汽车的驱动轴，如图 1-2-9 所示。在使用驱动电机作为动力源时，传动装置有许多部件可以省略。由于驱动电机能够负载启动，因此纯电动汽车无需传统内燃机汽车所必须的离合器。同时，由于驱动电机的旋转方向可以通过电子控制进行调整，纯电动汽车也无须内燃机汽车变速器中的倒挡。采用驱动电机的无级调速控制，纯电动汽车可以省略传统汽车的变速器。在采用电动轮驱动的情况下，纯电动汽车甚至可以省去传统内燃机汽车传动系统中的差速器。目前，大多数纯电动汽车传动系统采用固定减速比的减速器与驱动电机相结合的方式驱动车辆。

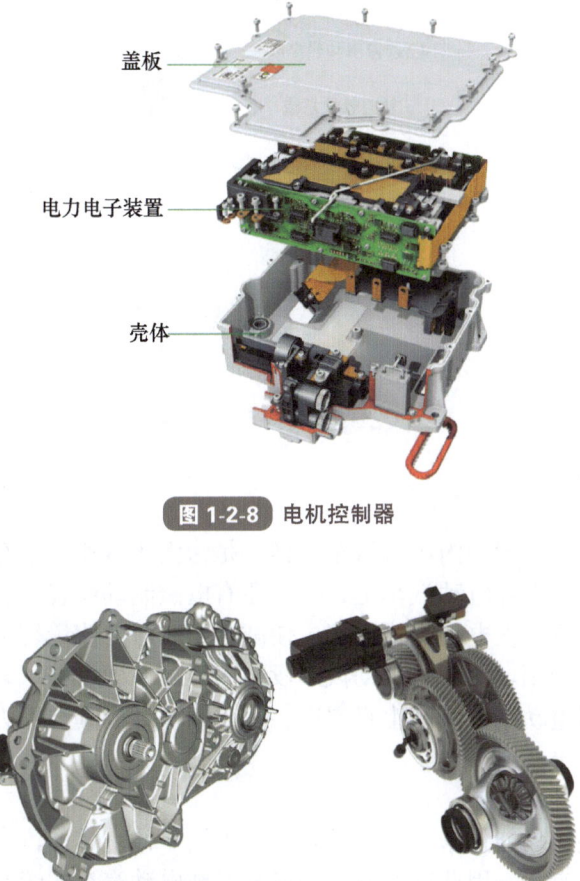

图 1-2-8 电机控制器

图 1-2-9 纯电动汽车传动装置

5. 行驶装置

行驶装置的作用是将驱动电机的转矩通过车轮变成对地面的作用力，驱动车轮行走。它与内燃机汽车的结构相同，由车轮、轮胎和悬架等组成。

6. 转向装置

转向装置是为实现汽车的转向而设置的，由转向器、转向盘、转向机构、转向助力装置和转向轮等组成。作用在转向盘上的转向力，通过转向轴和转向器使转向机构带动转向轮偏转一定的角度，实现汽车的转向。转向助力装置可以使转向操纵更加轻便、安全。电动助力转向装置采用电动机助力，控制器根据转矩传感器、车速传感器信号控制电动机旋转方向和助力力矩的大小，电动机产生的力矩通过减速机构作用到齿轮齿条转向器的小齿轮上，实现转向助力，如图 1-2-10 所示。

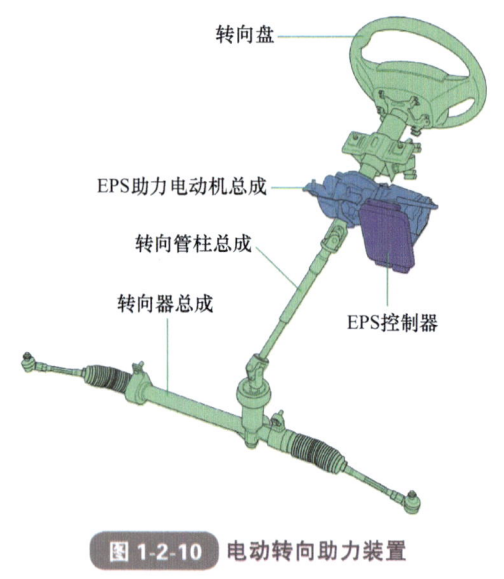

图 1-2-10 电动转向助力装置

7. 制动装置

纯电动汽车的制动装置同内燃机汽车一样，是为汽车减速或停车而设置的，通常由制动器及操纵装置组成。在纯电动汽车上，一般还有电磁制动装置，它可以利用驱动电机的控制电路实现驱动电机以发电机方式运行，使减速制动时的能量转换成对动力电池充电的电流，从而得到再生利用。由于纯电动汽车没有内燃机，即没有了真空源，因此纯电动汽车真空助力通常采用电动真空泵产生真空度，实现制动时的真空助力，如图 1-2-11 所示。

8. 空调

纯电动汽车空调驱动能量来源于动力电池，不同于传统燃油汽车。由于作为驱动能量来源的动力电池能量有限，因此空调系统的能耗对纯电动汽车的续驶里程有较大影响，与传统燃油汽车相比，对纯电动汽车空调系统的节能高效提出了更高要求。目前，纯电动汽车普遍采用电动空调压缩机，如图 1-2-12 所示。

图 1-2-11 电动真空泵

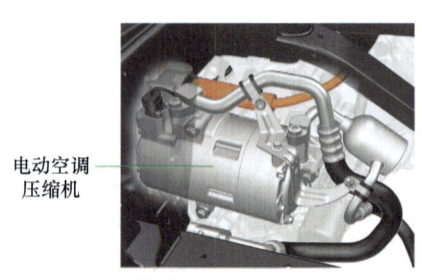

图 1-2-12 电动空调压缩机

Chapter 2
第 2 章　汽车维修基础

2.1 汽车维修认知

2.1.1 汽车经销商

1. 汽车经销商（4S）店概述

汽车经销商（4S 店）是目前我国汽车维修行业中生产组织最规范、生产工艺先进的企业类型。4S 店是集整车销售（Sale）、售后服务（Service）、配件（Sparepart）、信息反馈（Survey）四位一体的，专门经营某一种品牌的汽车销售服务店。

目前，大多数 4S 店售后服务部的组织架构如图 2-1-1 所示。

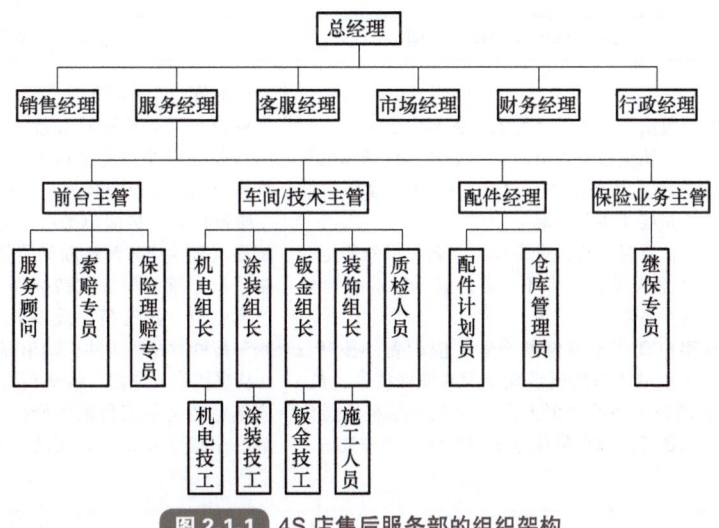

图 2-1-1　4S 店售后服务部的组织架构

有些汽车品牌，如上海大众和一汽 – 大众会设置服务总监的岗位，其职责对应于图 2-1-1 中的服务经理；它们的服务经理的职责对应于图 2-1-1 中的前台主管。随着各汽车厂家对维护客户关系及提高客户满意度的要求逐渐提升，客户关系部门也作为独立的部门直接向总经理汇报工作,但也有些汽车品牌的客服部门是设置在售后服务部内的,由客服经理向服务经理汇报工作。

2. 汽车经销商(4S店)售后服务流程

一般汽车经销商(4S店)售后服务流程分为七步,依次为预约、准备工作、接车/制单、修理/进行工作、质检/内部交车、交车/结账、跟踪/回访。

2.1.2 我国机动车维修管理规定

2021年8月交通运输部发布的《机动车维修管理规定》将汽车维修企业分为一类、二类和三类,并针对各类维修企业经营范围给出了规定,见表2-1-1。

表2-1-1 各类维修企业经营范围

维修企业类型	允许从事的修理作业范围
一类、二类	整车修理、总成修理、整车维护、小修、维修救援、专项修理和维修竣工检验工作
三类	汽车综合小修或者发动机维修、车身维修、电气系统维修、自动变速器维修、轮胎动平衡及修补、四轮定位检测调整、汽车润滑与养护、喷油泵和喷油器维修、曲轴修磨、气缸镗磨、散热器维修、空调维修、汽车美容装潢、汽车玻璃安装及修复等汽车专项维修工作

GB/T 16739—2023《汽车维修业经营业务条件》,针对各类维修企业应配备的技术人员也进行了规定,见表2-1-2。

表2-1-2 各类维修企业应配备的技术人员规定

维修企业类型	允许从事的修理作业范围	技术人员职责
一类、二类	技术负责人和业务接待人员各不少于1名 一类:质量检验人员不少于2名,机修和电气维修技术人员各不少于2名,钣金和涂装维修技术人员各不少于2名 二类:质量检验人员不少于1名,机修和电气维修技术人员各不少于1名,钣金和涂装维修技术人员各不少于1名 从事电动汽车维修的企业,应配备不少于2名熟悉电动汽车高压系统专业的维修技术人员,并经培训合格后方可上岗。汽车高压系统维修技术人员还应取得低压电工特种作业操作证	技术负责人员应熟悉汽车维修业务,掌握汽车维修及相关政策法规和技术规范,具有汽车维修或相关专业大专及以上学历,或者具有汽车维修或相关专业中级及以上专业技术职称 质量检验人员应熟悉汽车维修检测作业规范,掌握汽车维修故障诊断和质量检验的相关技术,熟悉汽车维修服务收费标准及相关政策法规和技术规范,具有高中及以上学历,并持有与承修车型种类相适应的机动车驾驶证 从事机修、电器、钣金和涂装的维修技术人员应熟悉所从事工种的维修技术和操作规范,了解汽车维修及相关政策法规并具有初中及以上学历
三类	按照其经营项目分别配备相应的机修、电器、钣金、涂装的维修技术人员;从事汽车综合小修、发动机维修、车身维修、电气系统维修、自动变速器维修的,还应配备技术负责人员和质量检验人员	从事汽车综合小修或汽车专项维修的业户,其关键岗位的人员数量应与经营规模相适应,应配备安全生产管理人员,安全生产管理人员可兼职

(续)

维修企业类型	允许从事的修理作业范围	技术人员职责
三类	按照其经营项目分别配备相应的机修、电器、钣金、涂装的维修技术人员；从事汽车综合小修、发动机维修、车身维修、电气系统维修、自动变速器维修的，还应配备技术负责人员和质量检验人员	人员条件应符合 GB/T 16739.1—2023 中 5.2～5.5 的要求，具体如下： ① 技术负责人员应熟悉汽车维修业务，掌握汽车维修及相关政策法规和技术规范，具有汽车维修或相关专业大专及以上学历，或者具有汽车维修或相关专业中级及以上专业技术职称 ② 安全生产管理人员应熟知国家安全生产法律法规，并具有汽车维修安全生产作业知识和安全生产管理能力 从事汽车综合小修、汽车专项维修中多个经营项目的业户，人员数量应不少于其中人员数量要求最多的单一经营项目

2.2 汽车维修工具仪器认知与使用

2.2.1 手动工具

1. 扳手

扳手可分为扭力扳手、套筒扳手、梅花扳手、呆扳手等。

（1）扭力扳手

各汽车制造商均针对关键部件的螺栓紧固力矩制定了严格的标准与规范，涵盖气缸盖、车轮、变速器、空调压缩机等关键紧固螺栓。在车辆维修作业中，这些螺栓必须依据标准力矩，采用扭力扳手进行紧固，以确保安全性能。扭力扳手的具体形态如图 2-2-1 所示。

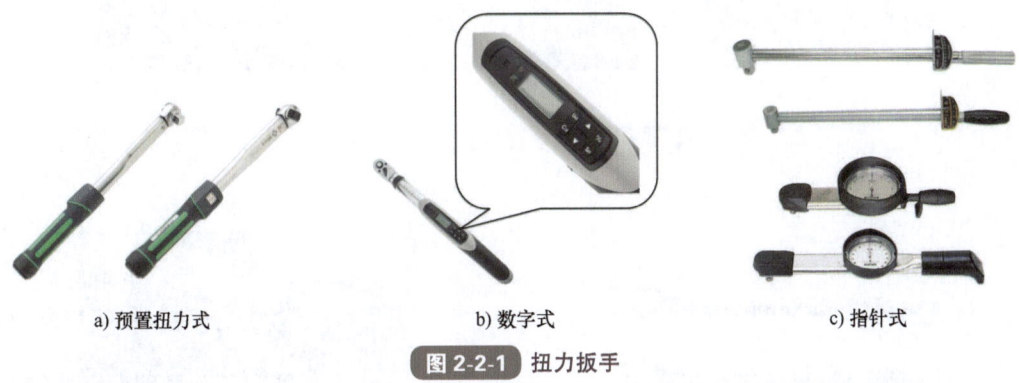

a) 预置扭力式　　　　b) 数字式　　　　c) 指针式

图 2-2-1 扭力扳手

预置扭力式扭力扳手允许用户预先设定所需的力矩值，一旦紧固件的拧紧力矩达到预设值，将自动触发"咔嗒"声，作为达到预设力矩的明确指示。在预设力矩时，需解除手柄上的锁定开关（如配置有），随后旋转手柄调整刻度尺至所需力矩值，并重新锁定开关以确保设定值稳定。

数字式扭力扳手则配备了液晶显示屏和操作按键，用户可通过按键设定所需力矩值、单位，并进行数据存储等操作。使用过程中，显示屏将实时显示当前力矩数值，一旦达到预设值，扳手将发出"咔嗒"声，同时操作面板上的LED灯将亮起，以双重方式提醒用户。

指针式扭力扳手分为指针式和表盘式两种指示方式。使用指针式时，随着施加力矩的变化，指针将在刻度盘上相应移动，指示当前力矩值。使用表盘式时，表盘内的指针将根据力矩方向顺时针或逆时针旋转，最终稳定指向刻度盘上的某一刻度，用户通过观察表盘上的指示即可准确判断所施加的力矩大小。

（2）套筒扳手

为满足日常工作的多样化需求，套筒扳手通常设计为包含一系列不同尺寸与规格的套筒，以构成一个完整的套装。在作业空间受限的情境下，应选用配套的附件与套筒扳手组合使用，以确保工具与工件之间不发生干涉。套筒扳手及其使用方法如图 2-2-2 所示。

（3）梅花扳手

梅花扳手设计独特，能够紧密卡住螺栓或螺母的六角面进行旋转。其较长的柄部使得操作者能够施加更大的力矩。梅花扳手如图 2-2-3 所示。

（4）呆扳手

呆扳手与梅花扳手在功能上相似，均用于螺栓或螺母的拧紧与松开。然而，由于其钳口采用开放式结构，使得呆扳手在使用时更为灵活便捷。注意：呆扳手所能承受的力矩相较于梅花扳手有所减小。呆扳手如图 2-2-4 所示。

图 2-2-2 套筒扳手及其使用方法

图 2-2-3 梅花扳手

图 2-2-4 呆扳手

（5）棘轮扳手

棘轮扳手内部集成了一个单向棘轮机制，允许在受力方向上单向转动，而在反向则实现空转。这一设计使得棘轮扳手在拧紧螺栓时能够高效工作，无须频繁松开套筒即可实现持续转动。当需要快速回转手柄时，棘轮扳手也能提供便捷的操作体验。棘轮扳手如图 2-2-5 所示。

（6）活扳手

活扳手专为应对尺寸不规则的螺栓或螺母而设计。通过旋转调节螺杆，可以灵活调整扳手的口径，从而替代多个呆扳手进行作业。使用时，需转动调节螺杆使活扳手与螺栓或螺母完全嵌合。注意：活扳手不适用于施加较大的力矩。活扳手如图 2-2-6 所示。

图 2-2-5 棘轮扳手

图 2-2-6 活扳手

2. 钳类工具

钳类工具主要包括尖嘴钳、鳄鱼钳（或鲤鱼钳）、斜口钳等，如图 2-2-7 所示。

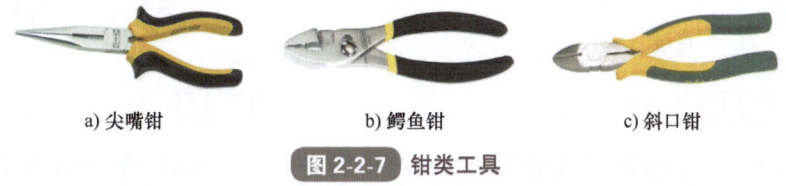

a) 尖嘴钳　　　　b) 鳄鱼钳　　　　c) 斜口钳

图 2-2-7 钳类工具

1）尖嘴钳。其主要功能为剪切线径较细的单股与多股线，以及剥除塑料绝缘层等。其设计特点使得在较为狭小的作业空间内也能进行有效操作。

2）鳄鱼钳（或鲤鱼钳）。此工具常用于夹持物品。通过调整钳体支点上孔的位置，可以灵活调节钳口的开启程度，以适应不同尺寸的夹持需求。此外，鳄鱼钳（或鲤鱼钳）的颈部还具备剪切细导线的功能。

3）斜口钳。它主要用于切割细导线。其刀片尖部设计为圆形，这一特性使得斜口钳在切割细线或从线束中分离电线时表现出色。

3. 螺丝刀

螺丝刀作为拆装螺钉的常用工具，又称螺钉旋具。螺丝刀分为一字形和十字形两种，使用时需根据螺钉头部的形状进行选择，如图 2-2-8 所示。

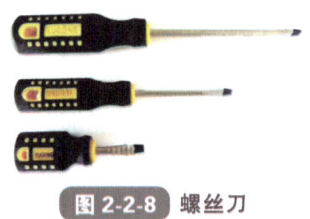

图 2-2-8 螺丝刀

螺丝刀具有多种大小型号,以适配不同尺寸的螺钉槽。使用时,应确保螺丝刀与螺钉尾端保持直线,同时施加适当的压力并转动螺丝刀,以确保拆装过程的顺利进行。

2.2.2 气动工具

气动工具采用压缩气体作为其动力来源,具备使用过程稳定、安全、省力、能产生较大力矩、适用环境多样以及能够拆解大力矩紧固件等显著优势,因此在各类工作场景中得到了广泛应用。气动剪与气动铲在钣金维修领域表现优异,前者专门用于薄金属板的精确切断,后者专门用于分离金属焊接连接件。气动剪和气动铲如图 2-2-9 所示。

气动扳手和气动棘轮均属于拆装类工具范畴,二者在功能层面具有共通性。然而,相较于电动扳手,气动棘轮所能承载的力矩较小。尽管如此,凭借其体积小、重量轻以及操作便捷等显著优势,气动棘轮在日常工作中得到了广泛应用,如图 2-2-10 所示。

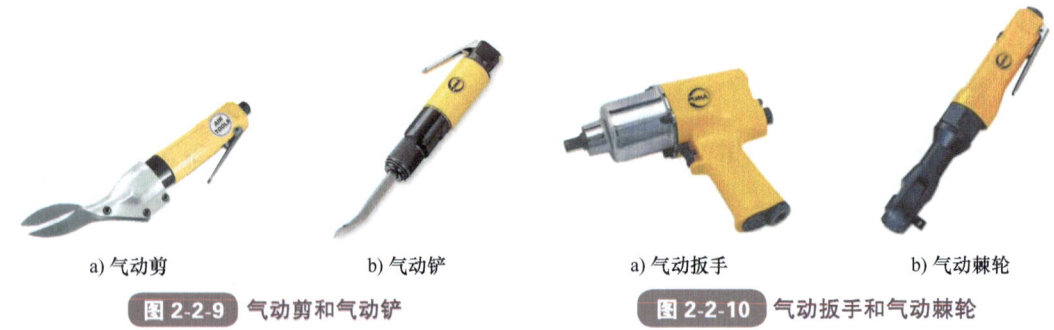

a) 气动剪　　　　b) 气动铲　　　　　　a) 气动扳手　　　　b) 气动棘轮

图 2-2-9 气动剪和气动铲　　　　图 2-2-10 气动扳手和气动棘轮

气动工具中,气动砂轮与气动抛光机是两种重要工具。气动砂轮主要用于对金属板材进行打磨、去毛刺等处理,是钣金工艺中不可或缺的一环;气动抛光机则专门用于喷漆作业后的表面抛光,确保喷涂效果达到光滑细腻的标准。

2.2.3 电动工具

在汽车维修行业中,常用的电动工具主要是电动扳手。根据电源供应方式的不同,电动扳手可分为外接电源式与自带电源式两种,如图 2-2-11 所示。

1. 外接电源式电动扳手

外接电源式电动扳手,其特点是需要外接 220V 的电源以进行工作。此类工具在汽车部件的拆卸与安装过程中,尤其是针对大力矩紧固件,能够显著提升工作效率,并有效减轻操作人员的劳动强度。

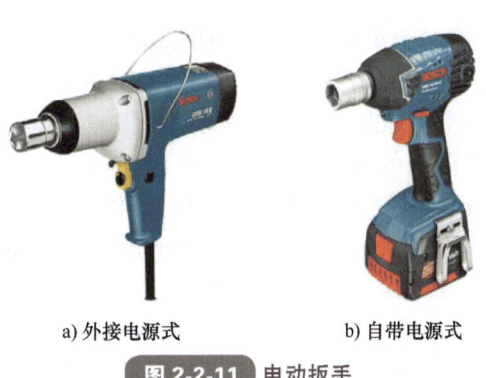

a) 外接电源式　　　b) 自带电源式

图 2-2-11　电动扳手

2. 自带电源式电动扳手

自带电源式电动扳手，它内置有充电电池作为其动力源。在充电电池的供电下，该类型工具能够完成中小力矩紧固件的拆装工作。由于其携带更为便利且使用过程更加灵活便捷，因此在实际应用中得到了广泛使用。

2.2.4　测量工具

测量工具在汽车检测维修中占据着至关重要的地位，它们是确保工作质量和效率的必备工具。在众多的测量工具中，游标卡尺、钢直尺、卷尺、冰点测试仪等均为常见且重要的工具。

1. 游标卡尺

游标卡尺作为一种高精度测量工具，广泛应用于各类工件的尺寸检测。它能够准确测量零件的内/外径、长度、宽度和深度等关键尺寸。游标卡尺设计精密，主要由内径测量爪、紧固螺钉、深度尺、外径测量爪、游标尺和主尺组成，如图 2-2-12 所示。

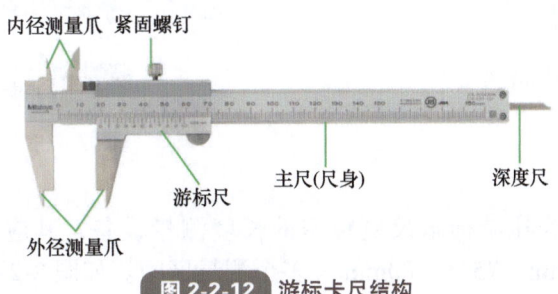

图 2-2-12　游标卡尺结构

常见的游标卡尺依据精度可分为 10 分度、20 分度和 50 分度三种类型。以下以 20 分度游标卡尺为例，详细阐述其读数原理。如图 2-2-13 所示，主尺的每一刻度代表 1mm，而游标尺总长 19mm，被等分为 20 个刻度，即每个刻度比主尺短 0.05mm，从而实现了 0.05mm 的测量精度。游标尺的"0"刻度与主尺的"0"刻度对齐时，表示测量结果为 0；若游标尺向右移动，使其某一刻度与主尺的相应刻度对齐，则可通过计算得出测量结果。例如，当游标尺的第一个刻度与主尺的第一个刻度对齐时，测量结果为 0.05mm；当游标尺的第二个刻度与主尺的第二个刻度对齐时，测量结果为 0.1mm。同理，10 分度游标卡尺的精度为 0.1mm，50 分度游标卡尺的精度则高达 0.02mm。

为了更直观地说明游标卡尺的读数方法，现以图 2-2-14 为例进行说明。首先，读取主尺上位于游标尺"0"线前面的整刻线数，此处为 45mm；其次，观察游标尺上与主尺刻线重合或最近的 0.05mm 刻度线数，此处为游标尺的第 5 条刻度线与主尺刻度线重合；最后，根据读数原理进行计算，得出测量结果：45mm+5×0.05mm=45.25mm。

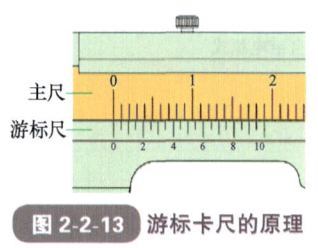

图 2-2-13　游标卡尺的原理

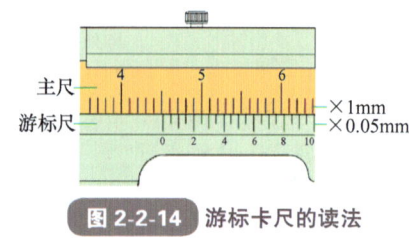

图 2-2-14　游标卡尺的读法

2. 千分尺

千分尺，俗称螺旋测微器，是一种精密测量工具，其精度超越游标卡尺，广泛应用于各类精密测量场景。其中，外径千分尺（见图 2-2-15）与内径千分尺（见图 2-2-16）为常见类型。在汽车维修领域，鉴于其特定需求，内径千分尺使用相对较少，而外径千分尺则占据主导地位，常用于活塞和各类轴直径的精确测量，以及与量缸表配合进行气缸圆度与锥度的评估。下面以外径千分尺为典型，详细阐述其结构原理及使用方法。

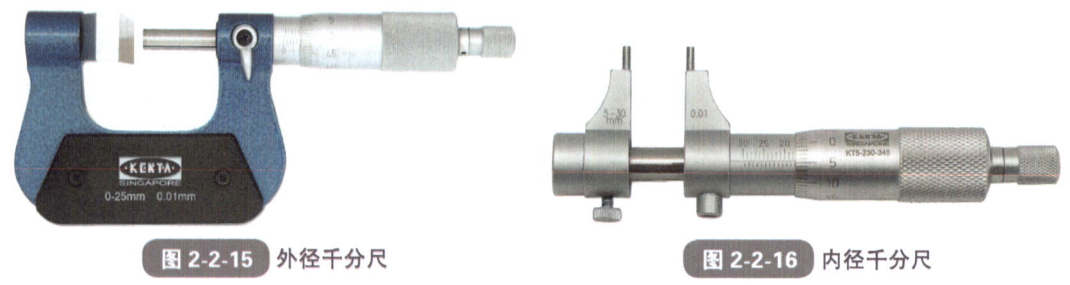

图 2-2-15　外径千分尺　　　　　图 2-2-16　内径千分尺

（1）结构原理

外径千分尺，作为比游标卡尺更精密的长度测量设备，其应用范围广泛，覆盖了 0～25mm、25～75mm、75～100mm 等多个测量区间。如图 2-2-17 所示，外径千分尺由多个精密部件组合而成，包括尺架、测砧、测微螺杆、锁紧装置、固定套筒、微分筒及测力装置等。尺架作为整个量具的主体支撑结构，其两侧均配置了隔热垫，旨在有效隔绝测量过程中手部热量对金属尺架的热传导，防止因热胀冷缩现象导致的测量误差。测砧与测微螺杆紧密配合，共同实现对被测工件的稳固夹持，而锁紧装置则进一步确保工件与测砧、测微螺杆之间的相对位置固定不变。固定套筒上标有水平基准线，其上下两侧分别刻有间距为 1mm 的刻度线，便于读数。微分筒，亦称活动套筒，可沿固定套筒自由旋转，其表面刻度线将圆周精细分为 50 等份，每份代表的分度值为 0.01mm。

基于螺旋运动原理,当微分筒旋转一周时,测微螺杆将沿轴线方向前进或后退一个螺距(即 0.5mm)。而当微分筒旋转至一个分度时,它已完成了 1/50 周的旋转,此时测微螺杆轴线将移动 1/50×0.5mm=0.01mm。因此,外径千分尺能够精确读取至 0.01mm 的数值,确保测量结果的准确性。

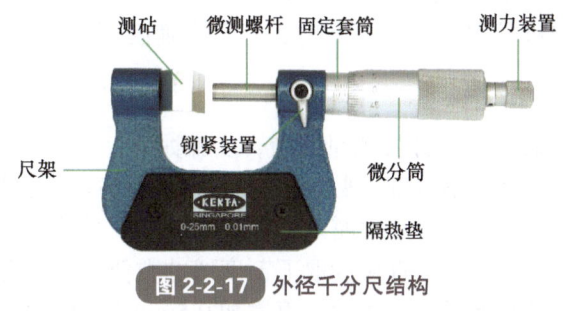

图 2-2-17 外径千分尺结构

(2)校零方法

在进行测量工作之前,必须首先校准外径千分尺的零刻度。校零过程需根据千分尺的量程范围,选取适宜的校准块或校准杆(见图 2-2-18)。在校零时,应将校准块或校准杆稳妥地放置于测砧与测微螺杆之间(见图 2-2-19),随后旋转微分筒。当观察到测砧与测微螺杆恰好触及校准块或校准杆的两端时,应轻柔地旋转后部的测力装置旋钮,直至连续发出三声"咔咔"声后,方可锁紧装置。此时,需细致观察外径千分尺的读数,若微分筒上的零刻度线与固定套筒上的零刻度线完全重合,则表明外径千分尺的零刻度线校准无误。

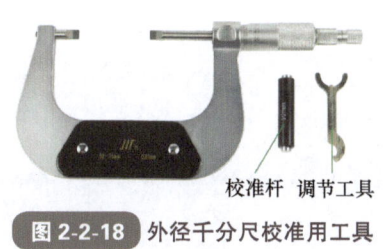

图 2-2-18 外径千分尺校准用工具

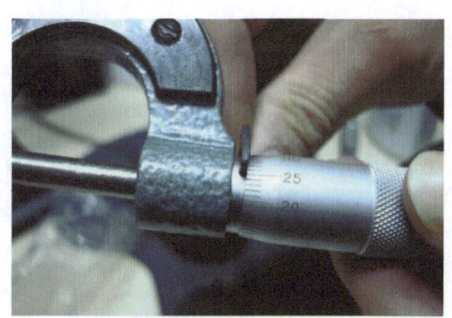

图 2-2-19 外径千分尺校准

若两零刻度线未能重合,则需采取进一步的调整措施。具体而言,应先拧松固定套筒上的小螺钉,随后利用专用扳手对套筒位置进行微调,直至两零线对齐。调整完成后,务必将小螺钉重新拧紧,以确保其稳固性。

值得注意的是,不同制造商生产的千分尺在调零方法上可能存在差异。因此,在实际使用过程中,应严格遵循该千分尺附带的使用说明书进行操作,以确保测量结果的准确性和可靠性。

（3）使用方法

在进行工件外径的测量时，应首先采用游标卡尺对目标工件进行初步的外径尺寸估算。随后，通过旋转微分筒，调整测微螺杆与测砧之间的间距，确保此间距略大于待测工件的外径。接下来，将待测工件妥善放置于测砧与测微螺杆之间，并旋转测力装置的旋钮，直至测微螺杆轻轻贴合于工件表面。当听到"咔咔"声后，应再谨慎地旋转测力装置0.5～1.0圈，以完成最终的测量准备。此时，即可准确读取并记录测量所得的数值。

（4）读数方法

以图2-2-20为例读取外径千分尺测量数值，步骤如下。

第1步：读取固定套筒的整数部分数值 a　以微分筒的端面为基准线，精确读取固定套筒上显示的读数。即观察微分筒左边露出的固定套筒上的数值。若微分筒端面与固定刻度的下刻度线之间无上刻度线，则直接读取下刻度线的数值；若微分筒端面与下刻度线之间存在一条上刻度线，则应将下刻度线的数值增加0.5mm作为读值结果。在图2-2-20中，a=6.5mm。

第2步：读取微分筒的小数部分数值 b　细致观察微分筒，确定哪一条刻线与固定套筒上的水平基准线精确对齐。该刻线顺序数乘以微分筒的分度值，即可得到小数部分读数（在图2-2-20中为20×0.01mm）。若固定套筒的水平基准线与微分筒上任一条刻线均不完全对齐，则需进行估读，确定第三位小数。在图2-2-20中，估读值为0.004mm，因此 b=0.20mm+0.004mm=0.204mm。

第3步：将固定套筒的数值 a 与微分筒的数值 b 相加，得出实际测量值。在图2-2-20中，$a+b$=6.5mm+0.204mm=6.704mm。

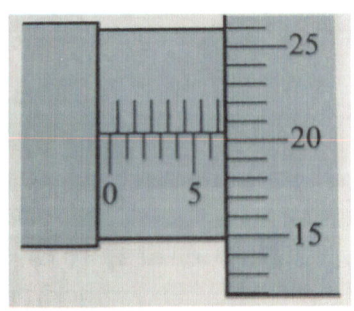

图2-2-20　外径千分尺读数示例

3. 百分表

百分表（见图2-2-21）是一种基于精密齿条齿轮机构设计的通用长度测量工具，广泛应用于汽车维修与检测领域，主要用于评估工件的形状和位置误差，包括但不限于圆度、平面度及跳动等。在汽车检测过程中，百分表发挥着关键作用，如测量制动盘轴向圆跳动量、曲轴径向及轴向圆跳动量、自动变速器离合器间隙等。

（1）结构原理

百分表主要由表体、传动系统及读数装置组成。表体部分及读数装置包括测量头、测量杆、大刻度盘、小刻度盘、大指针、小指针及可动表圈等组件。大指针负责指示大刻度盘上的数值，小指针则指示小刻度盘。通过用手旋转可动表圈，可带动大刻度盘一同旋转，以便于将大指针对准零刻度线进行校准。

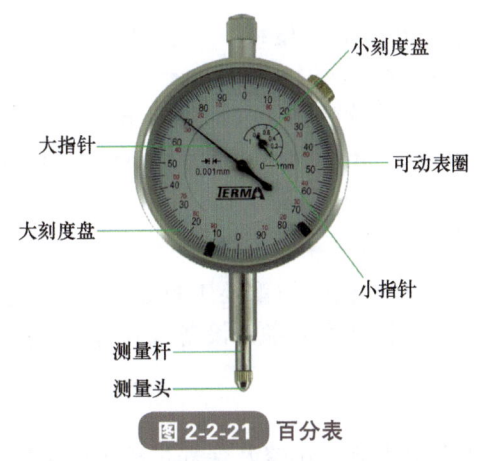

图 2-2-21 百分表

百分表的工作原理是将测量杆在测量过程中的微小直线位移，通过齿轮传动机构放大，转化为指针在刻度盘上的旋转运动，从而指示出被测尺寸的大小。大刻度盘圆周上设有100个等分格，每格代表 0.01mm。当测量杆上下移动 1mm 时，大指针将旋转一整圈，小指针则移动一格，指针的读数变化即反映了尺寸的变化。百分表的测量范围主要包括 0～3mm、0～5mm 及 0～10mm 三种规格。

若改变测量头的形状，并搭配磁力表座（见图 2-2-22），则可制造出多种用途的百分表，如厚度百分表、深度百分表及内径百分表等。其中，内径百分表特别适用于测量发动机气缸的内径尺寸。由于磁力表座上的支架设计灵活，能够以不同角度进行搭配，因此百分表能够适应多种方向的测量需求，如外圆、小孔及沟槽等的形状及位置误差测量。

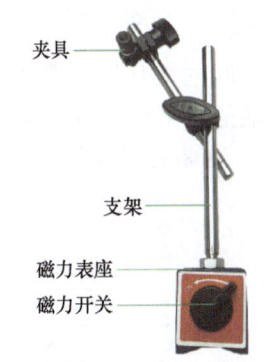

图 2-2-22 磁力表座及支架

（2）校零方法

在使用百分表进行测量之前，必须进行校零操作。校零的基本原则是：对于比较性测量，通常采用对比物（如量块）作为零位基准；而对于形状和位置误差测量，则通常选择工件作为零位基准。校零的具体步骤如下。

第一步：将百分表与磁力表座牢固连接，并将测量杆靠近待测物体表面，使测量头与基准面接触。随后按压百分表顶部的圆头，使测量头处于量程范围内，以确保测量杆具有 0.3～1mm 的紧缩量（对于千分表，紧缩量可稍小至 0.1mm）。

第二步：旋转可动表圈，使大指针对准大刻度盘上的零刻度线。然后反复测量同一位置 2 次或 3 次，并检查大指针是否始终与零刻度线对齐。若对齐，则表示校零成功；若未对齐，则需重新进行调整。

（3）读数方法

具体步骤如下。

第一步：首先读取小指针转过的刻度线（即毫米整数部分）。若小指针未转过1格，则小指针读数为0mm。

第二步：接着读取大指针转过的刻度线，并将其乘以0.01以得出小数部分。例如，若大指针转过91格，则大指针读数为91×0.01mm=0.91mm。

第三步：将大指针和小指针的读数相加，即可得出最终的测量值。例如，若第一步和第二步的读数分别为0mm和0.91mm，则测量值为0mm+0.91mm=0.91mm。

2.2.5 车辆举升设备

举升设备是汽车维修及保养过程中的重要工具之一，用于执行如举升车辆以排放机油、检修底盘等任务。以下是几种常见的举升设备及其特性的描述。

1. 两柱举升机

两柱举升机主要应用于车辆大修、小修及保养过程中的车辆举升。其显著特点包括结构简单、使用可靠，举升能力介于2.5～3.5t，且举升高度稳定在1.7～1.8m范围内，如图2-2-23所示。

2. 四柱举升机

四柱举升机主要用于车辆四轮定位及底部检修工作。其独特之处在于能够确保举升车辆的水平稳定性，支持二次举升功能，举升能力覆盖2.5～4.5t，举升高度同样维持在1.7～1.8m，如图2-2-24所示。

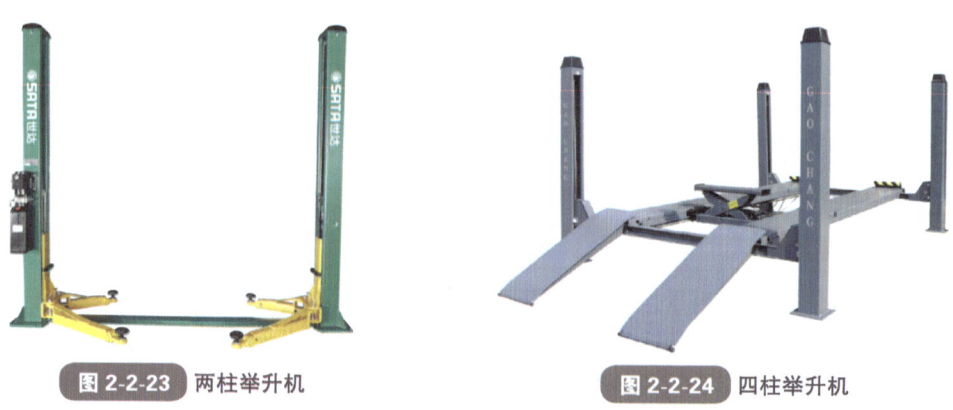

图2-2-23 两柱举升机　　　　图2-2-24 四柱举升机

3. 剪式举升机

剪式举升机是专为车辆快修保养设计的，其特点在于地嵌式设计，尤其适用于底部空间有限的车辆，使用方便且可靠，举升能力为2.5～3.5t，举升高度亦在1.7～1.8m，如图2-2-25所示。

4. 移动式举升设备

移动式举升设备则主要服务于车辆单个车轮或局部区域的举升需求，其显著优势在于体积小、重量轻且便于移动，如图 2-2-26 所示。

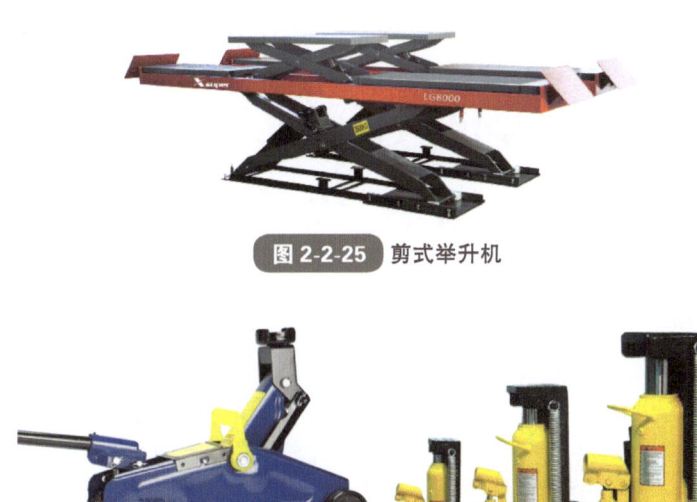

图 2-2-25 剪式举升机

图 2-2-26 移动式举升设备

第 2 部分 汽车动力系统

Part 2

第 3 章	发动机维修基础	28
第 4 章	新能源汽车动力电池系统	118
第 5 章	新能源汽车驱动电机系统	141

Chapter 3
第3章 发动机维修基础

3.1 发动机基础知识

3.1.1 发动机分类、基本术语

传统汽车普遍采用内燃机作为其核心动力源。这一选择主要得益于内燃机所具备的一系列显著优势,包括但不限于高热效率、紧凑的体积、相对轻的质量以及方便的启动性能等。内燃机通过内部燃烧过程实现能量转换。具体而言,内燃机将液体或气体燃料与空气进行混合,随后送入其内部进行燃烧,从而产生热能。紧接着,热能经过转化,成为驱动机器运转的机械能。汽车用发动机外观如图3-1-1所示。

1. 发动机分类

车用内燃机主要可划分为活塞式内燃机与燃气轮机两大类别。其中,活塞式内燃机依据活塞运动方式的差异,可进一步细分为往复活塞式和旋转活塞式。传统汽车普遍采用往复活塞式内燃机。

进一步地,往复活塞式内燃机根据工作冲程的不同,可分为二冲程发动机和四冲程发动机,如图3-1-2所示。汽车发动机普遍采用四冲程发动机。

对于四冲程发动机而言,可根据所使用的燃料类型不同,细分为汽油发动机、柴油发动机以及生物燃料发动机等类型。当前,最为常见的是汽油发动机和柴油发动机。

2. 发动机结构基本术语

图3-1-3呈现的是采用汽油作为燃料的往复活塞式内燃机基本构造。该内燃机的工作区域被称为气缸,其内壁呈现圆柱形结构。往复活塞式内燃机得名于其工作原理,即活塞在气缸内部持续往复运动。活塞通过活塞销与连杆一端实现铰接连接,连杆另一端则与曲轴相连接。当活塞在气缸内执行往复运动时,它借助连杆的传动作用,推动曲轴进行旋转运动。气缸顶部由气缸盖进行封闭处理。在气缸盖上面装有进排气门,这些气门的开启与关闭由凸轮轴进行精确控制,从而实现向气缸内部充入新鲜空气,以及将燃烧后的废气排出气缸外部的功能。

发动机部分基本术语图示如图3-1-4所示。

第3章 发动机维修基础

图 3-1-1 汽车用发动机外观

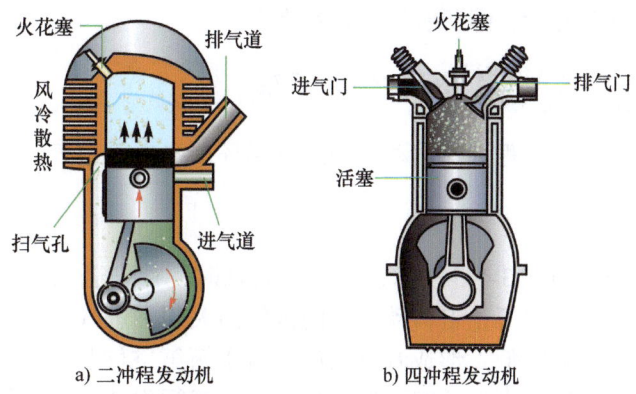

a) 二冲程发动机　　b) 四冲程发动机

图 3-1-2 二冲程和四冲程发动机

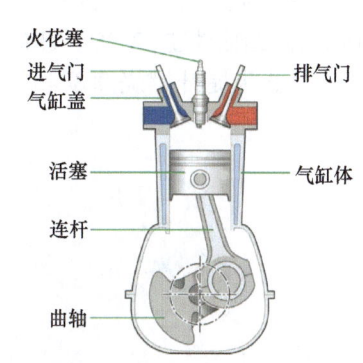

图 3-1-3 往复活塞式内燃机基本构造

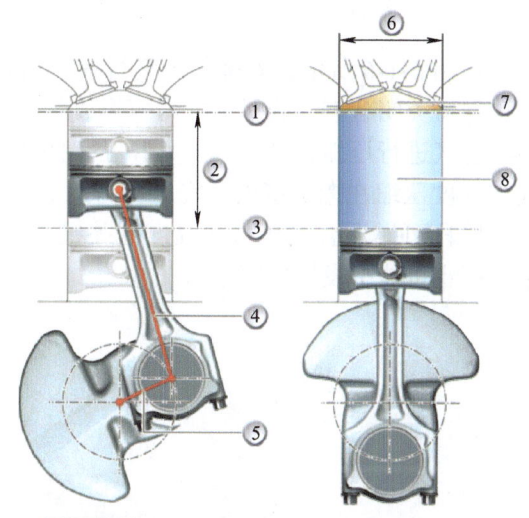

图 3-1-4 发动机部分基本术语（图注见正文）

① 上止点：活塞在其运动轨迹中，其顶部距离曲轴中心最远的位置。当活塞达到此位置时，它会紧贴于气门旁侧，此时燃烧室的容积达到最小状态。

② 行程：活塞在气缸内部，从上止点到下止点所移动的距离。该距离的长度由曲轴的结构决定，具体数值是曲轴半径的两倍。

③ 下止点：活塞在其运动轨迹中，其顶部距离曲轴中心最近的位置。当活塞达到此位置时，它会靠近曲轴，此时燃烧室的容积达到最大状态。

④ 连杆长度：连杆两端头之间的距离。

⑤ 曲轴半径：曲轴的主轴承轴颈轴线与曲柄轴颈轴线之间的直线距离。

⑥ 缸径：气缸的内径尺寸。

⑦ 燃烧室：由气缸盖、活塞以及气缸壁共同围成的空间。其容积大小会随着活塞的运动位置而发生变化。当活塞处于上止点位置时，燃烧室即为压缩室；而当活塞处于下止点位置时，燃烧室则包括压缩室和排量两部分。

⑧ 排量：一个气缸在活塞完成一个完整行程过程中所占用的空间大小。也可理解为活塞从上止点到下止点所扫过的气缸空间。在发动机的技术参数中，排量通常指的是发动

机总排量，即所有气缸排量之和。

3.1.2 发动机工作原理

四冲程汽油发动机的工作循环严格遵循进气、压缩、做功和排气四个行程进行。

1. 进气行程

如图 3-1-5 所示，发动机启动时，首先进入进气行程。此阶段，曲轴旋转驱动活塞由上止点向下止点移动，其间排气门关闭，进气门开启。随着活塞下行，气缸体积扩张，内部压力降低，形成真空效应，吸引新鲜空气与汽油的混合气（可燃混合气）通过进气门进入气缸，直至活塞到达下止点。进气行程结束时，气缸内气压稳定在 75～90kPa。

2. 压缩行程

如图 3-1-6 所示，紧接着进气行程，活塞自下止点开始向上止点移动，同时进、排气门均保持关闭状态，确保气缸内部形成封闭环境。在此过程中，气缸体积逐渐缩小，对可燃混合气进行压缩，导致其压力和温度持续上升，直至活塞达到上止点。此时，可燃混合气被高度压缩在燃烧室内，气压可高达 800～1500kPa，温度则超过 327℃。压缩比是影响此阶段可燃混合气压力和温度的关键因素，压缩比增大虽能提升燃烧速度和发动机功率，但也可能引发爆燃现象。

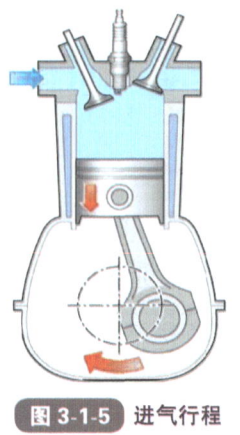
图 3-1-5　进气行程

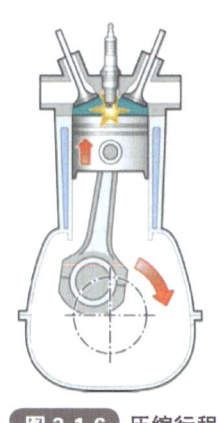
图 3-1-6　压缩行程

3. 做功行程

如图 3-1-7 所示，在压缩行程即将结束时，即活塞即将抵达上止点之际，火花塞产生电火花，点燃气缸内的可燃混合气。燃烧释放的热量迅速提升气缸内气体温度和压力，推动活塞由上止点向下止点移动，并通过连杆驱动曲轴旋转，进而输出动力。此过程即为做功行程，直至活塞回到下止点方告结束。

4. 排气行程

如图 3-1-8 所示，做功行程完成后，随着活塞继续下行至下止点，排气门开启，进气门依然保持关闭状态。在曲轴惯性旋转运动的驱动下，活塞由下止点向上止点移动，同时气缸内部压力和活塞的推力共同作用，将废气从排气门强制排出气缸。此阶段称为排气行程，直至活塞再次达到上止点，排气门关闭，排气行程结束。由于燃烧室占据一定空间，排气行程结束时无法完全排尽废气，残留部分被称为残余废气。

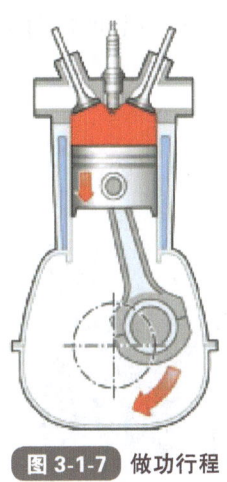

图 3-1-7　做功行程

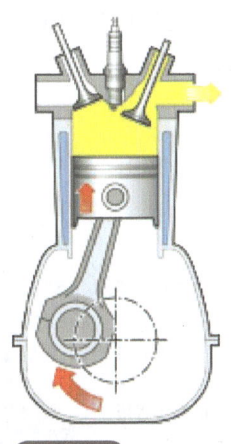

图 3-1-8　排气行程

3.1.3 发动机的组成

汽油发动机种类繁多，型号各异，但其在核心构造上呈现出高度的相似性。一般而言，这些发动机均由两大机构、六大系统组成。具体而言，这两大机构指的是曲柄连杆机构和配气机构，它们共同协作，实现了发动机的基本运转。

六大系统包括进/排气系统、燃油供给系统、冷却系统、润滑系统、点火系统以及启动系统。这些系统各司其职，又相互关联，共同确保了汽油发动机的高效、稳定运行。进/排气系统负责气体的流通与交换；燃油供给系统则确保燃油的精确供给；冷却系统防止发动机过热；润滑系统则减少部件间的摩擦与磨损；点火系统点燃可燃混合气，产生动力；启动系统则负责启动发动机，使其进入工作状态。

1. 曲柄连杆机构

曲柄连杆机构，作为发动机内实现工作循环及能量转换的核心运动组件，承担着将活塞的直线运动转化为曲轴旋转运动的重要任务。该机构由机体组、活塞连杆组及曲轴飞轮组等多个关键部件组成，如图 3-1-9 所示。机体组不仅是发动机各机构和系统装配的基础框架，其自身亦构成曲柄连杆机构、燃料供给系统、润滑系统及冷却系统等各大系统的组成部分，体现了其多功能性与结构复杂性。

在做功行程中，活塞在气缸内受燃气压力驱动，执行往复直线运动。此运动通过连杆及曲柄的转换机制，转化为曲轴的旋转运动，进而实现动力输出至外部系统。反之，在进气、压缩及排气阶段，飞轮所蓄积的能量被用来逆转此过程，即将曲轴的旋转运动再度转化为活塞的往复直线运动。

2. 配气机构

配气机构承担着根据发动机的工作顺序和过程，精确控制进气门和排气门的开启与关闭，以确保可燃混合气顺利进入气缸，同时有效排出气缸内的废气，从而实现换气过程的重要任务。这一过程按照发动机的工作循环来配置进、排气门的开闭时刻，被称为配气正时。配气机构广泛采用顶置式气门配气机构，该机构主要由气门组和气门传动组组成，如图 3-1-10 所示。

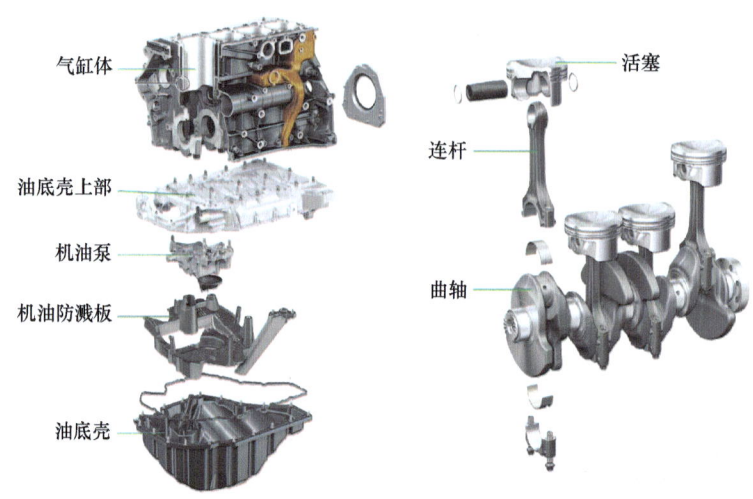

图 3-1-9 曲柄连杆机构

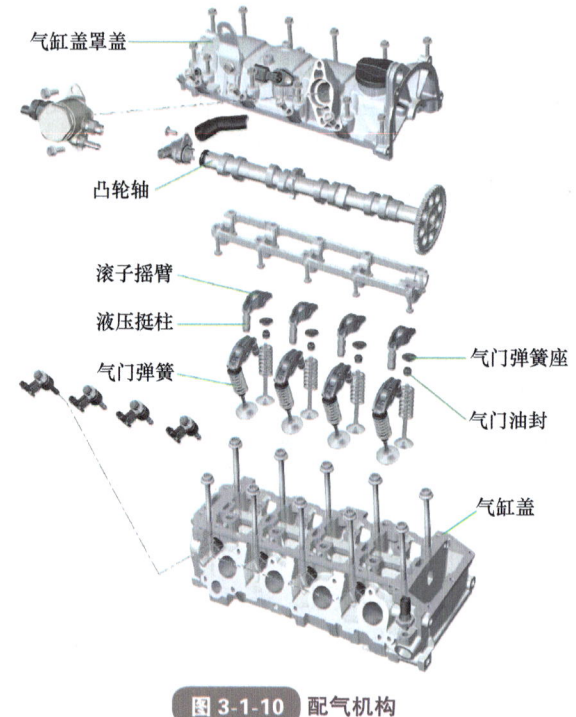

图 3-1-10 配气机构

3. 进/排气系统

发动机的正常运转依赖可燃混合气的供给，可燃混合气由空气与燃油依据特定比例混合而成，具备燃烧性能。在可燃混合气中，空气部分由进气系统负责供给。

发动机进气系统（见图3-1-11）主要包括进气软管、空气流量计、空气滤清器、节气门体以及进气歧管等组件。它的具体工作流程为：外界空气首先通过进口进入空气滤清器进行净化处理，随后，经过滤的清洁空气依次流经进气软管、节气门体，并最终通过进气歧管导向气缸内部。为了进一步优化发动机性能并减少尾气排放对环境的影响，目前多数发动机在进气系统中引入了机械增压、涡轮增压，以及可变进气歧管等前沿控制技术，尤其是涡轮增压技术应用广泛。

发动机排气系统则承担着将气缸内燃烧后产生的废气安全排出，并同时实现排气净化和过滤的重要功能。该系统主要由排气歧管、氧传感器、三元催化器、排气管以及排气消声器等部件组成（见图3-1-12），各部件协同工作，确保发动机排气过程的顺畅与环保。

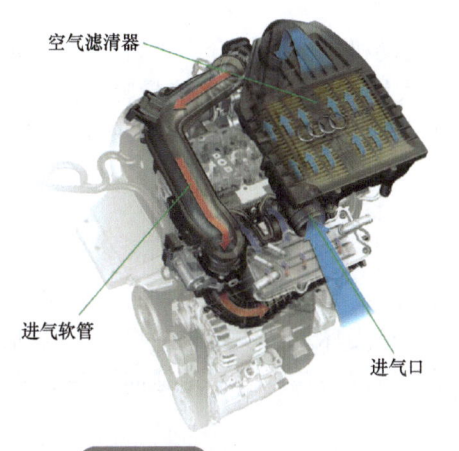

图 3-1-11 发动机进气系统

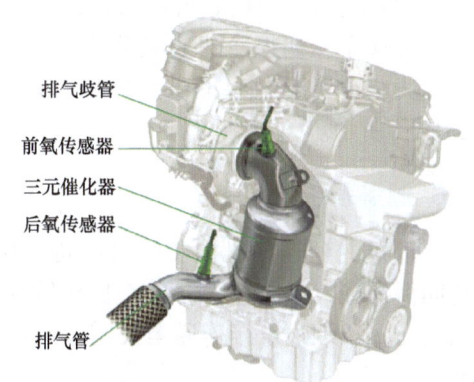

图 3-1-12 发动机排气系统

4. 燃油供给系统

燃油供给系统（见图3-1-13）的主要功能，是为发动机燃油喷射系统稳定地提供具有适当压力的燃油。在当前技术背景下，汽油发动机广泛采用了电子燃油喷射技术，采用该技术的燃油供给系统通常包含：燃油箱，用于储存燃油；电动燃油泵，负责将燃油从燃油箱泵送至发动机；燃油分配轨，确保燃油均匀分配至各喷油器；燃油压力调节器，用于维持燃油在系统中的稳定压力；喷油器，根据发动机控制单元的信号精确喷射燃油；还有进油管，作为燃油流动的通道连接各部件。

5. 冷却系统

在发动机运行过程中，由于内部能量转换，会产生大量热量，导致发动机温度持续上升。若未能及时有效地将这些热量排出，将会引起发动机过热，进而造成其无法维持正常的工作状态。为此，冷却系统扮演着至关重要的角色，它主要通过液体的循环机制，将发动机内部的热量迅速转移并散发至外界，以维持发动机工作在适宜温度范围内。

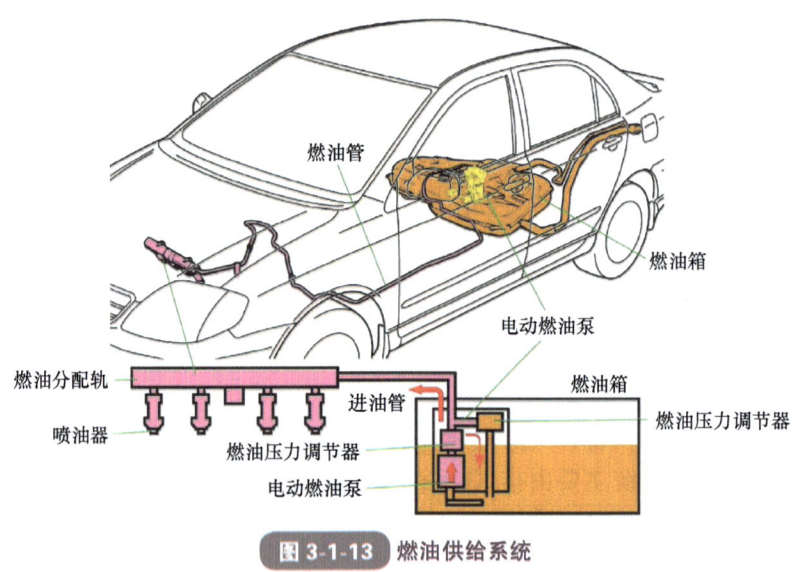

图 3-1-13 燃油供给系统

冷却系统由多个核心组件组成,包括但不限于发动机气缸体水套、负责驱动冷却液循环的冷却液泵、调控冷却液流动路径、节温器、增大散热面积以加速热量释放的散热器、利用风力强化散热效果的散热风扇,以及连接并引导冷却液在系统中循环的水管等,如图 3-1-14 所示。

6. 润滑系统

发动机曲柄连杆机构及配气机构的摩擦部件,鉴于其高速运转的特性,必须实施有效的润滑措施,以防止因润滑不良导致的快速磨损乃至损坏。为实现这一目标,发动机润滑系统有多条油道直接连通至关键摩擦部位,并通过机油泵持续、稳定地向这些油道供应机油。

如图 3-1-15 所示,发动机润滑系统由机油泵、集滤器、油底壳、润滑油道以及机油滤清器等组成。该系统的功能远不止于单纯的润滑,它还发挥着冷却、清洗、密封及防锈等多重作用,确保发动机整体运行的稳定与高效。

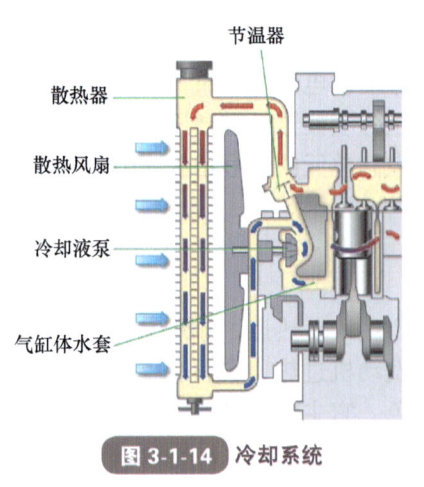

图 3-1-14 冷却系统

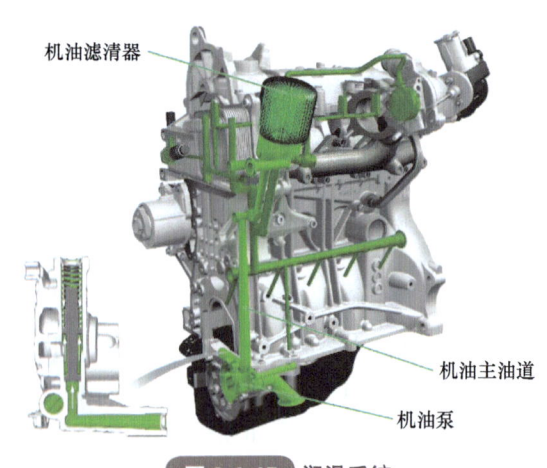

图 3-1-15 润滑系统

7. 点火系统

在汽油发动机中，气缸内部的可燃混合气是通过电火花进行点火的。为了实现这一过程，汽油发动机的气缸盖上特别配备了火花塞，其头部深入燃烧室内，确保能够精确地在火花塞的电极之间产生电火花，从而点燃混合气。

电子控制点火系统是一个复杂的系统，其核心组成部件包括低压电源、发动机控制模块（或称点火控制模块）、点火线圈、火花塞、高压线以及发动机转速传感器等，这些部件协同工作，共同确保了点火过程的准确性和稳定性。具体结构如图 3-1-16 所示。

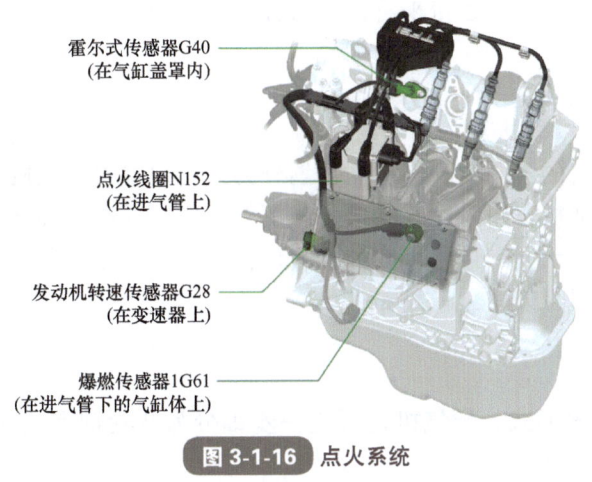

图 3-1-16 点火系统

8. 启动系统

启动系统由起动机、电磁开关及其附属装置组成，旨在使原本静止的发动机进入自行运转状态，如图 3-1-17 所示。

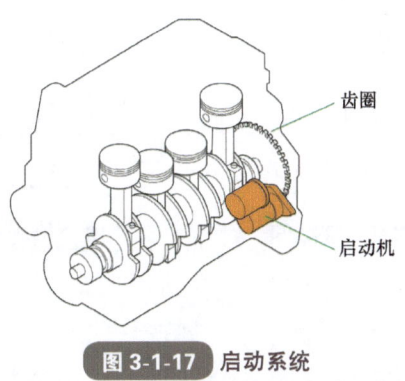

图 3-1-17 启动系统

3.2 配气机构维修与故障诊断

配气机构的主要功能是依据发动机各缸的工作序列及循环要求，精确控制各缸进、排气门的开启与关闭时机。这一机制确保新鲜气体（对汽油机而言是汽油与空气的混合气，对柴油机而言则为空气）能够适时进入气缸，同时使气缸内的废气得到有效排出。此外，配气机构还负责优化发动机在各种运行条件下的进气量，以保障发动机在不同工况下均能展现出最优异的性能。

3.2.1 配气机构的类型

配气机构由气门组和气门传动组构成，其类型繁多。从气门布置形式来看，主要分为气门顶置式和气门侧置式；从凸轮轴布置形式来看，则包括凸轮轴下置式、凸轮轴中置式和凸轮轴上置式；从曲轴与凸轮轴的传动方式来看，可细分为齿轮传动式、链条传动式和正时带传动式；而从每缸气门数目来看，又可分为二气门式、三气门式、四气门式和五气门式等多种类型。

1. 气门布置形式

根据气门布置形式的不同，配气机构被划分为气门顶置式配气机构和气门侧置式配气机构。当前，汽车发动机普遍采用气门顶置式配气机构，即进、排气门均设置在气缸盖内部，气门头朝下，倒挂于气缸盖上。此类配气机构通常由凸轮驱动，并通过传动机构精确控制进、排气门的开启与关闭。

2. 凸轮轴布置形式

按照凸轮轴的布置形式，配气机构可进一步细分为凸轮轴下置式（见图3-2-1）和凸轮轴上置式（见图3-2-2）。

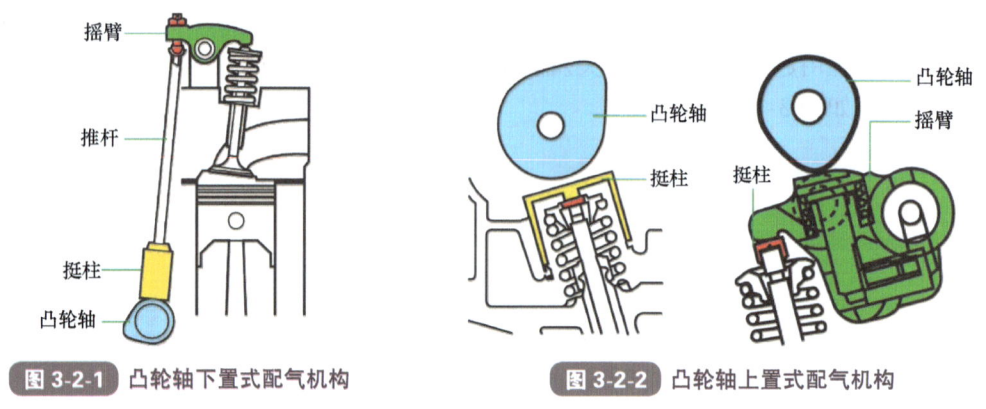

图3-2-1 凸轮轴下置式配气机构　　图3-2-2 凸轮轴上置式配气机构

3. 凸轮轴驱动方式

根据凸轮轴驱动方式不同，配气机构可分为齿轮传动、链传动和正时带传动等多种类型。

4. 气门数量和排列形式

通常情况下，发动机每缸配备两个气门，即一个进气门和一个排气门，如图3-2-3所示。然而，随着技术的不断进步，许多新型发动机开始采用每缸多气门的设计，如每缸四个气门（包括两个进气门和两个排气门，如图 3-2-4 所示）或五个气门（包括三个进气门和两个排气门）等，以进一步提升发动机的性能和效率。

图 3-2-3　两气门

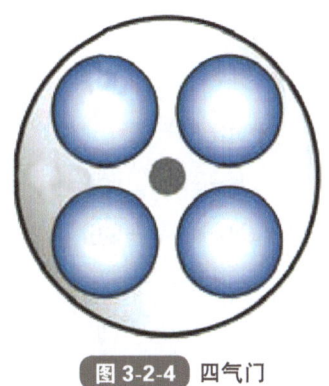

图 3-2-4　四气门

3.2.2　配气机构的组成

气门式配气机构由气门组和气门传动组组成，如图 3-2-5 所示。

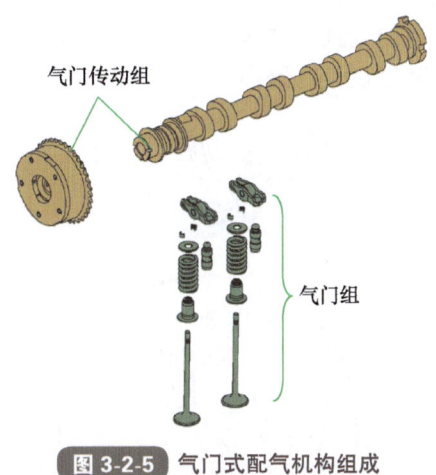

图 3-2-5　气门式配气机构组成

1. 气门组

气门组件由气门、气门座、气门弹簧、气门油封及气门锁片等组成，如图 3-2-6 所示。部分气门组件还配备气门旋转机构，旨在减轻气门头部的热变形，并清除气门密封锥面上的沉积物。

气门（见图 3-2-7）的头部设计包括平顶、凹顶和凸顶等形状，当前应用最为普遍的是平顶气门，因其结构简单、制造便捷、受热面积小，故进、排气门均可采用。

气门杆为圆柱形设计，一端连接气门头部，另一端则与弹簧座相连。为确保气门性能，气门杆需执行高精度的加工工艺，并与气门导管维持适宜的配合间隙，以此降低磨损，同时发挥优异的导向与散热效能。气门通常通过两个气门锁片固定于上气门弹簧座上。

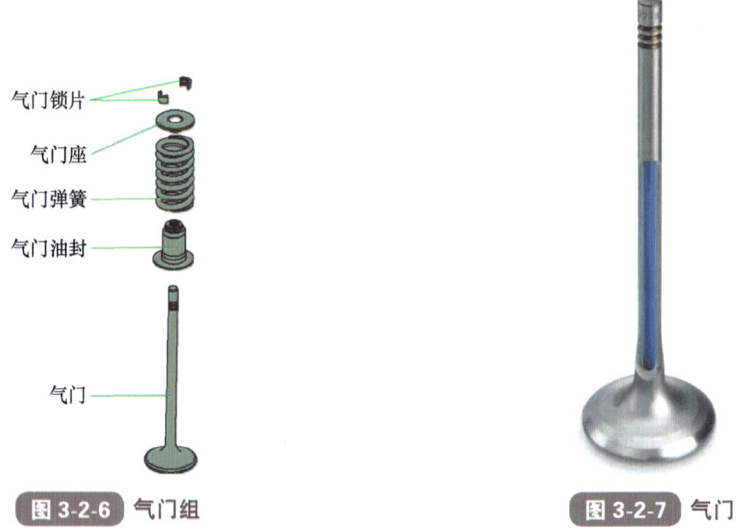

图3-2-6 气门组　　　　图3-2-7 气门

气缸盖上与气门锥面相接触的部分叫作气门座（见图3-2-8），其主要功能是通过内锥面与气门锥面的紧密配合来密封气缸，并吸收气门传递的热量。此外，气门座还能防止气门直接撞击气缸盖，从而减轻气缸盖的磨损。

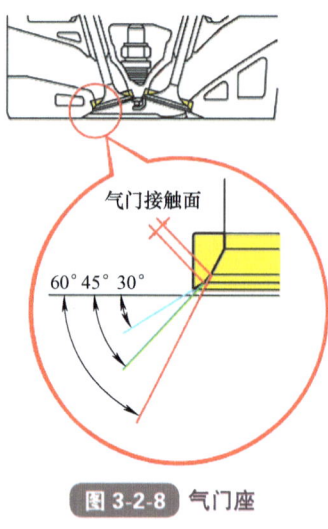

图3-2-8 气门座

气门弹簧则负责确保气门在关闭时能与气门座紧密贴合，并克服气门开启时配气机构产生的惯性力，确保传动件始终受凸轮控制而不脱离。同时，气门导管对气门的运动起到导向作用，确保气门做直线运动，并将气门杆上的热量传递给气缸盖。气门导管与气门杆之间需保持微量间隙（0.05～0.12mm），以确保气门杆在导管中的自由运动，如

图 3-2-9 所示。

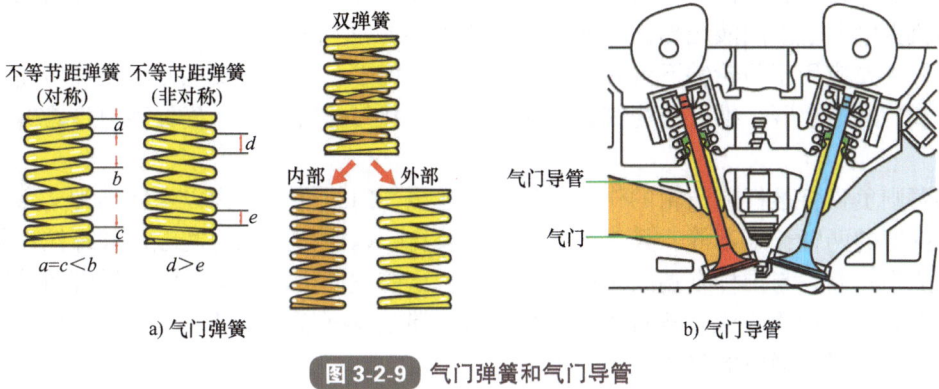

a) 气门弹簧　　　　　　　　　　　b) 气门导管

图 3-2-9　气门弹簧和气门导管

2. 气门传动组

气门传动组的核心功能在于确保气门能够严格按照发动机配气相位的设定时间进行开启与关闭，并维持足够的开启高度。它由凸轮轴、挺柱、推杆、摇臂等组成。然而，根据气门驱动形式与凸轮轴位置的不同，气门传动组的零件配置存在显著差异，如图 3-2-10 所示。

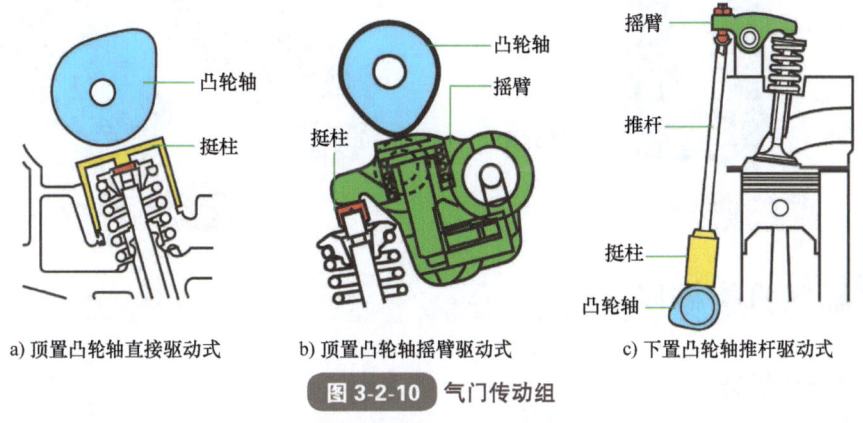

a) 顶置凸轮轴直接驱动式　　b) 顶置凸轮轴摇臂驱动式　　c) 下置凸轮轴推杆驱动式

图 3-2-10　气门传动组

凸轮轴（见图 3-2-11）负责驱动气门组件，并通过安装在气缸盖上的轴承实现支撑。凸轮轴的动力来源于发动机前部的正时齿轮、正时链或正时带。

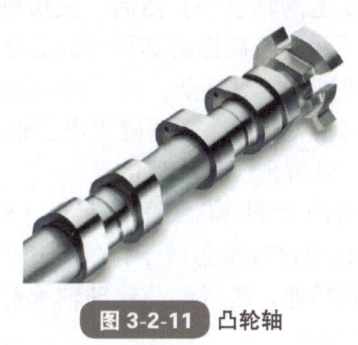

图 3-2-11　凸轮轴

挺柱则扮演着将凸轮的运动与力量传递给推杆或气门的角色，同时还要承受来自凸轮的侧向力，并将其有效传递至机体或气缸盖。挺柱可分为机械挺柱与液压挺柱两大类，当前发动机更倾向于采用液压挺柱，液压挺柱如图3-2-12所示。

推杆主要应用于凸轮轴下置式与中置式配气机构中，其主要功能是将挺柱传递来的动力进一步传递给摇臂。推杆作为细长杆件，位于挺柱与摇臂之间，确保动力传输的顺畅与准确。

摇臂则负责将推杆或凸轮的作用力最终传递至气门组件。作为以摇臂轴为支点的双臂杠杆，摇臂的两臂长度不等，且一端加工有螺纹孔，以便拧入气门间隙调整螺栓；另一端则加工成圆弧面，与推杆末端的球面紧密配合。当前发动机设计中，滚轮摇臂因其优异的性能而得到广泛应用。滚轮摇臂由钢板成形件与带有滚子轴承的滚轮组成（见图3-2-13），有效提升了气门传动组的整体效率与稳定性。

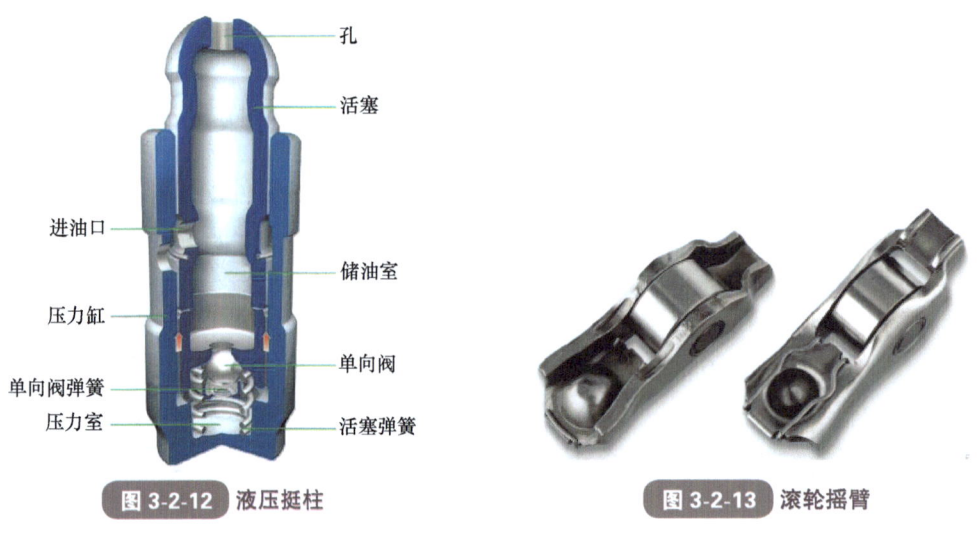

图3-2-12 液压挺柱　　　图3-2-13 滚轮摇臂

3.2.3 配气机构维修

1. 配气机构拆装

1）凸轮轴的拆装。凸轮轴的轴承盖通常会配备有明确的标记，用以指示其对应的轴承位置。针对单顶置凸轮轴（见图3-2-14），其轴承盖的拆卸流程需遵循特定的顺序：首先，需依次松开位于第5、1、3道的轴承盖；然后，按照顺序依次松开第2、4道的轴承盖。这一拆卸过程如图3-2-14所示，应确保拆卸作业的有序进行。

双顶置凸轮轴轴承盖的拆卸过程相对复杂，需要特别注意其轴承盖上的多重标记。这些标记不仅包含了进、排气侧的相关标识，还明确指出了轴承盖的具体位置编号。重新装配时，必须严格遵循这些标记，以防止任何装配错误。

如图3-2-15所示，排气侧凸轮轴轴承盖上标有"E3"，其中"E"为英语单词"Exhaust"（排气）的首字母，代表该轴承盖属于排气侧；而数字"3"则明确指出了它是排气凸轮轴的第3道轴承盖。同样地，进气侧凸轮轴轴承盖上标有"I3"，其中"I"为英语单词"Inlet"(进气)的首字母,代表进气侧;数字"3"也指出了它是进气凸轮轴的第3道轴承盖。

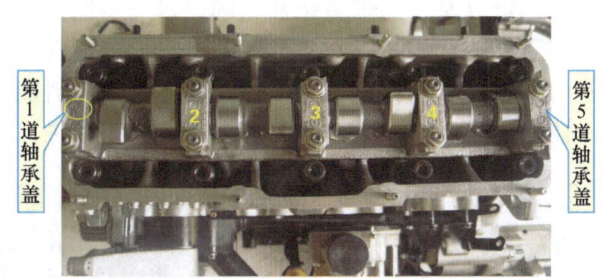

图 3-2-14 单顶置凸轮轴轴承盖的拆卸

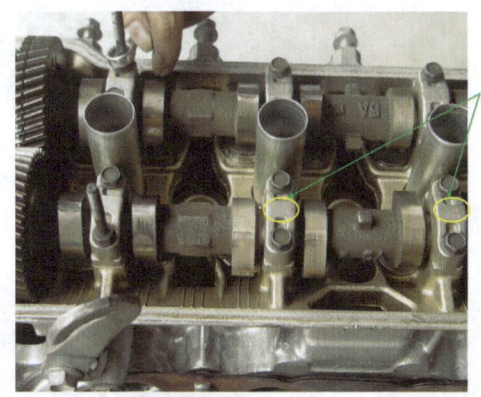

图 3-2-15 双顶置凸轮轴轴承盖上的标记

这些标识可能因发动机型号的差异而有所不同,为准确识别,请参照相应发动机的维修手册进行查询与确认。

双顶置凸轮轴轴承盖拆卸顺序如图 3-2-16 所示。

图 3-2-16 双顶置凸轮轴轴承盖拆卸顺序

2)气门组的拆装。首先,将专门的气门拆装工具精确安装于气缸盖之上,然后对气门弹簧施加适当的压力,以确保气门锁片能够顺利地从气门杆底部解锁。紧接着,利用磁力棒这一辅助工具,将已解锁的气门锁片稳妥地吸出,避免掉落遗失,操作过程如

图3-3-17所示。

完成上述步骤后，应细心地将气门拆装工具从气缸盖上取下，并再次利用磁力棒，依次取出气门弹簧座、气门弹簧以及气门弹簧垫片，确保每一步操作都准确无误。

随后，将注意力转移至气缸盖的另一端，此时即可轻松取下气门。对于气门油封的更换，则需使用专门的气门油封拆装工具进行操作，以确保气门油封能够被完整且无损地取下，操作过程如图3-3-18所示。

图3-2-17 安装气门拆装工具压缩气门弹簧

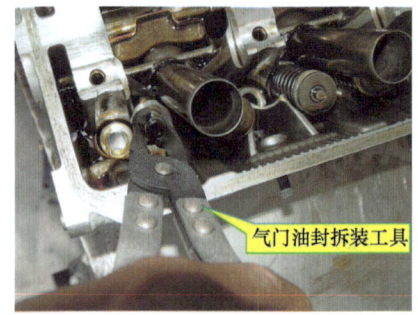

图3-2-18 取下气门组件和气门油封

2. 凸轮轴的检查及常见故障

1）凸轮轴目视检查。在进行凸轮轴检查之前，需确保凸轮轴已在适当的清洗剂中进行了彻底的清洗，并随后使用压缩空气进行彻底干燥。随后，需执行以下视觉检查步骤，以确保凸轮轴的各项关键指标均符合标准。

① 细致检查凸轮轴的供油孔，确认其内部是否残留有灰尘、碎屑或存在堵塞现象。
② 仔细检查螺纹孔，确保未出现任何形式的损坏。
③ 对凸轮轴的定位切口进行仔细观察，检查其是否发生损坏或磨损。
④ 评估凸轮轴的密封槽状态，确认其是否完好无损。
⑤ 认真检查凸轮轴的止推面，确认其表面是否出现损坏。

最后，对凸轮和轴颈进行全面检查，确认其表面是否存在严重的划伤、点蚀、热变色或变形现象。

2）凸轮轴径向圆跳动的检查。如图 3-2-19 所示，将凸轮轴稳妥地支撑于检验平板的 V 形架上，确保稳固不晃动。随后，将百分表精确放置于平板中央位置，通过调整百分表测量杆，确保其紧密且垂直地抵靠在凸轮轴中间的主轴颈表面上，并预先施加 1mm 的预压力。接下来，以平稳且缓慢的速度旋转凸轮轴一整圈，其间需确保旋转过程稳定无跳跃。旋转完成后，观察并记录百分表指针所示的最大值与最小值之间的差值，此差值即精确反映了凸轮轴的径向圆跳动量。

图 3-2-19 凸轮轴径向圆跳动的检查

3）凸轮轴常见故障及原因。凸轮轴常见的故障类型主要涵盖凸轮与轴颈的磨损问题。当凸轮轴磨损情况较为严重时，气门室区域会明显发出"嘀嗒、嘀嗒"声。具体而言，凸轮轴的磨损现象集中体现在其轴承及凸轮的磨损上。针对此类故障，其原因可归结为以下几点。

① 凸轮轴润滑不足，导致摩擦增大，加速了磨损进程。

② 凸轮轴轴颈紧固螺栓的紧固力矩未达到规定标准，影响了其稳固性，进而加剧了磨损。

③ 凸轮轴轴向定位螺栓或止推片松动，导致凸轮轴在运转过程中产生不稳定，加剧了磨损。

④ 凸轮轴轴颈紧固螺栓松动，同样会导致凸轮轴在运转时的不稳定，进而加重了磨损现象。

⑤ 凸轮轴在运动过程中发生轴向移动，这种非正常的运动状态会对凸轮轴及其相关部件造成额外的磨损。

⑥ 凸轮轴轴承润滑不良或安装不当，也会导致凸轮轴在运转时受到额外的摩擦和磨损。

⑦ 凸轮或挺柱磨损严重，这是直接导致凸轮轴故障的重要原因之一，其磨损会进一步影响凸轮轴的正常运转。

3. 挺柱外径的检查

如图 3-2-20 所示，对发动机挺柱的外径进行测量时，需在 A 和 B 两点处，分别沿 X 和 Y 方向进行精确测量。根据测量结果，该发动机挺柱的外径被确定在 30.96～30.97mm 范围内。

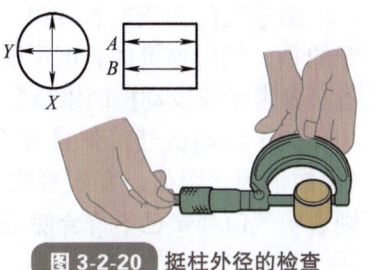

图 3-2-20 挺柱外径的检查

4. 气门的检查

1）测量气门边缘厚度。请参照图 3-2-21 所示，进行气门边缘厚度的检查。若所测厚度低于规定值，则必须更换气门。关于气门边缘厚度的具体参数，建议参照各车型维修手册。

以下是发动机气门边缘厚度的参考值（具体参数应以发动机维修手册为准）：

进气门：0.27～0.23mm

排气门：0.90～1.10mm

2）气门杆直径的测量。请按照图 3-3-22 所示，在 A、B、C 三个点分别沿 X 和 Y 方向进行气门杆直径的测量。若测得的气门杆直径小于规定值，则需更换气门。具体的气门杆直径参数，建议参考各车型维修手册。

标准外径的参考值（具体参数应以发动机维修手册为准）：

进气门：5.470～5.485mm

排气门：5.465～5.480mm

最小外径的参考值（具体参数应以发动机维修手册为准）：

进气门：5.470mm

排气门：5.465mm

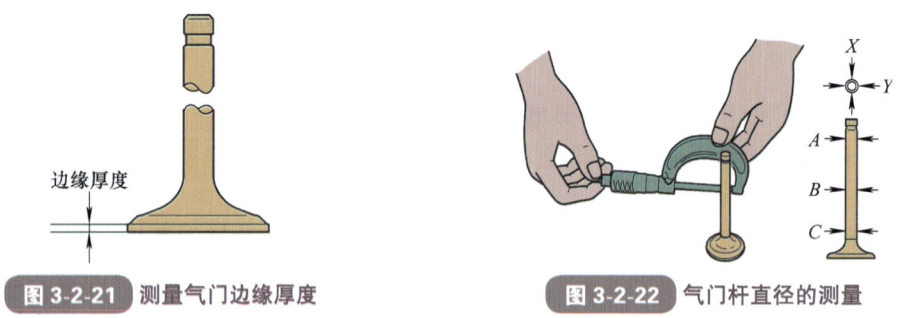

图 3-2-21 测量气门边缘厚度　　图 3-2-22 气门杆直径的测量

5. 气门导管的检查

如图 3-2-23 所示，针对 A、B、C 三个点，沿 X 和 Y 两个方向对气门导管的内径进行了精确的测量。关于气门导管的标准内径，根据常规参考（具体数值应参照发动机维修手册），其范围被设定为 5.51～5.53mm。

6. 气门弹簧的检查

测量气门弹簧的长度时，应采用游标卡尺进行精确操作，如图 3-2-24 所示。值得注意的是，气门弹簧的长度可能会因发动机型号的不同而有所差异。因此，在进行测量时，务必参考相应发动机的维修数据以确保准确性。

关于发动机气门弹簧的长度标准，通常情况下，其范围应处于 44.7～45.7mm 之间（此数值为参考值，实际参数应依据发动机维修手册进行查询）。若测量结果超出此范围，则表明气门弹簧已不符合使用标准，需及时进行更换以确保发动机的正常运行。

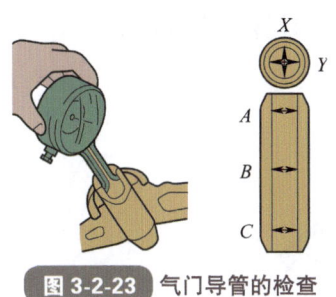

图 3-2-23 气门导管的检查

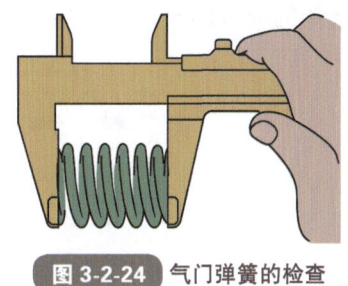

图 3-2-24 气门弹簧的检查

7. 气门间隙的检查

1）旋转曲轴，使 1 缸活塞处于上止点。

2）如图 3-2-25 所示，使用塞尺精确测量图中箭头所指的气门间隙。发动机气门间隙标准值（冷车时）设定为：

进气门：（0.23 ± 0.03）mm（此值为参考值，具体参数应参照发动机维修手册）

排气门：（0.32 ± 0.03）mm（此值为参考值，具体参数应参照发动机维修手册）

3）将曲轴继续旋转一整圈（360°），使 4 缸活塞达到上止点位置，并重复上述测量步骤，检查图 3-2-26 中箭头所示的气门间隙值。发动机气门间隙标准值（冷车时）为：

进气门：（0.23 ± 0.03）mm（此值为参考值，具体参数应参照发动机维修手册）

排气门：（0.32 ± 0.03）mm（此值为参考值，具体参数应参照发动机维修手册）

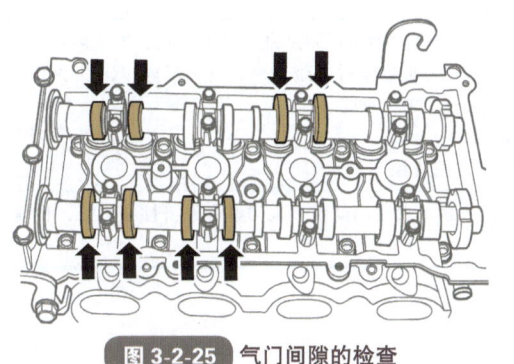

图 3-2-25 气门间隙的检查

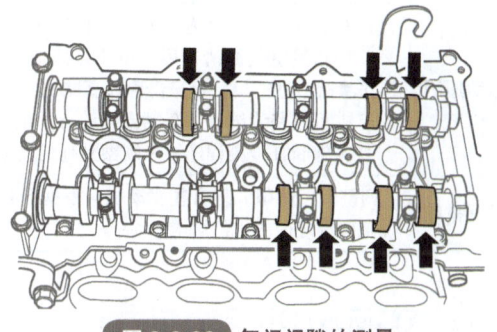

图 3-2-26 气门间隙的测量

8. 气门间隙调整

如测量出的气门间隙不符合标准，应按照以下步骤调整。

1）拆卸凸轮轴轴承盖。按照规定的顺序，每次松开凸轮轴轴承盖螺栓半圈至一圈，直至完全松开，并拆下凸轮轴。

2）取出气门挺杆，如图 3-2-27 所示，使用千分尺精确测量其厚度。根据以下公式计算所需的新气门挺杆厚度：

进气：$A=B+C-0.23$mm（此值为参考值，具体参数应参照发动机维修手册）

排气：$A=B+C-0.32$mm（此值为参考值，具体参数应参照发动机维修手册）

其中，A 代表新气门挺杆厚度，B 代表旧气门挺杆厚度，C 代表测量得到的气门间隙值。

3）选择的新气门挺杆厚度应尽量接近通过上述公式计算得出的数值。

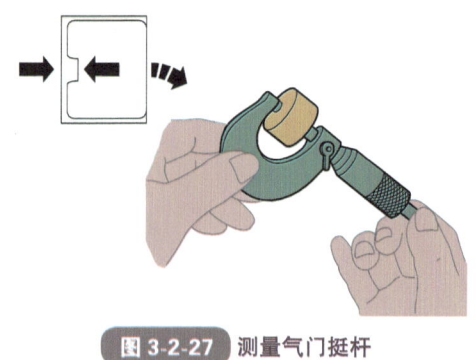

图 3-2-27 测量气门挺杆

3.2.4 配气机构常见故障诊断检修

1. 气门间隙过大

气门间隙过大故障诊断策略见表 3-2-1。

表 3-2-1 气门间隙过大故障诊断策略

故障现象	在车辆运行过程中，出现行驶动力不足的现象，并伴随有"嘭、嘭"的异响，这导致车辆的功率显著降低
故障原因	① 在发动机处于怠速状态时，于气门室盖周边区域，可清晰辨识到杂乱无章的"哒、哒"声响 ② 当移除空气滤清器后，可明显捕捉到"嘭、嘭"的非金属材质敲击声。进一步操作，以手覆盖空气滤清器的进气口，该敲击声显著减弱，但随即转变为"哒、哒"声 ③ 进行道路测试时，车辆出现动力不足的现象 ④ 实施断缸检测程序，未观察到任何气缸工作异常的迹象
诊断排除	调整气门间隙。但有些发动机，根据行驶条件，适当增大气门间隙，动力性和经济性会更好，也就是说允许有轻微的气门脚响

2. 气门间隙过小

气门间隙过小故障诊断策略见表 3-2-2。

表 3-2-2 气门间隙过小故障诊断策略

故障现象	① 发动机在怠速状态下运行平稳，未出现任何杂音或异常声响 ② 该车的起动性能有所下降，出现启动困难或启动时间延长的现象 ③ 汽车在行驶过程中，动力表现不足，出现行驶无力的症状 ④ 当车辆处于高温环境时，可能会出现进气系统不规则的回火现象，以及排气系统异常放炮的情况 ⑤ 在极端情况下，可能会出现活塞与气门之间的撞击声
故障原因	当间隙尺寸过小时，会导致气缸密封性能下降，进而引起功率降低的问题。针对此情况，建议根据故障的具体表现进行判断分析，并在必要时，当发动机处于高温状态时，进行气缸压力的测量工作。此时测得的气缸压力值，通常会明显低于正常状态下的预期值
诊断排除	调整气门间隙，需特别注意确保气门间隙不应过小，这一规范普遍适用于各类发动机

3. 排气门烧蚀

排气门烧蚀故障诊断策略见表 3-2-3。

表 3-2-3 排气门烧蚀故障诊断策略

故障现象	① 汽车行驶过程中出现动力不足的现象 ② 发动机在运行过程中抖动明显加剧 ③ 排气管发出异常的"突、突"排气声 ④ 消声器部位排放出白色或灰色的烟雾
故障原因	① 由于气门间隙设置过小,当气门受热膨胀后,其关闭状态将变得不严密 ② 气门杆与气门导管之间的间隙过大,导致气门杆在导管内出现摇晃现象 ③ 气门杆发生弯曲或气门头发生变形,进而使得气门在关闭时呈现倾斜状态 ④ 气门杆上积聚了过多的积炭,这些积炭限制了气门在气门导管内的顺畅运动。同时,气门杆与气门导管之间的间隙过小,也进一步阻碍了气门的灵活运动 ⑤ 在发动机承受重负荷且温度较高的情况下,若气门传热性能不佳,将可能引发一系列问题 ⑥ 气门座附近的冷却水套内,由于水垢等原因,导致冷却效果显著降低 ⑦ 气门材料的选用以及制造过程中的质量控制存在不足,影响了气门的整体性能和质量
诊断排除	① 基于上述现象的观察,需对发动机实施逐缸断缸试验。在此过程中,若某一气缸被切断后,其转速并未出现显著变化或变化极微,且伴随排气管中"突、突"声的同步消失,则可初步判定该气缸存在故障。为进一步精确诊断排气门是否遭受烧蚀,对该气缸实施进一步的压力测试,以获取更确切的故障信息 ② 在深入剖析了上述气门烧蚀的具体原因后,应首先明确并排除故障根源。随后,为确保发动机的正常运行,应更换受损的气门部件

4. 进气门积炭和结胶

进气门积炭和结胶故障诊断策略见表 3-2-4。

表 3-2-4 进气门积炭和结胶故障诊断策略

故障现象	① 发动机运行出现不稳定性,伴随显著抖动 ② 车辆启动性能出现明显下降 ③ 汽车在行驶过程中动力不足 ④ 当发动机达到特定温度后,进气管内会发出尖锐且连续的"哒、哒"异响 ⑤ 排气声音表现出不均匀的特征 ⑥ 进气歧管存在过热现象,触摸时感觉烫手 ⑦ 在极端情况下,进气管还可能出现回火现象
故障原因	① 气门油封失效,导致机油异常渗入气缸内,进而在燃烧过程中产生大量胶质与积炭 ② 活塞与气缸之间的配合间隙超出正常范围,影响了密封性能 ③ 活塞环存在对口现象,弹性减弱,开口间隙过大,或安装方向错误,均导致密封性下降,机油因此窜入气缸并参与燃烧 ④ 密封性显著降低,机油得以窜入气缸内参与燃烧过程。 ⑤ 气门杆与气门导管之间磨损过度,间隙增大,加之气门关闭不严,均促使机油被吸入气缸内 ⑥ 发动机在低温状态下持续运转时间过长,可能对燃油的燃烧及密封性能产生不利影响 ⑦ 机油质量不符合要求或黏度偏低,以及油底壳内机油液面过高,均可能促使机油异常进入燃烧室

(续)

诊断排除	① 鉴于上述现象，特别是进气歧管出现的异常高温现象，此乃故障之显著标志。随后，我们实施了发动机逐缸断缸测试，结果显示，当特定气缸被切断后，发动机转速未出现明显变化或变化幅度极小，且原本存在于进气管的"哒、哒"异响也随之消失。由此，我们可断定该气缸存在故障。为进一步验证此结论，建议对该气缸进行压力测试，以获取更确切的故障信息 ② 在拆卸气门进行检查的过程中，若发现气门完好无损，则可采取清除积碳的措施，使其得以重复使用 ③ 针对故障程度较轻的情况，我们推荐采用不解体清除积炭的方法。具体操作为，在油箱中按比例加入气缸清洗剂，随后让汽车保持正常运行状态。若在此过程中，故障症状有所减轻，则可考虑再次进行清洗操作。然而，若清洗无效，则需解体气缸盖，通过手工方式彻底清除积炭 ④ 若检查发现气门存在损坏或烧蚀现象，应及时更换新的气门，以确保发动机的正常运转

5. 进气管漏气

进气管漏气故障诊断策略见表 3-2-5。

表 3-2-5　进气管漏气故障诊断策略

故障现象	① 发动机存在动力输出不足的问题 ② 车辆启动过程中遭遇困难，启动性能不佳 ③ 发动机运行中出现异常抖动现象 ④ 在车辆急加速过程中，观察到回火或放炮的异常声响 ⑤ 在极端情况下，于进气管附近可清晰听到"嘘、嘘"的异常响声，表明可能存在严重故障
诊断排除	① 在进气管附近进行听诊，以确认是否存在"嘘、嘘"的漏气声响 ② 若漏气部位位于空气流量计前方，通常发动机将不会出现明显的故障现象，但会增加发动机的磨损程度 ③ 若漏气部位位于空气流量计后方且位于节气门前方，则发动机可能表现出动力不足、运行不平稳等异常现象 ④ 若漏气部位位于节气门后方，则发动机可能面临启动困难、回火放炮等严重问题

6. 排气门漏气

排气门漏气故障诊断策略见表 3-2-6。

表 3-2-6　排气门漏气故障诊断策略

故障现象	① 存在较为明显的排气噪声问题 ② 在特定情况下，可能会出现放炮现象 ③ 废气检测结果显示，氧含量有所上升
诊断排除	① 目视检查法：通过直接观察，可以发现排气管漏气部位通常会有烟雾冒出，并且在漏气点周围会留下明显的黑色炭烟痕迹 ② 触觉检测法：在距离排气管约 100mm 的位置，用手进行巡查时，可以感受到漏气部位有明显的气体流动感（操作时，需小心以防烫伤） ③ 听觉诊断法：漏气部位会发出特定的"叭、叭"声响，这是通过听觉进行诊断的重要依据

7. 进气管回火

进气管回火故障诊断策略见表 3-2-7。

表 3-2-7 进气管回火故障诊断策略

故障现象	① 当发动机处于高温状态时，进气管内会出现"嘭、嘭"的异常声响，同时在移除空气滤清器后，可以清晰地观察到明显的回火现象 ② 车辆的启动性能出现显著下降 ③ 汽车在行驶过程中表现出动力不足，行驶无力
故障原因	① 由于进气门间隙设置过小，在高温工况下，气门杆因热胀冷缩原理膨胀伸长，进而导致气门关闭不严，影响发动机正常工作 ② 进气门或气门座若发生烧蚀现象，将直接导致进气门关闭不严，影响气缸的密封性能 ③ 在发动机做功行程中，若存在密封不严的问题，火焰可能泄漏至进气管内，进而引发进气管内混合气的燃烧，此现象被称为回火
诊断排除	① 针对进气门间隙进行细致的检查，并根据需要进行必要的调整，以确保其处于规定的标准范围内 ② 针对进气门或气门座出现的磨损或损坏情况，应及时进行更换，以维持发动机的正常运行和性能

8. 排气管放炮

排气管放炮故障诊断策略见表 3-2-8。

表 3-2-8 排气管放炮故障诊断策略

故障现象	① 在发动机处于高温状态时，排气管可能会发出"叭、叭"的异常声响 ② 该车辆的起动性能出现明显下降 ③ 在行驶过程中也表现出动力不足的问题
故障原因	① 若排气门间隙设置过小，则在发动机处于高温状态时，由于气门杆膨胀伸长，将导致气门无法严密关闭 ② 排气门或气门座的烧蚀现象，均会引发排气门无法严密关闭的问题 ③ 在发动机压缩行程阶段，若可燃混合气体泄漏至排气管中，并与其他缸排出的高温混合气相遇，将可能引发燃烧反应，从而造成排气管放炮的现象
诊断排除	① 进行排气门间隙的详细检查，并根据需要进行相应的调整，以确保其处于正确的规格范围内 ② 进行排气门或气门座的更换工作，以恢复其正常功能并保障整体性能的稳定

3.3 曲柄连杆机构维修与故障诊断

曲柄连杆机构，作为发动机实现工作循环及能量转换的核心运动部件，其包括机体组、活塞连杆组与曲轴飞轮组等组件，如图 3-3-1 所示。在发动机的工作循环中，特别是在做功行程，活塞会承受来自燃气的高压作用，进而在气缸内执行往复直线运动。此运动能量随后经由连杆及曲柄的精密配合，转化为曲轴的旋转动能，最终由曲轴输出至外部，实现动力的传递。

另一方面，在发动机的进气、压缩和排气行程中，飞轮扮演着能量储存与释放的关键角色。它能够在需要时释放储存的能量，驱动曲轴进行旋转运动，进而通过连杆再次转化为活塞的往复直线运动,以完成整个工作循环的连续与高效运作。

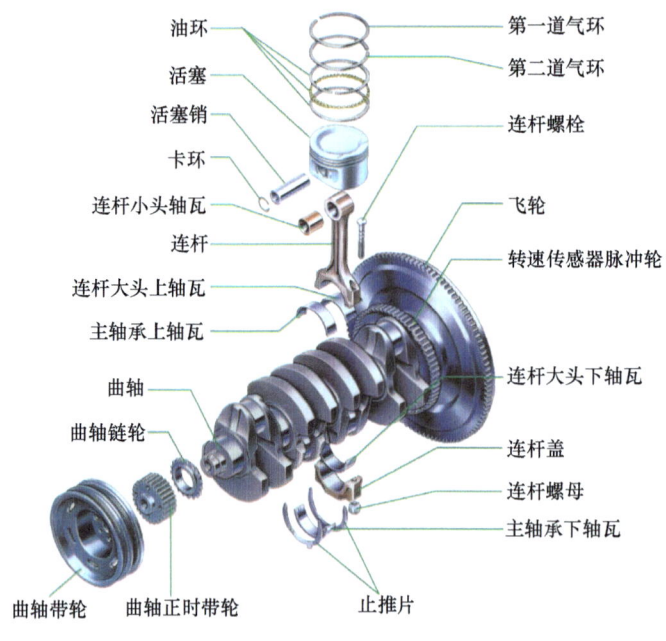

图 3-3-1 曲柄连杆机构

3.3.1 曲柄连杆机构的组成

1. 机体组

机体组由气缸体、气缸盖、曲轴箱、油底壳及气缸垫等部件组成,如图 3-3-2 所示。机体组不仅是发动机各机构与系统装配的基础框架,其多个部件还直接参与了曲轴连杆机构、配气机构、燃料供给系统、冷却系统及润滑系统的构建与运作。

气缸体,作为发动机的支撑结构,承担着承载活塞、曲轴及其附属部件的重要任务。其内部精心设计的圆柱形空腔,即气缸,引导着活塞进行精确的往复直线运动。

气缸盖,则负责封闭气缸体的上部,并与活塞顶和气缸壁紧密协作,共同构成燃烧室。在发动机的众多零部件中,气缸盖的复杂程度仅次于气缸体。

气缸垫,作为气缸盖与气缸体之间的关键连接件,其主要作用在于填补两者之间的微小间隙,确保结合面的严密密封,从而保障燃烧室的完整性与性能稳定。此外,气缸垫还可防止气缸盖漏气、漏水。根据材质不同,发动机气缸垫可分为金属石棉气缸垫、金属复合材料气缸垫及全金属气缸垫等多种类型。在安装过程中,需特别留意气缸垫上的朝向标记,确保其正确朝向,以保证最佳密封效果。

油底壳则扮演着贮存机油并封闭曲轴箱的重要角色。它的制造材料多样,包括但不限于薄钢板、铝合金及塑料等,可以满足不同应用场景下的性能需求。

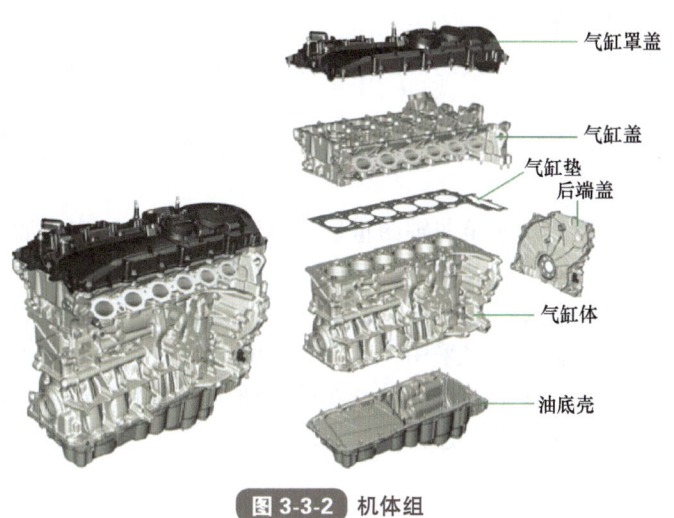

图 3-3-2 机体组

2. 活塞连杆组

活塞连杆组由活塞组和连杆组组成。在发动机的运转过程中，特别是在做功行程，活塞组负责将气缸内高压气体所产生的作用力，通过连杆组有效地传递给曲轴。这一传递过程实现了活塞的往复直线运动向曲轴旋转运动的转变，从而使发动机正常运转。活塞连杆组如图 3-3-3 所示。

活塞的核心功能是，在做功行程承受由气体产生的压力，并将这一压力通过活塞销有效传递至连杆，随后由连杆将动力进一步传递给曲轴，以驱动曲轴旋转。活塞由顶部、头部以及裙部组成，如图 3-3-4 所示。

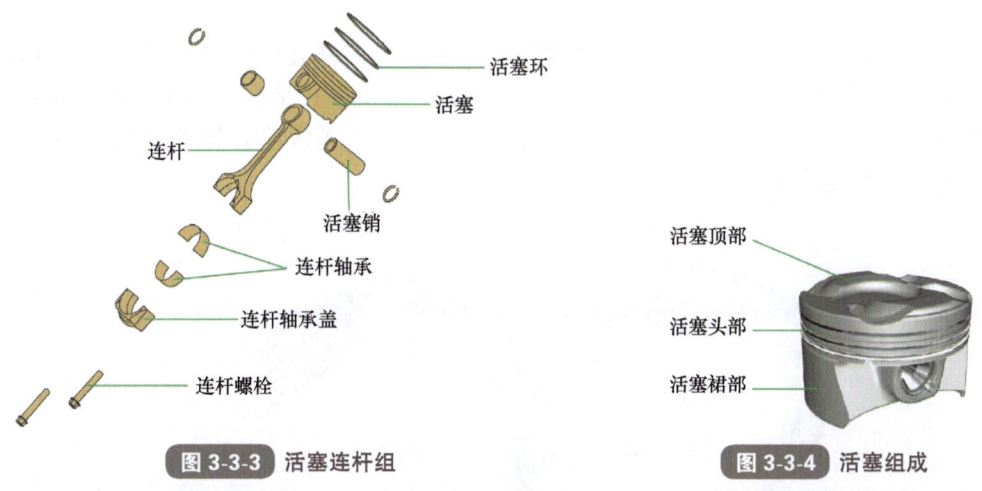

图 3-3-3 活塞连杆组　　图 3-3-4 活塞组成

活塞的顶部与气缸盖、气缸壁共同构成燃烧室，其顶部具体形态则依据所选用的燃烧室形状进行定制。活塞环分为气环与油环两大类，如图 3-3-5 所示。

气环，亦称压缩环，其主要功能是与活塞协同工作，确保气缸的密封性，有效阻止燃气下行窜入曲轴箱。同时，它还负责将活塞头部的热量传导至冷却液或空气中，并辅助油环调控气缸壁上的机油分布。

油环的作用是清除缸壁上多余的机油，确保机油在缸壁上的均匀分布，并辅助气环提升密封效果。

活塞销则是连接活塞与连杆小头的关键部件，负责将活塞所承受的气体作用力传递至连杆。

连杆则承担将活塞受力传递至曲轴的重任，推动曲轴旋转，实现活塞往复运动向曲轴旋转运动的转换。

连杆结构如图3-3-6所示，由连杆小头、杆身及连杆大头三部分组成。连杆小头用于安装活塞销，以连接活塞；杆身多采用"工"字形断面设计，部分发动机在杆身内设有纵向压力油道；连杆大头则与曲轴的连杆轴径相连，通常采用剖分式设计，上半部与杆身为一体，下半部为连杆盖，两者通过连杆螺栓组装而成。

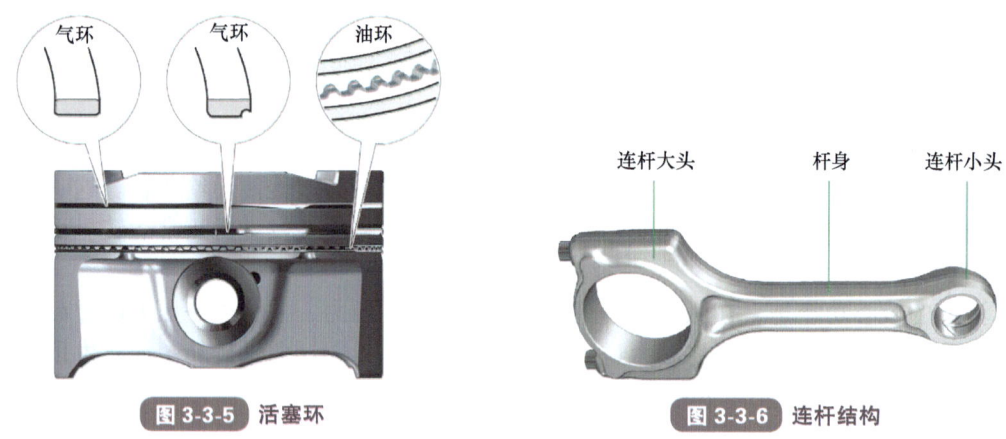

图3-3-5 活塞环　　　图3-3-6 连杆结构

连杆轴承安装在连杆大头内部，旨在保护连杆轴径以及连杆大头孔免受损害。此轴承结构独特，由钢背与减摩合金材料共同组成，并以两半薄壁形式呈现，如图3-3-7所示。减摩合金的选用，旨在利用其保持油膜、降低摩擦阻力以及促进快速磨合的特性，以确保连杆轴承的高效、稳定运行。

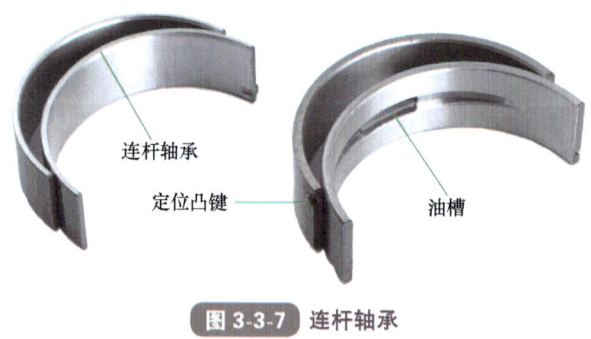

图3-3-7 连杆轴承

连杆组连接着活塞组与曲轴飞轮组，其主要功能在于将活塞所承受的力有效传递给曲轴，并进一步实现活塞的往复直线运动向曲轴旋转运动的转变。

3. 曲轴飞轮组

曲轴飞轮组主要由曲轴、飞轮及其他具有不同功用的零件和附件组成，如图 3-3-8 所示。这些零件和附件的具体种类与数量，完全取决于发动机的结构设计与性能需求。

曲轴（见图 3-3-9），作为发动机曲柄连杆机构的核心组件，其主要功能是将活塞连杆的直线往复运动转化为自身的旋转运动，并在此过程中向外部输出动力，从而驱动汽车的传动系统、发动机配气机构以及其他附属装置。曲轴不仅是发动机内部关键的运动转换部件，也是实现动力输出的主要旋转元件。

曲轴的形状及其各曲拐的相对位置，严格遵循气缸数量、气缸排列形式以及发动机工作顺序的特定要求。为维持发动机运转的平稳性，至关重要的是确保各气缸做功间隔的均衡性，即确保发动机每完成一个完整的工作循环，所有气缸均能依次进行点火做功。对于四冲程发动机而言，若其气缸数为 i，则发火间隔角严格计算为 720° 除以 i。此外，为减轻主轴承所承受的负荷，并有效避免进气行程中的抢气现象，连续做功的两个气缸应尽量保持较远的距离。特别地，在 V 形发动机中，左右两列气缸应交替进行点火，以确保运转的顺畅性。

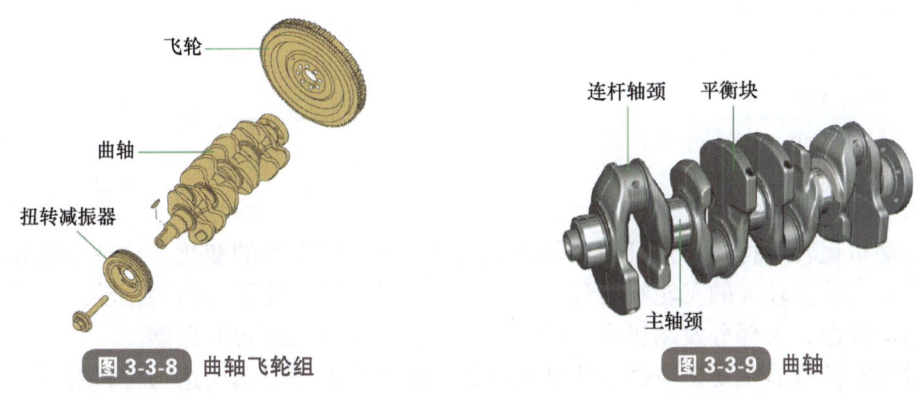

图 3-3-8 曲轴飞轮组　　图 3-3-9 曲轴

以四冲程直列四缸发动机为例，其发火间隔角精确计算为 720° 除以 4，即 180°。在此类发动机中，四个曲拐均被精心布置在同一平面内。发动机的工作顺序严格遵循 1-3-4-2 或 1-2-4-3 的序列，其完整的工作循环见表 3-3-1。

四冲程直列六缸发动机的发火间隔角经计算为 720°/6=120°，即每两个相邻气缸的发火时间间隔为 120°。其六个曲拐相互间隔亦为 120°，确保各气缸按序工作。发动机的工作顺序通常设定为 1-5-3-6-2-4，此顺序较为常见，并在表 3-3-2 中详细展示了其工作循环流程。

表 3-3-1　四冲程直列四缸发动机工作循环表（工作顺序 1-3-4-2）

曲轴转角	1 缸	2 缸	3 缸	4 缸
0°～180°	做功	排气	压缩	进气
180°～360°	排气	进气	做功	压缩
360°～540°	进气	压缩	排气	做功
540°～720°	压缩	做功	进气	排气

飞轮作为一种转动惯量显著的盘形部件，在发动机中扮演着多重关键角色。首先，它负责储存做功行程中产生的能量，从而确保发动机运转的平稳性。其次，飞轮上的上止点标记被用为校准发动机点火或喷油时刻的依据，同时也便于调整气门间隙。此外，启动机通过飞轮上安装的齿圈实现对发动机的启动。最后，飞轮还承担将发动机产生的动力向外传输的任务。

表 3-3-2 四冲程直列六缸发动机工作循环（工作顺序 1-5-3-6-2-4）

曲轴转角		1缸	2缸	3缸	4缸	5缸	6缸
0°～180°	0°～60°	做功	排气	进气	做功	压缩	进气
	60°～120°	做功	排气	压缩	排气	压缩	进气
	120°～180°	做功	进气	压缩	排气	做功	压缩
180°～360°	180°～240°	排气	进气	压缩	排气	做功	压缩
	240°～300°	排气	进气	做功	进气	做功	压缩
	300°～360°	排气	压缩	做功	进气	排气	做功
360°～540°	360°～420°	进气	压缩	做功	进气	排气	做功
	420°～480°	进气	压缩	排气	压缩	排气	做功
	480°～540°	进气	做功	排气	压缩	进气	做功
540°～720°	540°～600°	压缩	做功	排气	压缩	进气	排气
	600°～660°	压缩	做功	进气	做功	进气	排气
	660°～720°	压缩	排气	进气	做功	压缩	排气

在发动机运转过程中，连杆对曲轴施加的力呈现出周期性的变化，这种变化导致质量较小的曲拐与质量较大的飞轮在转速上产生差异，进而引发曲轴的扭转振动。为了有效消除这种振动现象，大部分发动机在曲轴前端特别装配了曲轴扭转减振器。

曲轴扭转减振器主要是摩擦式扭转减振器。此类减振器根据构造与材料的不同，可细化为橡胶扭转减振器（见图 3-3-10）、硅油扭转减振器，以及硅油橡胶复合扭转减振器等，每种类型均针对特定需求而设计。

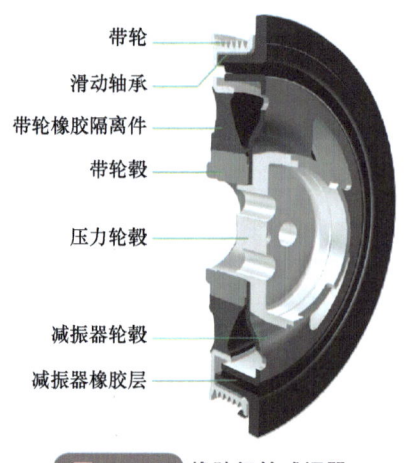

图 3-3-10 橡胶扭转减振器

3.3.2 曲柄连杆机构维修

1. 曲柄连杆机构拆装

1）气缸盖与气缸垫的拆装过程及其关键点如下。

① 在进行气缸盖螺栓的拆卸时，务必遵循图 3-3-11 所示的拆卸顺序，即采用由两边向中间的对角线方式逐步拧松螺栓。

② 使用橡胶锤轻轻敲击气缸盖的边缘部分，以便顺利地将气缸盖从气缸体上分离。拆卸后，应将气缸盖稳妥地放置在干净且无尘的工作台面上，以防止其受到污染或损坏。

③ 从气缸体上小心地拆下旧的气缸垫。安装新气缸垫时，应确保新垫的带字面朝上，正确安装在气缸体上，如图 3-3-12 所示。

④ 进入安装阶段，首先应将气缸盖对准气缸体上的定位销，并平稳地放置。随后，使用新的气缸盖螺栓进行初步拧紧。最后，需使用扭力扳手，并严格按照图 3-3-13 所示的拧紧顺序，将气缸盖螺栓拧紧至指定的力矩值，可参照相关车型维修手册查询具体的力矩值。

图 3-3-11 气缸盖螺栓的拆卸顺序

图 3-3-12 气缸垫的拆卸

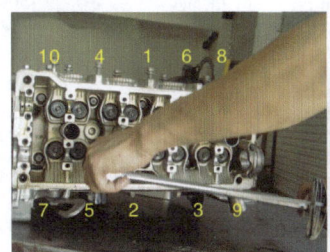
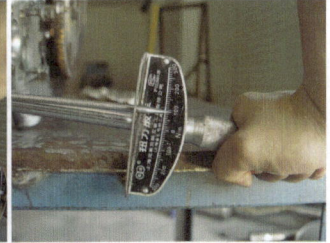

图 3-3-13 气缸盖螺栓的拧紧顺序

2）活塞连杆组拆装要点如下。

① 连杆轴承盖标记与复装。在拆卸连杆轴承盖之前，需明确标记对应气缸，以确保复装时准确无误，避免装反。如图 3-3-14 所示，曲轴主轴承同样需标记对应气缸，复装时严禁互换。

② 活塞取出方法。利用木棒轻轻敲击连杆，从气缸盖一侧谨慎取出活塞，确保操作过程平稳有序。具体操作步骤如图 3-3-15 所示。

图 3-3-14 连杆轴承盖

图 3-3-15 拆卸活塞

③ 活塞安装注意事项。安装活塞时,需严格遵守安装方向标记要求。箭头应明确指向发动机前部,即 1 缸方向,以确保活塞正确安装。具体操作如图 3-3-16 所示。

④ 活塞与活塞环的润滑与安装。使用干净机油对活塞和活塞环进行充分润滑。安装活塞环时,需将有标记的表面朝上,并确保活塞环开口错开,开口之间保持一定角度(通常为 120° 或 90°),以减少气缸压力泄漏。具体操作步骤如图 3-3-17 所示。

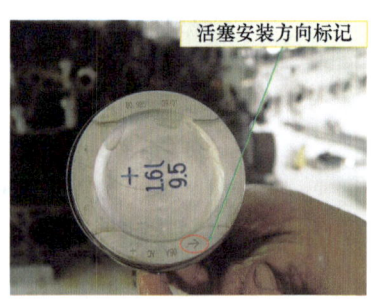

图 3-3-16 活塞安装方向标记

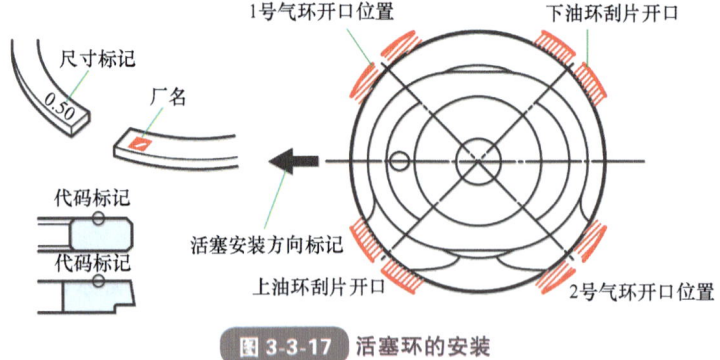

图 3-3-17 活塞环的安装

⑤ 活塞与活塞环的安装工具使用。采用活塞安装工具抱住活塞和活塞环,确保安装工具恰好夹住第三道活塞环。随后,使用橡胶锤轻轻敲击活塞顶部,平稳地将其装入气缸中。具体操作如图 3-3-18 所示。

⑥ 连杆下轴瓦与轴承盖的安装。将连杆下轴瓦与对应的连杆轴承盖准确安装在一起，并在轴瓦表面均匀涂抹机油。安装过程中，务必确保轴瓦上的缺口与连杆轴承盖上的缺口对齐，以保证安装质量。具体操作如图 3-3-19 所示。

图 3-3-18　活塞安装

图 3-3-19　连杆下轴瓦的安装

3）曲轴的拆装要点。拆卸曲轴主轴承时，务必留意并记录下其原有的标记，以确保重新安装时能够准确对应，避免混装现象的发生，如图 3-3-20 所示。此外，还需特别注意第三道主轴承的两端所配备的止推垫片，安装时需细致操作，确保安装位置准确无误，如图 3-3-21 所示。

图 3-3-20　曲轴主轴承盖安装标记

图 3-3-21　第三道主轴承上的止推垫片

2. 活塞连杆组的检查

1）活塞裙部直径的检测。通常采用千分尺作为测量工具，以确保精确性，如图 3-3-22 所示。在测量时，应将千分尺放置在活塞裙部，具体位置为活塞销轴线的 90°方向，并从上边缘向下 10mm 的位置处测量其直径。所获得的具体数据应参照相关车型维修手册，以确保测量结果的准确性和可靠性。

2）活塞的选配过程需严格遵循技术规范，以确保发动机性能的稳定与高效。在同一系列的发动机中，鉴于活塞结构的差异性，选装活塞时，必须精确匹配发动机的具体类型，采用相应类型的活塞。此举旨在防止因活塞不匹配而引发的发动机燃烧效率低下、工作粗暴及经济性和动力性指标的下滑。

选配活塞时，应着重注意以下要点。

① 活塞的选配必须依据气缸的修理尺寸进行精确确定。通常，活塞顶部的加大尺寸数值会明确标注，以便于识别与选择，如图 3-3-23 所示。

② 同一发动机上，属于同一组的活塞，其直径差异必须严格控制在 0.020mm 以内，

以确保活塞与气缸壁的密封性和运行平稳性。

③ 同一台发动机内部，各活塞之间的质量差异亦需严格管理，不得超过活塞总质量的 3%。这一规定旨在保证发动机内部活塞运动的平衡性，进而维护发动机的整体性能。

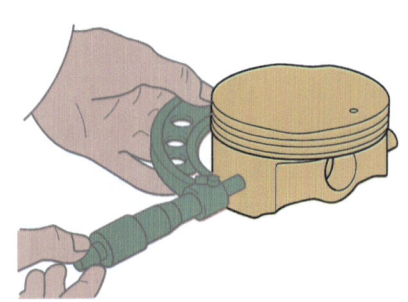

图 3-3-22　活塞裙部直径测量

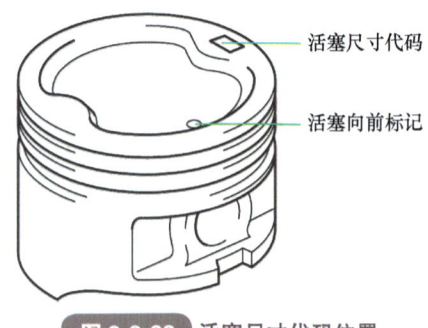

图 3-3-23　活塞尺寸代码位置

3）活塞环端隙的检查应遵循以下步骤进行。

① 需将活塞环平整地放置于与之相配的气缸内。

② 随后，利用活塞头将活塞环推平，并推进至气缸内部约 10cm 的位置。

③ 完成上述步骤后，应使用塞尺精确测量活塞环开口处的端隙，具体测量方式如图 3-3-24 所示。对于吉利帝豪 4G13TB 发动机，其第一道气环的端隙应控制在 0.2～0.32mm，而第二道气环的端隙则应位于 0.30～0.50mm。

4）活塞环侧隙的检查应当遵循以下步骤。

① 将活塞环正确地放置于环槽内，随后围绕环槽进行一周的旋转，以确保其能够自由且顺畅地转动。

② 使用塞尺对活塞环的侧隙进行精确测量，具体测量方法如图 3-3-25 所示。通过此步骤，我们可以准确地判断活塞环的侧隙是否符合既定的要求。

③ 针对吉利帝豪 4G13TB 发动机，其油环的侧隙应控制在 0.04～0.15mm，以确保其正常工作。而对于第一道气环，其侧隙则应严格控制在 0.04～0.08mm。至于第二道气环，其侧隙则需保持在 0.03～0.07mm，以满足发动机运转时的各项要求。

5）活塞环背隙的检查应遵循以下严谨步骤。

① 需精确测量活塞环槽的深度。

② 随后，对活塞环的宽度进行详尽测定。

③ 最后，通过计算，得出两者之间的差值，此差值即为活塞环背隙。根据安装规范，活塞环背隙的适宜范围通常维持在 0.5～1mm。

3. 机体组的检修

1）气缸体表面变形量的检查应严格遵循以下步骤。

① 使用钢直尺与塞尺，在图 3-3-26 所示的七个特定方向上，对气缸体上面表面的变形程度进行精确测量。

② 经检测确认，吉利帝豪 4G13TB 发动机的气缸体表面变形量，其最大值不得超过 0.06mm。

第3章 发动机维修基础

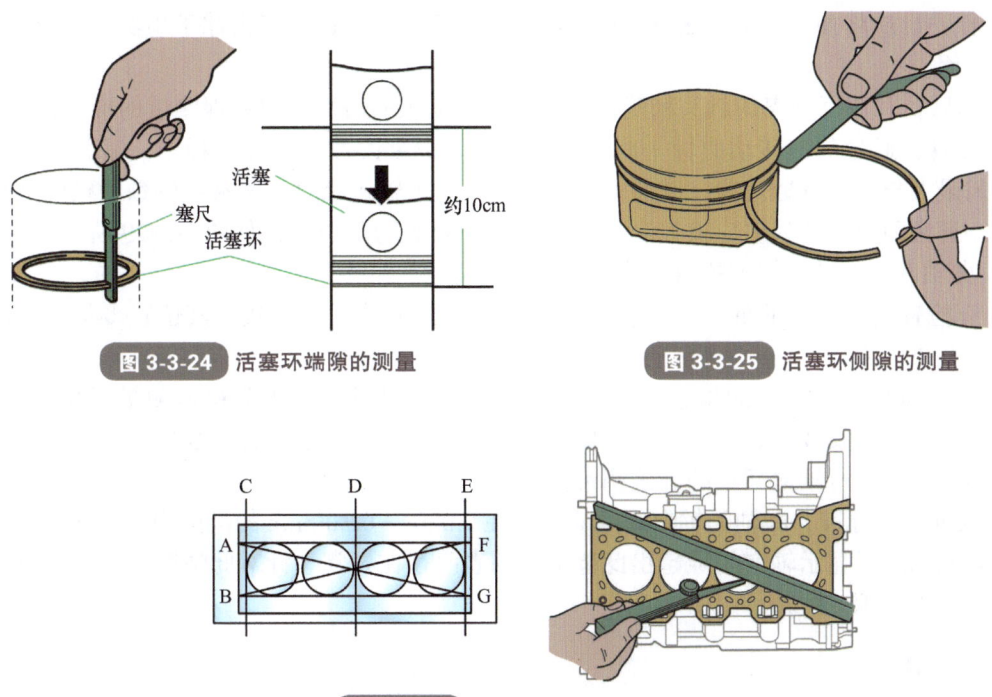

图 3-3-24 活塞环端隙的测量　　图 3-3-25 活塞环侧隙的测量

图 3-3-26 气缸体表面变形量的检查

2）气缸直径的测量。如图 3-3-27 所示，确保在气缸的顶端表面下方 10mm 的精确位置，沿着 A 和 B 两个明确的方向进行测量。

3）气缸盖平面度的检查。使用塞尺与钢直尺作为测量工具，以确保测量的准确性。针对吉利帝豪 4G13TB 发动机气缸盖，其平面度需严格控制在 0.04mm 以内，以满足发动机运行的技术要求与性能标准。

4）歧管接触表面的平面度。如图 3-3-28 所示，使用钢直尺与塞尺，对气缸盖进气歧管及排气歧管接触面平面度进行精确测量。吉利帝豪 4G13TB 发动机气缸盖进气歧管接触面的平面度最大值被严格限定在 0.05mm 以内；同样地，排气歧管接触面的平面度最大值也严格控制在 0.05mm 的范围内。

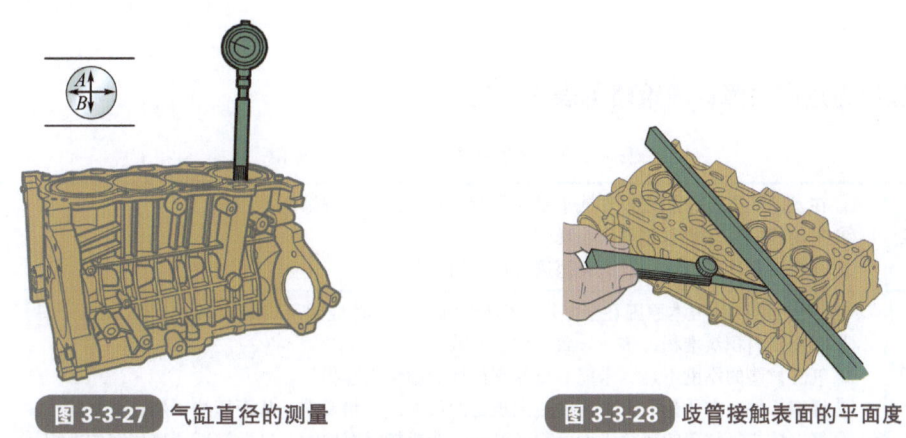

图 3-3-27 气缸直径的测量　　图 3-3-28 歧管接触表面的平面度

5）曲轴弯曲变形的检查。在检测曲轴是否存在弯曲变形的过程中，需采取以下骤。

① 首先，应将曲轴的两端稳妥地放置于 V 形架上，并确保其支撑于检测平板之上，以保持稳固。

② 随后，利用百分表的触头精确抵触于中间主轴颈的表面，以确保测量的准确性。

③ 接着，通过匀速转动曲轴一周，利用百分表记录读数。在此过程中，需关注并记录指钟的最大与最小读数之差，此差值即反映了中间主轴颈相对于两端主轴颈的径向圆跳动误差。通常而言，此误差应被控制在 0.04～0.06mm 的范围内，如图 3-3-29 所示。

6）曲轴磨损及轴向间隙检查。需遵循以下步骤。

① 应检查曲轴轴颈的划痕情况。划痕作为轴颈常见的损伤形式，其位置多集中于曲轴轴颈的中央区域。

② 进行曲轴轴向间隙的检查。这一步骤可借助塞尺或百分表等精密测量工具完成。在确认曲轴已妥善安装后，需多次前后撬动曲轴，以确保上、下推力轴承处于同一水平面内。此后，方可进行轴向间隙的精确测量。

③ 根据安装标准，曲轴的轴向间隙应维持在 0.020～0.300mm 的范围内，如图 3-3-30 所示。若检测结果显示轴向间隙超出此范围，则表明存在异常。针对此情况，建议采取更换加厚的推力轴承或主轴承的措施。

图 3-3-29 曲轴弯曲变形的检查

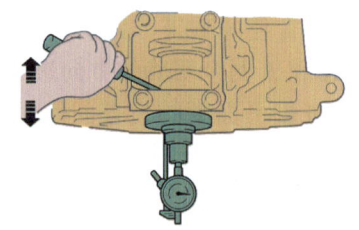

图 3-3-30 曲轴磨损及轴向间隙的检查

3.3.3 曲柄连杆机构常见故障诊断与排除

1. 气缸压力过高

气缸压力过高故障诊断策略见表 3-3-3。

表 3-3-3 气缸压力过高故障诊断策略

故障现象	① 在发动机进行急加速操作或承受大负荷运行时，会出现爆燃 ② 发动机的工作状态表现出粗暴的特征 ③ 存在活塞顶部烧蚀以及火花塞遭受烧蚀的情况
故障原因	气缸压力增高的根本原因在于燃烧室容积的缩减，具体成因可归纳为以下 4 点： ① 燃烧室内积炭堆积过多，导致有效空间减小 ② 气缸衬垫的厚度不足，未能维持原有设计的燃烧室容积 ③ 活塞部件存在质量问题，未能达到规定的尺寸或形状要求，从而压缩了燃烧室空间 ④ 气缸体或气缸盖的接合平面因削磨过度，造成接触面增大，进而缩减了燃烧室的容积

(续)

诊断排除	① 将发动机积炭清除剂按照规定比例注入油箱内，随后让汽车正常行驶一两天，以完成对气缸的清洗作业，或必要时需拆开气缸盖，以彻底清除积炭 ② 对气缸垫的厚度进行精确测量，如发现其尺寸不符合标准，则应立即进行更换 ③ 严格检测活塞顶部至活塞销的尺寸是否符合规定标准，如有不合格情况，需及时更换活塞 ④ 向车主详细询问是否对气缸盖进行过光磨处理，并测量气缸盖的厚度，如不符合要求，则需更换气缸盖或增加气缸垫的厚度

2. 气缸压力过低

气缸压力过低故障诊断策略见表3-3-4。

表3-3-4　气缸压力过低故障诊断策略

故障现象	① 发动机出现动力输出不足的问题 ② 发动机在急速状态下运行不稳定 ③ 发动机启动过程中遭遇困难，启动不顺畅 ④ 发动机油耗超出正常标准范围
故障原因	气缸压力过低的现象是由于气缸漏气所导致的，而气缸漏气的根源主要可以归结为以下5点： ① 气缸与活塞环以及活塞之间出现了过度磨损 ② 活塞环出现了对口、卡死或折断等故障 ③ 气缸壁遭受了拉伤或磨损 ④ 进气门与排气门及其对应的气门座之间密封不良 ⑤ 气缸垫发生了烧蚀、松动或漏气等缺陷
诊断排除	① 各气缸压力普遍偏低 各气缸的压力值保持相对一致，但普遍低于本地原车规定标准的80%。此现象主要由活塞环与气缸壁间的过度磨损所导致 ② 个别气缸压力异常偏低 个别气缸的压力低于标准值，其主要诱因包括气缸壁拉伤、气门密封性能下降、气缸垫损坏等 ③ 相邻两气缸压力同时偏低 当相邻两气缸的压力均低于规定标准，且两缸压力值相等或相近时，这通常指示两缸之间的衬垫已损坏，或气缸盖螺栓未按规定的力矩进行拧紧 在检测过程中，应使用气缸压力表对各气缸的压力进行测量并记录。随后，向该气缸的火花塞孔内注入20~30mL的稀机油，并旋转曲轴数圈后，再次测量并记录气缸的压力值 ④ 气缸压力未显著改善 若重新测量的气缸压力较于初次测量有显著提升，并接近标准压力值，则可能表明气缸、活塞环、活塞等部件的磨损严重，或存在活塞环对口、卡死、断裂以及气缸壁拉伤等问题，导致气缸密封性能下降 若重新测量的气缸压力与初次测量时基本相同，即仍低于标准压力值，则可能表明进气门、排气门或气缸衬垫的密封性能存在问题 若两次检测均发现相邻两气缸的压力相近，则通常表明两缸相邻处的气缸衬垫已烧损并导致窜气现象 通过测量气缸压力的方法，可以对气缸活塞组不密封部位的故障进行初步的分析与推断。然而，为了更精确地确定漏气部位，还需结合发动机的实际运行状况进行深入分析。例如，若进气管出现回火或异常响声，则可能是进气门漏气所致；若排气管有放炮声，则可能是排气门漏气；若机油口有强烈的窜气现象，则可能是气缸和活塞环磨损严重；若机油口有脉冲状窜气，则可能是活塞环折断或对口；若散热器剧烈沸腾冒泡，则可能是气缸垫烧蚀

3. 气缸垫密封状态的判断方法

首先,打开散热器的盖子,并向其内加满冷却液。随后,让发动机以中速运转,此时应密切观察散热器内部的情况。若发现散热器内有连续不断的气泡冒出,这可作为气缸垫密封性能不佳的初步判断依据。

若怀疑气缸垫损坏严重,可在气缸盖与气缸体接合处的周围涂抹适量的润滑油。然后再次观察该接合处,如果发现有气泡从该处冒出,这则明确指示气缸垫的密封功能已经失效,需要立即更换新的气缸垫以恢复系统的正常密封性。

4. 气缸垫损坏的原因

气缸垫损坏的原因有以下 5 点:

1)发动机长时间处于超负荷运行状态,导致频繁发生爆燃现象。由于气缸内部局部压力和温度过高,这种极端工况易对气缸垫造成冲击损坏。

2)在紧固气缸盖螺栓的过程中,未能严格按照规定要求进行操作,导致各螺栓的拧紧力矩分布不均。这种不均匀的紧固状态使得气缸垫无法平整地贴合在气缸体与气缸盖的接合面上,进而引发气缸垫的损坏。

3)点火时刻过早(对于柴油机而言,则为供油时刻过早)会导致发动机在工作过程中频繁出现爆燃现象。长时间的这种异常工作状态会加剧气缸垫的损坏。

4)气缸垫本身的质量问题也是导致其损坏的一个重要原因。质量不合格的气缸垫在使用过程中更容易出现损坏现象。

5)气缸盖发生翘曲变形会改变其与气缸体的接合状态,导致气缸垫无法紧密贴合在接合面上。这种变形状态会加速气缸垫的损坏过程。

3.4 冷却系统维修与故障诊断

发动机冷却系统的作用是确保发动机获得恰到好处的冷却效果,以维持其在最佳工作温度区间内的稳定运行。对发动机的冷却需精准控制,以避免两种极端情况的发生。

若冷却不足,将导致发动机出现过热现象。这不仅会降低充气效率,增加早燃和爆燃的风险,从而降低发动机功率;还会破坏运动部件之间的正常间隙,阻碍零件的正常运动,甚至引发卡死和损坏。此外,零件的力学性能下降将促使其变形和受损,而润滑油黏度的降低和润滑油膜的易破裂则会加剧零件的磨损程度。

另一方面,若冷却过度,则会使发动机温度过低。这将导致进入气缸的可燃混合气雾化不良,进而影响燃烧效果,降低发动机功率并增加油耗。同时,润滑油黏度的增加将引发润滑不良问题,进一步加剧零件的磨损。此外,由于温度低而未完全气化的燃油会冲刷气缸壁、活塞等摩擦表面上的油膜;同时,混合气与温度较低的气缸壁接触后,其中已气化的燃油会重新凝结并流入曲轴箱内。这不仅会增加油耗,还会稀释机油并影响其润滑效果,最终导致发动机功率下降和磨损增加。

3.4.1 冷却系统的组成与原理

1. 基本组成与原理

目前，汽车发动机广泛采用强制循环式水冷系统。该系统通过冷却液泵增强冷却液的压力，从而强制冷却液在发动机冷却液管路中循环流动。发动机冷却系统主要由散热器、冷却风扇、节温器、冷却液泵、膨胀水箱（或储液罐）、冷却液管路、气缸体和气缸盖中的冷却水套及其他附属装置组成，如图3-4-1所示。

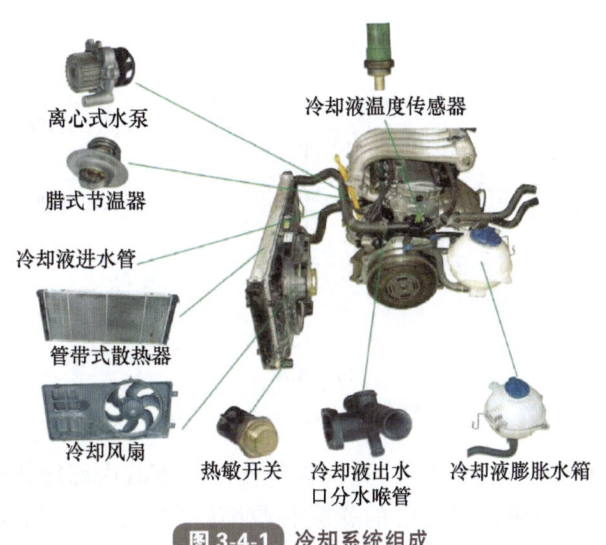

图 3-4-1 冷却系统组成

在冷却液泵的作用下，冷却液流经气缸体及气缸盖的冷却水套，吸收热量后，沿水管流入散热器。借助汽车行驶的速度及风扇的强力抽吸作用，空气流以高速由前向后通过散热器，不断将流经散热器的高温冷却液的热量散发至大气中，进而降低冷却液的温度。随后，冷却后的液体流至散热器的底部，被水泵再次压入发动机的水套中，形成循环，从而不断带走发动机工作时产生的大量热量，确保发动机维持在正常的工作温度范围内。

冷却液在冷却系统内的循环流动主要分为两种情况：一是当冷却液温度较高时，气缸盖出水孔的冷却液流经散热器后再经水泵流回水套，这叫作大循环；二是当冷却液温度较低时，发动机出水孔的冷却液不经过散热器而直接流回水套，这叫作小循环。冷却系统大小循环示意图如图3-4-2所示。

2. 散热器与膨胀水箱

散热器通常安装于车辆的前部区域，在车辆行驶过程中，迎面吹来的低温空气持续流经散热器，有效地带走冷却液的热量，从而确保散热效果的良好。散热器多采用耐腐蚀且导热性能优越的铜、铝等材料制成，这些材料的选择旨在提升散热器的整体性能和耐久性。其中，铝质散热器因其尺寸小巧、质量轻便以及成本相对较低的特点，被各大汽车厂商广泛采用。

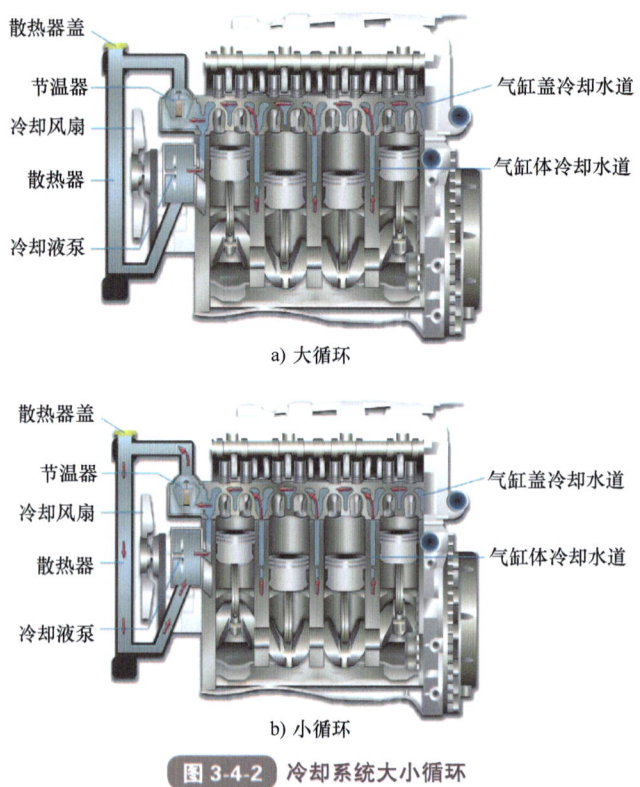

a) 大循环

b) 小循环

图 3-4-2　冷却系统大小循环

膨胀水箱则一般由透明塑料制成，这一设计便于观察其内部冷却液的液位情况。膨胀水箱的主要功能是为冷却液提供必要的膨胀和收缩空间，并作为冷却系统中集中的排气点，因此，其安装位置被设定在略高于其他冷却液通道的位置，以确保冷却系统的正常运行和效率。

3. 冷却风扇

冷却风扇一般被部署在散热器的后方，如图 3-4-3 所示。其运作原理为旋转时吸入空气，引导空气流经散热器，此举旨在提升散热器的热传导效能，并加速冷却液的降温过程。

4. 节温器

节温器，作为一种关键性的阀门装置，其主要功能在于精确调控冷却液的流动路径。该装置依据冷却液的实际温度状态，智能地开启或关闭通往散热器的通道，如图 3-4-4 所示。具体而言，在发动机启动初期，由于冷却液温度尚处于较低水平，节温器将自动关闭通往散热器的通道，迫使冷却液通过冷却液泵直接循环至气缸体和气缸盖的水套内部，从而确保冷却液能够迅速达到适宜的工作温度。

随着发动机运行，冷却液温度逐渐攀升至预设阈值，节温器随即响应，开启通往散

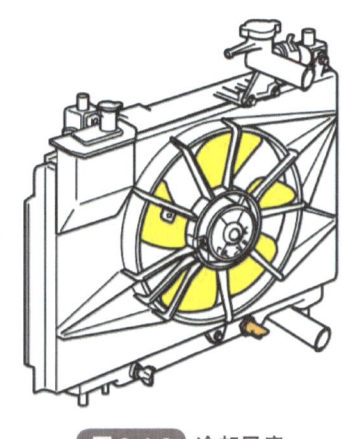

图 3-4-3　冷却风扇

热器的通道。此时,高温冷却液将流经散热器进行降温处理,随后再返回冷却液泵,形成完整的冷却循环。若发动机未配备节温器,则冷却液将持续处于大循环状态,即便在低温环境下亦不例外。此举将严重阻碍发动机的正常升温过程,迫使其长时间在低温工况下运行,进而对发动机性能及使用寿命造成不利影响。

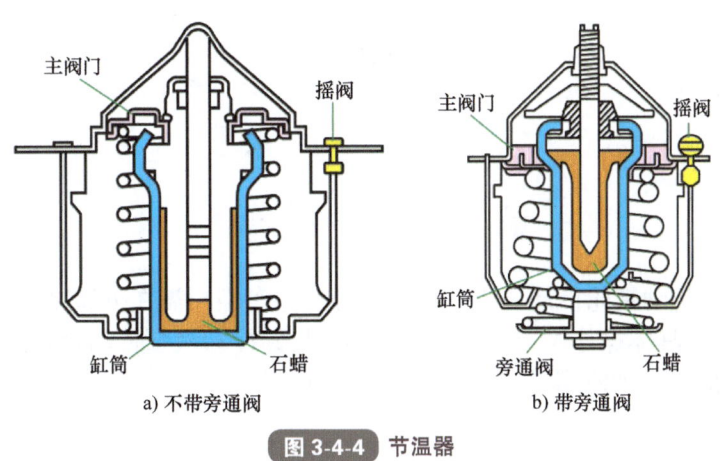

图 3-4-4 节温器

5. 冷却液泵

冷却液泵的主要功能是向冷却液施加压力,确保其能够在冷却系统内实现持续且有效的循环流动。汽车发动机普遍采用离心式冷却液泵,该泵型设计精简,体积紧凑,同时具备大排量及高可靠性的运行特点,如图 3-4-5 所示。

离心式冷却液泵包括一个配备有冷却液进口与出口通道的壳体以及叶轮。叶轮轴则依托一个或多个密封性能优异的轴承进行稳固支撑,这些轴承在运行过程中无需额外润滑,从而简化了维护流程。采用密封轴承的设计,旨在有效防止润滑脂的泄露,并阻隔外界脏物及水分的侵入,确保泵体内部环境的清洁与稳定。

在安装方面,冷却液泵壳体被稳固地安装于发动机的气缸体之上,而冷却液泵的叶轮则紧密固定于泵轴之上。此外,冷却液泵的泵腔部分与发动机气缸体的水套实现了直接且紧密的连接,确保了冷却液能够在整个冷却系统内实现高效、顺畅的循环。

图 3-4-5 冷却液泵

3.4.2 冷却系统维修

1. 冷却液泵的拆卸与更换

1)冷却液排放操作:首先,需打开冷却液膨胀箱盖,随后拆卸发动机冷却液放水阀,并使用适宜的容器妥善回收排放出的冷却液,以确保环境及工作区域的整洁。

2)传动带拆卸步骤:利用扳手工具,顺时针方向旋转传动带张紧轮的紧固螺栓,直至其松动，随后安全取出传动带。此过程应参照图 3-4-6 进行，确保操作准确无误。

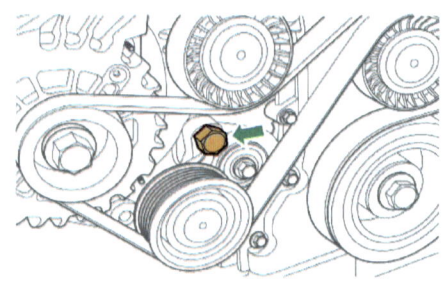

图 3-4-6 传动带张紧轮的拆卸

3）冷却液泵传动带轮拆卸要点：对于部分特定车型，需在拆卸冷却液泵之前，先行拆除其传动带轮。具体操作时，需使用扳手逐一拆卸冷却液泵传动带轮的 4 颗紧固螺栓，随后将传动带轮取出。此步骤应参照图 3-4-7 执行。

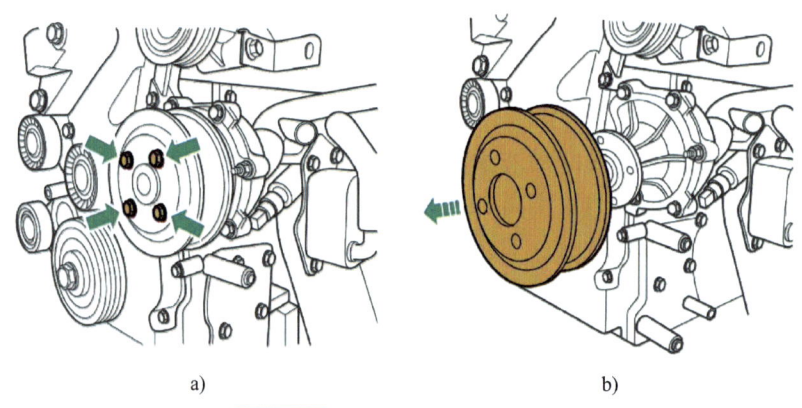

a)   b)

图 3-4-7 拆卸冷却液泵传动带轮

4）冷却液泵拆卸与复装注意事项：在拆卸冷却液泵时，如图 3-4-8 所示，应使用扳手逐一拆卸其上的 7 颗紧固螺栓，并小心取出冷却液泵。同时，需取下图 3-4-9 所示的垫片，在复装过程中，应确保更换为全新的垫片，以保证设备的密封性和运行效率。

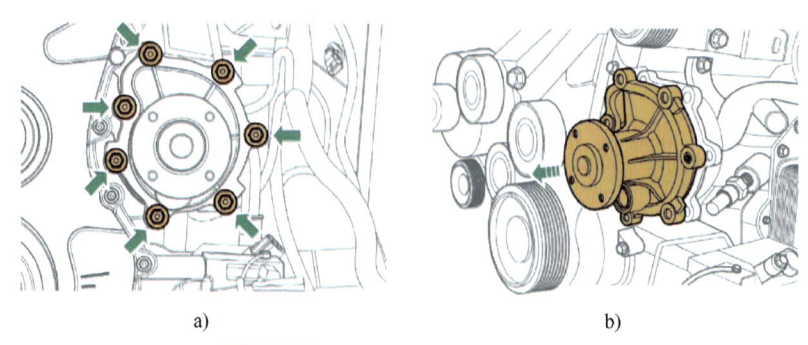

a)   b)

图 3-4-8 拆卸紧固螺栓取下冷却液泵

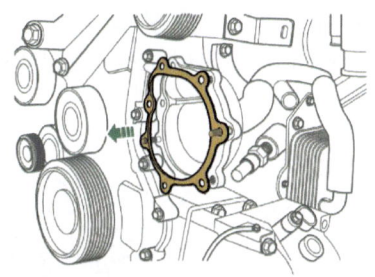

图 3-4-9 取下冷却液泵垫片

2. 节温器拆卸与更换

1)排放冷却液后,进行发动机进气管的拆卸操作。

2)参照图 3-4-10,将电子节温器的线束插接器断开。

3)利用钳子工具,按照图 3-4-11 中箭头所指示的位置,拆卸发动机出水管的卡箍,并将出水管与节温器壳体进行分离操作。

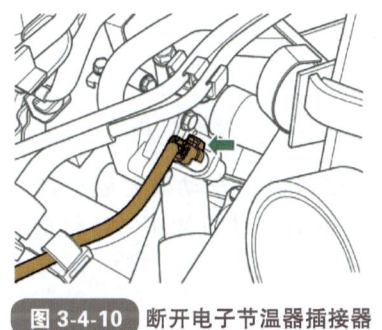

图 3-4-10 断开电子节温器插接器　　图 3-4-11 拆卸发动机出水管卡箍

4)拆卸图 3-4-12a 箭头指示的四颗电子节温器固定螺栓,并取下电子节温器。

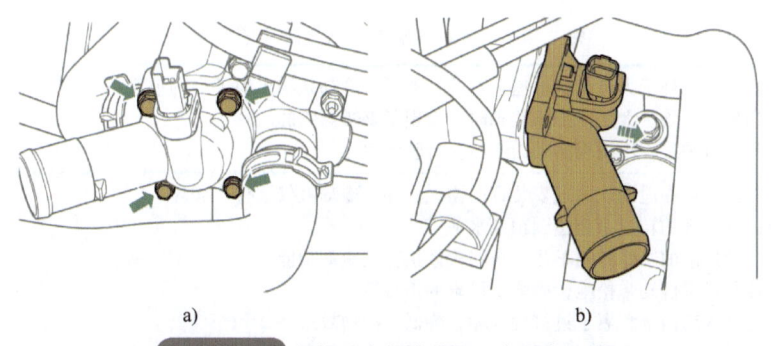

a)　　　　　　　　　　b)

图 3-4-12 拆卸固定螺栓并取下电子节温器

3. 节温器的检查

如图 3-4-13a 所示,将节温器完全浸没在水中,随后对水体进行加热处理。同时,确保在水体中放置有温度计以监控水温变化。当水温达到并维持在 80～84℃之间时,对节温器的开启状态进行检查,以确认其在该温度区间内能够正常开启。随后,继续对水体进行加热,直至水温达到95℃。在此温度下,如图3-5-13b所示,对节温器的阀门升程进行测量,以验证其在正常状态下的阀门升程是否满足或超过8mm的标准要求。

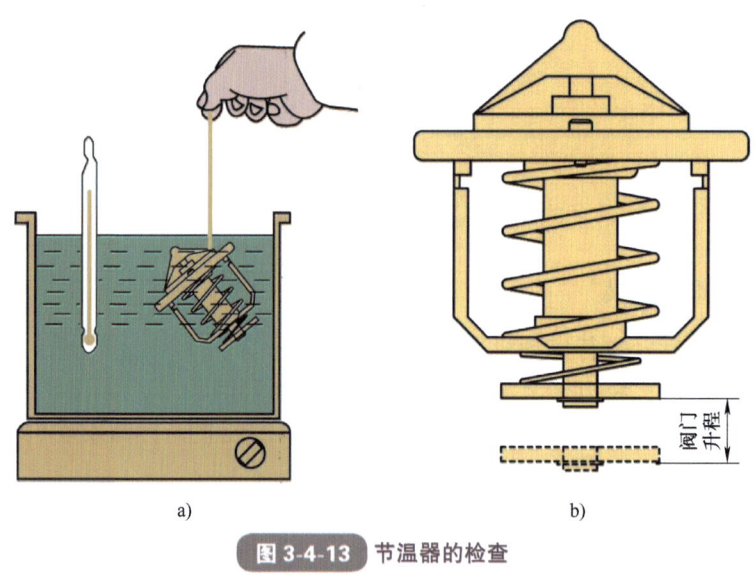

图 3-4-13 节温器的检查

3.4.3 冷却系统常见故障诊断与排除

发动机冷却系统常见故障包括但不限于发动机温度过高、发动机温度过低、冷却液泄漏、风扇不运转以及风扇转速过慢等。这些故障均可能对发动机的正常运行造成不利影响,因此需要及时进行检修和维护。

1. 发动机温度过高、过低故障诊断

发动机温度过高和过低故障诊断策略分别见表3-4-1和表3-4-2。

表 3-4-1 发动机温度过高故障诊断策略

故障现象	① 在发动机处于大负荷且低速运行的状态下,冷却系统出现了沸腾现象 ② 当发动机处于大负荷工作状态时,出现了爆燃异响的问题 ③ 汽车行驶过程中表现出动力不足,行驶无力
故障原因	① 节温器存在泄漏现象或安装方向错误,导致冷却液仅进行小循环 ② 冷却风扇的转速未能达到预期水平 ③ 冷却风扇的工作时间不足,未能有效执行其冷却功能 ④ 冷却风扇传动带松弛,影响了风扇的正常运行 ⑤ 缸体水套内部积累了过多的水垢,降低了冷却效果 ⑥ 冷却液的循环量不足,无法满足发动机的冷却需求 ⑦ 冷却液量不足,导致发动机无法得到充分的冷却 ⑧ 混合气过稀或过浓均会导致发动机过热。混合气过稀时,燃烧速度减慢,做功行程中燃烧放出的热量增加 ⑨ 点火时刻的过早或过迟均会引起发动机过热。此外,燃烧室内积炭过多、车辆严重超载等因素也可能导致发动机过热 ⑩ 气缸盖垫损坏或气缸盖破裂,导致大量高温气体进入冷却系统,从而引发发动机过热问题

(续)

诊断排除	① 对冷却系统进行检查，确保冷却液量充足，冷却风扇传动带松紧度适中，以及冷却风扇的转速达到规定标准 ② 验证节温器的工作状态，确保其处于正常运作之中 ③ 检查冷却液的循环量，确保其足够以保证系统的正常运行 ④ 若发现冷却液温度并未达到高点，但水箱却已出现沸腾现象，则可能是气缸垫存在破损或气缸盖发生了破裂，需进行进一步检查确认 ⑤ 检查点火时刻的准确性，并确认混合气浓度是否符合标准

表 3-4-2　发动机温度过低故障诊断策略

故障现象	发动机升温缓慢或工作温度过低
故障原因	节温器损坏或温度显示系统故障
诊断排除	① 在发动机启动并持续运转 10min 后，其工作温度应稳定在 85～90℃的范围内。若未能达到此温度范围，则需对冷却液温度表、冷却液温度传感器以及节温器进行故障排查 ② 针对冷却液温度传感器的检查，需确认其是否损坏。值得注意的是，即使指示系统受损，其对发动机的正常运行影响相对有限。为了准确判断，可在发动机运转 10min 后测量实际温度，或基于经验评估发动机的实际温度，以此确定指示系统是否存在故障 ③ 节温器调压阀的完好性与发动机的工作温度密切相关。在长时间工作状态下，冷却液温度应逐步升高；而在短时间工作条件下，冷却液温度达到 45℃后，可能不再出现显著变化。此时，需检查节温器是否因粘结或卡滞而保持在开启状态，导致冷却液持续进行大循环 ④ 对于发动机冷却液温度传感器的检查，还需关注其是否工作正常、信号准确。若存在工作不良或信号失真的情况，可能会导致无快怠速、冷却风扇长时间高速运转等异常现象 ⑤ 若经检查确认节温器损坏，应及时进行更换。同样，若温度传感器存在故障，也应立即更换以确保发动机的正常运行

2. 冷却液泄漏故障诊断与排除

冷却液泄漏故障诊断策略见表 3-4-3。

表 3-4-3　冷却液泄漏故障诊断策略

故障现象	冷却液泄漏导致冷却液量不足从而引起发动机过热
诊断排除	① 检查冷却软管是否破裂，卡箍是否松动 ② 检查冷却水泵是否漏液 ③ 检查冷却系统内部是否漏液，拔出机油尺，若发现机油中有水，则气门室内壁或进气通道内壁有可能破裂漏液 ④ 打开散热器盖，如果冷却液沸腾，则说明气缸垫损坏或气缸盖变形 ⑤ 检查散热器盖的排气阀是否松动。密封圈失效，密封不良，若冷却液容易从加水口处飞溅出来，则说明散热器盖的排气阀失效 ⑥ 查看散热器有无渗漏，如果有水渍，则一定有渗漏 ⑦ 查看膨胀水箱有无裂纹，膨胀水箱盖是否松动或密封不良

3. 冷却风扇运转不正常故障诊断与排除

冷却风扇运转不正常包括风扇不转、转速慢、运转时机不准等，详细的故障诊断策略见表 3-4-4。

表 3-4-4　冷却风扇运转不正常故障诊断策略

故障现象	① 冷却液温度表显示发动机过热，冷却风扇不转 ② 冷却液温度表显示发动机过热，冷却风扇转速低 ③ 冷却风扇运转时机不准导致发动机过热或发动机升温过慢
故障原因	① 风扇电动机故障、控制电路断路 ② 冷却风扇电动机线圈匝间短路，控制电路产生附加电阻 ③ 冷却风扇控制电路故障
诊断排除	① 启动发动机至冷却液温度达 80℃时，测量冷却风扇电动机插接器的接线端插头，电压应在 12V 左右，无电压则检查熔断器或线路是否断路。若电压小于 10V，则说明电路连接松动、氧化等。若电压正常，则是电动机损坏。更换电动机、检修电路 ② 测量电动机端电压与主电路电压差不大于 0.2V，否则检修电路各插接器是否松动或氧化，电线电阻是否过大等；检查冷却液循环量是否足够；在电路正常的情况下，通常是电动机线圈的绝缘漆老化、受潮，使其绝缘性能下降造成匝间短路。检测电路，更换电动机 ③ 根据控制电路结构维修冷却风扇控制电路，通常检查温控开关或冷却液温度传感器出现故障。更换温控开关或者冷却液温度传感器

3.5　润滑系统维修与故障诊断

润滑系统的作用在于发动机运转过程中，持续、稳定地向各运动副的摩擦界面供应充足、压力与温度均适宜的清洁润滑油。此过程中，润滑油在摩擦面间形成有效油膜，实现液体摩擦状态，进而显著降低摩擦力，减少功率损耗，并有效缓解机件磨损，从而增强发动机的工作可靠性及延长其使用寿命。此外，循环流动的润滑油还兼具清洁、吸收热量、密封、减振、降低噪声及防止锈蚀等多重功能。

3.5.1　润滑系统的组成

典型的汽车润滑系统由多个关键部件组成（图 3-5-1），以确保机油的有效循环与压力管理。这些部件包括机油泵，其主要作用在于建立并维持机油的适当压力，同时促进机油在系统中的循环；油底壳，作为机油的储存容器；机油尺，用于精确测量机油的油位；以及由润滑油管路与发动机机体上精密加工的润滑油道共同组成的循环油路系统，该系统负责机油的分配与循环。此外，系统中还包含限压阀，该装置可能直接集成于机油泵内部，其作用是限制机油压力不超过设定的最大值，以确保系统的稳定运行。同时，机油滤清器的设置可有效防止杂质进入主油道，保护发动机内部关键部件免受损害。

机油压力指示灯作为信息反馈的关键元素，能够及时向驾驶人提供机油压力的状态信息。值得注意的是，在某些先进的发动机设计中，还额外配置了机油冷却器、机油油位传感器以及机油寿命系统等高级功能部件。

1. 油底壳

油底壳，俗称机油盘，其主要功能在于储存机油，如图 3-5-2 所示。当前，常见汽车发动机的油底壳普遍采用铝合金材质铸造而成。此外，油底壳底部特设磁性放油螺塞，旨在有效吸附机油中所含铁屑杂质，确保其不进入主油道，以维护发动机良好运行。值得一提的是，部分发动机的油底壳还额外装备了机油油位传感器，以便于实时监测机油存量。

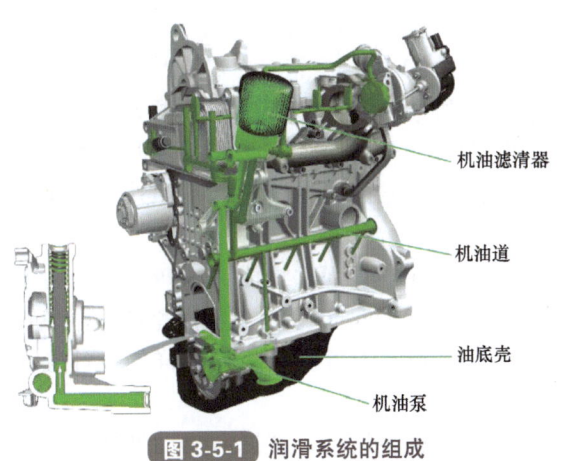

图 3-5-1 润滑系统的组成

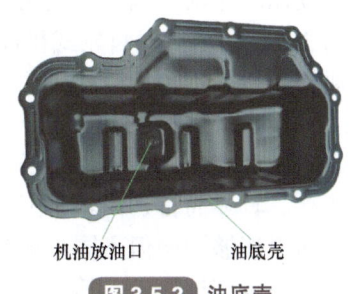

图 3-5-2 油底壳

2. 机油滤清装置

为确保滤清效果达到最佳状态,汽车发动机普遍采用两级滤清系统,该系统由集滤器与全流式机油滤清器共同组成,以实现双重过滤机制。机油滤清器被串联于机油泵与主油道之间,确保所有流经的机油均经过其精细过滤处理。

(1)集滤器

集滤器通常采用滤网式结构,被安装于机油泵前的吸油口端,而滤网则位于油底壳之中。吸油管与机油泵的入口紧密相连,如图 3-5-3 所示。其主要功能在于有效阻挡大颗粒杂质进入机油泵,确保机油泵的正常运行与机油的纯净度。

(2)机油滤清器

机油滤清器广泛采用纸质滤芯设计,该滤芯具备有效清除微小杂质(直径小于 0.001mm)及水分的能力。在高压作用下,机油渗透纸质滤芯,完成过滤过程。机油滤清器常见类型包括整体式(见图 3-5-4)与分体式。整体式机油滤清器为不可拆解结构,在维修时需整体替换;而分体式机油滤清器则仅需更换内部滤芯。通常,机油滤清器会与机油同时更换,以确保系统的正常运行。

此外,需特别注意:整体式机油滤清器一旦经历拆卸(或拧松)操作,即应予以更换,以避免机油滤清器位置出现泄漏问题,确保车辆的安全与性能。

图 3-5-3 机油集滤器

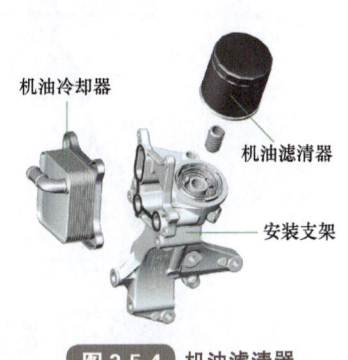

图 3-5-4 机油滤清器

3. 机油泵

机油泵的功能是向主油道供给足量且压力适宜的机油,以确保机油在润滑系统中能够持续循环流动。基于其结构形式的不同,机油泵通常可划分为转子式与齿轮式两大类,如图3-5-5所示。而齿轮式机油泵进一步细分为内接齿轮式与外接齿轮式,其中外接齿轮式通常直接简称为齿轮式机油泵。

转子式机油泵由内转子、外转子、端盖、壳体及集滤器等部件组成。内转子与外转子之间设计有偏心距,内转子在主动轴的驱动下,带动外转子同向旋转,但两者之间存在转速差。具体而言,内转子配备有5个凸齿,而外转子则设计有6个凹齿,这样的设计确保了两者能够同向但不同步地旋转。

在工作过程中,随着主动轴的旋转,内转子开始其旋转运动,并进而驱动外转子以相同方向旋转。内、外转子的工作面轮廓被设计成一对共轭曲线,这一设计确保了两者在相互啮合时既不会发生干涉,也不会出现脱离现象,从而保证了机油泵的稳定运行。

内、外转子共同将外转子的内腔分割为四个独立的工作腔室。当任一工作腔室旋转至进油口位置时,其容积逐渐增大,导致该腔室内的油压相应减小,从而使得机油得以通过进油口被吸入该工作腔室。随后,随着该工作腔室的继续旋转并接近出油口,其容积逐渐减小,油压随之升高,最终将机油通过出油口压出,完成机油的输送过程。

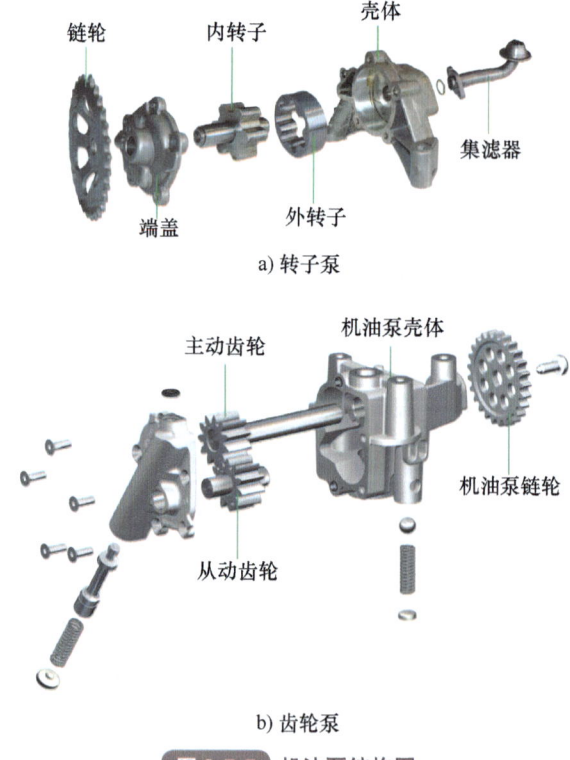

a) 转子泵

b) 齿轮泵

图 3-5-5 机油泵结构图

3.5.2 润滑系统维修

1. 机油及滤清器的更换

在更换机油的过程中，首要步骤是将车辆提升至一个便于操作的安全高度。在此之前，务必开启机油加注口的盖子。为确保发动机内部免受异物侵入，应使用清洁的布料妥善覆盖机油加注口。

1）准备工作。将汽车停置于平整、坚实的地面，并启动发动机进行预热，以确保发动机处于适宜的工作温度。发动机预热完成后，关闭发动机，打开汽车发动机舱盖及机油加注口盖。操纵举升机缓慢举升汽车，直至车轮完全离开地面时暂停举升操作。此时，以适当的力量轻按汽车前后部位，进行车身稳固性检查，确保车辆在举升过程中无晃动或倾斜现象。继续操纵举升机，将汽车平稳举升至适合进行相关操作与维护的最高位置。

2）首先，拆卸图 3-5-6 所示的放油螺塞，随后将机油引导至指定容器内，如图 3-5-7 所示。在此过程中，务必保持高度警惕，以防热机油可能造成的烫伤风险。同时，需妥善安置容器，确保其稳固，以防止机油泄漏造成的不必要损害或环境污染。

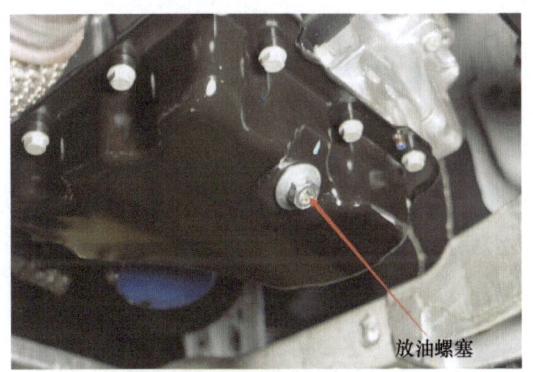

图 3-5-6 拆卸机油放油螺塞

图 3-5-7 收集废弃机油

3）用机油滤清器扳手拆卸机油滤清器，如图 3-5-8 所示。

4）如图 3-5-9 所示，用机油涂抹在新机油滤清器的 O 形密封圈上。

5）用手把新的机油滤清器拧在机油滤清器支座上，直到滤清器 O 形密封圈与安装表面接触，用机油滤清器扳手把滤清器再拧紧 3/4 圈。注意识别滤清器 O 形密封圈与安装表面初始接触的精确位置。

6）从机油加注口注入规定黏度的机油，直至油位达到机油标尺上的满油位标记。

7）盖上机油加注口盖，使发动机怠速空转 5min 后停止运转；再过 3min 后拔出机油标尺，检查油位是否处在正常位置。

2. 机油泵的拆卸要点

以吉利帝豪 GS 车型 4G13TB 发动机为例介绍机油泵就车拆卸要点。

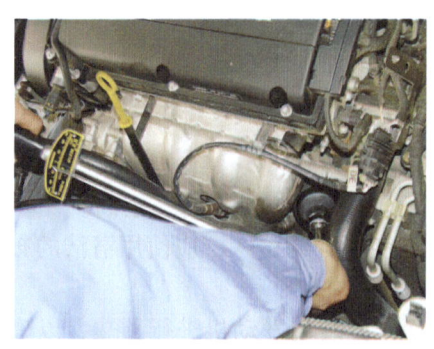
图 3-5-8 拆卸机油滤清器

图 3-5-9 涂抹机油到 O 形密封圈上

1）准备工作。举升车辆，排放发动机机油，拆卸油底壳。拆卸机油集滤器固定螺栓，取下机油集滤器总成及螺栓。拆卸发动机油底壳调节板固定螺栓，取出发动机油底壳调节板，并放下车辆。使用卧式千斤顶支撑住变速器总成，拆卸发动机左侧悬置支架。

2）拆卸传动带。用扳手顺时针转动张紧轮固定螺栓，取出传动带，如图 3-5-10 所示。

3）拆卸如图 3-5-11 所示发动机前支架上的固定螺栓，并取下前支架。

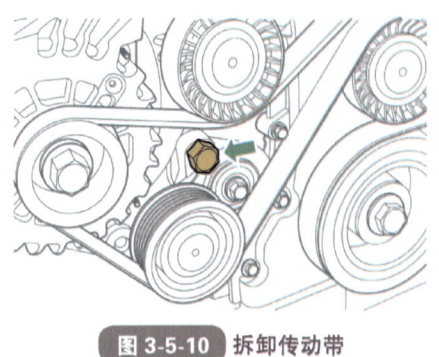
图 3-5-10 拆卸传动带

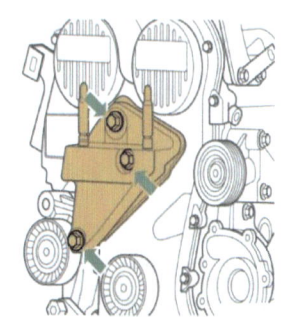
图 3-5-11 发动前支架拆卸

4）拆卸水泵带轮固定螺栓，并取下水泵带轮。

5）拆卸如图 3-5-12a 所示的中间惰轮防尘盖板，并拆下图 3-5-12b 所示的惰轮固定螺栓，取下惰轮。

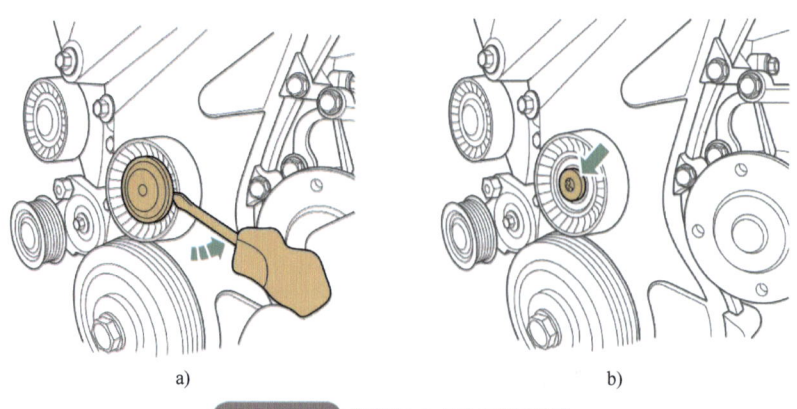

a)　　　　　　　　　　　　b)

图 3-5-12 惰轮防尘盖和固定螺栓

6）拆卸曲轴减振带轮锁紧螺栓，取下曲轴减振带轮。

7）拆卸油底壳上壳体与正时链罩的固定螺栓和螺母；并拆卸正时链罩与气缸体的紧固螺栓和螺母，如图 3-5-13 所示。最后使用螺丝刀轻轻撬动正时链罩，取下正时链罩，如图 3-5-14 所示。

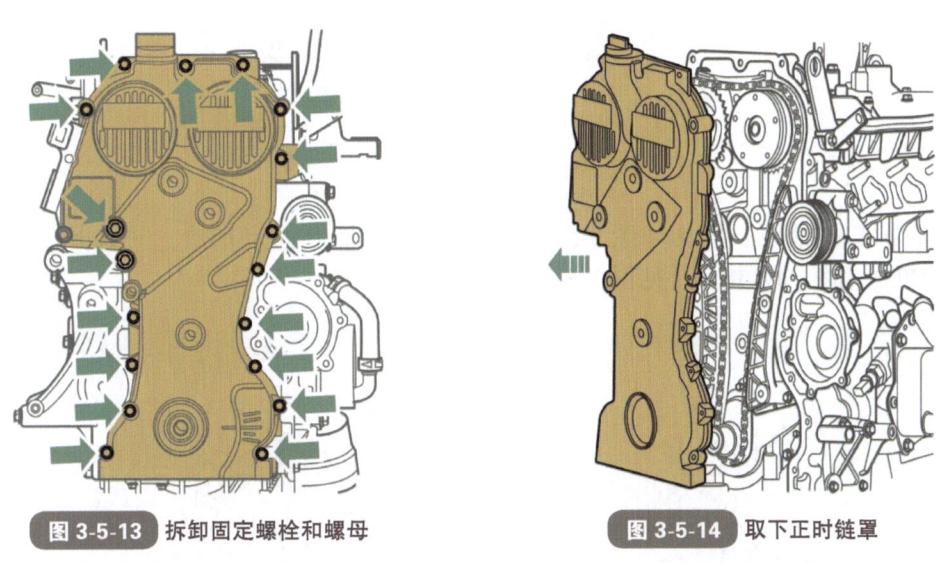

图 3-5-13　拆卸固定螺栓和螺母　　　　图 3-5-14　取下正时链罩

8）拆卸正时链条张紧轨组件上的固定螺栓（见图 3-5-15a），并取下正时链条张紧轨组件；拆卸另外一侧正时链条导向轨上的两颗固定螺栓（见图 3-5-15b），并取下正时链条导向轨。

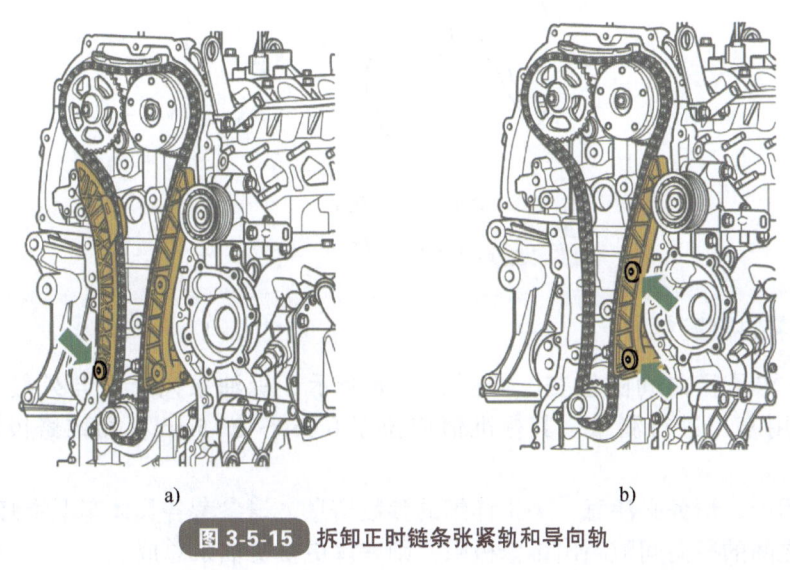

a)　　　　　　　　　　b)

图 3-5-15　拆卸正时链条张紧轨和导向轨

9）拆卸如图 3-5-16 所示两个凸轮轴正时链轮中间的正时链条导向轨组件固定螺栓，再先取下正时链条导向轨，再取下已松弛的正时链条。

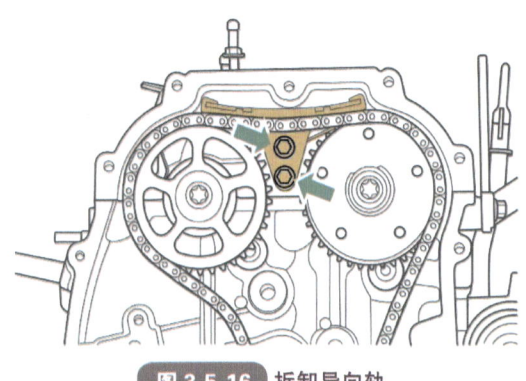

图 3-5-16 拆卸导向轨

10）拆卸机油泵。拆卸如图 3-5-17a 所示五颗机油泵固定螺栓，并取下机油泵（见图 3-5-17b）和机油泵垫片（见图 3-5-17c）。

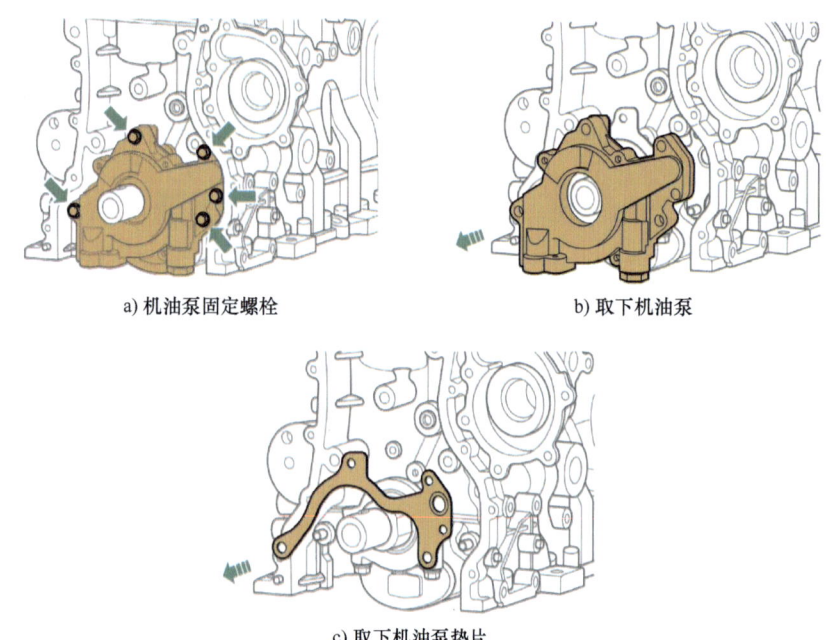

a）机油泵固定螺栓　　　　　b）取下机油泵

c）取下机油泵垫片

图 3-5-17 拆卸固定螺栓并取下机油泵

3. 机油泵的检查

1）内外转子径向间隙检查。如图 3-5-18 所示，机油泵内转子与外转子之间的径向间隙应使用塞尺进行测量。其标准值应位于 0.05～0.15mm，而维修极限则设定为 0.25mm。

在此过程中，请务必注意，关于详细的参数信息，请参考各具体车型维修手册。若发现内外转子之间的径向间隙超出维修极限，则建议更换机油泵总成。

2）泵壳体安装面与转子之间的轴向间隙检查。如图 3-5-19 所示，在测量转子与泵壳体安装面之间的轴向间隙时，应使用精密直尺和塞尺进行精确测量。其标准值应控制在

0.03～0.10mm 之间，而维修极限则设定为 0.20mm。请注意，详细参数可能因车型而异，具体请参考各车型维修手册。

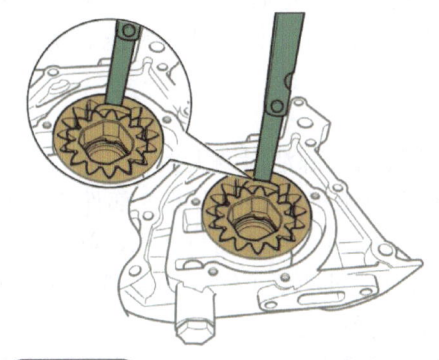

图 3-5-18 机油泵内外转子径向间隙检查

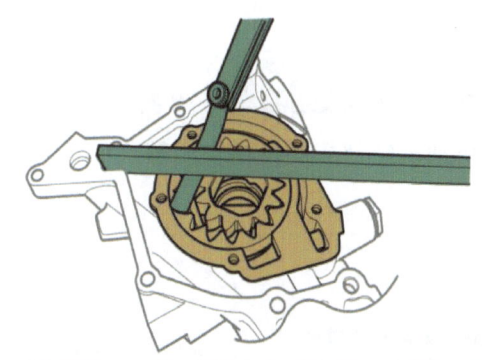 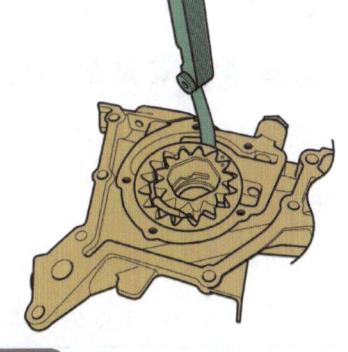

图 3-5-19 泵壳体安装面与转子之间的轴向间隙检查　　图 3-5-20 外转子与泵壳体之间的径向间隙检查

3）外转子与泵壳体之间的径向间隙检查。如图 3-5-20 所示，应使用塞尺来检测机油泵外转子与机油泵壳体之间的径向间隙。其标准值应控制在 0.23～0.322mm 之间，而维修极限则设定为 0.45mm。具体参数请参考各车型维修手册。

4. 机油压力测试

机油压力是确保发动机顺畅运行的关键要素，它不仅关乎各运动部件的充分润滑，还直接影响到液压挺柱等组件的正常工作。因此，机油压力测试作为发动机检查的重要环节，其重要性不言而喻。

在进行机油压力测试时，需遵循以下严谨步骤以确保测试的准确性：

1）将车辆平稳停放于水平地面上，并静置足够时间（通常为 2～3min），以便机油充分回流至油底壳，并检查机油油位是否处于正常范围内，避免油位过低影响测试结果。

2）启动发动机进行预热，同时密切观察车辆的压力表或指示灯，确认无低压力或无机油压力的异常指示。

3）将点火开关切换至"OFF"位置，确保发动机处于熄火状态，以便进行后续操作。

4）使用专业工具拆下机油压力开关或发动机气缸体上的机油感应塞，为安装机油压力表做准备。

5）将适配器和机油压力表正确安装至预留接口，确保连接紧密无泄漏，随后进行机油压力的测量。

6）重新启动发动机，待其运行稳定后，读取并记录机油压力表的读数，并将其与车辆制造商提供的规格参数进行对比分析，以判断机油压力是否正常。

5. 机油泄漏检查

机油泄漏可细分为内部泄漏与外部泄漏两大类别，其各自成因及检测方法简述如下：

1）内部泄漏。内部泄漏主要源于发动机内部各部件之间的间隙异常扩大。这些间隙包括但不限于曲轴与轴承之间的间隙、凸轮轴与轴承之间的间隙，以及机油泵内部的间隙等。当这些间隙超出正常范围时，机油便可能在这些部位发生泄漏。为判断是否存在内部泄漏，可借助机油压力测试来进行检测。

2）外部泄漏。外部泄漏则主要是由外部密封件的损坏或松动所引起。常见的外部泄漏原因包括油封损坏以及机油油道连接处松动等。针对外部泄漏，可采用目视检查法，即观察发动机外部有无机油渗出或滴落。

3.5.3 润滑系统常见故障诊断与排除

润滑系统常见故障有机油压力过高或过低、机油消耗超标、机油变质等。

1. 机油压力过高或过低

机油压力过高或过低故障诊断策略见表3-5-1。

表 3-5-1　机油压力过高或过低故障诊断策略

故障现象		故障原因	诊断排除
机油压力过高	机油压力超过 0.4MPa；机油警告灯闪亮且伴有蜂鸣声	① 机油的黏度过高 ② 限压阀的调节存在不恰当之处 ③ 缸体或缸盖的油道存在堵塞现象 ④ 机油压力传感器的准确性出现问题 ⑤ 机油滤清器堵塞，且其旁通电磁阀无法正常开启	① 检查机油等级是否符合使用要求，若不符合，则更换规格合适的机油 ② 检查高压开关是否失效，若失效，应更换开关 ③ 检查机油限压阀是否失效，如果失效，更换限压阀 ④ 检查机油滤清器是否堵塞，旁通阀是否失效，如果异常，应更换滤清器疏通旁通阀 ⑤ 拆检发动机，检查缸体或缸盖油道是否堵塞，检查曲轴和连杆轴承是否过小
机油压力过低	仪表板上机油压力警告灯闪烁并伴有蜂鸣声	① 机油油面过低 ② 机油压力传感装置故障 ③ 机油泵损坏或内部零件磨损 ④ 机油黏度低或被稀释 ⑤ 机油泵限压阀失效或弹簧过软 ⑥ 发动机曲轴、连杆、凸轮轴等轴承间隙过大 ⑦ 机油集滤器网被胶状物糊住；机油泵内形成空气间隙，失去泵油功能等	① 检查机油液面高度，液面过低，添加机油 ② 检查机油压力开关，损坏，则更换 ③ 拆检机油泵，机油泵磨损，更换磨损零件 ④ 检查曲轴轴承等处的配合间隙，若间隙正常，查找发动机壳体泄漏部位；若间隙不正常，则修理间隙过大的轴承

2. 机油消耗超标

机油消耗超标故障诊断策略见表 3-5-2。

表 3-5-2 机油消耗超标故障诊断策略

故障现象	① 发动机功率出现显著降低，且排气管排放出异常的蓝色烟雾 ② 机油消耗量严重超出正常范围，具体表现为每行驶 100km，机油消耗量超过 0.05L
故障原因	发动机机油的过量消耗，通常归因于密封系统或衬垫的失效渗漏以及气缸的过度磨损。具体原因包括但不限于以下几点： ① 活塞、活塞环与气缸壁之间的严重磨损，导致它们之间的配合间隙显著增大 ② 活塞或气缸表面的拉伤，影响了密封性能 ③ 活塞环（特别是油环）的弹性不足，无法有效刮除气缸壁上的机油 ④ 活塞环与环槽之间的边隙、侧隙过大，影响了密封效果 ⑤ 活塞环被积炭卡死或存在对口现象，导致密封失效 ⑥ 扭曲环的安装方向错误，影响了其应有的密封作用 ⑦ 气门杆与导管之间的配合间隙过大，或油封失效，导致机油泄漏 ⑧ 各密封垫因破损、变形、腐烂、老化等原因，造成密封不良，从而引发机油泄漏
诊断排除	启动发动机并预热至正常工作温度后，进行以下检查与诊断步骤： ① 使发动机处于怠速状态运转 5min，随后拆检各气缸的火花塞。若发现某一气缸火花塞的中心电极上存在油污（即机油），则可判定该气缸存在窜油问题 ② 将发动机置于无负荷状态并高速运转，观察排气管与机油口的排烟情况。若排气管冒蓝烟而机油口无此现象，则表明气门导管可能存在渗油问题 ③ 继续使发动机高速运转，若此时排气管与机油口均冒出蓝烟，且机油口冒烟呈现脉动状，则表明活塞环的配合间隙过大 ④ 利用气缸压力表对各气缸的压力进行检测，以确认气缸的密封性能是否良好 ⑤ 对发动机外部进行全面检查，以确认是否存在漏油现象。若发现漏油，需立即排除相关故障 ⑥ 对气门油封进行细致检查，若发现油封损坏，应及时予以更换 ⑦ 检查气门与导管之间的配合间隙是否符合要求。若间隙过大，应视情况更换气门或导管 ⑧ 对发动机进行拆解检查，重点检查活塞与气缸之间的配合间隙是否适当，以及活塞环是否失效或气缸是否出现拉伤现象。根据检查结果采取相应的维修措施

3. 机油变质

机油变质故障诊断策略见表 3-5-3。

表 3-5-3 机油变质故障诊断策略

故障现象	机油经过取样检测后，其颜色呈现为黑色；同时，机油中含有水分，呈现乳浊状并伴有泡沫现象
故障原因	① 随着机油使用时间的延长，在高温环境和氧化作用的共同影响下，机油的氧化和劣化过程加速，导致其逐渐失去原有的性能，最终变质 ② 由于活塞与气缸之间的间隙增大，以及活塞环的密封性能下降，导致燃油泄漏量增加，进而稀释了机油，影响了其润滑效果 ③ 气缸垫密封不严或缸体存在裂纹、砂眼等缺陷，可能导致冷却液渗入曲轴箱，与润滑油混合后发生乳化现象，降低了机油的性能 ④ 若曲轴箱通风系统工作不良，废气中的燃油可能混入机油中，导致机油品质下降，影响其正常功能 ⑤ 机油滤清器若发生堵塞，机油将无法得到有效过滤而直接通过旁通阀进入润滑系统，造成润滑短路和机油中杂质含量增加；同时，机油泵的磨损也可能导致供油能力下降，影响润滑效果

	(续)
诊断排除	① 需进行机油水分含量检测,并随之对冷却系统,包括但不限于汽缸体等部件,进行详尽的裂缝检查,以确保系统完整性 ② 采集机油样品数滴,均匀滴置于滤纸之上,观察其扩散情况。若油迹中心呈现显著黑色且杂质密集,则可判断机油内含杂质过多,已出现变质现象 ③ 通过手部触感对机油样品进行初步评估,若机油在捻动过程中失去原有黏性特征,则表明机油中可能已混入燃油。针对此情况,需进一步检查曲轴箱通风系统效能是否达标,活塞漏气量是否超出正常范围,同时确认滤清器是否失效及油道是否存在堵塞问题

3.6 进排气系统维修与故障诊断

发动机进排气系统的主要功能是向发动机供给新鲜空气,并有效地将燃烧后的废气排出。此系统对发动机的动力性能、经济性能以及排放性能具有直接且重要的影响。

3.6.1 进气系统

进气系统的主要功能在于确保向各气缸稳定且充足地供应可燃混合气或新鲜空气,以保障发动机能够持续、平稳地运转。该系统由多个关键组件组成,包括但不限于空气滤清器、节气门体以及进气歧管等,如图3-6-1所示。

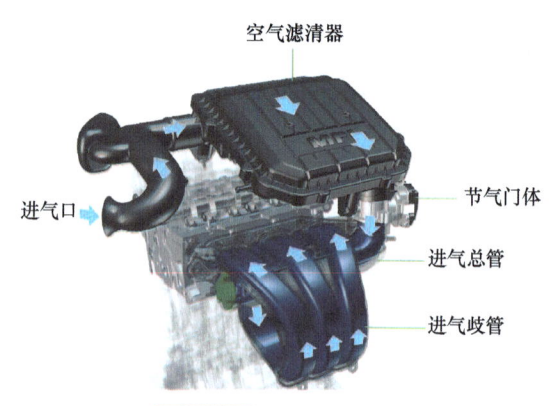

图 3-6-1 进气系统组成

空气滤清器的主要功能是过滤空气中的杂质,确保清洁的空气能够顺畅地进入气缸。发动机普遍采用干式纸滤芯空气滤清器,这种滤清器由纸滤芯以及滤清器外壳(包括滤清器盖和滤清器外壳底座)共同构成。

节气门体在发动机系统中扮演着控制进气量的关键角色。然而,在工作过程中,空气中的部分杂质在受热后可能会凝结在节气门体上,这种情况可能会导致怠速抖动、熄火等不利现象的发生。因此,为了确保发动机的正常运行,需要定期对节气门体进行清洗。

进气歧管则是连接节气门体与气缸盖进气道之间的关键部件,它负责将空气均匀地分配到各个气缸中。为了确保进气效率的最大化,进气歧管的长度应当尽可能相等,以确保空气能够均匀、顺畅地流动到各个气缸。

3.6.2 进气系统维修

1. 节气门拆卸与清洗

1)使用螺丝刀将进气软管与空气滤清器壳体和节气门体连接处的卡箍拧松,如图 3-6-2 和图 3-6-3 所示。

图 3-6-2 进气软管与空气滤清器壳体连接卡箍

图 3-6-3 进气软管与节气门体的连接卡箍

2)如图 3-6-4a 所示取下进气软管,可看到节气门体四颗内六角紧固螺栓以及节气门体上的连接管路和电气插头,如图 3-6-4b 所示。

a)取下进气软管

节气门电气插头
曲轴箱强制通风管
节气门体加热器出口管
节气门体紧固螺栓
节气门体加热器入口管

b)节气门体连接管路及四颗紧固螺栓

图 3-6-4 拆卸进气软管

3)拆卸节气门体上的连接管路(曲轴箱强制通风管、节气门加热器出口管、节气门加热器进口管)和电气插头,如图 3-6-5 所示。

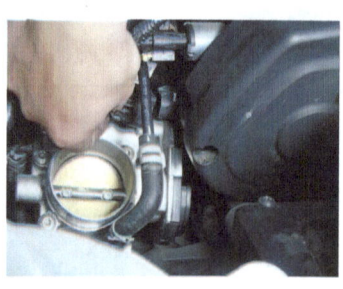

图 3-6-5 拆卸节气门体上的连接管路和电气插头

4）如图 3-6-6 所示，使用内六角扳手拆卸节气门体 4 颗紧固螺栓，并取下节气门体。

2. 节气门清洗

如图 3-6-7 所示，在使用化油器清洗剂时，应将其喷洒于节气门体主通道及节气门阀片的两面，并让其充分浸泡一段时间。随后，利用清洗剂对已经溶解的积碳及杂质进行冲洗，确保它们被彻底清除。之后，采用干净的棉布并浸湿于清洗剂中，对节气门体主通道及节气门阀片的两面进行细致的擦拭，直至其表面清洁无污。

图 3-6-6 拆卸节气门体紧固螺栓

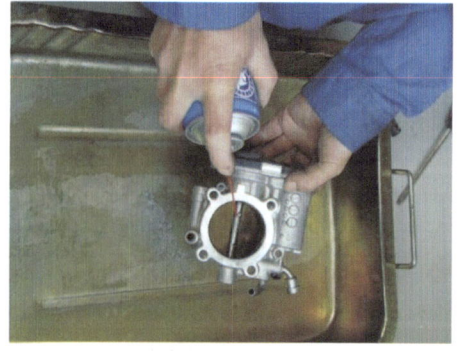
图 3-6-7 清洗节气门

3. 进气歧管拆卸更换

下面以吉利帝豪 GS 车型 4G18 发动机为例。

1）拆卸燃油轨两颗固定螺栓，取下喷油器和燃油轨总成，如图 3-6-8 所示。
2）按照前面的步骤拆卸节气门体总成。
3）拆卸进气压力/温度传感器紧固螺栓，并取下传感器，如图 3-6-9 所示。

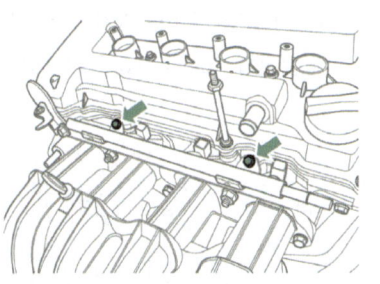
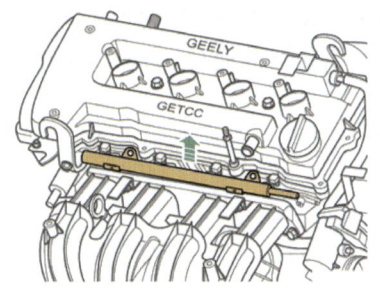

图 3-6-8　拆卸喷油器和燃油轨总成

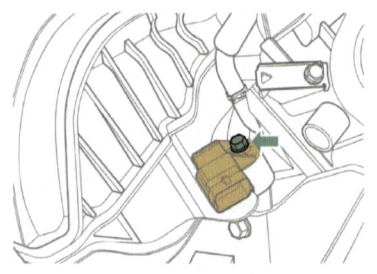
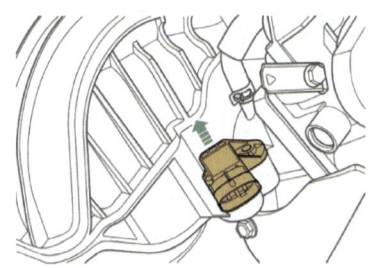

图 3-6-9　拆卸进气压力/温度传感器

4）分别拆下曲轴箱通风管卡箍（见图 3-6-10a）、真空助力器软管卡箍（见图 3-6-10b）和炭罐控制阀软管卡箍（见图 3-6-10c），并拔下上述软管接头。

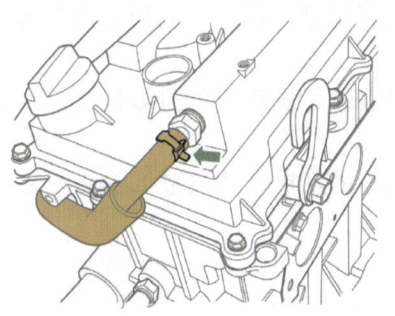
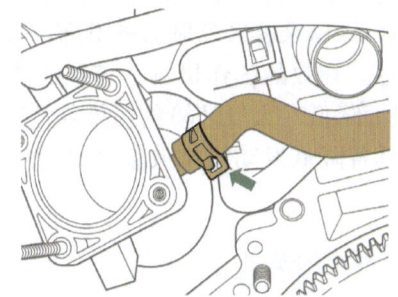

a) 曲轴箱通风管卡箍　　　　　　　　　　b) 真空助力器软管卡箍

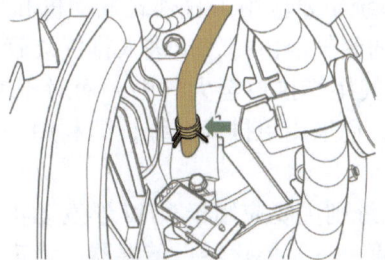

c) 炭罐控制阀软管卡箍

图 3-6-10　拆卸卡箍并拔下软管接头

5）按照图3-6-11所示的顺序拆卸进气歧管两颗固定螺母和三颗固定螺栓。

6）轻轻敲击进气歧管体，使其松动，取下进气歧管，如图3-6-12所示。

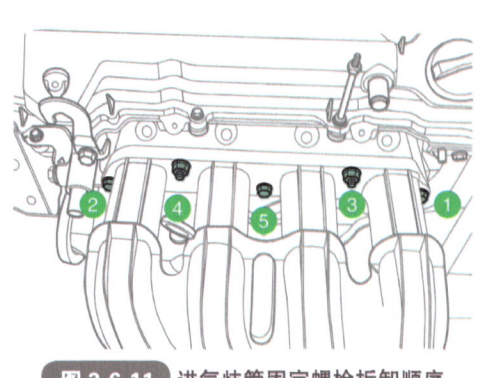

图3-6-11　进气歧管固定螺栓拆卸顺序

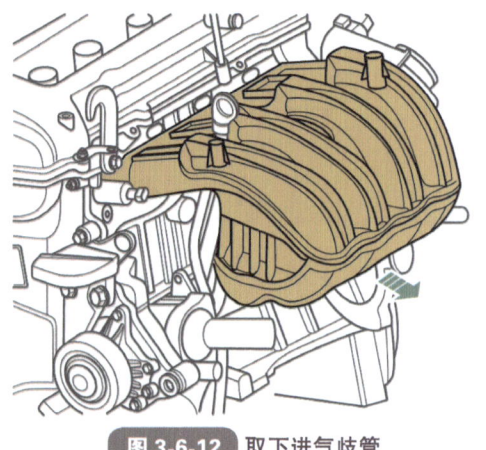

图3-6-12　取下进气歧管

3.6.3　排气系统

排气系统是一个集收集与排放废气功能于一体的系统，其关键组成部分包括排气歧管、三元催化器、谐振器、消声器以及排气尾管等。该系统在汽车中发挥着至关重要的作用，具体如下：

1）负责将发动机产生的废气有效地引导至车尾进行排放，从而确保有害气体不会侵入驾驶室内，保障乘客及驾驶者的健康与安全。

2）通过其高效的工作机制，该系统能够显著改善发动机的排放性能，减少有害物质的排放，进而降低对大气环境的污染与危害。

3）还具备降低发动机排放废气时产生的噪声的功能，为驾驶人提供更加舒适、宁静的驾驶环境。

1. 排气系统的类型

排气系统的类型主要包括单排气系统和双排气系统两类。

1）单排气系统。单排气系统主要应用于直列式发动机和部分V形发动机。在直列式发动机的排气行程中，气缸内的废气经由排气门进入排气歧管，随后依次通过排气管、三元催化器和消声器，最终由排气尾管排放至大气中。而对于V形发动机，尽管其具备两个排气歧管，但在多数情况下，仍采用单排气系统，即利用一个叉形管将两个排气歧管汇流至一个排气管中。

2）双排气系统。双排气系统则主要应用于V/W形发动机。在这种系统中，每个排气歧管都独立连接至各自的排气管、三元催化器、谐振器、消声器及排气尾管，形成了两个独立的排气通道，这种布局即为双排气系统。双排气系统的优势在于能够有效降低排气系统内部的压力，进而提升发动机排气效率，使其排气过程更为顺畅。

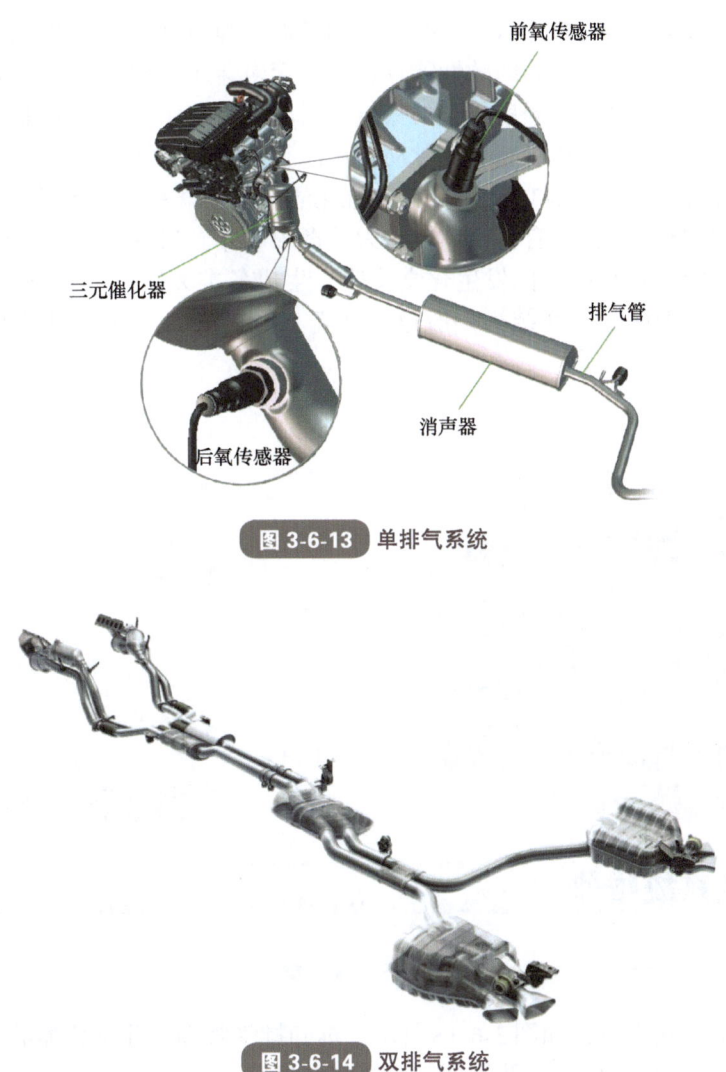

图 3-6-13 单排气系统

图 3-6-14 双排气系统

2. 排气系统的组成

1）排气歧管。排气歧管的核心功能是将发动机所排放的废气导向排气管,如图 3-6-15 所示。在直列式发动机中,仅配备一个排气歧管;而在 V 形发动机中,则在其左右两侧各配置一个排气歧管。根据发动机气缸数量的不同,一个排气歧管可能包含 3 个、4 个或 6 个通道,这些通道在另一端汇合并连接到排气管上。

图 3-6-15 排气歧管

2）消声器。如图3-6-16所示，在排气门初开时，排气压力和温度均达到较高水平，且携带一定的能量。由于排气的间歇性特点，排气管内会产生排气压力脉动。若任由废气直接排入大气，将产生强烈且频谱复杂的噪声。而消声器的作用则在于通过其结构使废气在排放过程中逐渐降低压力和衰减排气脉动，从而有效减小排气噪声。

3）三元催化器。如图3-6-17所示，三元催化器作为排气系统中至关重要的净化装置，其主要功能是将尾气中的各种有害气体转化为无毒的气体。当废气通过三元催化器时，其内部的活性物质会促使有害气体发生化学反应，生成各类无害气体。三元催化器通常安装在发动机排气歧管后方，其结构一般包括外壳、隔热垫以及催化剂载体（表面涂有催化剂）。

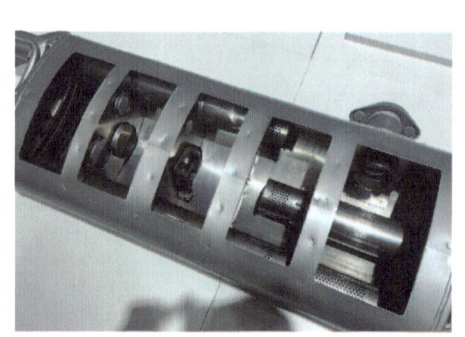
图3-6-16 消声器

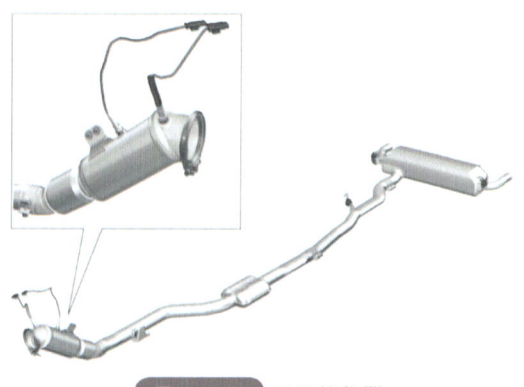
图3-6-17 三元催化器

3.6.4 排气系统维修

1. 排气歧管（不带涡轮增压）拆卸更换操作要点

1）举升车辆，在车下，如图3-6-18所示，拆卸排气管和三元催化器的两颗紧固螺母，并将排气管和三元催化器分开，并将排气管挂在底盘上。

图3-6-18 拆卸三元催化器和排气管紧固螺母

2）降下车辆，在发动机舱内拆卸排气歧管隔热罩紧固螺栓，并取下隔热罩，如图3-6-19所示。

3）拔下前后氧传感器插头，如图3-6-20所示。

图 3-6-19 拆卸排气歧管隔热罩

图 3-6-20 拔下氧传感器插头

4）拆卸排气歧管紧固螺栓，并取下排气歧管总成，如图 3-6-21 所示。

图 3-6-21 拆卸排气歧管紧固螺栓取下排气歧管

2. 三元催化器的诊断方法

当三元催化器出现故障时，应立即进行诊断。常见的诊断方法包括敲击检查、排气背压检查、温度检查等。

1）敲击检查。敲击检查应使用橡胶锤轻轻敲击三元催化器的外壳。若内部材料已损坏，敲击时会产生"咯咯"声。若存在此声音，则表明需要更换三元催化器。

2）排气背压检查。

① 真空表检查。在发动机转速为 2000～2500r/min 时，利用真空表检测进气歧管的真空度，从而评估排气背压，进而判断三元催化器是否堵塞。若排气受阻，发动机在恒定转速下，进气歧管的真空度将逐渐降低。真空度下降是由于高速运转时排气无法顺畅通过排气系统所致。在约 1min 内，阻塞点前的排气压力积累可能影响排气行程终了时的气缸压力，进而在进气行程开始时降低进气歧管的真空度。若排气严重受阻，将导致发动机熄火。

② 压力表检查。使用压力表检查排气背压。具体操作是将旧氧传感器的头部去除，并安装在氧传感器安装孔上，然后利用一小段制动系统金属管插入旧氧传感器内部制作适配器。在发动机怠速运转时，排气背压应低于 10kPa；而当发动机转速达到 2500r/min 时，排气背压应低于 15kPa。

3）温度检查。三元催化器需在工作温度下才能有效将 N_2O_x 还原为氮气和氧气，并将 CO 和 HC 氧化为 CO_2 和 H_2O。此化学反应过程中，三元催化器的温度需至少提升 10%。检查时，应先预热三元催化器，使发动机在 2500r/min 的转速下运行至少 2min，随后使用红外线测温仪测量三元催化器进出口的温度。

3.6.5 排气系统常见故障诊断与排除

排气系统常见故障有排气系统堵塞（诊断策略见表3-6-1）、排气管泄漏（诊断策略见表3-6-2）、排气噪声大（诊断策略见表3-6-3）等。

表3-6-1 排气系统堵塞故障诊断策略

故障现象	发动机出现加速无力、油耗变高或加速性能不良
故障原因	① 排气管出现损坏情况 ② 排气管内部发现存在碎屑 ③ 排气管或谐振器内部发生故障 ④ 排气管内部因锈蚀而导致排气口堵塞
诊断排除	① 实施排气管的更换或修复工作 ② 拆解排气管，并进行内部清理，以去除积聚的碎屑 ③ 对涉及的相关组件进行评估，并视情况进行更换或修复 ④ 针对排气管内部锈蚀情况，进行清理工作；若锈蚀严重，则执行排气管的更换操作

表3-6-2 排气管泄漏故障诊断策略

故障现象	发动机在运转时发出"嘶嘶"声或爆裂声
故障原因	以下是按照要求改写后的内容： ① 排气系统组件出现位置偏差或安装流程不符合规范 ② 排气系统中，排气歧管、涡轮增压器总成、三元催化器、排气管中间消声器、后消声器等关键部位存在气体泄漏现象 ③ 以下密封件或衬垫存在泄漏情况： – 排气歧管与气缸盖之间的密封失效 – 排气歧管与涡轮增压器之间的连接处出现泄漏 – 涡轮增压器与三元催化器之间的密封性能不足 – 三元催化器与排气管之间的连接存在泄漏 – 中间消声器与后消声器之间的密封出现问题 ④ 排气系统中，法兰连接处的结合面发生了形变，导致密封不严 ⑤ 排气歧管出现开裂或断裂现象，影响排气系统的正常功能 ⑥ 排气系统部件的焊接连接处存在泄漏，需进行修复处理
诊断排除	① 重新安装相关部件，并严格遵循规定的扭矩进行紧固，确保操作无误。同时，检查排气管吊钩是否位于正确位置，并确保其已牢固固定，无任何松动迹象 ② 针对发现的问题，需对相关的部件进行紧固处理。若紧固无效或部件已损坏，请立即进行更换，以确保设备正常运行 ③ 对于发生泄漏的密封件或衬垫，应立即进行更换。选用符合标准的配件，并按照正确的操作步骤进行安装 ④ 针对出现故障或损坏的部件，进行维修或更换 ⑤ 若排气歧管出现严重损坏或无法修复，更换新的排气歧管。以确保车辆或设备的排气系统能够正常运行 ⑥ 对于发生泄漏的部件，进行更换。选用合适的替换部件，并按照相关操作指南进行安装和调试

表 3-6-3　排气噪声大故障诊断策略

故障现象	① 排气系统发出异常的爆裂声或持续性的"嘶嘶"声 ② 排气噪声显著增大，超过正常范围
故障原因	① 排气系统存在泄漏现象 ② 消声器部件出现损坏 ③ 排气管存在松动情况 ④ 三元催化转化器已损坏
诊断排除	① 针对排气泄漏问题，应依据"排气系统泄漏"的标准化故障排除流程进行操作 ② 需对消声器总成进行全面检查，确认其是否存在损坏或功能故障，并在必要时执行更换消声器总成的操作 ③ 对吊钩的完好性进行检查，确认其是否出现弯曲或松动现象。同时，还需检查隔热罩及紧固件是否稳固，以及排气管是否存在相互干扰的情况 ④ 采用橡胶敲击法逐一检测各部件，以精确定位噪声来源。若检测到三元催化转化器总成或消声器总成存在故障，应依据规定流程进行更换处理

3.6.6　进气增压系统

进气增压系统可分为机械增压与废气涡轮增压两大类别。发动机进气增压装置的优势显著，具体体现在以下几个方面：

1）依据发动机功率需求，适时提供或减小增压压力，实现高效能输出。
2）在气门叠开期间，增压空气有效促进燃烧室内废气的彻底清除。
3）通过引入增压空气，有效降低缸盖、活塞及气门的运行温度，进而延长部件使用寿命。
4）即便在高海拔地区，面临大气压力降低的挑战，仍能确保充足的增压压力供给。

机械增压器的工作原理依托于曲轴通过传动带的驱动，内部压气机对空气进行压缩后输送至发动机进气歧管。相比之下，涡轮增压器则利用发动机排气能量推动涡轮旋转，进而带动泵轮对空气进行压缩。机械增压器的空气输送量直接受发动机转速影响，通常能够提升约 20% 的发动机动力。

1. 机械增压

根据压气机工作原理的差异，机械增压器细分为离心式、罗茨式、螺旋式、滑片式及转子活塞式等多种类型。目前，离心式与罗茨式增压器在汽车发动机领域应用广泛，尤以罗茨式增压器最为普遍。

罗茨式双螺杆结构机械增压器，如图 3-6-22 所示，其核心部件包括双螺旋齿形叶片的螺杆式转子、主动齿轮、从动齿轮、进气旁通执行器及电磁阀等。双螺杆的螺旋齿形叶片渐开线角度为 60°，且相互啮合。主动齿轮与增压器驱动轮同轴相连，并与从动齿轮相啮合，而增压器驱动轮则通过传动带与曲轴驱动轮相连。

2. 废气涡轮增压

涡轮增压器巧妙地利用排气能量推动涡轮旋转，进而带动进气侧的泵轮实现增压效果。此设计取消了机械增压器所需的传动带，降低了发动机动力损失，并有效利用了原本浪费的排气能量，显著提升了发动机进气效率。

涡轮增压器如图 3-6-23 所示。涡轮增压器由中间壳体连接的两个腔室组成,分别安装涡轮与泵轮,二者通过贯穿中间壳体的轴相连。涡轮腔室与排气歧管相连通,泵轮腔室则与来自空气滤清器的进气软管相连。为实现最大排气驱动力,涡轮增压器应尽可能靠近发动机排气歧管安装。废气通过涡轮时,带动同轴的泵轮旋转,泵轮对来自空气滤清器的空气进行压缩。增压后的进气首先进入中冷器进行冷却处理,随后冷却后的空气通过节气门体进入进气歧管。

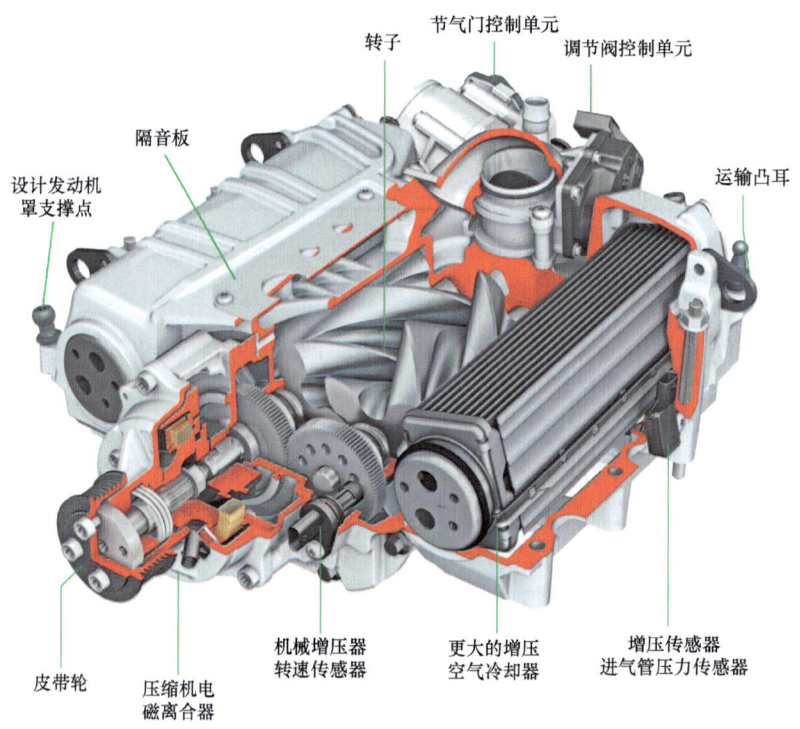

图 3-6-22 机械增压器

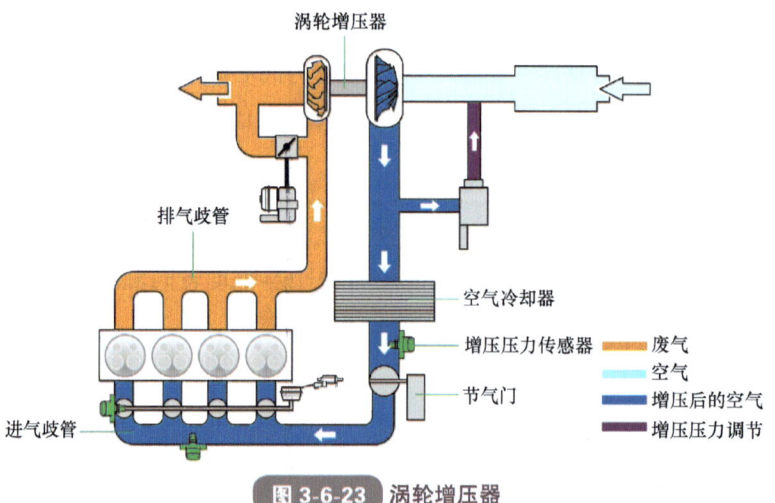

图 3-6-23 涡轮增压器

3.6.7 进气增压系统维修

下面以吉利帝豪 GS 的 4G13TB 发动机为例介绍涡轮增压器的拆卸要点。

1）拆卸增压器进油管。首先需利用棘轮扳手拆卸进油管与涡轮增压器之间的紧固螺栓，如图 3-6-24a 所示。随后，继续拆卸进油管与气缸体之间的紧固螺栓，如图 3-6-24b 所示。完成上述步骤后，将增压器的进油管安全取下。

注意：
在重新组装时，务必更换油管密封垫，以确保密封性能，防止发生泄漏现象。

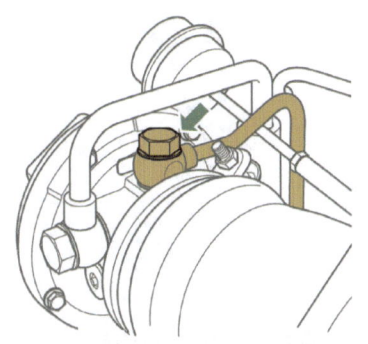
a）进油管与涡轮增压器之间的紧固螺栓

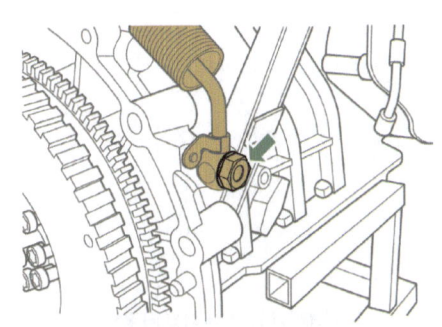
b）进油管与气缸体之间的紧固螺栓

图 3-6-24 拆卸增压器进油管

2）拆卸增压器回油管。首先使用棘轮扳手，将回油管与涡轮增压器之间的紧固螺栓进行拆解（见图 3-6-25a）。随后，继续拆除连接回油管与气缸体的紧固螺栓（见图 3-6-25b）。完成上述步骤后，即可安全地取下增压器的回油管。

注意：
在进行复装操作时，务必更换全新的油管密封垫，以确保密封性能，避免潜在的漏油风险。

3）拆卸增压器进水管。首先使用棘轮扳手解除进水管与涡轮增压器之间的紧固螺栓（见图 3-6-26a），随后再解除进水管与气缸体之间的紧固螺栓（见图 3-6-26b），之后可安全地取下增压器的进水管。

注意：
在重新组装过程中，务必更换新的油管密封垫，以确保系统的密封性与运行的稳定性。

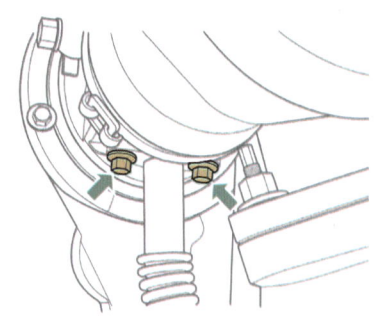
a）回油管与涡轮增压器紧固螺栓

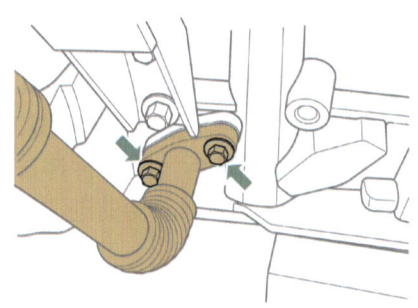
b）回油管与气缸体紧固螺栓

图 3-6-25 拆卸增压器回油管

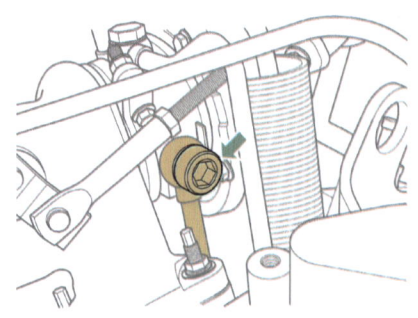
a）进水管与涡轮增压器紧固螺栓

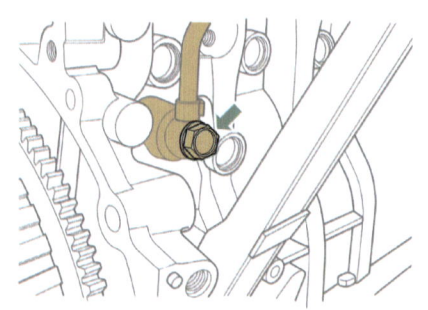
b）进水管与气缸体紧固螺栓

图 3-6-26 拆卸增压器进水管

4）拆卸增压器回水管。首先使用棘轮扳手拆卸增压器回水管与增压器的紧固螺栓（见图 3-6-27a），再使用卡箍钳松开增压器回水管连接软管固定卡箍（见图 3-6-27b），并取出增压器回水管。

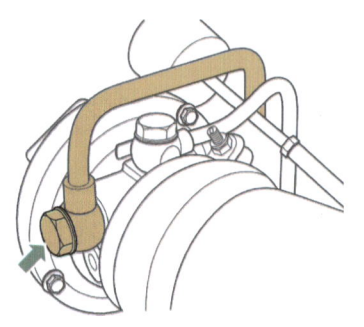
a）增压器回水管与增压器的紧固螺栓

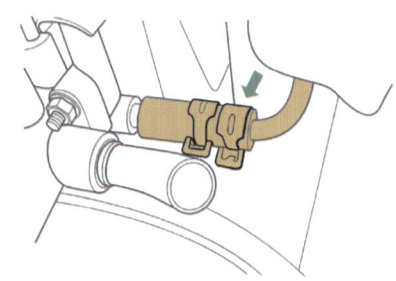
b）增压器回水管连接软管固定卡箍

图 3-6-27 拆卸增压器回水管

5）拆卸增压器。

① 使用卡箍钳松开增压器连接软管、真空控制阀软管固定卡箍，如图 3-6-28 所示。

第 3 章　发动机维修基础

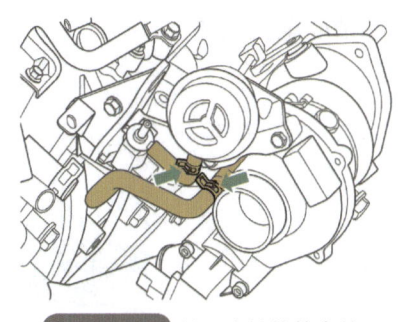

图 3-6-28　松开连接软管卡箍

② 拆卸增压器与排气歧管固定螺栓（见图 3-6-29a），并取下增压器、增压器垫片、增压器与排气歧管之间的垫片（见图 3-6-29b）。

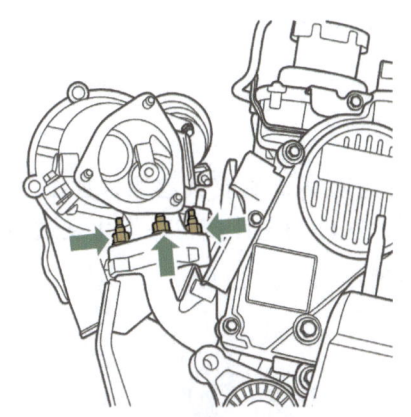

a) 增压器与排气歧管固定螺栓　　　　　　b) 取下增压器及垫片

图 3-6-29　拆卸增压器固定螺栓并取下增压器及垫片

3.7　燃油供给和喷射系统维修与故障诊断

燃油供给系统的功能在于持续、稳定地提供经过滤清处理的燃油，与进气系统紧密协作，依据发动机在不同运行阶段的具体需求，精确配比出适当数量与浓度的可燃混合气，确保其顺利进入气缸进行燃烧。此外，该系统还需承担储存足量燃油的任务，以保障汽车具备足够的续驶能力。

当前，现代汽车发动机广泛采用电子控制燃油喷射系统（简称电控燃油喷射系统）这一先进技术。该系统实现了燃油的直喷功能，无论是直接喷入进气歧管还是气缸内部，均能在多样化的工况条件下，实现喷油量的精准调控与灵活调整，从而完美契合车辆的动力输出需求，并严格遵守环境保护法规的各项要求。

3.7.1　燃油供给系统组成

燃油供给系统由多个关键部件组成，包括燃油箱、燃油泵、燃油滤清器、进油管、回油管、燃油分配轨、喷油器以及燃油压力调节器等，如图 3-7-1 所示。这些部件的正常运作对于确保喷射系统的喷油控制精度至关重要。

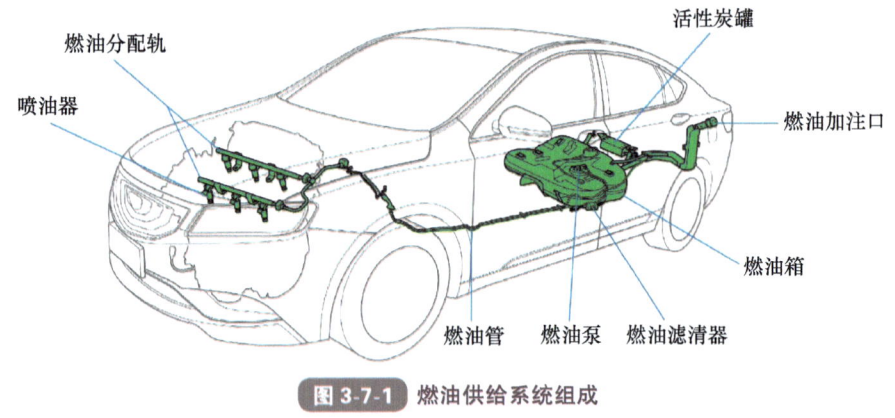

图 3-7-1 燃油供给系统组成

1. 燃油箱

燃油箱的主要功能是储存汽油，其材质通常为防腐金属或聚乙烯，如图 3-7-2 所示。燃油箱一般被安装在底盘后部，靠近后桥的位置，这样的设计使得在发生交通事故时，车架纵梁和车身能够有效地保护燃油箱，避免其受损。

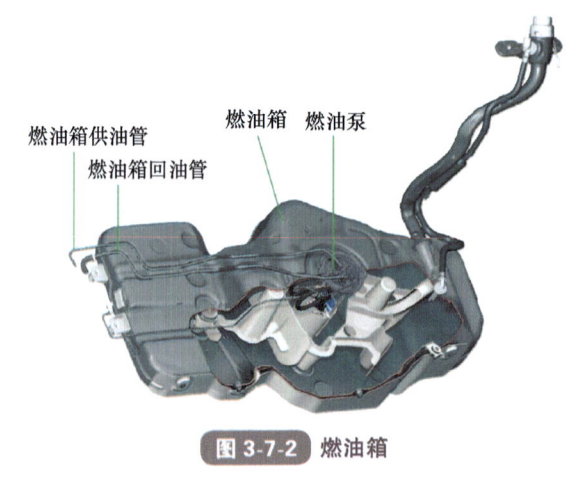

图 3-7-2 燃油箱

2. 燃油泵

发动机普遍采用电动燃油泵，该泵由小型电机驱动，如图 3-7-3 所示。电动燃油泵的主要作用是将燃油泵入输油管，并建立所需的燃油压力。根据结构不同，电动燃油泵可分为滚柱式（含叶片式）、涡轮式和变排量式。目前，大多数汽车采用滚柱式（含叶片式）或涡轮式燃油泵，而少部分车辆则选用变排量式燃油泵。涡轮式燃油泵相较于滚柱式燃油泵，具有更高的工作转速和更低的噪声。变排量式燃油泵则能根据发动机的工况调整泵油量，从而实现能源的节约和燃油泵使用寿命的延长。

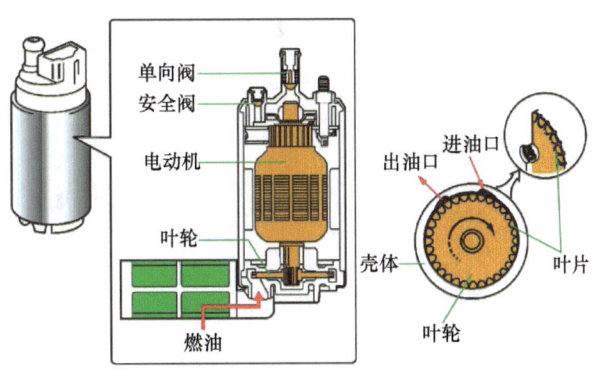

图 3-7-3　电动燃油泵结构（叶片泵）

3. 燃油滤清器

燃油滤清器被安装在燃油泵与燃油分配轨之间的进油管中，如图 3-7-4 所示。其主要功能是过滤燃油中的灰尘、碎屑、水分及其他杂质，防止这些杂质进入燃油分配轨并堵塞喷油器。燃油滤清器由滤芯和壳体组成，其中壳体材质多为金属或塑料，而滤芯则多为纸质滤芯。

4. 燃油压力调节器

燃油压力调节器在发动机燃油供给系统中扮演着稳定喷油压力的重要角色。它通过调节燃油分配轨内部油压与进气歧管真空度的压力差，使得电子燃油喷射系统仅需通过控制喷油器的喷油时间即可精确控制喷油量，如图 3-7-5 所示。根据工作原理的不同，燃油压力调节器可分为真空式和恒压式两种类型。

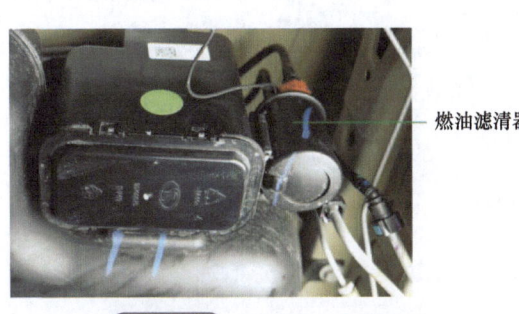

图 3-7-4　燃油滤清器安装位置

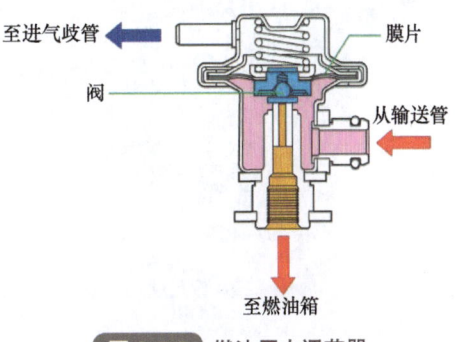

图 3-7-5　燃油压力调节器

5. 喷油器

喷油器如图 3-7-6 所示，作为燃油喷射系统中的关键执行元件，其功能类似于电磁阀。在通电状态下，其内部的电磁线圈会产生电磁力，此力足以将衔铁及针阀向上吸引，从而打开喷孔。随后，燃油通过针阀头部轴针与喷孔之间形成的环形间隙，以高速状态喷射而出。而当电源切断时，电磁力随即消失，此时衔铁及针阀在回位弹簧的弹性作用下回归原位，封闭喷孔，进而使喷油器停止喷油过程。

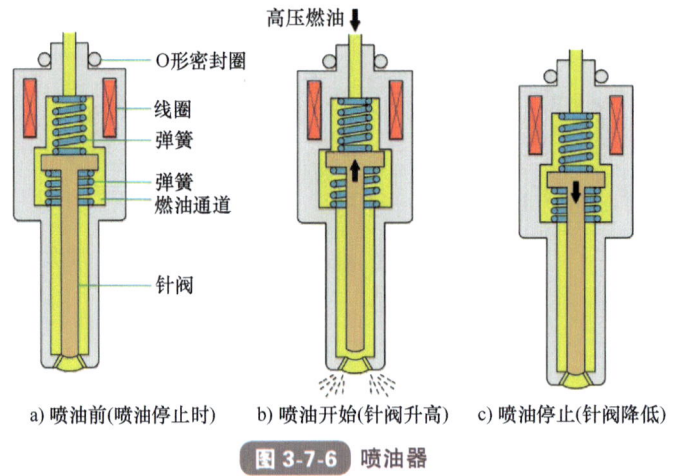

a) 喷油前(喷油停止时)　　b) 喷油开始(针阀升高)　　c) 喷油停止(针阀降低)

图 3-7-6　喷油器

6. 燃油分配轨

　　燃油分配轨的主要功能在于确保燃油能够均匀且等压地分配到各个喷油器中，同时，它还承担着储油蓄压的重要作用。具体而言，燃油首先由燃油泵泵出，随后经过滤清处理，最终流入燃油分配轨内。燃油分配轨通过螺栓被稳固地安装在进气歧管下部的固定座上，其上方则安装有喷油器，以便进行燃油的喷射操作，如图 3-7-7 所示。

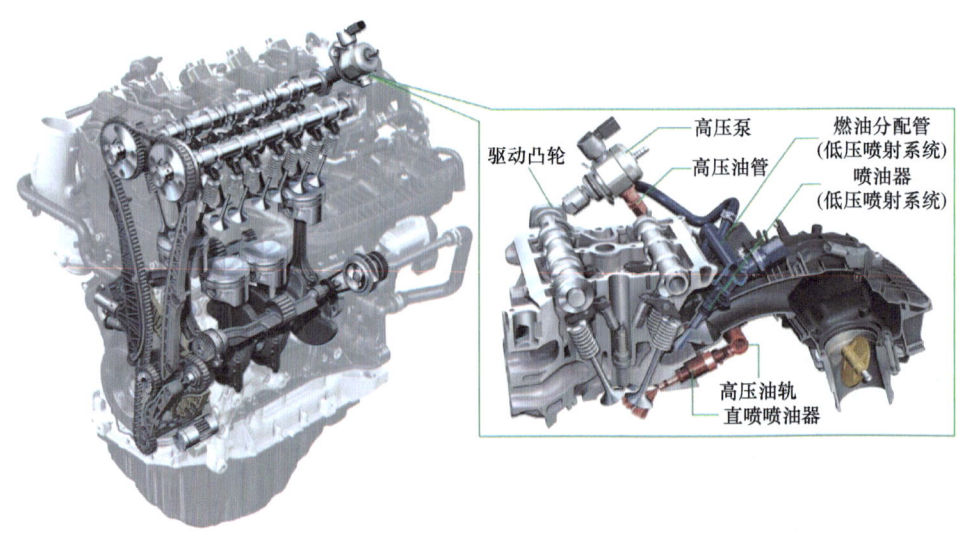

图 3-7-7　燃油分配轨

3.7.2　电控燃油喷射系统组成

1. 电控燃油喷射系统的组成

　　电控燃油喷射系统由发动机控制单元（ECM）、传感器（节气门位置传感器、进气歧管绝对压力传感器、空气流量计、凸轮轴位置传感器、曲轴位置传感器、冷却液温度传感器、氧传感器等）和执行器（喷油器）组成，如图3-7-8所示。ECM是发动机控制系统的核心部分，包含若干个子控制系统，燃油喷射系统是其中之一。ECM通过采集和处理空气流量传感器或进气压力传感器以及其他相关传感器传来的信息，计算出在该工况下发动机所需要的即时喷油量，然后向执行器（主要是喷油器）发出喷油指令。同时，ECM通过氧传感器提供的信息来及时修正喷油误差，实现最佳的喷油控制。

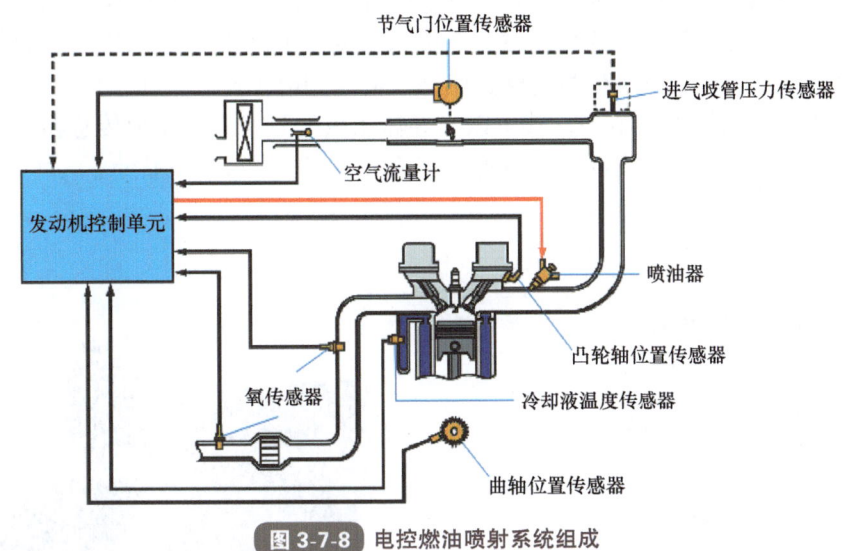

图3-7-8 电控燃油喷射系统组成

1）空气流量计。空气流量计如图3-7-9所示，用来将吸入的空气流量转换成电信号送给电子控制单元，作为决定喷油量的基本信号之一，按照空气流量计的结构形式，可将其分为翼片式空气流量计、卡门旋涡式空气流量计和热线式空气流量计三种。

热线式空气流量计主要由防护网、取样管、铂热线、温度补偿电阻和控制电路等组成。根据铂热线在壳体内安装部位的不同，可分为主流测量方式和旁通道测量方式。图3-7-10所示为热线式空气流量计结构，铂热线和温度补偿电阻安装在主进气道中，控制电路板安装在流量计下方。

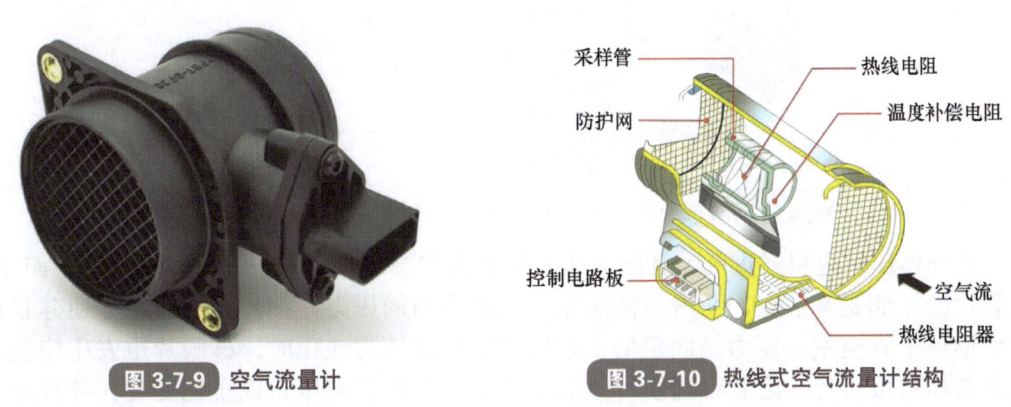

图3-7-9 空气流量计　　图3-7-10 热线式空气流量计结构

热线式空气流量计工作原理如图3-7-11所示。当空气流经销热线时，铂热线温度就会降低，铂热线的电阻减小，使电桥失去平衡，若要保持电桥平衡，就必须增加流经销热线的电流,以恢复其温度和阻值,测量电阻两端的电压也相应增加。流经铂热线的空气量(质量流量)不同,热线的温度变化量不同,其电阻变化量也就不同,为保持电桥平衡,需增加流经铂热线的电流,从而使测量电阻两端的电压也相应变化,将这种因空气流量变化而引起的流过铂热线的电流的变化,转化成测量电阻两端的电压输入给电控单元,即测得进气量。

2)进气歧管绝对压力传感器。进气歧管绝对压力传感器(见图 3-7-12)是速度密度型电控燃油喷射系统中最重要的传感器。它能依据发动机负荷状况,测出进气歧管中绝对压力的变化,将其转换成电压信号与转速信号一起送到电子控制单元,作为基本喷油量的依据。进气压力传感器种类很多,其中以半导体压敏电阻式进气压力传感器应用最广泛。这种传感器具有体积小、精度高、成本低、响应和抗震性能较好等优点。

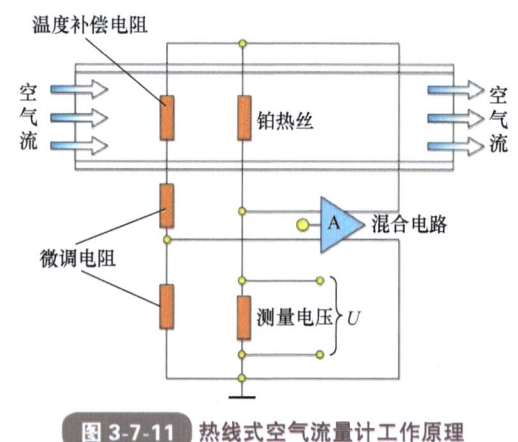

图 3-7-11 热线式空气流量计工作原理

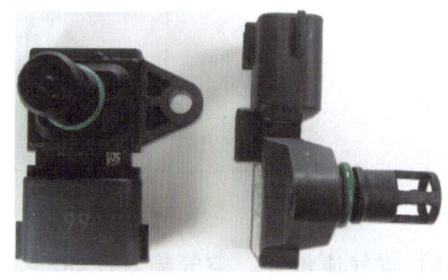

图 3-7-12 进气歧管绝对压力传感器

常用的进气歧管绝对压力传感器有半导体压敏电阻式和电容式两种。半导体压敏电阻式进气歧管绝对压力传感器结构和原理如图 3-7-13 所示。

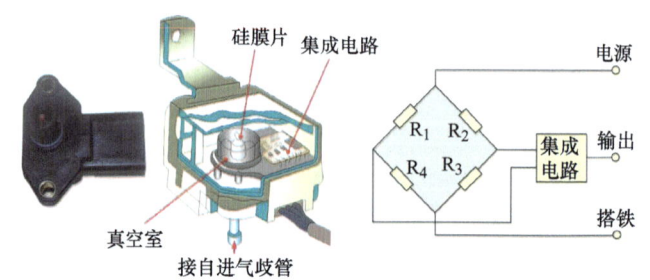

图 3-7-13 半导体压敏电阻式进气歧管绝对压力传感器结构和原理

半导体压敏电阻式进气歧管绝对压力传感器主要由真空室、硅膜片和集成电路组成。硅膜片的一侧是真空室,而另一侧承受进气歧管内的压力,在此压力作用下使硅膜片产生变形由于真空室的压力是固定的,进气歧管绝对压力变化时,硅膜片也发生应变,其应变与压力成正比,附着在硅膜片上的应变电阻的阻值与压力成正比变化,导致硅膜片所处的电桥电路输出电压发生变化,电桥电路输出的电压(很小)经集成电路放大后输送给 ECU。

3）节气门位置传感器。节气门位置传感器负责检测节气门的开度及其变化，包括怠速（全关）、全开以及节气门开启和关闭的速率信号。这些信号会被输入到电控单元中，用于控制燃油喷射和其他辅助控制功能，例如排气再循环（EGR）和开闭环控制等。该传感器安装在节气门体上（图 3-7-14），并由节气门轴驱动。根据工作方式的不同，节气门位置传感器可以分为线性式和触点式等类型。

图 3-7-14 节气门位置传感器安装位置

线性式节气门位置传感器：此类型的节气门位置传感器是一个与节气门联动的电位计，节气门开度的输出电压与节气门开度之间为线性关系，传感器结构和原理如图 3-7-15 所示。传感器有两个与节气门联动的可动触点。一个在电阻体上滑动，当节气门开度变化时，测得的输出电压也呈线性变化。根据电压值，可知节气门开度。另一个触点在节气门全关闭时与怠速触点接触，给 ECU 提供怠速信号，ECU 据此判断发动机处于怠速状态。

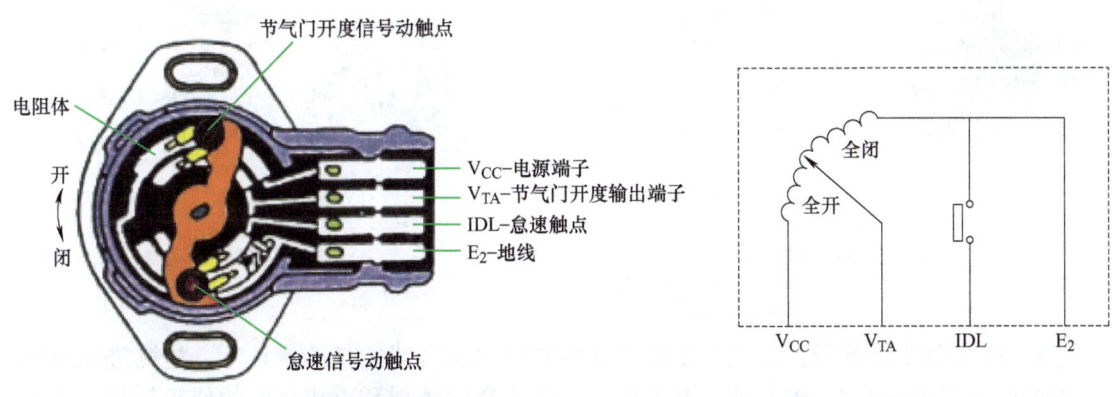

图 3-7-15 线性式节气门位置传感器结构和原理

触点式节气门位置传感器：此类型的节气门位置传感器由一个活动触点和两个固定触点构成，结构如图 3-7-16 所示。当节气门处于全关闭状态时，活动触点与怠速触点接触，ECU 根据此信号判定发动机处于怠速状态从而对混合气进行调整；而在节气门接近全开时，活动触点与全开触点（全负荷触点）闭合；节气门开度在中间位置时，滑动触点与两个固定触点均断开。ECU 根据触点的闭合情况确定发动机处于怠速、中等负荷或全负荷工况。

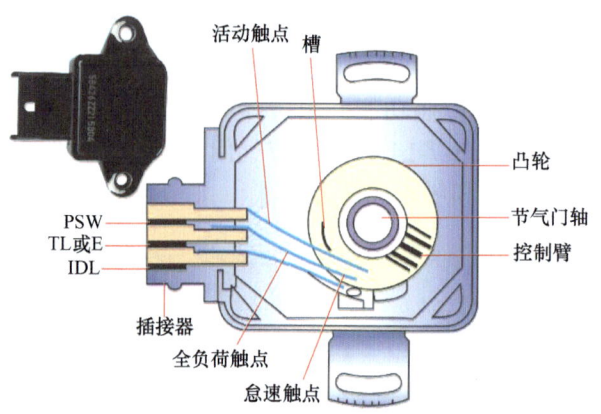

图 3-7-16 触点式节气门位置传感器结构

4）曲轴位置传感器/凸轮轴位置传感器。曲轴位置传感器也称转速传感器，用来检测曲轴转角位移，给 ECU 提供发动机转速信号和曲轴转角信号，作为燃油喷射控制和点火控制的主控制信号。

凸轮轴位置传感器是一个气缸判别定位装置，它向 ECU 提供第一缸压缩上止点信号，是点火控制的主控制信号。

凸轮轴位置传感器和曲轴位置传感器的结构和工作原理基本相同，一般安装在与曲轴有精确传动关系的位置处，如曲轴、凸轮轴或飞轮处（图 3-7-17）。

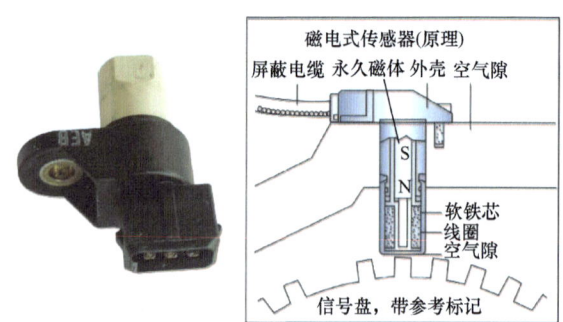

a) 磁电式曲轴位置传感器　　　　b) 霍尔式凸轮轴位置传感器

图 3-7-17 曲轴位置和凸轮轴位置传感器

5）进气温度传感器。进气温度传感器装在进气总管或空气流量计上，检测进入进气歧管的空气温度向 ECU 输入进气温度信号，作为燃油喷射和点火正时的修正信号。进气温度传感器如图 3-7-18 所示，传感器壳体内装有一个热敏电阻，进气温度变化时，热敏电阻的阻值发生变化。进气温度传感器常和进气压力传感器做成一体，称进气压力/温度传感器。

6）冷却液温度传感器。冷却液温度传感器检测发动机冷却液温度信号，并输入到发动机 ECU，作为燃油喷射和点火正时控制的修正信号，同时也是其他控制系统（如 EGR 等）的控制信号。

冷却液温度传感器一般安装在气缸水道上或冷却液出口处。冷却液温度传感器结构和电路如图3-7-19所示,其工作原理与进气温度传感器相同。同一车型装用的冷却液温度传感器与进气温度传感器特性一般完全相同。

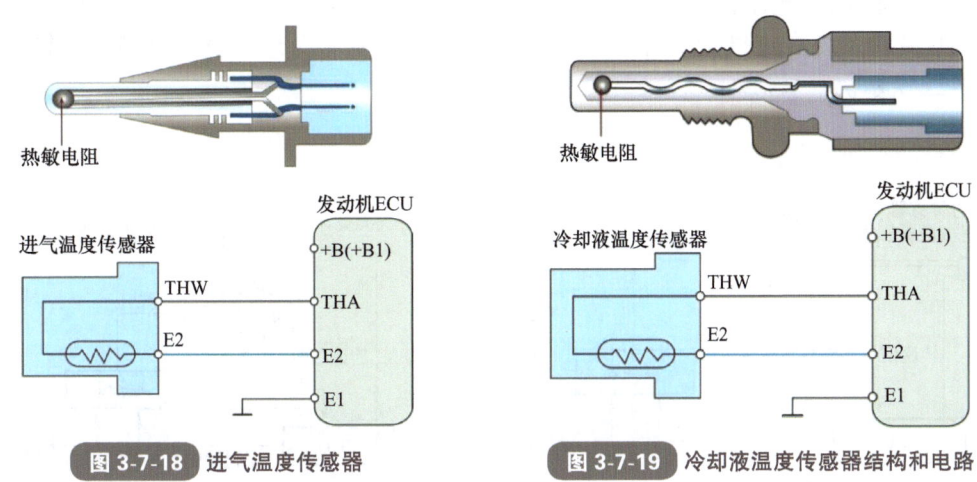

图 3-7-18 进气温度传感器

图 3-7-19 冷却液温度传感器结构和电路

7)氧传感器。氧传感器如图3-7-20所示,安装在发动机排气管上,用来检测尾气中氧气的浓度,并将信息反馈给控制单元,调整喷油量,从而实现发动机的闭环控制,改善发动机的燃烧情况,减少有害气体的排放。氧传感器加热电阻与氧传感器为一个整体,因为氧传感器要在300℃以上工作性能才能良好,所以在刚着车时就会通过电阻加热尽快让氧传感器工作良好。

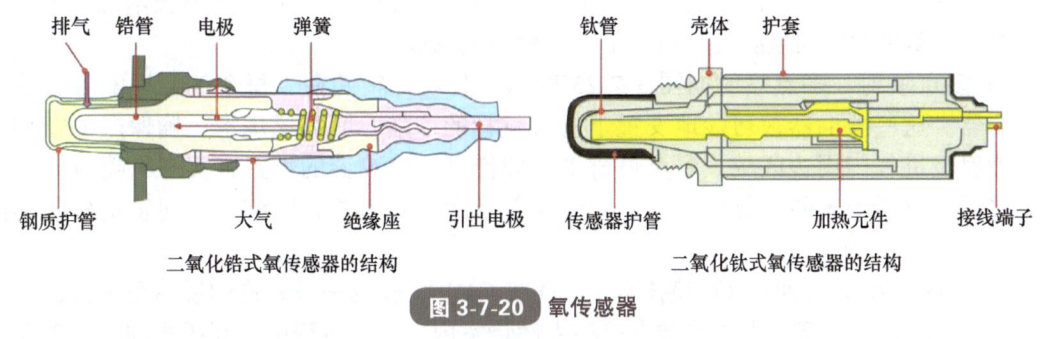

图 3-7-20 氧传感器

2. 燃油喷射系统的分类

发动机控制单元(ECU)通常采用两种核心方法来检测发动机的进气量,即速度密度法与质量流量法。基于这两种方法,燃油喷射系统被划分为速度密度型喷射系统和质量流量型喷射系统。

1)速度密度型:如图3-7-21所示,此类燃油喷射系统在设计上省去了空气流量传感器的配置。ECU依赖进气压力、节气门开度及发动机温度等关键信号,通过算法计算进入发动机的空气量。这种系统亦被称为压力型(D型)燃油喷射系统,其优势在于结构简洁、性能稳定可靠。然而,由于ECU是通过分析进气歧管中空气的流速与密度来间接推算进气量,这一过程可能受到空气温度及海拔等环境因素的干扰,因此在喷油量的控制精度上,相较于质量流量型喷射系统存在一定的局限性。

2）质量流量型：质量流量型燃油喷射系统，业内通常称之为 L 型喷射系统。该系统显著特点在于引入了空气流量传感器，能够直接且准确地测量发动机的进气量，并将这一数据转化为电压信号或频率信号，实时传输至 ECU。因此，相较于 D 型喷射系统，L 型喷射系统在进气量的计算上更为精确，从而显著提升了喷油量的控制精度，如图 3-7-22 所示。

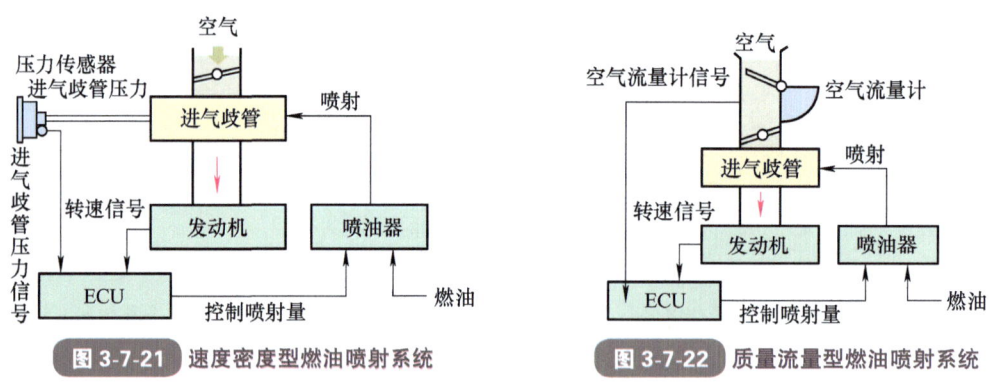

图 3-7-21 速度密度型燃油喷射系统　　图 3-7-22 质量流量型燃油喷射系统

3. 燃油喷射方式

电控燃油喷射系统呈现出多样化的喷射方式，其发展历程显著地体现了从单点喷射向多点喷射的转型。当前，随着单点喷射技术的淘汰，多点燃油喷射系统已成为汽油发动机领域的主流配置，广泛应用于绝大多数车型中。然而，目前汽油缸内直喷技术的实现，标志着汽油发动机的燃油喷射技术迈入了一个崭新的高度。

1）多点喷射。多点喷射如图 3-7-23 所示，其设计精髓在于每个气缸均配备有独立的喷油器。这些喷油器被巧妙地安置于进气歧管的末端，紧邻燃烧室，确保燃油能够精准地喷射至进气门周边区域。多点喷射系统凭借其多喷油器的配置，实现了喷射方式的灵活多样，包括但不限于分组喷射、同时喷射及顺序喷射等，以满足不同发动机的具体需求。

2）缸内直喷。汽油缸内直喷技术（SID 或 GDI），作为一种先进的燃油喷射方式，其特点在于汽油在火花塞点火之前被直接注入燃烧室内。这一过程中，高压汽油与空气在燃烧室内迅速混合，形成优质的混合气，如图 3-7-24 所示。值得注意的是，与柴油发动机相似，汽油缸内喷射系统同样需要极高的喷射压力来克服燃烧室内高压空气的阻力，从而确保燃油的有效喷射与高效燃烧。

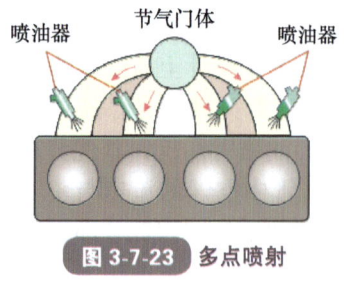

图 3-7-23 多点喷射

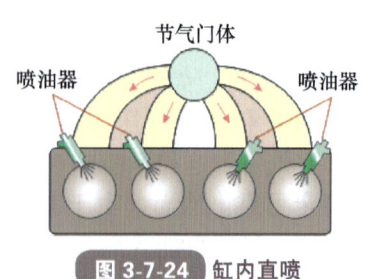

图 3-7-24 缸内直喷

3.7.3 燃油供给系统的维修

1. 燃油压力的安全释放

鉴于燃油系统内,尤其是缸内直喷发动机的燃油喷射系统中,存在极高的压力,进行燃油系统维修之前,必须严格遵循燃油压力释放的规范流程,以确保操作安全。以下是燃油压力释放的详细步骤:

1)根据需要,首先开启燃油箱盖,以减轻可能因内部压力变化导致的意外情况。

2)在发动机舱或驾驶室内,找到并打开熔丝继电器盒。在盒内,精确定位并拔出燃油泵继电器或相应的熔丝,从而切断燃油泵的工作电路,确保燃油泵处于非工作状态。

3)随后,启动发动机,直至其自行熄火。此步骤旨在消耗系统管路中残留的燃油,降低后续操作的风险。

4)发动机熄火后,再次尝试启动发动机,并维持曲轴转动约10s。此操作旨在进一步释放燃油系统中的残余压力,确保燃油压力释放程序的完整执行。

至此,燃油压力释放程序全部完成。在拆卸任何燃油系统部件之前,务必使用适当的材料对管路接头进行妥善包扎,以防止燃油泄漏,并防止异物进入燃油系统。

2. 燃油泵的测试

燃油泵测试涉及多样化的方法和程序。值得注意的是,即便燃油泵在某项测试中达标,亦不能断言其完全没有问题。譬如,若燃油泵转速减缓,发动机于中低负荷状态下或可维持正常油压,然而一旦面临高负荷工况,其供油能力或将不能满足需求。

(1)静态压力测试

大多数燃油系统维持的工作压力范围介于300~400kPa之间。然而,燃油泵所输出的泵油压力,通常需达到系统正常工作压力的两倍,以确保燃油供应的持续性与稳定性,并有效遏制燃油系统内部油蒸气的生成。

测试燃油泵的泵油压力,可借助燃油压力表实现。具体操作步骤为:首先,将燃油压力表准确无误地连接至燃油分配管的进油端口,如图3-7-25所示;随后,将点火开关旋转至"ON"位置,但切勿起动发动机;再利用诊断仪驱动燃油泵运转,并细致观察燃油压力表的读数,以确认其是否满足既定标准。

(2)保压测试

保压测试旨在检测燃油系统是否存在泄漏问题。测试时,需在燃油泵停止运行5min后,密切观察燃油压力表的指示值,确保其维持在规定的压力范围内。若实际压力值未能达标,则可能意味着压力调节器、燃油泵止回阀或喷油器等部件存在泄漏现象。

图3-7-25 燃油压力测试

若燃油分配轨配备有回油管，则可按照以下步骤进一步诊断压力下降的具体原因：

1）利用诊断仪激活燃油泵，使燃油系统内部建立起相应的压力。

2）封堵燃油分配轨上的回油管，若此时油压停止下降，则可初步判断为压力调节器失效。

3）若油压仍持续下降，则需在燃油系统加压后，封堵进油管进行进一步检测。

4）若封堵进油管后油压停止下降，则表明燃油泵止回阀存在故障。

5）若油压仍显著下降，则可断定为喷油器发生泄漏。

（3）动态压力测试

进行动态压力测试时，需确保发动机处于运转状态。若燃油分配轨上安装有回油管（且油压受真空影响），则在操作节气门时，应能观察到油压发生相应变化。若油压保持不变，则需检查真空管路是否存在问题。此外，需确保油压调节器的真空侧无燃油渗入。

3. 燃油压力调节器检查

对燃油压力调节器的检查，主要采用真空泵测试和诊断仪测试两种方法。

（1）真空泵测试

真空式燃油压力调节器上装有真空管，通过改变发动机怠速运行时的进气歧管真空度，可评估燃油压力调节器的性能。具体操作流程如下：

1）将燃油压力表连接至燃油分配轨的燃油压力测试口。

2）拆卸燃油压力调节器上的真空管。

3）启动发动机至怠速状态，观察压力表读数。

4）重装真空管，再次观察压力表读数，此时燃油压力应降低约 69kPa。

5）拔掉真空管，将手动真空泵连接到燃油压力调节器的真空管接口。

6）向燃油压力调节器施加约 69kPa 的真空，观察燃油压力表读数。

7）若燃油压力下降约 69kPa，则表明燃油压力调节器功能正常；否则，需更换燃油压力调节器。

（2）诊断仪测试

利用诊断仪对燃油压力调节器进行测试，可精确诊断其性能。测试流程如下：

1）关闭点火开关，将诊断仪连接到车辆的诊断接口。

2）打开点火开关，在诊断仪上选择发动机系统，并进入测试功能。

3）执行燃油压力调节器测试，按照诊断仪指示进行相关操作。

4. 燃油压力测试

燃油泵工作异常、燃油滤清器堵塞、进油管或回油管泄漏、燃油压力调节器失效及喷油器滴漏等故障，均会导致燃油系统油压波动。通过检测油压，可判断燃油喷射系统的工作状态。检测前，需释放燃油管路中的残余压力。启动发动机后，拔下燃油泵继电器，直至发动机熄火，方可进行油压测试。测试流程如下：

1）将燃油压力表连接至燃油分配轨的油压测试口。
2）打开点火开关或启动发动机，以建立系统油压。
3）关闭点火开关后，等待 20min，观察燃油压力表读数。若压力降至约 140kPa 后保持稳定，则表明燃油系统部件及管路无泄漏；若压力降至 140kPa 以下，则存在泄漏，可能原因包括燃油泵单向阀、喷油器、进油管或回油管、燃油压力调节器等故障。

为确定具体故障点，需进一步操作：

① 重新激活燃油泵，切断供油管路 10min。若压力下降不明显，则可能是燃油泵单向阀泄漏，需更换燃油泵；若压力仍下降，则继续下一步。

② 重新建立燃油系统压力，切断燃油压力调节器附近的进油管和回油管。若在 10min 内，燃油压力明显下降，则可能是燃油压力调节器或喷油器泄漏。

③ 将喷油器连同燃油分配轨从发动机上拆下，置于白纸上，保持压力 10min。观察喷油器是否有渗漏，若无，则表明燃油压力调节器泄漏。

5. 喷油器拆卸更换

注意： 在拆卸喷油器之前，先按照标准程序进行燃油压力的释放操作。

1）打开发动机舱，断开蓄电池负极。
2）拆下曲轴强制通风管，断开进气歧管绝对压力传感器线束，并松开发动机线束。
3）断开四个喷油器线束插接器，如图 3-7-26 所示。
4）断开燃油分配轨上的燃油进口和回油口，如图 3-7-27 所示。

图 3-7-26　断开喷油器线束插接器

图 3-7-27　燃油分配轨上的进口和回油口

5）使用棘轮扳手拆卸燃油分配轨固定螺栓，如图 3-7-28 所示。
6）取下燃油分配轨和喷油器组件，如图 3-7-29 所示。
7）拔下图 3-7-30a 所示喷油器固定件，如图 3-7-30b 所示，拆卸喷油器。
8）如图 3-7-31 所示，使用化油器清洗剂清洗喷油器。安装时需要更换新的密封垫。

图 3-7-28 拆卸燃油分配轨固定螺栓

图 3-7-29 燃油分配轨和喷油器组件

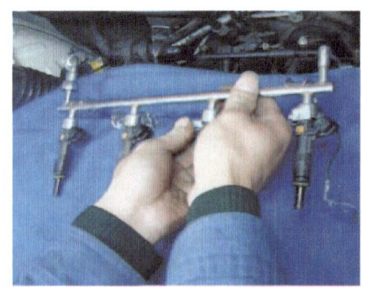

a) 拔下喷油器固定件

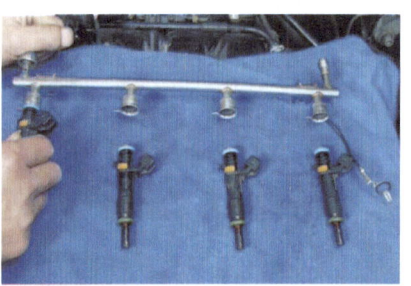

b) 拆卸喷油器

图 3-7-30 拆卸喷油器

图 3-7-31 清洗喷油器

6. 燃油泵的拆卸更换

在进行燃油泵更换作业之前，必须首先执行燃油系统压力的释放程序，以确保作业安全。

1) 首先，断开蓄电池的负极电缆，以避免在操作过程中产生电火花引发意外。
2) 随后，拆卸后排坐垫，并掀开底板上的地毯，以便能够接触到燃油箱检修盖。
3) 用一字螺丝刀将燃油箱检修盖的盖板撬开，具体步骤如图 3-7-32 所示。
4) 接着，断开燃油泵线束插接器、出油管以及回油管的连接，确保所有连接均已妥善分离，如图 3-7-33 所示。

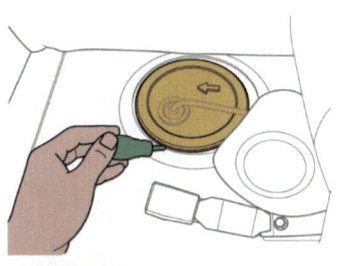 图 3-7-32 拆卸燃油箱检修盖
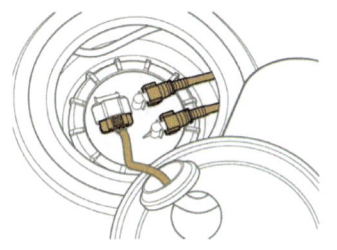 图 3-7-33 断开线束和油管连接

5）使用专用工具，逆时针方向旋转并拆卸燃油泵总成的锁环，具体步骤如图 3-7-34 所示。

6）最后，按照图 3-7-35 所指的方向，向上取出燃油泵总成，完成拆卸过程。

7. 燃油滤清器拆卸与更换的关键步骤

在着手更换燃油泵之前，务必遵循燃油系统压力释放的标准操作流程。

1）执行燃油压力释放操作，随后安全地断开蓄电池的负极电缆。

2）将车辆举升至适当高度，以便在车底进行作业。根据图 3-7-36 中的箭头指引，断开燃油滤清器总成的搭铁线。

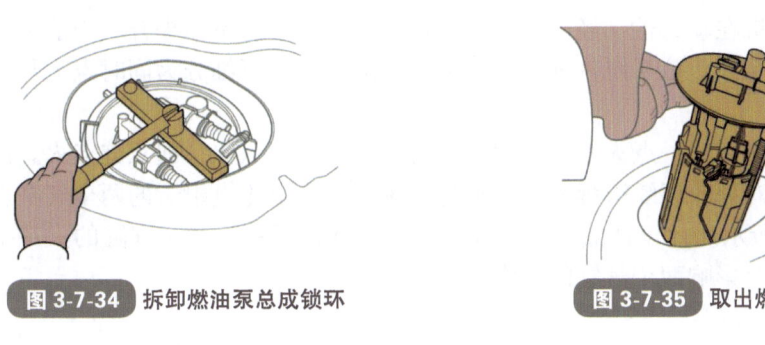

图 3-7-34 拆卸燃油泵总成锁环　　图 3-7-35 取出燃油泵总成

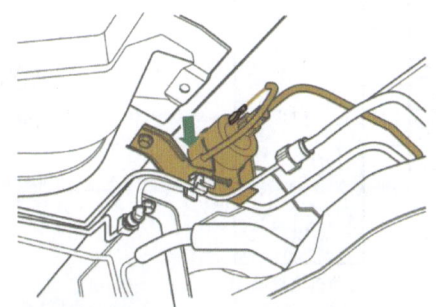

图 3-7-36 断开燃油滤清器总成搭铁线

3）需分别断开图 3-7-37 中箭头所指的进油管与出油管。在此过程中，应特别注意管路接头处的卡扣状态，并在拆卸后根据具体情况考虑是否更换为新的部件。

4）为了取下燃油滤清器，需先拆卸其固定支架上的紧固螺栓。随后，按照图 3-7-38 所示，将燃油滤清器及其固定支架一并取下。

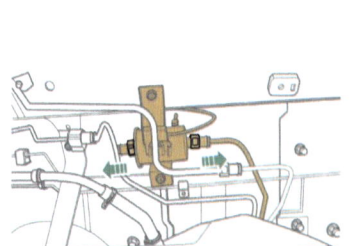
图3-7-37 断开进油管和出油管

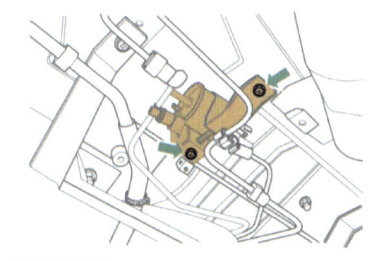
图3-7-38 拆卸燃油滤清器和固定支架

5)关于燃油滤清器总成的拆卸，应首先拧松其紧固螺栓，随后将其整体取下。

3.8 点火系统维修与故障诊断

在发动机压缩过程结束时，鉴于汽油的高燃点特性，气缸内混合气体无法自行燃烧，需借助电火花触发。因此，汽油发动机特设点火系统，该系统依据发动机工作顺序，向各缸火花塞供给高压电势，以电火花形式直接点燃压缩后的混合气体。

3.8.1 点火系统组成及原理

随着汽车发动机在动力性、经济性及排放控制方面要求的不断提升，当前多数发动机采用无分电器点火系统。该系统依据高压配电方式的不同，可细分为同时点火与独立点火两种模式。

同时点火模式采用单一点火线圈，同步对两个气缸进行点火，即双缸点火。该方式通过单个点火线圈，对处于压缩行程上止点附近及排气行程上止点附近的两个气缸进行同步点火，如图3-8-1所示。此设计减少了点火线圈的数量，但一旦某个气缸的火花塞或高压线出现故障，将同时影响两个气缸的正常工作。

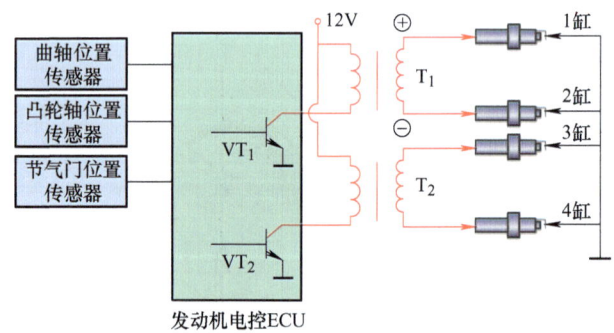
图3-8-1 双缸同时点火

独立点火模式则为每个火花塞配备一个独立的点火线圈，直接向火花塞提供高压电势，实现各缸的独立点火，如图3-8-2所示。此模式取消了易引发电磁干扰的高压线，ECU（发动机控制模块）能够单独调整每个气缸的点火正时，从而提升发动机性能。例如，若爆燃传感器检测到3缸点火后发生爆燃，ECU将单独减小3缸的点火提前角。

当前，多数汽车采用无分电器电控点火系统，该系统主要由蓄电池、点火开关、点火线圈、高压线、火花塞、ECU 及相关传感器（如曲轴位置传感器、凸轮轴位置传感器、爆燃传感器等）组成，如图 3-8-3 所示。点火线圈内部包含初级线圈与次级线圈，两者共用铁心，通过电磁感应产生高压电，随后由火花塞产生电火花以点燃混合气体。ECU 则依据传感器信号判断活塞是否处于压缩上止点位置，从而确定最佳点火时机。

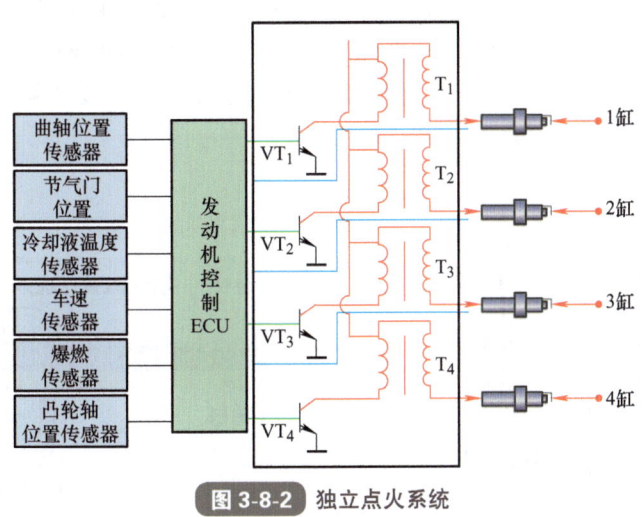

图 3-8-2 独立点火系统

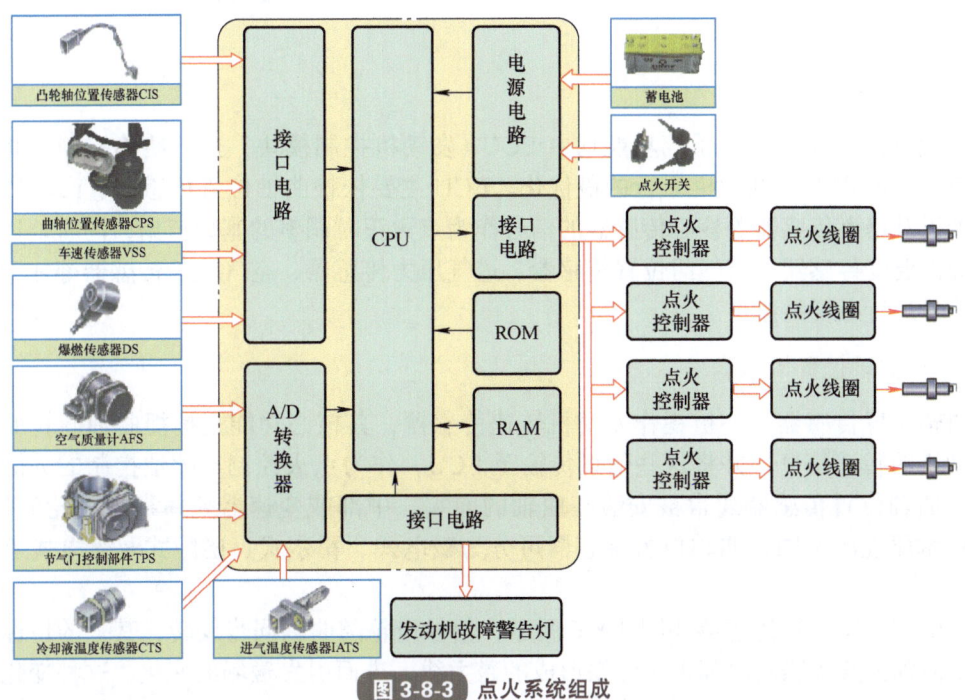

图 3-8-3 点火系统组成

1. 点火线圈

作为升压变压器，点火线圈负责将蓄电池提供的 12V 低压电转换为点火所需的高压电，以驱动火花塞产生火花。点火线圈主要由初级线圈、次级线圈及铁心等部件组成，如图 3-8-4 所示。部分点火线圈中，初级线圈与次级线圈线路相连，另一些则采用分离设计。

2. 火花塞

火花塞负责将点火线圈产生的高压电引入燃烧室，并在其两个电极间产生电火花，以点燃混合气体。火花塞由绝缘体、壳体、接线柱、中心电极及侧电极等部件构成，如图 3-8-5 所示。尽管火花塞结构多样，但常用火花塞通常采用绝缘体裙部略缩入壳体端面、侧电极全遮盖中心电极的设计。

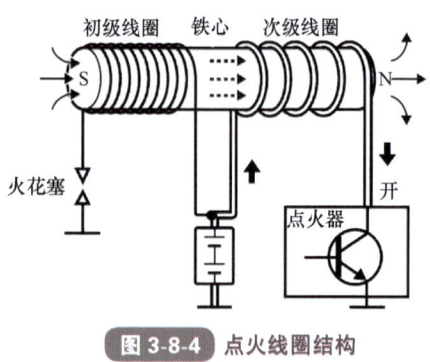

图 3-8-4 点火线圈结构

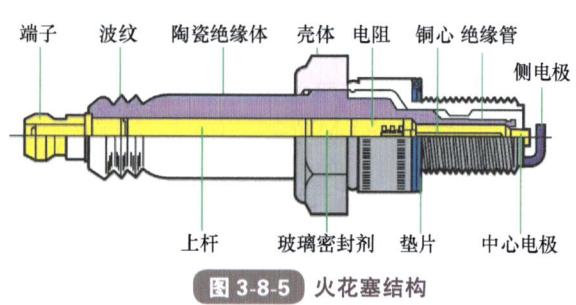

图 3-8-5 火花塞结构

3. 传感器

现代汽油发动机点火系统功能均由 ECU（发动机控制模块）进行精确控制，并实时调整点火正时以确保发动机运行的最优化。ECU 主要依赖曲轴位置传感器、凸轮轴位置传感器以及爆燃传感器等核心传感器的信号作为点火正时调整的基础依据，同时，还会参考冷却液温度传感器、节气门位置传感器、进气压力传感器、空气流量传感器等辅助传感器的信号进行必要的修正。

（1）曲轴位置传感器

曲轴位置传感器，亦被视作发动机转速传感器，其核心功能是捕捉曲轴旋转的角度或发动机的转速信息，并将这些信息传输至 ECU，作为点火控制与喷油控制的关键参数之一。曲轴位置传感器通常被安装在曲轴的前端、中部或变速器壳体靠近飞轮的位置。根据技术原理的不同，曲轴位置传感器可分为磁电式、霍尔式、磁阻式及光电式等多种类型。

磁电式曲轴位置传感器如图 3-8-6 所示，信号齿轮随曲轴同步旋转，其上的目标齿会切割由曲轴位置传感器内部永久磁铁形成的磁力线，进而引发磁场的变化。这种变化会在传感器内部的线圈中诱导出交变感应电动势，并最终以电压信号的形式输出。

信号齿轮由精密设计的 58 个齿组成，其中特别包含了 2 个缺齿。这些齿和缺齿的组合用于输出曲轴旋转的精确信号，其中缺齿的作用尤为关键，它专门用于确定曲轴的上止点位置信号。这些信号对于 ECU 至关重要，它们为 ECU 提供了关于发动机转速和曲轴转角的准确信息，是燃油喷射和点火控制等关键操作的主控信号。

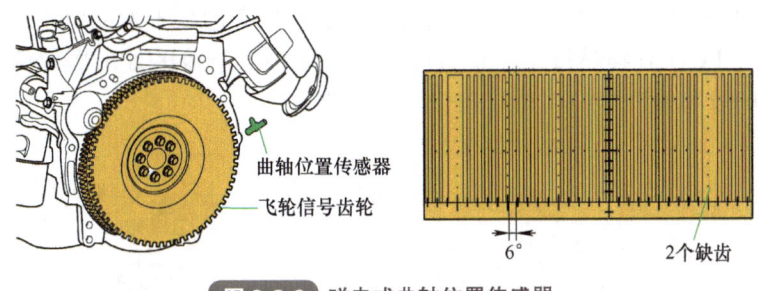

图 3-8-6 磁电式曲轴位置传感器

（2）凸轮轴位置传感器

凸轮轴位置传感器也称相位传感器，主要职责是检测凸轮轴的位置与转角，从而精确判定第一缸活塞的压缩上止点位置。在双可变气门正时系统中，进、排气凸轮轴各自配备有一个凸轮轴位置传感器。此类传感器多为霍尔式，通常被安装在气门室盖的后部，其传感器头部与凸轮轴尾部的信号转子相对应。如图 3-8-7 所示，该传感器将进气凸轮轴信号盘上齿形的起伏变化精确转换为对应的脉冲电压信号，随后将此信息反馈至 ECU。具体而言，当信号盘齿顶经过时，产生高电位脉冲；齿底经过时，则产生低电位脉冲。

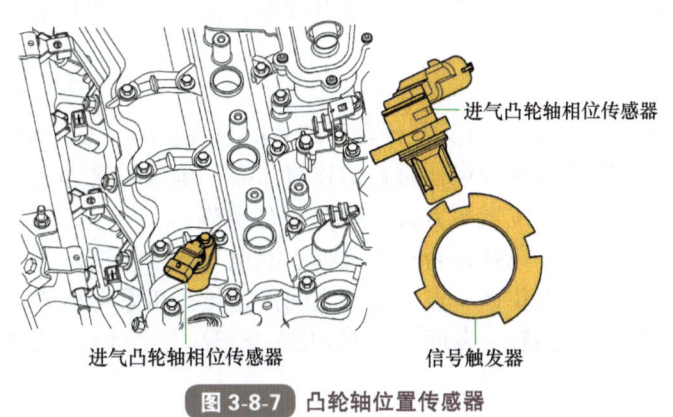

图 3-8-7 凸轮轴位置传感器

（3）爆燃传感器

作为一种精确监测振动信号的装置，被安装于发动机气缸体之上。其配置方式灵活，可根据需要安装单一或多个传感器。当前，发动机领域普遍采用压电式爆燃传感器，以确保高效地监测振动信号。

如图 3-8-8 所示，压电式爆燃传感器的安装通过 M8 螺栓固定于气缸体上，其内部构造独特。传感器内侧的上部配设有钢制配重，而电压元件则通过绝热体位于配重上方。当发动机气缸体发生振动时，该振动会通过传感器内的质量块传递至压电陶瓷上。压电陶瓷在质量块振动产生的压力下，于两个电极面上生成电压，从而将振动信号转化为交变电压信号进行输出。

值得注意的是，由于发动机爆燃产生的振动信号频率远高于发动机正常振动信号的频率，因此，通过 ECU 对爆燃传感器信号的处理，能够准确地区分出爆燃信号与非爆燃信号，为发动机的故障诊断和性能优化提供重要依据。

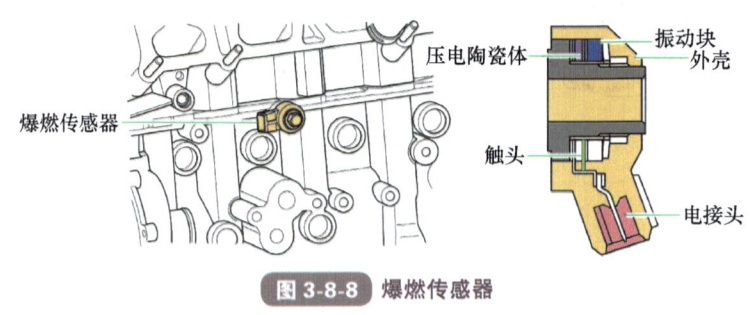

图 3-8-8　爆燃传感器

3.8.2　点火系统维修

点火系统的稳定性对于发动机的正常运行具有直接影响。鉴于点火系统控制流程的复杂性，采取正确的维修及诊断措施显得尤为重要。在点火系统的检测过程中，通常需从以下两大维度进行细致考量：

1）初级回路与次级回路中各组件及线路连接的完整性与正确性。
2）与点火触发信号紧密相关的传感器及其线路连接的可靠性与准确性。

1. 外观检查

点火系统检测的首要步骤是对其进行全面细致的目视检验，具体包括：
1）逐一检查点火系统所有线束插接器的连接状态，确保其稳固无松动。
2）核查所有部件的安装位置与方式，确保符合规范。
3）细致观察高压线及火花塞是否存在破损、漏电等异常情况。
4）验证所有高压线与火花塞、点火线圈之间的连接是否紧密可靠，无松动现象。
5）检查点火线圈的绝缘层表面，确认其是否干净无污物，且未出现破裂等损坏情况。

2. 点火线圈火花塞拆卸更换

1）首先，需确保发动机处于关闭状态，随后打开发动机舱盖，断开蓄电池的负极连接线。
2）如图 3-8-9 所示，拆卸发动机顶部的点火线圈盖板。
3）随后，需断开图 3-8-10 所示的点火线圈连接器插接件。
4）使用棘轮扳手，按照图示 3-8-11 所示，拆卸点火线圈的固定螺栓。
5）如图 3-8-12 所示，在成功拆卸固定螺栓后，轻轻取出点火线圈总成。
6）最后，使用火花塞拆卸专用工具配合棘轮扳手，如图 3-8-13 所示，逐一拆除四个火花塞。在拆卸过程中，需确保工具与火花塞紧密配合，避免火花塞断裂或损坏。

图 3-8-9 拆卸盖板

图 3-8-10 断开点火线圈插接件

图 3-8-11 拆卸点火线圈固定螺栓

图 3-8-12 取出点火线圈总成

图 3-8-13 火花塞的拆卸

3. 点火线圈检测

点火线圈作为点火系统的关键组件，其常见故障主要包括两类：①初级线圈或次级线圈发生断路、短路或搭铁不良，导致次级电压降低或无法产生次级电压；②点火线圈绝缘层破损引起漏电，进而导致次级电压下降或无法产生次级电压。

（1）电阻检测

利用万用表的电阻挡，对点火线圈的初级线圈及次级线圈电阻进行测量，并与标准值进行对比，以此判断点火线圈是否存在短路或断路现象。为确保测量准确性，需在测量前断开点火线圈线束插接器。具体操作步骤如下：

1）初级线圈电阻测量　将万用表调至电阻挡，测量点火线圈初级线圈端子的电阻，如图3-8-14所示。多数初级线圈的电阻在1～3Ω，但部分初级线圈可能低于1Ω。具体标准电阻值请参考维修手册。

2）次级线圈电阻测量　将万用表调至电阻挡，测量点火线圈的两个高压输出端子或初级线圈正极与次级线圈输出端子之间的电阻，多数次级线圈的电阻在6～30Ω，如图3-8-15所示。具体标准电阻值请参考维修手册。

图3-8-14　初级线圈电阻的测量

图3-8-15　次级线圈电阻的测量

（2）绝缘检测

采用万用表的电阻挡（200MΩ），测量点火线圈任一接柱与外壳之间的电阻，该电阻应不小于50MΩ。若测量值低于此标准，则表明点火线圈绝缘性能不良，需更换点火线圈。

4. 火花塞检查

鉴于火花塞需在高温、高压及燃油化学添加剂的恶劣环境中运行，其故障率相对较高。正常情况下，火花塞的绝缘体裙部应呈现浅棕色或灰白色，轻微积炭及电极烧蚀属正常现象。目视检查时，应着重观察火花塞的电极与绝缘体外观，确认是否存在以下异常现象：①火花塞受损，包括绝缘体起皱、破裂、电极烧蚀、熔化等。②火花塞表面附着沉积物，如积炭、积油、积灰等。③火花塞间隙偏离正常范围，导致点火性能下降。

（1）火花塞间隙检查

如图3-8-16所示，使用塞尺对火花塞的电极间隙进行测量，确保其值符合既定标准。通常，火花塞的电极间隙介于0.6～1.2mm之间，具体参数请参考维修手册。测量时，将规定厚度的塞尺插入火花塞电极间隙，若感受到轻微阻力，则表明间隙适当；若不符，则需使用专用工具调整火花塞侧电极，以恢复正常间隙，如无法正常恢复应更换火花塞。

（2）火花塞跳火检查

为进行火花塞跳火检查，需首先断开所有喷油器接头，确保喷油系统不工作。随后，拆除带点火器的点火线圈及火花塞，并将火花塞重新安装至点火线圈内，连接点火器插接器。将火花塞搭铁后，启动起动机，带动曲轴与凸轮轴旋转，观察火花塞的跳火情况，如图 3-8-17 所示。

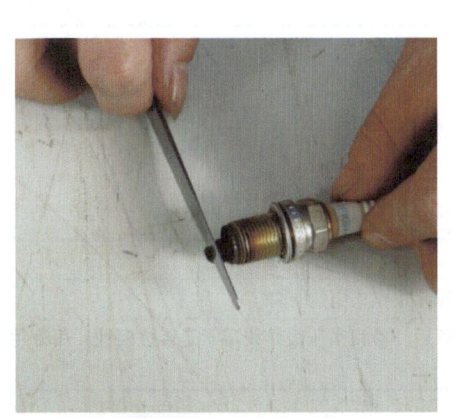

图 3-8-16 火花塞间隙检查

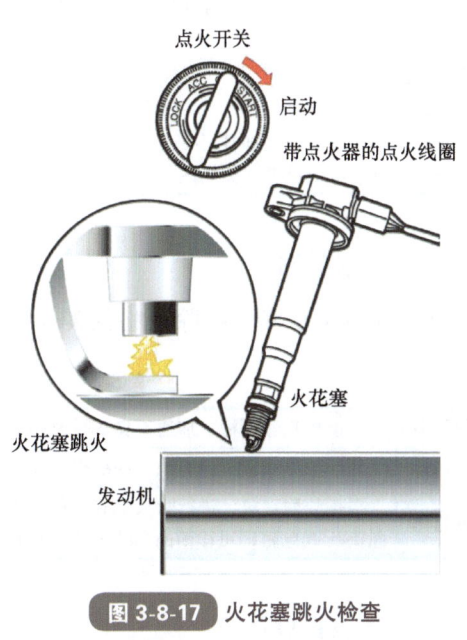

图 3-8-17 火花塞跳火检查

3.8.3 点火系统常见故障诊断与排除

点火系统常见故障有点火时间过早、点火时间过迟、火花塞故障等。

1. 点火时间过早和过迟

点火时间过早和过迟故障诊断策略见表 3-8-1。

表 3-8-1 点火时间过早和过迟故障诊断策略

故障现象	故障原因	诊断排除
怠速运转不平稳，启动时起动机发梗；急加速时发动机有爆燃声	①点火时间过早 ②点火正时调整失准或点火角度装配失准所致	连好点火测试仪，调整点火提前角到规定值
消声器声响沉重、急加速进气管回火和加速不灵敏、易熄火；发动机冷却液温度较高、汽车行驶无力	①点火时间过迟 ②点火角度不正确	调整点火角度至规定值

2. 火花塞故障

火花塞故障诊断策略见表 3-8-2。

表 3-8-2　火花塞故障诊断策略

故障现象	故障原因	诊断排除
① 发动机无力 ② 单缸或少数缸不工作 ③ 发动机温度高 ④ 排气管有明显的"突突"声 ⑤ 多个火花塞故障，启动困难甚至无法启动	① 火花塞间隙过大 ② 火花塞间隙过小 ③ 火花塞撕裂短路 ④ 火花塞积炭短路 ⑤ 火花塞油污短路 ⑥ 外部绝缘体破裂	① 据火花塞现象，分析故障原因，对症排除故障后，再更换火花塞 ② 如果火花塞油污，可排除发动机故障后，烘干火花塞继续使用 ③ 如果电极熔化，应更换更冷型火花塞 ④ 如果火花塞积垢，可更换热型火花塞
① 发动机缺火、高速不良、排气管放炮和高压电器击穿 ② 发动机怠速不稳、加速不良、排放超标并导致电极过早地被烧蚀	① 火花塞间隙太大 ② 火花塞间隙太小	① 拆卸火花塞目视或用间隙规测量间隙 ② 调整或更换，白金火花塞的火花间隙不能调整 ③ 如果火花间隙不符合规格，则应更换火花塞

3. 高压线故障

高压线故障诊断与排除策略见表3-8-3。

表 3-8-3　高压线故障诊断与排除策略

故障现象	发动机怠速不稳、加速不良、排放超标等故障
故障原因	高压线导线端子被腐蚀、导线损坏或绝缘性能下降导致点火电压下降
诊断排除	根据故障现象，进行断火试验，检查火花塞无故障后，检视高压线导线端子是否被腐蚀，用万用表测量高压线电阻即可诊断高压线故障，更换高压线

4. 点火线圈故障

点火线圈故障诊断与排除策略见表3-8-4。

表 3-8-4　点火线圈故障诊断与排除策略

故障现象	火线圈损坏或工作不良会导致失火，造成发动机不能启动、怠速不稳、加速不良、排气管放炮和排放超标等故障
故障原因	① 点火线圈常见的故障是：初级绕组、次级绕组断路，匝间短路或绕组搭铁；绝缘老化漏电；内部导线连接点接触不良 ② 点火线圈的这些故障会造成：无次级电压产生，或次级电压太低而不能点火；虽能跳火，但由于次级电压降低，点火能量不足而出现高速断火、缺火，使发动机不易起动、怠速不稳、功率下降、排气污染及耗油增加等
诊断排除	① 手摸点火线圈外壳感应温度，感觉到热为正常，如果烫手，则为点火线圈有匝间短路故障 ② 用万用表测量初级线圈和次级线圈电阻值，电阻挡分别测初、次级绕组的电阻，判断是否有绕组短路和断路的故障。测得电阻无穷大，则为绕组有断路故障；若电阻过大或过小，则说明绕组有接触不良或有匝间短路之处。绕组是否搭铁，则用万能表测点火线圈接线柱与点火线圈外壳之间的电阻来鉴别。电阻为零，说明绕组搭铁；电阻小于50MΩ，说明绝缘性能差 ③ 点火线圈的有些故障仅用万用表测量电阻的方法并不一定能反映出来。例如，点火线圈内部绝缘老化或有小的裂纹，这些只是在高压下产生漏电而造成次级电压下降，点火能量不足而使发动机工作不正常或不工作。这些故障需要通过专用仪器才能准确判别 ④ 替换法，用对比跳火的方法检验。此方法在试验台上或车上均可进行，将被检验的点火线圈与好的点火线圈分别接上进行对比，看其火花强度是否一样 点火线圈经过检验，如内部有短路、断路、搭铁等故障，或发火强度不符合要求时一般均应更换新件

5. 发动机爆燃

发动机爆燃故障诊断与排除策略见表 3-8-5。

表 3-8-5　发动机爆燃故障诊断与排除策略

故障现象	发动机在大负荷中等转速时出现爆燃响声，发动机温度迅速上升
故障原因	发动机爆燃是由于燃烧速度过快或多个着火点造成的： ① 使用燃油牌号不正确 ② 点火提前角过大，爆燃现象多数是因点火提前角过大造成的 ③ 缸内积炭过多 ④ 发动机温度过高
诊断排除	① 延迟点火正时 ② 除去燃烧室中的积炭，以降低压缩比和除去热点 ③ 使用优质高辛烷值汽油，提高燃油的燃点 ④ 改变火花塞热范围（改用冷型）

Chapter 4
第 4 章 新能源汽车动力电池系统

4.1 动力电池组成及结构

4.1.1 动力电池组成

1. 动力电池组成

动力电池由很多个电池单体（电芯）通过复杂的电连接工艺和机械连接工艺所组成，为了有效地、可靠地使用，还增加了许多的传感器和控制器，以及为满足恶劣使用环境的热管理系统。

典型的动力电池组成示意图如图 4-1-1 所示，动力电池的电能储存最小单元是电芯，根据电动汽车的电能管理要求，多个电芯进行并联组合成电池电芯组，多个电池电芯组串联成电池模块，多个电池模块串联成电池包。

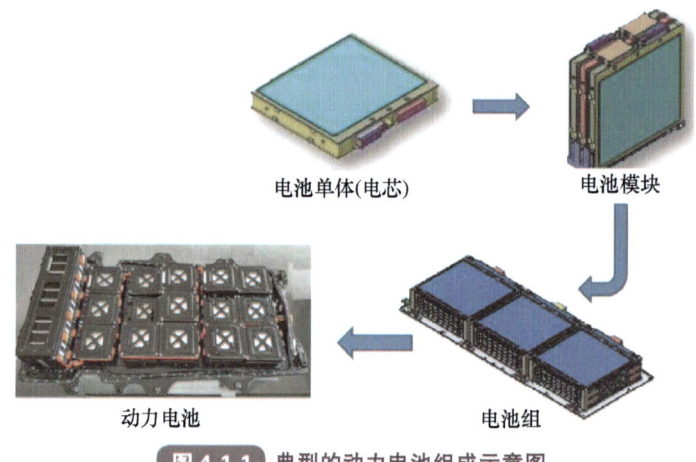

图 4-1-1 典型的动力电池组成示意图

第4章 新能源汽车动力电池系统

2. 动力电池技术基础

动力电池技术的核心为机械系统、电子电气系统、热管理系统、电芯。

（1）机械系统

动力电池装载在汽车上，因此需要具有足够的强度和刚度。能在振动、冲击等机械载荷下不发生形变和功能异常，在碰撞、挤压、翻滚、跌落等事故状态下有足够的安全防护。

动力电池的结构技术最为关键的是电池模组结构技术和箱体结构技术。

电池模组结构主要考虑所选电芯型号、模组能量密度、电流密度、外轮廓尺寸、机械接口、电气接口、模组加热/散热、隔热、防火阻燃等因素，需要满足振动、挤压、绝缘、针刺、海水浸泡等方面的要求。

动力电池的箱体结构主要考虑动力电池外包络尺寸、电池模组尺寸、动力电池结构强度、机械接口、电气接口、动力电池能量密度、功率密度、加热/散热要求、保温要求、防护要求、成本等方面的因素。同时，还需要满足振动、碰撞、密封防护、接触防护、绝缘防护等电位、防火阻燃、泄压防爆等方面的要求。

某车型动力电池结构如图 4-1-2 所示。

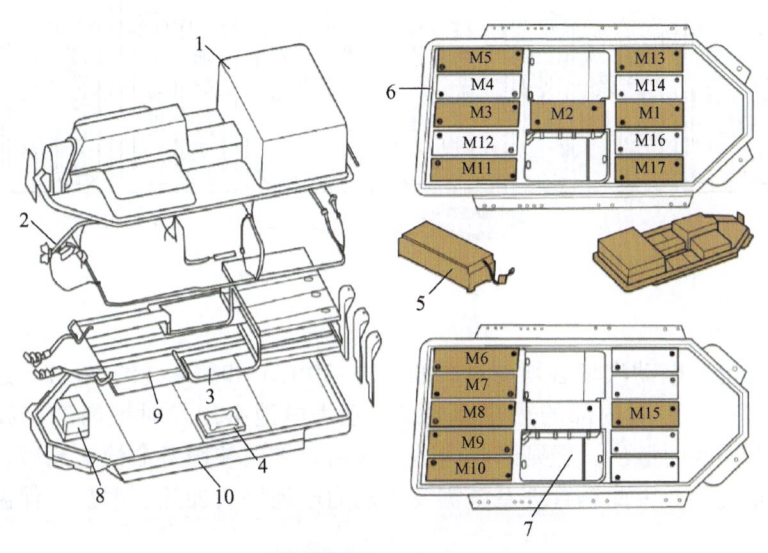

图 4-1-2 动力电池结构

1—电池箱盖 2—内部线束 3—水管连接管 4—BMS 5—电池模组 6—底层电池模组位置图
7—上层电池模组位置图 8—高压盒 9—水冷板 10—动力电池底板

（2）电子电气系统

电动汽车依靠电能来驱动车辆行驶，大电流的充电和放电，以及高电压的输出，意味着动力电池有很高的电气载荷要求，对导体截面积、连接阻抗、发热、绝缘、老化等都有非常严格的要求。此外，整个动力电池由非常多的单体电池构成，为了有效地管理这些电池，控制动力电池的充放电，以及响应整车层面的功能需求。动力电池中还有一套非常复杂的电池管理系统（BMS），这个系统由传感器、执行器、控制器（电控单元）等组件组成，负责采集系统的电压、电流、温度等数据，进行复杂的计算，与整车其他部件进行通信，完成特定的功能，实时判断系统的运行边界，控制系统的异常状态等。

电气技术主要指需要考虑高低压线束、连接器、铜巴、汇流排、端子、继电器、熔丝等电器件的载流能力、接触阻抗、耐电压等级、力学特性、阻燃等级、老化特性、耐腐蚀、绝缘防护、接触防护、密封要求等。

电子技术主要是指电池管理系统（BMS）的技术，包含硬件技术和软件技术两个部分。BMS 作为动力电池系统的控制核心，可完成数据采集、计算、上下电控制、能量管理、通信、数据存储、故障诊断、告警、保护等多重功能，常见功能如图 4-1-3 所示。

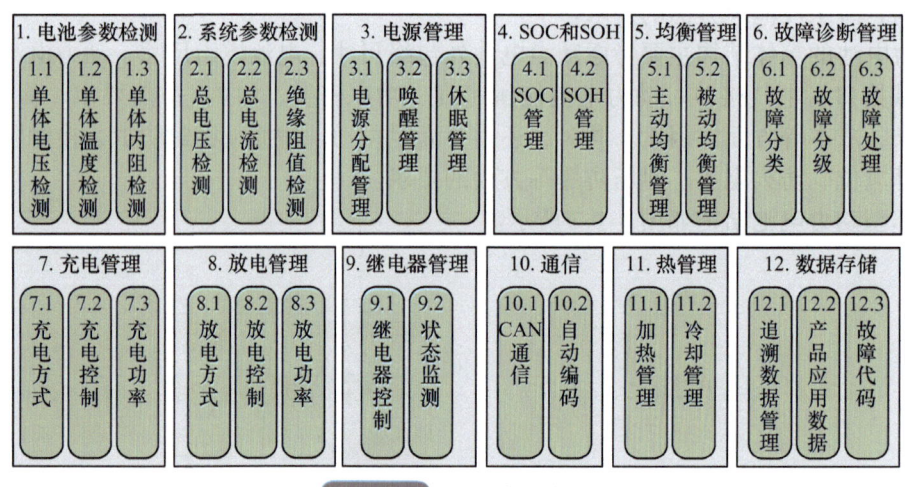

图 4-1-3　BMS 常见功能

（3）热管理系统

针对外部环境，电动汽车必须面对严寒（约 -30℃）和酷暑（约 50℃）这两个极端的使用环境温度要求。针对内部的热管理要求，动力电池必须及时把内部充放电产生的热量及时散出。若不及时散出，轻则影响电池的寿命，导致使用寿命快速衰减，重则引起热失控，带来安全问题。因此热管理系统需要为动力电池解决加热、散热、保温、热均衡等问题。

动力电池的热管理的两个目的：控制电芯的工作温度和控制不同电芯的温度差。前者会严重影响整个动力电池的性能和寿命，后者会严重影响动力电池内部的短板效应，导致电池组一致性变差。对于电芯而言，最佳的工作温度范围在 20～30℃，动力电池内部的电芯温度差控制在 5℃以内比较合理。但通常会把工作温度范围放宽到 10～40℃，把动力电池内部温差控制在 5～8℃，这样可以在动力电池的性能、寿命和成本之间达到一个比较好的平衡状态。

动力电池的冷却方式主要有自然冷却、风冷、液冷、直冷，如图 4-1-4 所示，不同冷却方式的对比见表 4-1-1。

第4章 新能源汽车动力电池系统

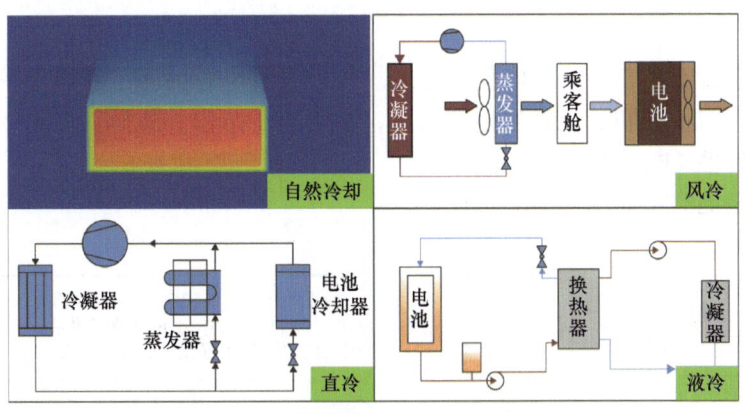

图 4-1-4 冷却方式

表 4-1-1 不同冷却方式的对比

冷却方式	换热系数 /[W/(m²·K)]	系统复杂性	成本
自然冷却	5～25	低	低
风冷	20～100	一般	较低
液冷	500～15000	高	较高
直冷	2500～25000	高	较高

动力电池的加热方式主要有加热膜、PTC、液热。加热方式如图 4-1-5 所示。不同加热方式的对比见表 4-1-2。

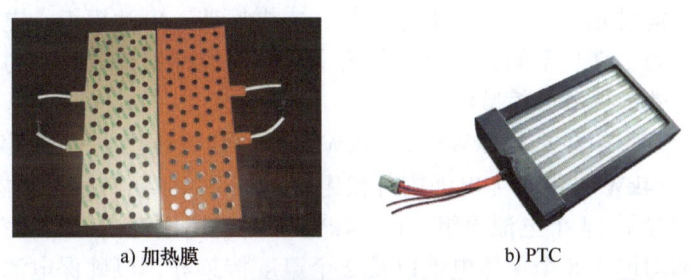

a) 加热膜　　　　b) PTC

图 4-1-5 加热方式

表 4-1-2 不同加热方式的对比

项目	加热膜	PTC	液热
厚度 /mm	0.3～2	5～8	集成在液冷中
干烧温度 /℃	60～90	30～70	25～40
升温速率 /(℃/min)	0.15～0.3	0.15～0.35	0.3～0.8

（4）电芯

电芯指单个含有正、负极的电化学电芯。以锂离子电芯为例，锂离子在正极和负极之间来回地穿梭，与正极和负极发生化学反应，改变分子结构，从而在正负极间表现出充电和放电的物理特性（电子移动）。

常见动力电池类型如图 4-1-6 所示。

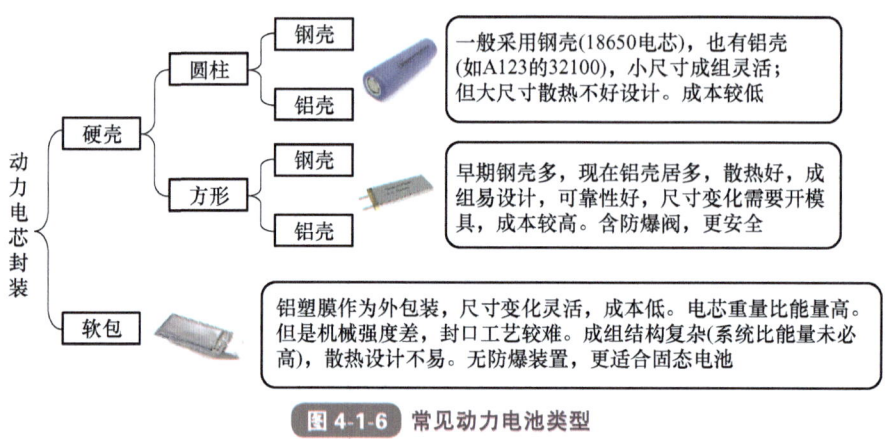

图 4-1-6 常见动力电池类型

电芯的选型需要匹配整车的需求，主要考虑的技术参数为：电性能（能量密度及功率密度）、外形尺寸、循环寿命、单体成本等。

4.1.2 动力电池结构

电动汽车的动力电池设计各异，呈现出多样化的结构形态，但它们在总体架构上保持着一致性。其核心构成元素主要包括电池盖板、支撑框架、电池模组、电池管理器以及冷却板等关键组件。为了满足不同续驶里程的需求，电动汽车通过调整动力电池内部电池模组的数量，可以有效地提升或缩减续驶里程。

红旗 E-HS9 车型装配了 120kW·h、99kW·h 和 84kW·h 三种不同容量的动力电池。其中，99kW·h 和 84kW·h 的动力电池内部模组数量如图 4-1-7 所示。具体而言，99kW·h 的动力电池内部配置了 14 个电池模组，而 84kW·h 的动力电池内部则配置了 12 块电池模组。每个模组内部均包含 8 个单体电池以及 2 个温度传感器，以确保电池组的安全、高效运行。

1. 纯电动汽车蓄电池结构

奥迪 e-tron GT 电动汽车采用全时电四驱系统，搭载 93kW·h 动力电池，CLTC 续驶里程 480km。动力电池安装在车身底部中央部位，作为支撑车身的部件。动力电池内部有 33 个电池模组，分两层安装，如图 4-1-8 所示。

奥迪 Q4 e-tron 低能量版和高能量版动力电池结构分别如图 4-1-9 和图 4-1-10 所示；动力电池模组结构如图 4-1-11 所示。

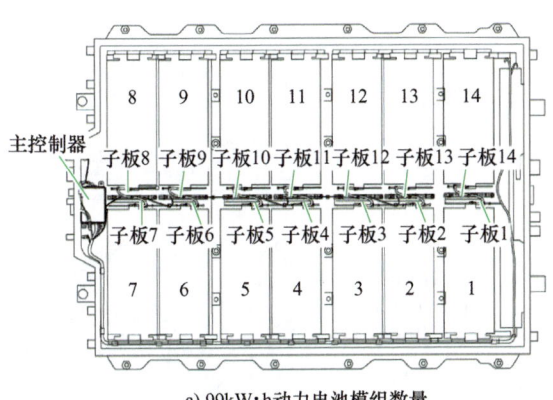

a) 99kW·h动力电池模组数量

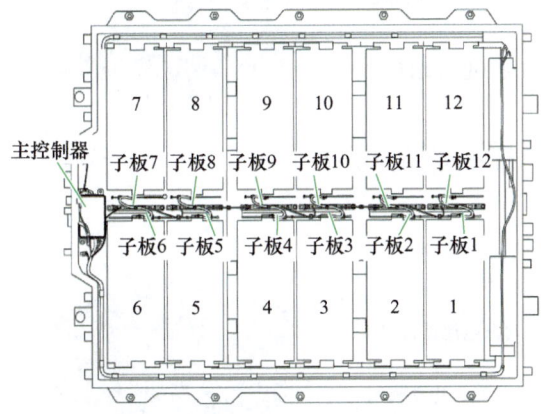

b) 84kW·h动力电池模组数量

图 4-1-7　红旗 E-HS9 动力电池内部模组数量

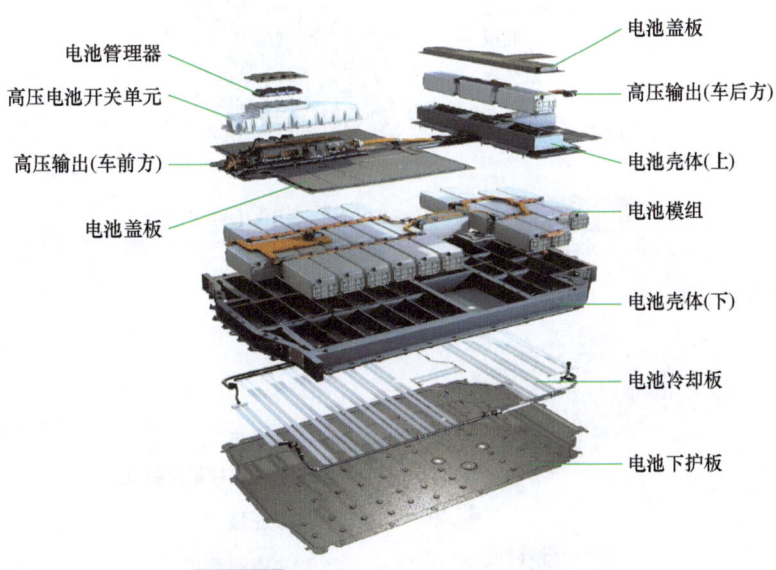

图 4-1-8　奥迪 e-tron GT 动力电池结构

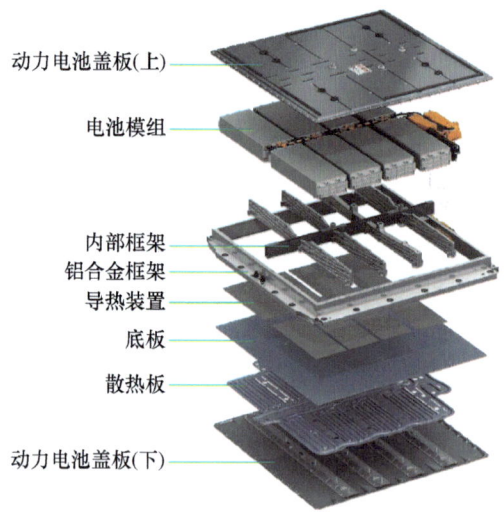

图 4-1-9 奥迪 Q4 e-tron 动力电池（低能量）

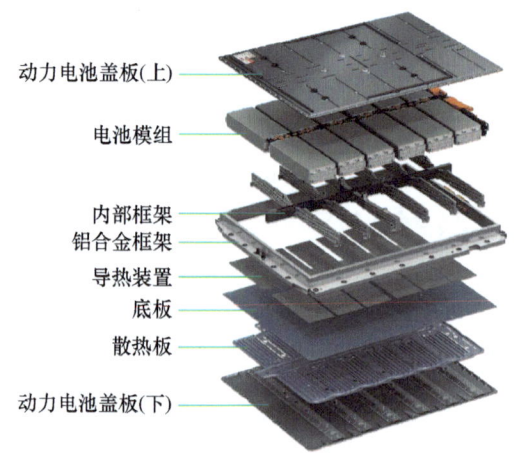

图 4-1-10 奥迪 Q4 e-tron 动力电池（高能量）

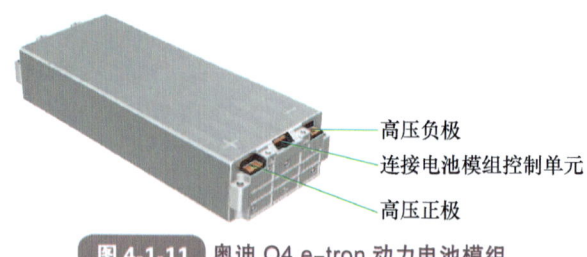

图 4-1-11 奥迪 Q4 e-tron 动力电池模组

2. 插电式混合动力车型动力电池结构

插电式混合动力汽车动力电池相对纯电动汽车而言，其功率相对较低，一般在 15～50kW·h 范围内，体积相对较小，便于布置，并为燃油箱预留安装位置。插电式混合动力汽车动力电池一般布置在车底或后排座椅下方，典型的插电式混合动力汽车动力电池安装位置如图 4-1-12 所示。奥迪 A3 e-tron 插电式混合动力汽车动力电池剖视图和分解图分别如图 4-1-13 和图 4-1-14 所示。

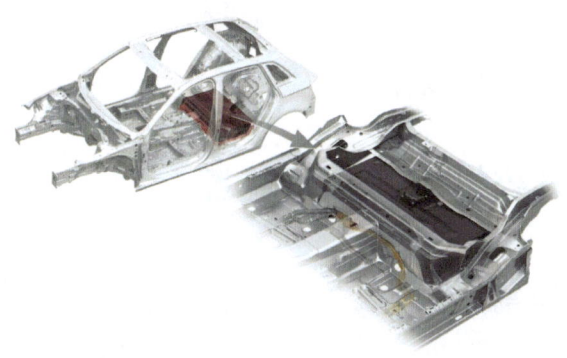

图 4-1-12 插电式混合动力汽车动力电池安装位置

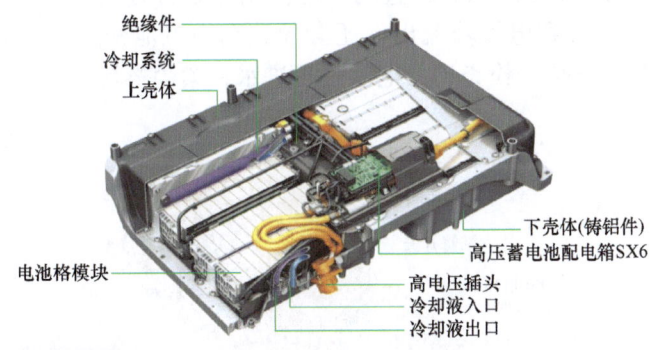

图 4-1-13 奥迪 A3 e-tron 插电式混合动力汽车动力电池剖视图

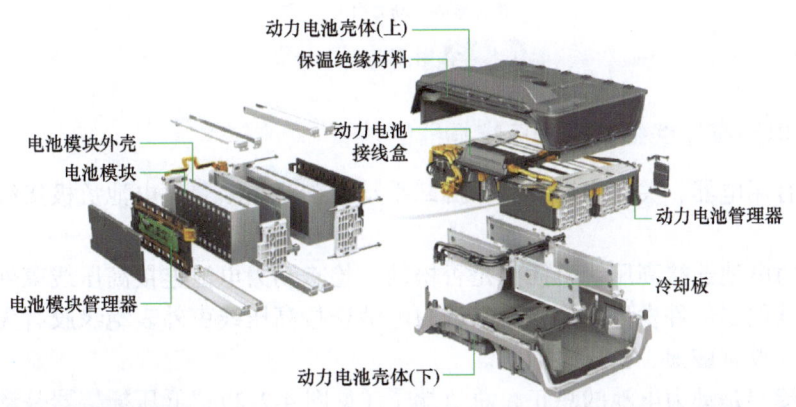

图 4-1-14 奥迪 A3 e-tron 插电式混合动力汽车动力电池分解图

问界M5、M7、M9插电混动车型动力电池均安装在车辆底部，图4-1-15为问界M9动力电池安装位置示意图。

图4-1-15 问界M9动力电池安装位置

4.2 动力电池系统维修与故障诊断

4.2.1 动力电池检查保养

1. 动力电池外观检查

动力电池外观如图4-2-1所示。检查动力电池箱体是否有变形、损坏，必要时要进行更换，壳体损坏不仅会导致电解液流出，还会导致动力电池密封出现问题，造成动力电池进水，严重影响整车安全。检查动力电池是否进水，紧固螺栓有无锈蚀，紧固力矩是否足够。

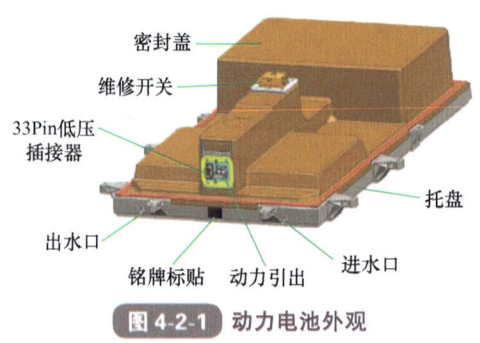

图4-2-1 动力电池外观

2. 动力电池高压线缆及高低压接插器的检查

关闭所有用电器，关闭启动开关，拆卸手动维护开关断开蓄电池负极接线柱后再检查高压线束。

检查动力电池连接高压线束插头是否松动；检查动力电池连接高压线束外表绝缘胶有无与车身或其他零部件发生摩擦；检查动力电池连接高压线束外表绝缘胶有无老化。确保动力电池线缆没有破损、挤压、漏电。

高压插接器是动力电池的总正、总负端子（见图4-2-2）；低压插接器是动力电池的电池管理系统（BMS）与车身控制系统（VMS）连接的控制电路端子。

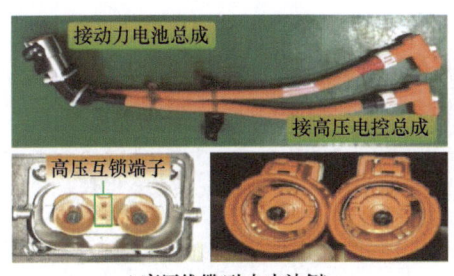
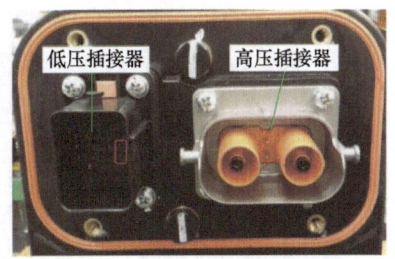

a) 高压线缆(动力电池侧)　　　　　　b) 高、低压插接器

图 4-2-2　动力电池高线缆及高、低压插接器

拔下插接器，检查两端针脚有无锈蚀、退针、弯曲、烧蚀等异常，确保高低压插接器连接可靠。检查插接器内侧的橡胶密封胶垫是否完好，检查插件中间位置是否有水迹。如检查无异常，在插接器内表面喷涂 WD40，以保护插接器顺利装复，保护接触良好，防止水蒸气进入插接器内部。

3. 动力电池单体电池电压检查

以比亚迪 e2 为例介绍动力电池单体电池电压均衡的检查。连接 VDS 读取动力电池管理器数据流，如图 4-2-3 所示，即可获取单体电池最高、最低电压以及相应电池编号。

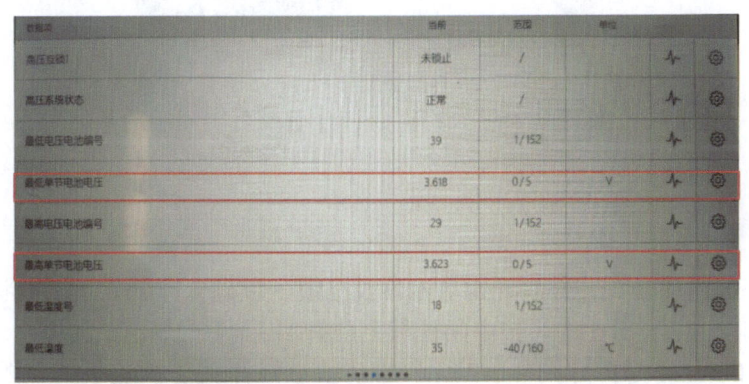

图 4-2-3　动力电池单体电池电压均衡检查

4. 动力电池工作温度检查

连接 VDS 读取动力电池管理器数据流如图 4-2-4 所示，即可获得动力电池工作温度。另外，还可以用温度测量设备（见图 4-2-5）测量动力电池的工作温度。

4.2.2　动力电池总成更换与检查

动力电池总成更换步骤以东风风神 E70 为例进行详细说明。在进行动力电池更换操作之前，务必确保在前翼子板、前保险杠、驾驶人座椅、地毯（驾驶人侧）、转向盘、换挡杆等关键位置放置保护垫或保护套装，以保障操作过程中的安全。同时，所有参与动力电池更换的操作人员必须佩戴绝缘手套，并使用绝缘工具，以防止触电和电气事故的发生。

图 4-2-4 动力电池工作温度检查

a) 非接触式测温仪(远红外测温仪)　　b) 热成像仪

图 4-2-5 动力电池温度测量设备

1. 高压断电

1) 关闭一键启动开关，并脱开蓄电池负极电缆，以确保车辆处于断电状态。

2) 掀开如图 4-2-6 所示的后排中间地毯上防护罩①。

3) 使用 10mm 套筒拆卸图 4-2-7 所示的手动维修开关防护盖板的 4 颗紧固螺栓①，并小心取下维修开关防护盖板②。

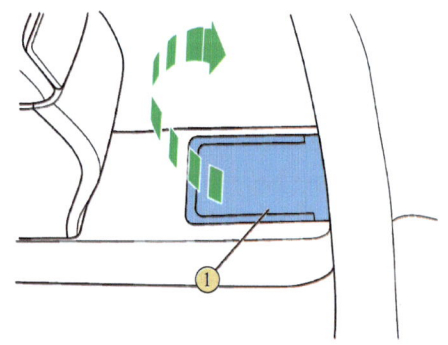

图 4-2-6 掀开后排中间地毯上防护罩

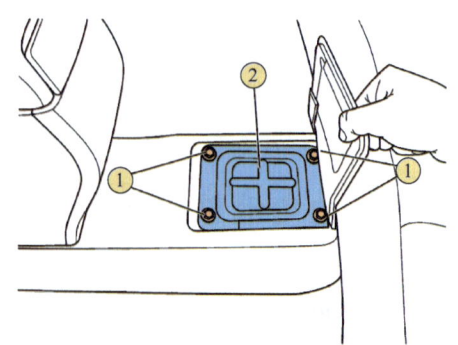

图 4-2-7 拆卸维修开关防护盖板

第4章 新能源汽车动力电池系统

4）如图4-2-8所示，首先向上拨起手动维修开关开启手柄的锁止卡扣Ⓐ，然后旋转手动维修开关开启手柄①，最后上提起手动维修开关②，以完成手动维修开关的拆卸。

5）如图4-2-9所示，将堵盖安装在手动维修开关的安装口上，以防止异物掉入并影响后续操作。请确保堵盖安装牢固，无松动现象。

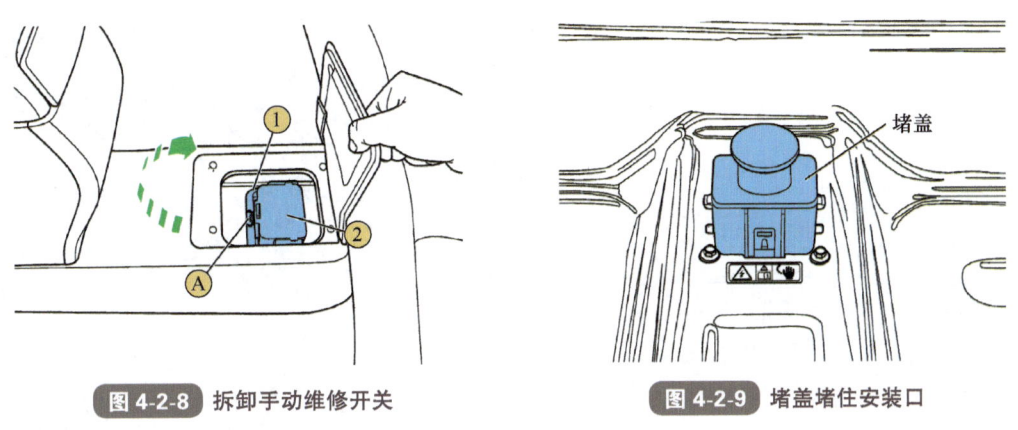

图4-2-8 拆卸手动维修开关　　　　图4-2-9 堵盖堵住安装口

2. 动力电池总成拆卸

1）安全举升车辆至合适操作位置，并锁止举升机。

2）如图4-2-10所示，首先，解除动力电池附件高压线束Ⓐ位置的锁止夹，并同时按压Ⓑ及Ⓒ两处锁止夹，以安全拔出动力电池附件高压线束插接器①。

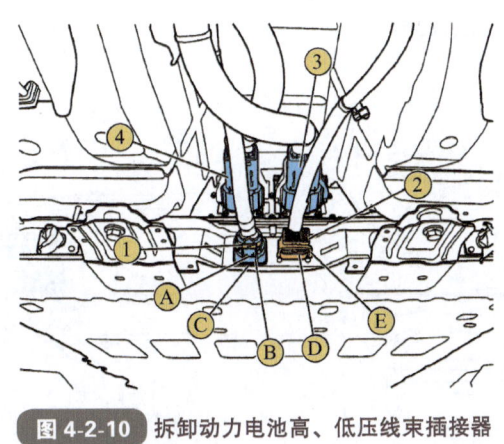

图4-2-10 拆卸动力电池高、低压线束插接器

其次，对动力电池低压线束Ⓓ位置的锁止夹进行解锁操作，随后翻转Ⓔ处的锁止夹，确保安全后拔出动力电池低压线束插接器。

再次，执行动力电池快充高压线束锁止夹的解锁步骤，随后翻开固定夹，以确保顺利拔出动力电池快充高压线束插接器。

最后，针对动力电池直流母线高压线束，先解除其锁止夹，再翻开固定卡夹，安全拔出动力电池直流母线高压线束插接器④。

3）如图 4-2-11 所示，使用 10mm 套筒拆卸动力电池右侧搭铁线束固定螺母①，使用同样的方法拆卸动力电池左侧搭铁线束固定螺母。

4）使用手动或电动液压升降车顶住动力电池，如图 4-2-12 所示。

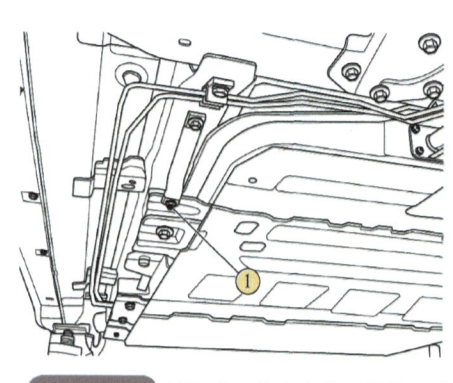

图 4-2-11 拆卸动力电池左右侧搭铁线束

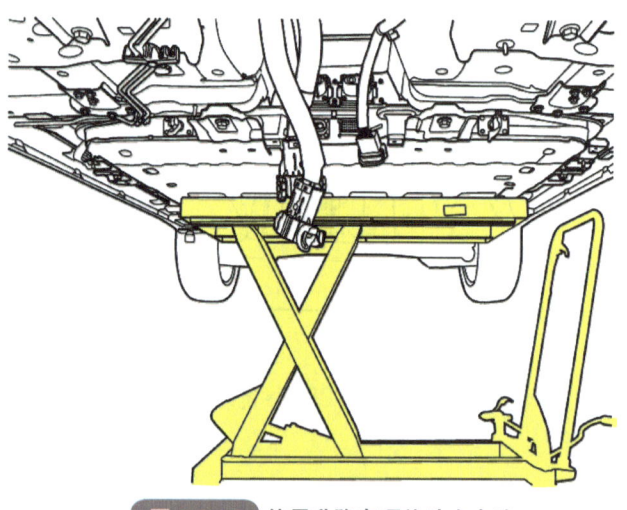

图 4-2-12 使用升降车顶住动力电池

5）使用 16mm 套筒拆卸图 4-2-13 所示的动力电池左、右固定螺栓①和前后固定螺栓②，并缓慢降下升降车，从车上拆卸动力电池总成。

6）如图 4-2-14 所示，将使用动力电池线束插接器堵盖安装到动力电池线束插接器①上。并将动力电池放置在安全位置。

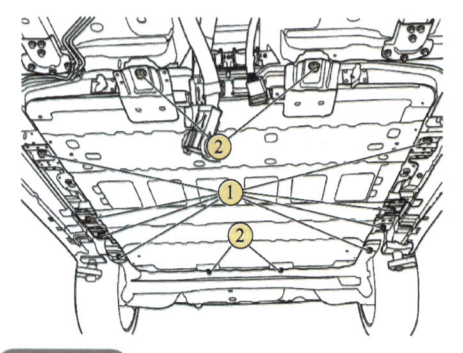

图 4-2-13 拆卸动力电池左右和前后固定螺栓

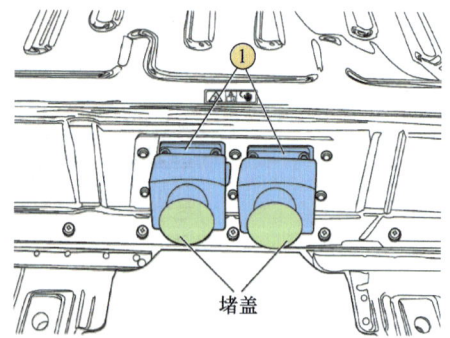

图 4-2-14 使用堵盖堵住线束插接器

3. 检测

1）如图 4-2-15 所示，将黑色表笔连接到绝缘测试仪的 COM 端①，红色表笔连接到绝缘检测端②另一根红色表笔连接到接地端③并夹持接地，选择 500V 绝缘检测挡位④。

> **注意：** 在进行绝缘检测时，操作者务必戴绝缘手套，以确保安全。同时，严格禁止手指直接接触表笔的检测端，以避免触电。在测量过程中，必须保持身体与被测对象之间的安全距离，不可触碰被测对象。此外，应尽可能坚持单手测量的原则，以降低触电的可能性。同时，测量时站在绝缘垫上，以进一步确保操作者的人身安全。

2）如图 4-2-16 所示，将黑色表笔一端夹在动力电池外壳上①，用红色表笔依次检测图中插头的两个端子②对可疑的绝缘阻值。按下测试按钮③后应保持 1min 左右，等待数值稳定再读取。记录每个端子的检测结果，正常绝缘电阻应不低于 20MΩ。

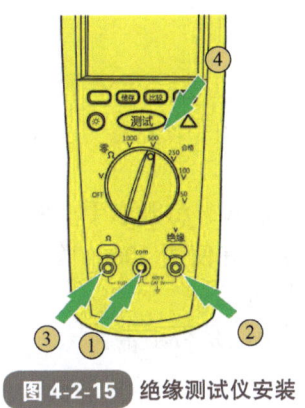

图 4-2-15 绝缘测试仪安装

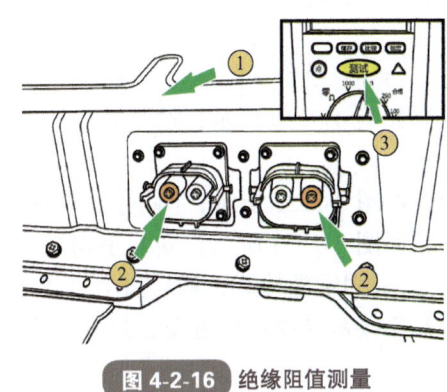

图 4-2-16 绝缘阻值测量

4. 安装

1）如图 4-2-17 所示，举升车辆至离地 1m 左右高度。移动升降车④，大致对准定位销及安装孔；操作升降车举升动力电池①，边举升边观察并调整举升车位置以对准定位销及安装孔。

2）如图 4-2-18 所示安装动力电池左、右固定螺栓①及前后固定螺栓②，并使用 16mm 套筒预拧紧。最后使用扭力扳手以 90～110N·m 的力矩拧紧固定螺栓。

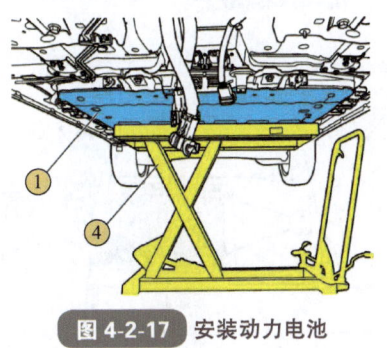

图 4-2-17 安装动力电池

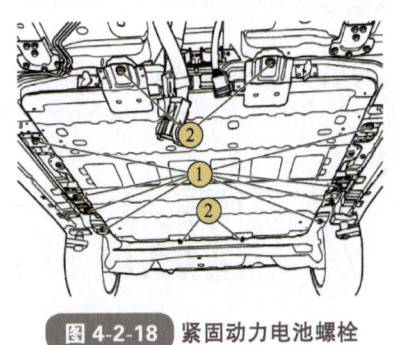

图 4-2-18 紧固动力电池螺栓

3）如图 4-2-19 所示，安装动力电池左右两侧搭铁线①，并以 9.5N·m 的力矩拧紧固定螺母。

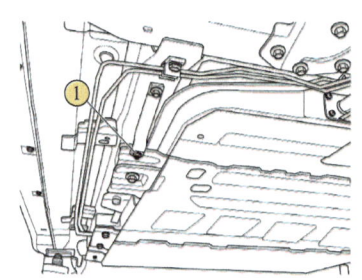
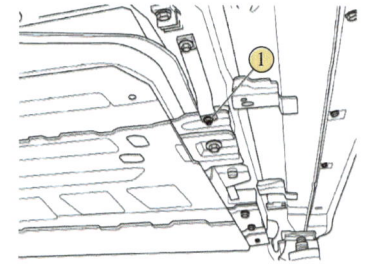

图 4-2-19 安装动力电池左右两侧搭铁线

4）如图 4-2-20 所示，分别安装动力电池附件高压线束插接器①、动力电池低压线束插接器②、动力电池直流母线高压线束插接器③和动力电池高压快充线束插接器④，并将以上插接器可靠所致。

5. 高压电恢复

1）如图 4-2-21 所示，选装手动维修开关开启手柄①，将手动维修开关②安放到安装位置。

2）如图 4-2-22 所示，向下按压手动维修开关开启手柄Ⓐ，将开启手柄锁止。

3）如图 4-2-23 所示，安装手动维修开关防护盖板①，并使用 10mm 套筒拧紧手动维修开关盖板固定螺栓②，最后盖上后排中间地毯上防护罩③。

4）连接蓄电池负极电缆，打开点火开关，检查高压上电是否正常。

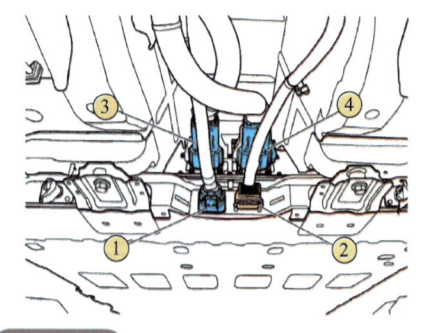

图 4-2-20 安装动力电池高低压线束插接器

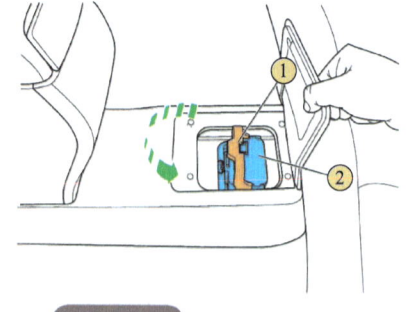

图 4-2-21 安装手动维修开关

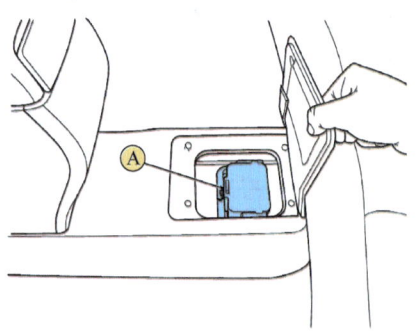

图 4-2-22 锁止手动维修开关开启手柄

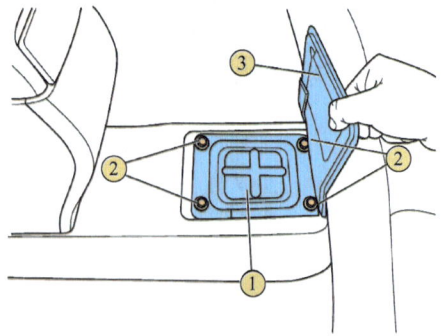

图 4-2-23 安装手动维修开关防护盖板

4.2.3 车载充电机更换

下面以东风风神 E70 为例详细说明车载充电机更换步骤。在进行更换操作之前，务必确保在前翼子板、前保险杠、驾驶人座椅、地毯（驾驶人侧）、转向盘、换挡杆等关键位置放置保护垫或保护套装，以保障操作过程中的安全。同时，所有参与操作人员必须戴绝缘手套并使用绝缘工具，以防止触电和电气事故的发生。

1. 拆卸

1）关闭一键启动开关，断开蓄电池负极电缆。

2）如图 4-2-24 所示，先向外拨开车载充电机线束插接器锁止口，然后按压锁止夹，断开车载充电机线束插接器①。

> **注意：** 拨开插接器锁止扣后，按压插接器锁止卡后部，脱开锁止卡一级卡夹，然后按压锁止卡前部，直至断开插接器。

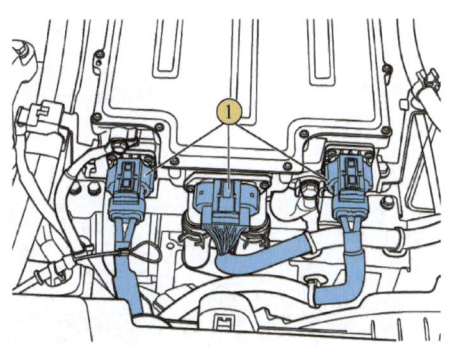

图 4-2-24 拆卸车载充电机线束插接器

3）如图 4-2-25 所示，用 10mm 套筒拆卸车载充电机搭铁线固定螺栓①，断开搭铁线②。翻开线束保护套，用 13mm 套筒拆卸车载充电机搭铁线固定螺栓③，断开搭铁线④。

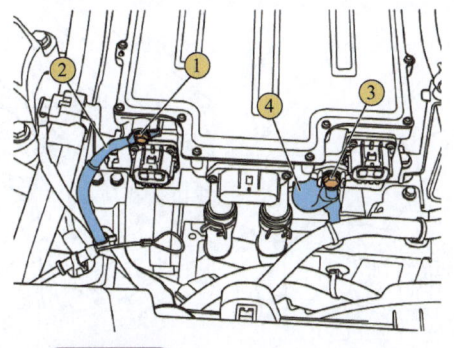

图 4-2-25 拆卸车载充电机搭铁线

4）如图 4-2-26 所示，用 13mm 套筒拆卸车载充电机搭铁线固定螺栓①，脱开搭铁线②。

5）如图 4-2-27 所示，先向后拨开 PTC 高压线束插接器锁止扣，然后按压锁止卡，脱开 PTC 高压线束插接器①。随后向后拨开车载充电机插接器锁止扣，然后按压锁止卡，脱开车载充电机插接器②。

6）用胶管夹钳夹住图 4-2-28 所示车载充电机冷却水管①下端，防止断开水管时冷却液流出。用卡箍钳脱开车载充电机冷却水管卡箍，左右旋转脱开冷却水管。

7）如图 4-2-29 所示，使用 10mm 套筒拆卸车载充电机左右两侧固定螺栓，取下车载充电机。

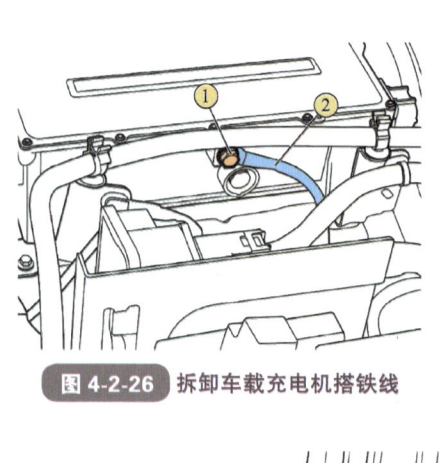

图 4-2-26 拆卸车载充电机搭铁线

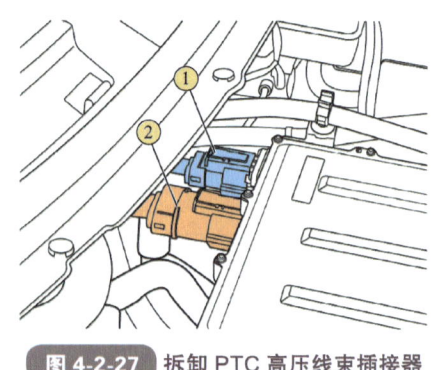

图 4-2-27 拆卸 PTC 高压线束插接器

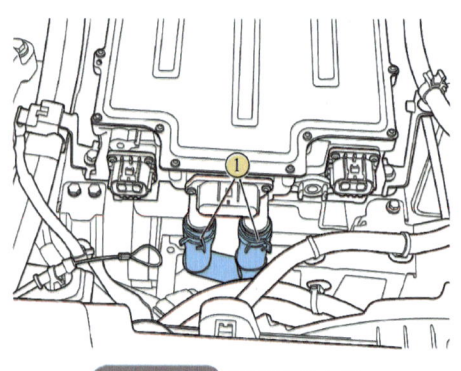

图 4-2-28 拆卸冷却水管

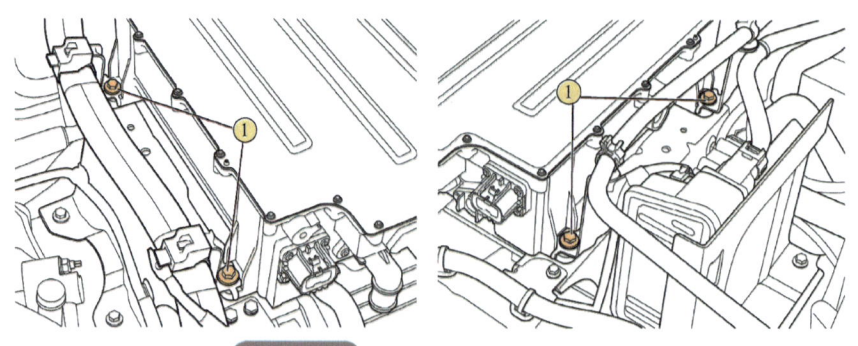

图 4-2-29 拆卸车载充电机固定螺栓

2. 检查

1）如图 4-2-30 所示，将黑色表笔连接到绝缘测试仪的 COM 端①，红色表笔连接到绝缘检测端②，选择 500V 绝缘检测挡位③。

注意事项同 P131。

2）如图 4-2-31 所示，将黑色表笔夹持在车载充电机外壳图示①的位置；红色表笔一次测量车载充电机前后 4 个插接器的 8 个端子②对壳体的绝缘电阻值。按下测试按钮③后应保持 1min 左右，等待数值稳定再读取。记录每个端子的检测结果，正常绝缘电阻应不低于 20MΩ。

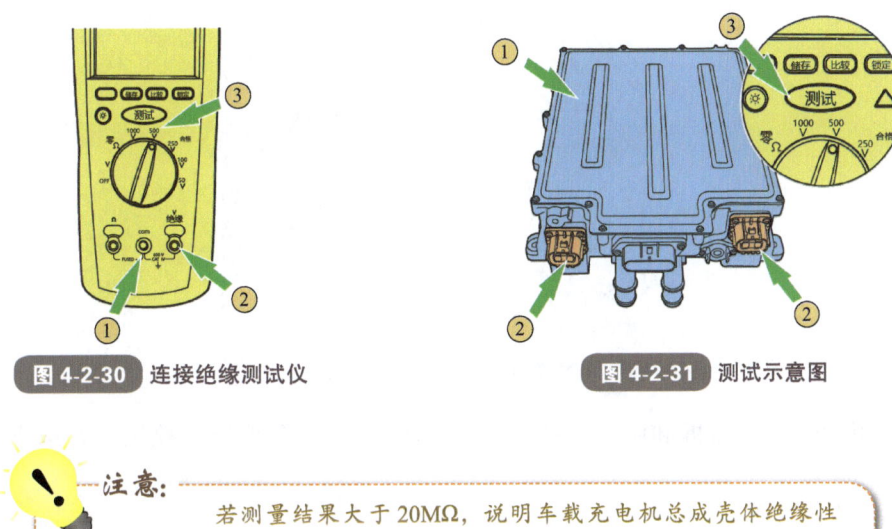

图 4-2-30 连接绝缘测试仪　　　　图 4-2-31 测试示意图

> 注意：若测量结果大于 20MΩ，说明车载充电机总成壳体绝缘性良好。

若测量结果小于 20MΩ，说明车载充电机总成壳体绝缘性异常，则需立即停止工作，做好警示标识，并检查排除故障，或更换新的车载充电机。

3. 安装

车载充电机安装按照拆卸相反的顺序进行。车载充电机固定螺栓的紧固力矩为（25±0.15）N·m。安装线束插接器时应确保插接器锁止良好。车载充电机安装后应检查系统冷却液是否充足，并及时补充冷却液。最后连接充电器对车辆进行充电，检查确保车载充电机充电正常。

4.2.4　高压配电箱更换

下面以东风风神 E70 为例详细说明高压配电箱更换步骤。在进行更换操作之前，务必确保在前翼子板、前保险杠、驾驶人座椅、地毯（驾驶人侧）、转向盘、换挡杆等关键位置放置保护垫或保护套装，以保障操作过程中的安全。同时，所有参与操作人员必须戴绝缘手套并使用绝缘工具，以防止电气事故的发生。

1. 高压断电

参照本书 4.2.2 小节相关内容进行高压断电操作。

2. 拆卸

1）如图 4-2-32 所示，首先向外解锁高压配电箱插接器①的Ⓐ处锁止夹，按压Ⓑ处卡夹向后解除锁止状态，按压Ⓒ处卡夹断开高压配电箱插接器①；随后按压高压配电箱插接器②的Ⓓ处锁止夹，向后断开高压配电箱插接器②。最后逆时针旋转高压配电箱连接线插接器③，断开高压配电箱连接线与高压配电箱的连接。

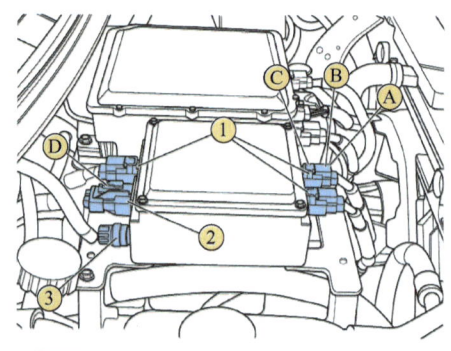

图 4-2-32　拆卸高压配电箱线束插接器

2）用 10mm 套筒拆卸图 4-2-33 所示高压配电箱 4 个固定螺栓①，并取下高压配电箱②。

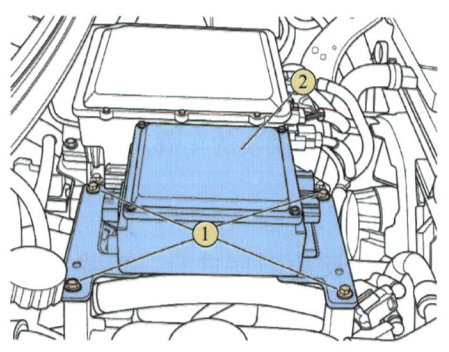

图 4-2-33　拆卸高压配电箱固定螺栓

3. 检测

1）如图 4-2-34 所示，将黑色表笔连接到绝缘测试仪的 COM 端①，红色表笔连接到绝缘检测端②另一根红色表笔连接到接地端③并夹持接地，选择 500V 绝缘检测挡位④。

注意事项同 P131。

2）如图 4-2-35 所示，将黑色表笔一端夹持到外壳图示①位置。用红色表笔依次检测图示 2 个插头的 4 个电极②和连接线的端子③对壳体的绝缘电阻（对侧还有 2 个）；按下测试按钮④后应保持 1min 左右,等待数值稳定,再读取。记录每个插头端检测结果,正常绝缘电阻应不低于 20MΩ。

若检测到异常,则不能安装,应尽快找到原因或更换新件。

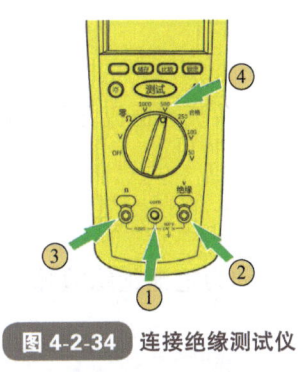

图 4-2-34 连接绝缘测试仪

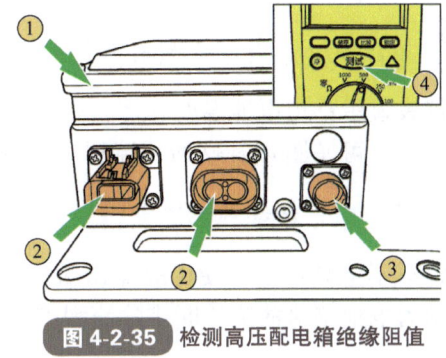

图 4-2-35 检测高压配电箱绝缘阻值

4.2.5 动力电池系统故障诊断

1. 动力电池机械故障症状

动力电池机械故障症状与检查操作见表 4-2-1。

表 4-2-1 动力电池机械故障症状与检查操作

症状	检查	操作
动力电池异响	动力电池紧固螺栓是否松动	检查螺栓外观,确定更换或紧固螺栓
	动力电池内部零部件是否松动或损坏	更换动力电池
	与动力电池连接的高低压插接器是否松动	重新拔插插接器
	与动力电池连接的高低压插接器是否损坏	更换与动力电池连接的插接器
	动力电池搭铁螺栓是否松动	检查螺栓外观,确定更换或紧固螺栓
	动力电池与油箱隔热板连接螺栓是否松动(插混车型)	检查螺栓外观,确定更换或紧固螺栓
动力电池摆振	动力电池紧固螺栓是否松动	检查螺栓外观,确定更换或紧固螺栓
动力电池进出水口冷却液泄漏	动力电池进出水口水管是否老化	更换进出口水管
	动力电池进出水口水管是否松动	重新拔插进出水口水管
	动力电池进出水口水管环箍是否失效	更换水管环箍
	动力电池紧固螺栓是否松动	检查螺栓外观,确定更换或紧固螺

2. 单体电池电压不均衡导致续驶里程下降故障诊断

车辆续驶里程明显下降，使用故障码读取动力电池系统数据流显示单体电池电压压差过大时，可按图 4-2-36 所示流程进行故障诊断和排除。

3. 单体电池温度不合理导致仪表报动力电池过温故障

仪表显示动力电池温度异常，使用故障码读取动力电池系统数据流显示单体电池温度不合理时，可按图 4-2-37 所示流程进行故障诊断和排除。

4. 动力电池绝缘故障诊断排除

整车不上高压电，使用故障诊断仪读取故障码，显示动力电池绝缘故障。长安 SL03 车型动力电池绝缘故障诊断排除流程如图 4-2-38 所示。

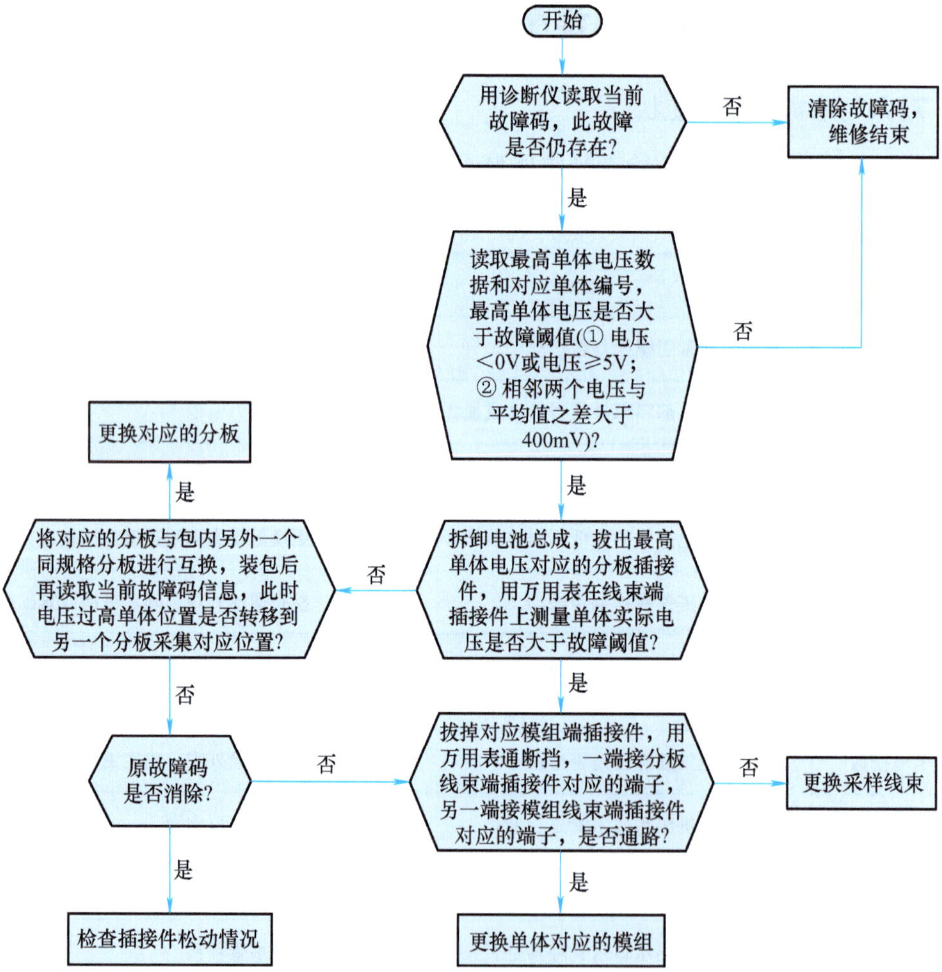

图 4-2-36 单体电池电压不均衡故障诊断排除流程

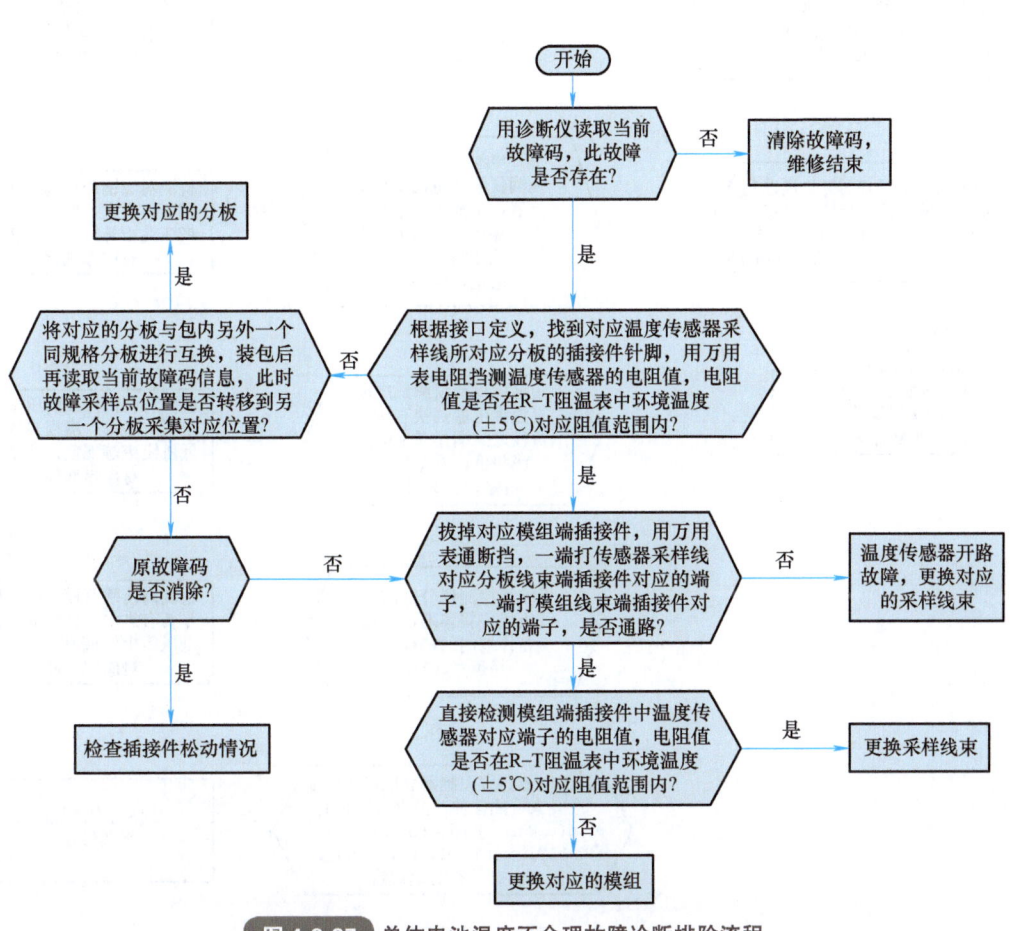

图 4-2-37 单体电池温度不合理故障诊断排除流程

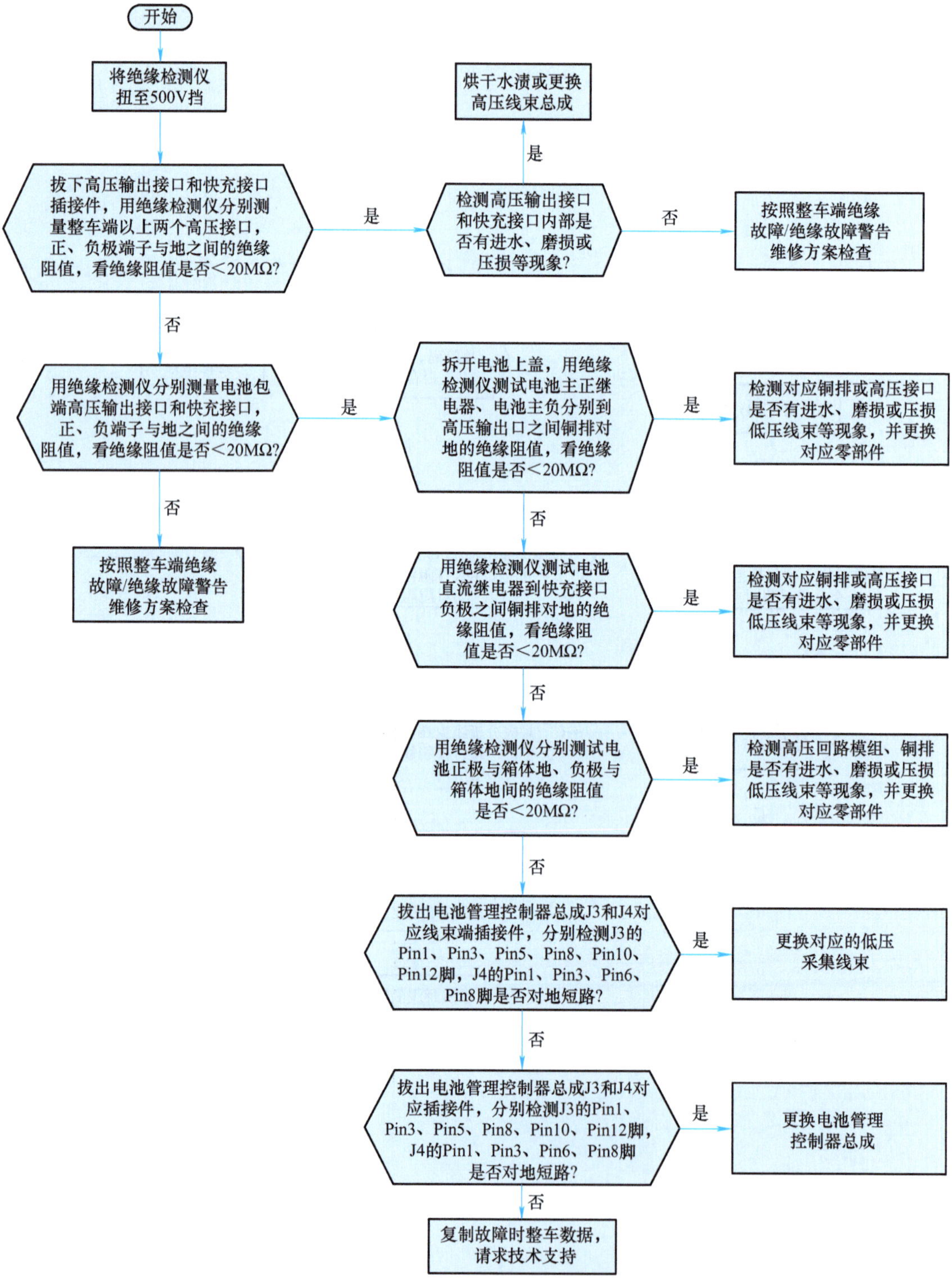

图 4-2-38 动力电池绝缘故障诊断排除流程

Chapter 5
第 5 章　新能源汽车驱动电机系统

5.1　新能源汽车驱动电机系统结构

5.1.1　驱动电机结构

新能源汽车普遍配备永磁同步电机。问界 M9 四驱版车型采用了前交流异步电机与后永磁同步电机相结合的配置形式。

永磁同步电机由定子、转子、轴承、旋转变压器、壳体等部件组成，如图 5-1-1 所示。

图 5-1-1　永磁同步电机结构

永磁同步电机工作原理如图 5-1-2 所示。当三相交流电流过定子绕组时，即产生旋转磁场，这个旋转磁场牵引转子内部的永磁体，产生和旋转磁场同步的转矩。

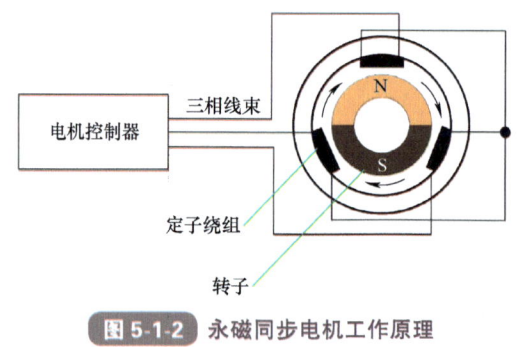

图 5-1-2 永磁同步电机工作原理

5.1.2 驱动电机控制器

电机控制器安装在前舱内，采用 CAN 通信控制，控制着动力电池组到电机之间能量的传输，同时采集电机位置信号和三相电流检测信号，精确地控制驱动电机运行。

电机控制器内部包含 DC/AC 转换器，转换器由 IGBT、直流母线电容、驱动和控制电路板等组成，实现直流（可变的电压、电流）与交流（可变的电压、电流、频率）之间的转变。直流变换器由高低压功率器件、变压器、电感、驱动和控制电路板等组成，实现直流高压向直流低压的能量传递。电机控制器还包含冷却器（通过冷却液）给电子功率器件散热。电机控制器结构如图 5-1-3 所示。

5.1.3 驱动电机减速器

电动机的速度–转矩特性非常适合汽车驱动的需求，纯电动模式下，汽车的驱动系统不再需要多挡位的变速器，驱动系统结构得以大幅简化。

减速器介于驱动电机和驱动半轴之间，驱动电机的动力输出轴通过花键直接与减速器主齿轮连接，再通过中间轴齿轮减速后传递给主减速差速器齿轮，如图 5-1-4 所示。

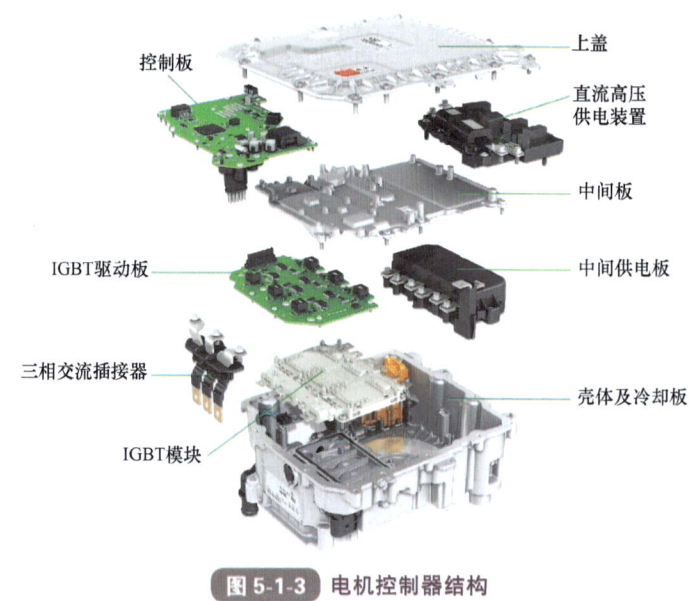

图 5-1-3 电机控制器结构

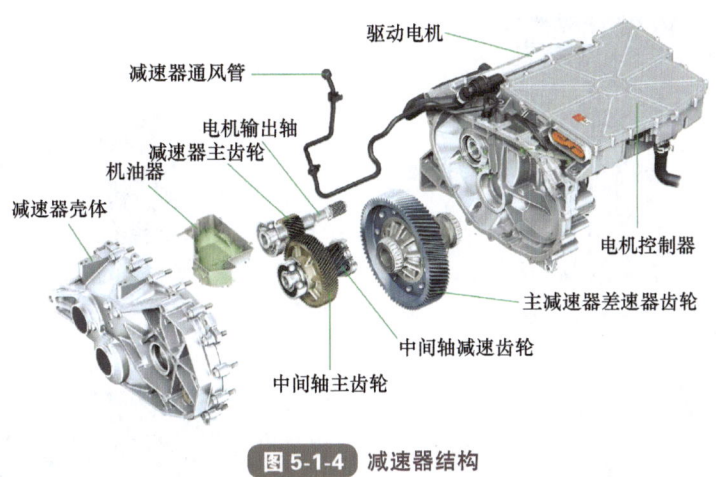

图 5-1-4 减速器结构

5.2 新能源汽车驱动电机维修与故障诊断

5.2.1 驱动电机工作状态检查

1. 驱动电机紧固螺栓检查、外观检查清洁保养

1）使用压缩空气或者干布对驱动电机外壳进行清洁，可以适当使用清洁剂。

2）检查驱动电机表面是否有油渍，检查驱动电机与减速机构接缝是否漏油，驱动电机外观检查如图 5-2-1 所示。

图 5-2-1 驱动电机外观检查

3）使用力矩扳手检查驱动电机紧固螺栓是否符合规定力矩。

4）检查驱动电机上下水管有无裂痕和接口处是否泄漏，驱动电机上下水管分别如图 5-2-2、图 5-2-3 所示。

5）目测车身底部保护层，检查驱动电机是否有磕碰、损坏。

2. 驱动电机工作温度、工作电压及工作电流检查

1）取出故障诊断仪，并按要求连接故障诊断仪，如图 5-2-4 所示。

2）打开车门，在驾驶室仪表台的下方找到 OBD 接口，并将故障诊断仪连接到 OBD 接口上，如图 5-2-5 所示。

图 5-2-2 驱动电机上水管

图 5-2-3 驱动电机下水管

图 5-2-4 故障诊断仪连接

图 5-2-5 故障诊断仪与 OBD 接口连接

3）打开点火开关，打开故障诊断仪电源，依次进入"诊断→选择品牌→选择车型诊断→选择品牌→控制单元诊断→动力模块→ VTOG →读数据流"选项，待故障诊断仪与车辆通信完成后，在显示屏幕中查看驱动电机当前工作温度、工作电压和工作电流数据，如图 5-2-6 所示。

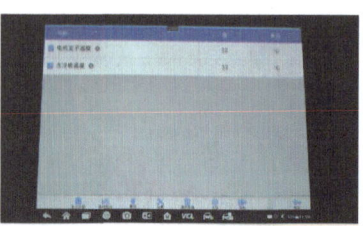

a）驱动电机转子和定子温度

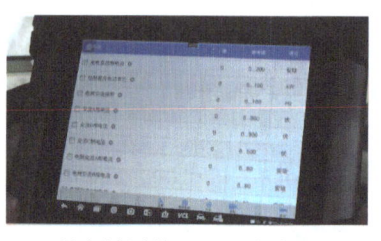

b）驱动电机交流A、B、C相电压

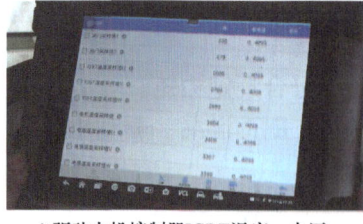

c）驱动电机控制器IGBT温度、电压

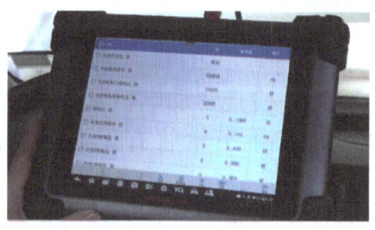

d）驱动电机当前工作电压

图 5-2-6 故障诊断仪显示驱动电机工作温度、工作电压、工作电流数据

3. 驱动电机温度传感器、旋转变压器阻值的检查

1）断开蓄电池负极导线连接，安全举升车辆。如图 5-2-7 所示，拔下驱动电机低压

插接器。

2）查阅维修手册，找到驱动电机低压插接器端子图及注解。

3）万用表量程选择 20kΩ 挡，分别测量 BV13 端子 1—2、端子 3—4（检查两个电机温度传感器）阻值，如图 5-2-8 所示，吉利帝豪 EV450 温度传感器检查标准见表 5-2-1。

4）万用表量程选择 20kΩ 挡，吉利帝豪 EV450 参照表 5-2-2 测量驱动电机旋转变压器电阻值；比亚迪 e5 参照表 5-2-3 测量驱动电机旋转变压器电阻值。

图 5-2-7　拔下驱动电机低压插接器

图 5-2-8　万用表测量电机温度传感器阻值

表 5-2-1　吉利帝豪 EV450 温度传感器检查标准

驱动电机线束插接器 BV13

测量位置 A	测量位置 B	测量标准值
端子 1#：NTC 温度传感器 1+	端子 2#：NTC 温度传感器 1-	-40℃时，正常电阻值约为（241±20）Ω 20℃时，正常电阻值约为（13.6±0.8）Ω 85℃时，正常电阻值约为（1.6±0.1）Ω 电阻值随温度升高而迅速降低
端子 3#：NTC 温度传感器 2+	端子 4#：NTC 温度传感器 2-	

表 5-2-2　吉利帝豪 EV450 驱动电机旋转变压器电阻值

驱动电机线束插接器 BV13

信号	测量位置 A	测量位置 B	测量标准值
旋变余弦	BV13-7　COSL	BV13-8　COSL	（14.5±1.5）Ω
旋变正弦	BV13-9　SINL	BV13-10　SINL	（13.5±1.5）Ω
旋变励磁	BV13-11　REFL	BV13-12　REFL	（9.5±1.5）Ω

表 5-2-3　比亚迪 e5 驱动电机旋转变压器电阻值

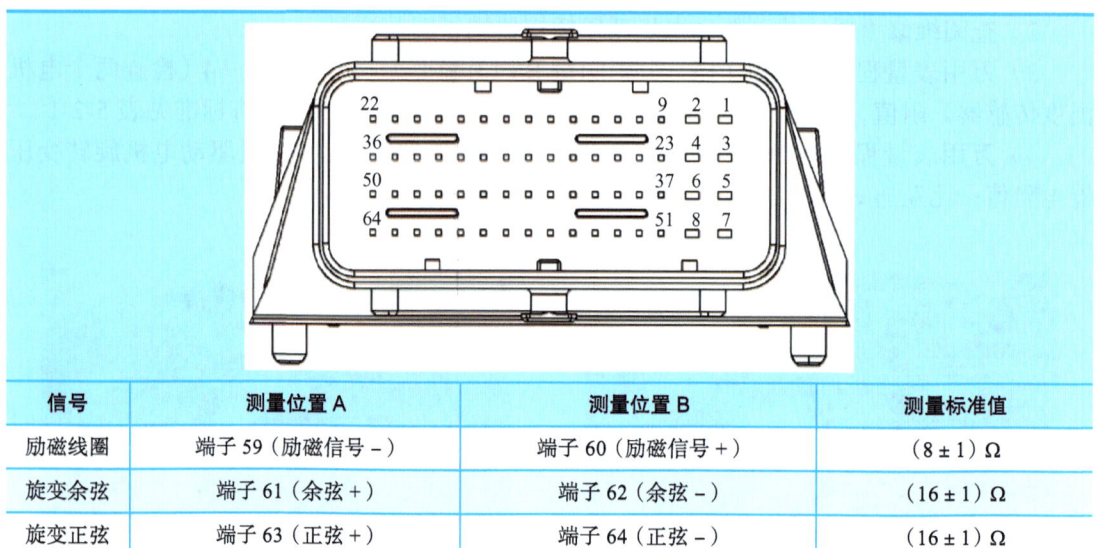

信号	测量位置 A	测量位置 B	测量标准值
励磁线圈	端子 59（励磁信号 –）	端子 60（励磁信号 +）	（8±1）Ω
旋变余弦	端子 61（余弦 +）	端子 62（余弦 –）	（16±1）Ω
旋变正弦	端子 63（正弦 +）	端子 64（正弦 –）	（16±1）Ω

5.2.2 驱动电机控制器更换

1. 高压断电

参照本书 4.2.2 小节相关内容进行高压断电操作。

2. 冷却液更换

1）如图 5-2-9 所示，打开膨胀水箱盖①。举升车辆，在散热器出水管下方放置冷却液收集容器。

2）如图 5-2-10 所示，使用卡箍钳松开散热器出水管卡箍①，并向后挪开卡箍。最后断开散热器出水管②。

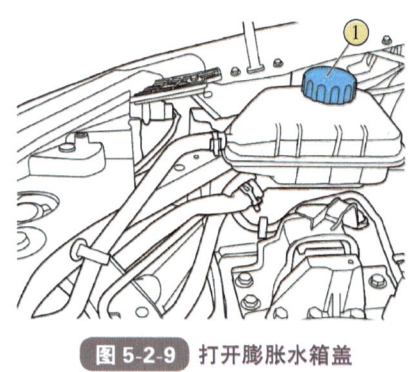

图 5-2-9　打开膨胀水箱盖

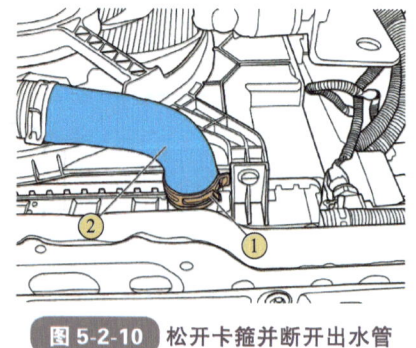

图 5-2-10　松开卡箍并断开出水管

3. 驱动电机控制器更换

1）拆卸车载充电机与高压配电箱。

2）如图 5-2-11 所示，使用 13mm 套筒拆卸电机控制器搭铁线固定螺栓①，脱开搭铁线②。

3）如图 5-2-12 所示，使用 13mm 套筒拆卸电机控制器四颗固定螺栓①。

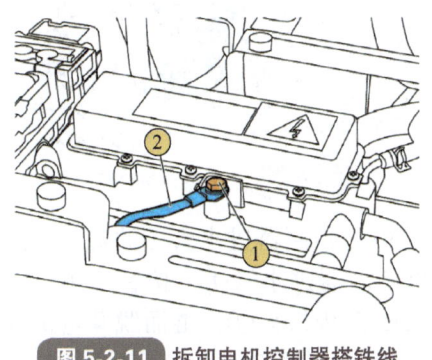

图 5-2-11　拆卸电机控制器搭铁线

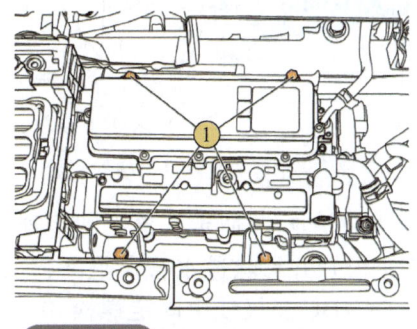

图 5-2-12　拆解电机控制器固定螺栓

> 注意：拆卸电机控制器固定螺栓后，需要将电机控制器移向一侧，以便拆卸插接器和冷却液管路。

4）如图 5-2-13 所示，先向上拔起电机控制器三相输出线束插接器开启手柄锁止卡Ⓐ，再旋转手柄，打开电机控制器三相输出线束插接器；拔开插接器开启开关锁止卡Ⓑ，按压开启开关Ⓒ上的按键Ⓓ和Ⓔ的同时开启开关Ⓒ，断开线束插接器②。

5）如图 5-2-14 所示，拔开插接器开启开关锁止卡Ⓐ，按压开启开关Ⓑ上的按键Ⓒ和Ⓓ的同时移动开启开关Ⓑ，断开线束插接器①。

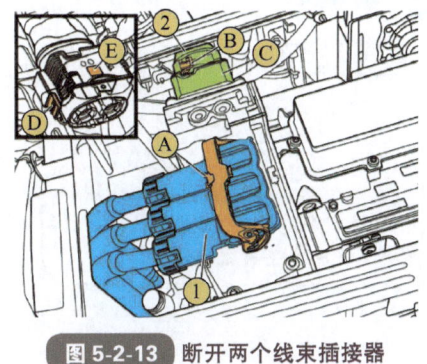

图 5-2-13　断开两个线束插接器

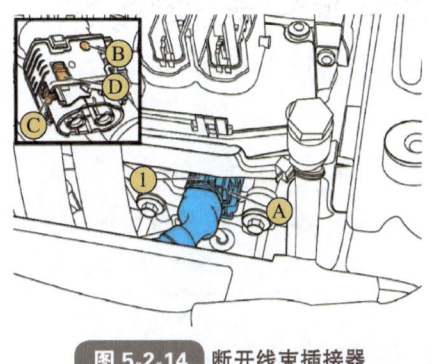

图 5-2-14　断开线束插接器

6）如图 5-2-15 所示，向左稍微移动电机控制器①，以便拆卸管路和插接器。

7）如图 5-2-16 所示，先使用胶管卡钳①夹住电机控制器出水管①的管口，再使用卡箍钳松开并移开出水管卡箍②，断开电机控制器出水管①；使用卡箍钳松开并移动通气管卡箍④，断开通气管③。

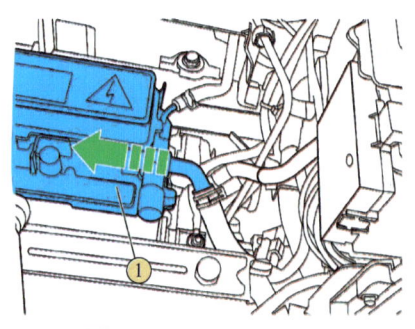

图 5-2-15 向左移动电机控制器

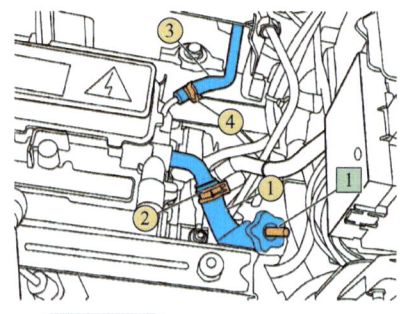

图 5-2-16 断开出水管和通气管

8）如图 5-2-17 所示，首先利用胶管卡钳⓵固定电机控制器进水管①的管口，随后使用卡箍钳松开并移除进水管卡箍②，从而断开电机控制器进水管①；接着使用 13mm 套筒拆卸 DC-DC 正极线束固定螺栓③，并断开 DC-DC 正极线束④；继而脱开电机控制器低压插接器⑤；最后使用 10mm 套筒拆卸 DC-DC 负极线束固定螺栓⑥，断开 DC-DC 负极线束⑦。

9）如图 5-2-18 所示，取下电机控制器。

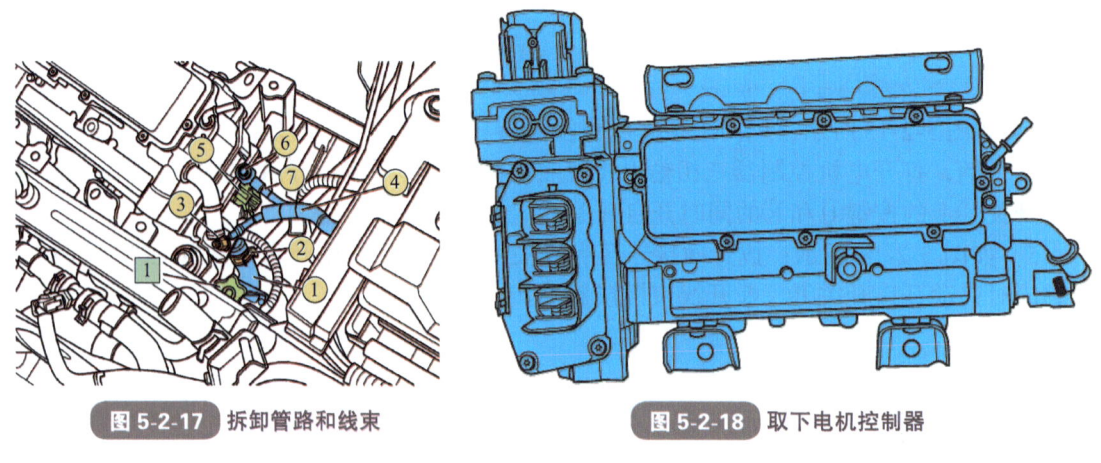

图 5-2-17 拆卸管路和线束

图 5-2-18 取下电机控制器

注意：在移除电机控制器的过程中，务必小心谨慎，避免触及周围的线束与管路，以防止对线束及管路造成损害。在取出电机控制器时，可能会有冷却液从水管口流出，请注意妥善收集冷却液。

3. 驱动电机控制器检测

1）取出绝缘测试仪，如图 5-2-19 所示，将黑色表笔连接至 COM 端①，红色表笔连接至检测端②，另一支红色表笔连接至接地端③并夹持接地。量程选择 500V 挡位④。

注意事项同 P131。

2）如图 5-2-20 所示，将黑表笔一端夹持到电机控制器 1 的位置，用红表笔依次检测图中插接器的 3 个电极 2 对壳体的绝缘阻值。按下测试按钮 3 后，应保持 1min 左右，等待数值稳定，再读数。记录每个电极的测试结果，正常绝缘电阻应不低于20MΩ。

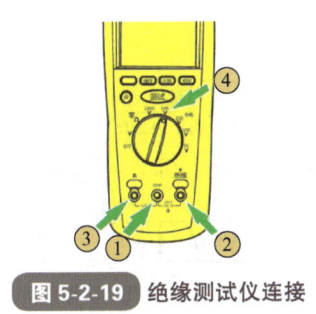

图 5-2-19 绝缘测试仪连接

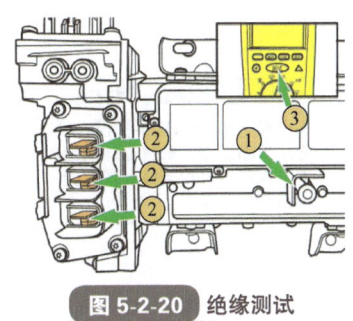

图 5-2-20 绝缘测试

5.2.3 减速器油排空与加注

1. 排空

1）举升车辆，确认车辆处于水平状态，在减速器下方放置油液回收装置。

2）如图 5-2-21 所示，使用 8mm 内六角扳手拆卸主减速器放油螺栓①，排尽油液直至油液不再流出为止。安装放油螺栓①。

2. 加注

1）如图 5-2-22 所示，逆时针拆卸加油螺塞①。

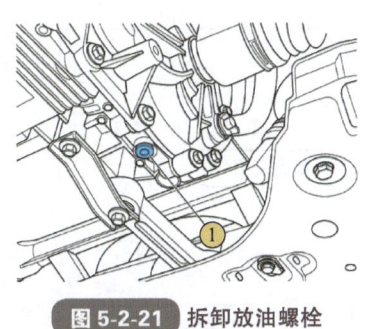

图 5-2-21 拆卸放油螺栓

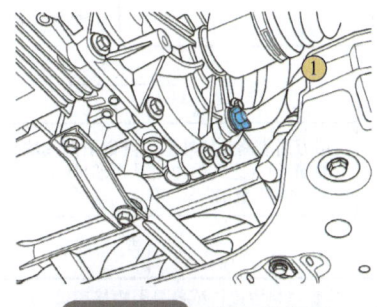

图 5-2-22 拆卸加油螺塞

2）使用手压式加油机加注新的减速器油，直至油液表面与加注口平齐为止。

3）加注完毕后，拧紧加油螺塞，检查是否有油液泄漏。

5.2.4 电机驱动系统常见故障诊断与排除

1. 电机过温故障诊断与排除

当车辆出现功率受限行驶状况，并且仪表板显示驱动电机过热故障时，应利用故障诊断仪读取故障码。若故障码显示电机过温，可依照图 5-2-23 所示流程进行故障诊断与排除。

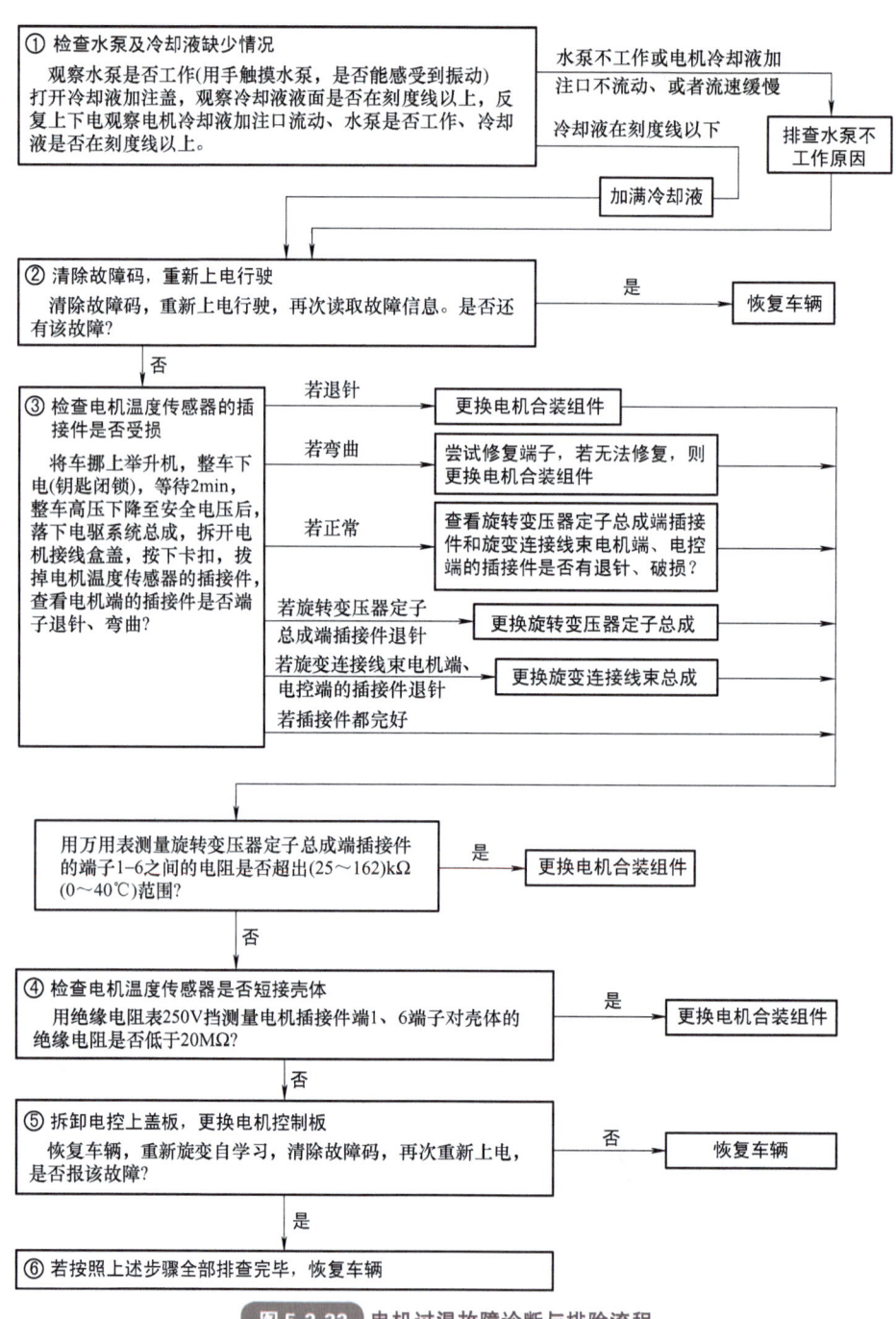

图 5-2-23 电机过温故障诊断与排除流程

2. IGBT 过温故障诊断与排除

当车辆出现功率受限行驶状况，并且仪表盘显示驱动系统过热故障时，应利用故障诊断仪读取故障码。若故障代码显示电机控制器中的 IGBT 过热，可依照图 5-2-24 所示流程进行故障诊断与排除。

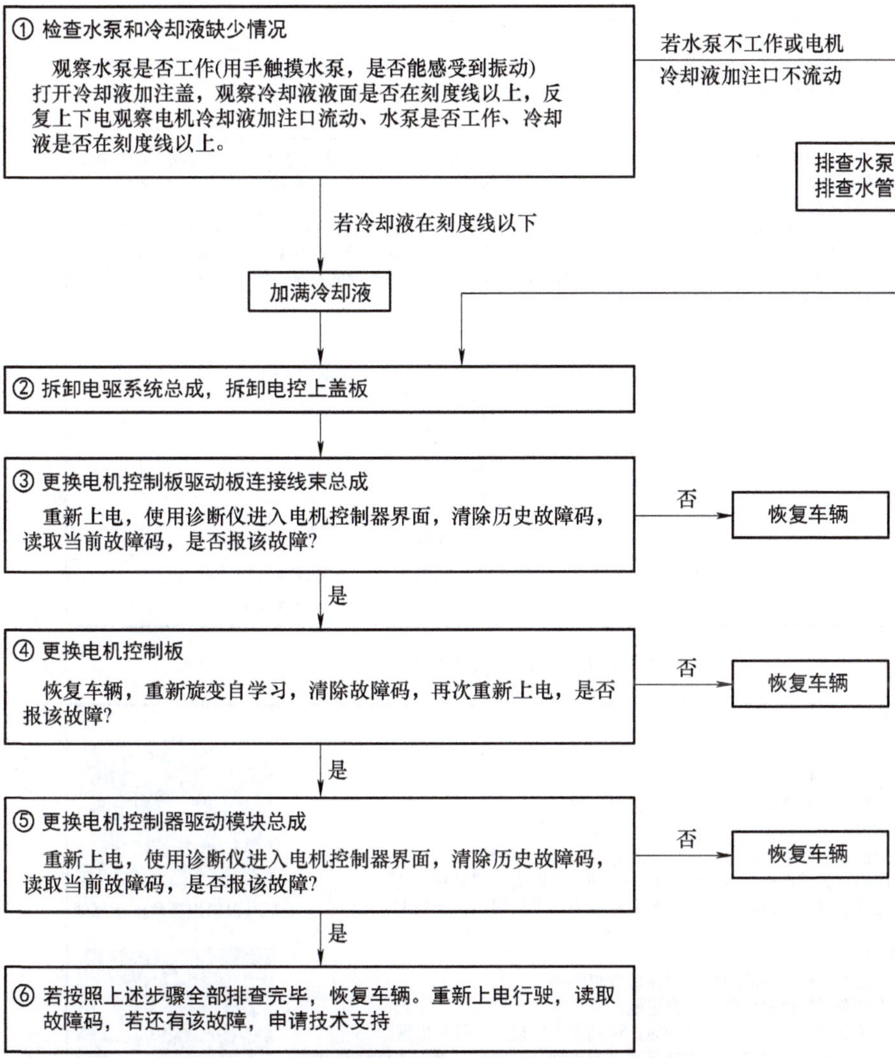

```
① 检查水泵和冷却液缺少情况
   观察水泵是否工作（用手触摸水泵，是否能感受到振动）
   打开冷却液加注盖，观察冷却液液面是否在刻度线以上，反
   复上下电观察电机冷却液加注口流动、水泵是否工作、冷却
   液是否在刻度线以上。
                │                           若水泵不工作或电机
                │                           冷却液加注口不流动
                │                                    │
                │                                    ▼
                │                           排查水泵不工作原因；
                │                           排查水管是否畅通
                │ 若冷却液在刻度线以下                │
                ▼                                    │是
          加满冷却液 ─────────────────────────────────┘
                │
                ▼
② 拆卸电驱系统总成，拆卸电控上盖板
                │
                ▼
③ 更换电机控制板驱动板连接线束总成
   重新上电，使用诊断仪进入电机控制器界面，清除历史故障码，─否─→ 恢复车辆
   读取当前故障码，是否报该故障？
                │是
                ▼
④ 更换电机控制板
   恢复车辆，重新旋变自学习，清除故障码，再次重新上电，是否─否─→ 恢复车辆
   报该故障？
                │是
                ▼
⑤ 更换电机控制器驱动模块总成
   重新上电，使用诊断仪进入电机控制器界面，清除历史故障码，─否─→ 恢复车辆
   读取当前故障码，是否报该故障？
                │是
                ▼
⑥ 若按照上述步骤全部排查完毕，恢复车辆。重新上电行驶，读取
   故障码，若还有该故障，申请技术支持
```

图 5-2-24 IGBT 过温故障诊断与排除流程

3. 减速器总成异响故障诊断与排除

减速器总成异响故障诊断与排除流程如图 5-2-25 所示。

4. 减速器内部异响故障诊断与排除

减速器内部异响故障诊断与排除流程如图 5-2-26 所示。

① 主观判断

　　了解异响发生工况及异响现象，进行问题复现，主观驾评确认异响问题是否来源于机舱？
　　1) 打开机舱发盖，确认机舱内部有无零部件松脱。
　　2) 观察机舱运动部件(车轮、半轴、拉杆等)周围有无干涉。将松脱零部件复位或将干涉部位处理后，主观驾评复查确认异响问题是否依然存在。

　　　否 → 不做处理

　　是 ↓

② 确认异响部位

　　使用举升机将车辆提离地面，确认车轮是否离地面180cm。

　　是 ↓

A. 若异响工况车速≤40km/h，两人同时匀速转动前轮，使用听诊仪分别听减速器输入轴轴承、减速器中间轴轴承、减速器输出轴轴承、电机前轴承、电机后轴承、左轮毂轴承、右轮毂轴承，判断异响部位。

B. 若异响工况车速＞40km/h，驾驶人在举升机上重复异响工况，使用听诊仪分别听减速器输入轴轴承、减速器中间轴轴承、减速器输出轴轴承、电机前轴承、电机后轴承、左轮毂轴承、右轮毂轴承，判断异响部位。常见的电驱总成异响特征：轴承异响特征"呜呜"声、"嗡嗡"声等。齿轮敲击异响特征"哒哒"声等。

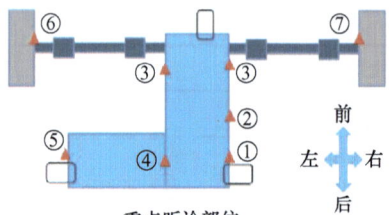

重点听诊部位
① 减速器输入轴轴承 ② 减速器中间轴轴承 ③ 减速器输出轴轴承
④ 电机前轴承 ⑤ 电机后轴承 ⑥ 左轮毂轴承 ⑦ 右轮毂轴承

若判断异响源于电驱动总成位置 ↓

③ 视频录制

异响视频录制要求：
(1) 车内视频录制要求：
路段：应选择平直道路并尽量避开车流量大路段。
车辆：车窗关闭，影音设备及空调关闭，保持安静。
角度：摄像头全程平稳拍摄车内仪表数据(建议仪表调出车速)。
提示：视频录制过程中，出现异响时，录制人立即提示"异响出现"。
检查：完成录制后，再次检查视频查看异响表现是否明显，避免重复录制耽误时间。
(2) 车底视频录制要求：
环境：尽量选择较为安静的环境以降低背景噪声。
角度：上举升机拍摄时摄像头对准电驱。
提示：视频录制过程中，出现异响时，录制人立即提示"异响出现"。
检查：完成录制后，再次检查视频查看异响表现是否明显，避免重复录制耽误时间。

车内视频拍摄角度示意图

车底视频拍摄角度

④ 故障修复验证

　　经主观判断及异响视频确认为减速器内部异响，则进行减速器异响排查和维修；若为电机异响，则对电驱动装置总成进行更换，更换完成后，试车5km，异响消失。

更换合格，故障修复完成。

图 5-2-25 减速器总成异响故障诊断与排除流程

第 5 章 新能源汽车驱动电机系统

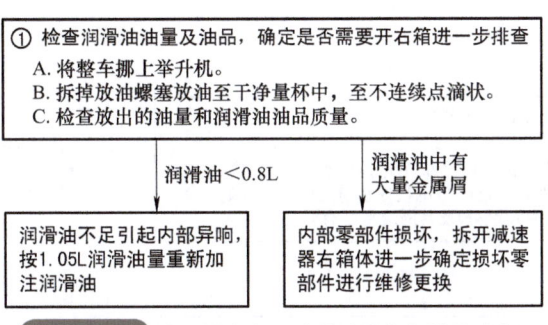

图 5-2-26 减速器内部异响故障诊断与排除流程

5. 电机驱动系统漏油故障诊断与排除

电机驱动系统漏油故障诊断与排除流程如图 5-2-27 所示。

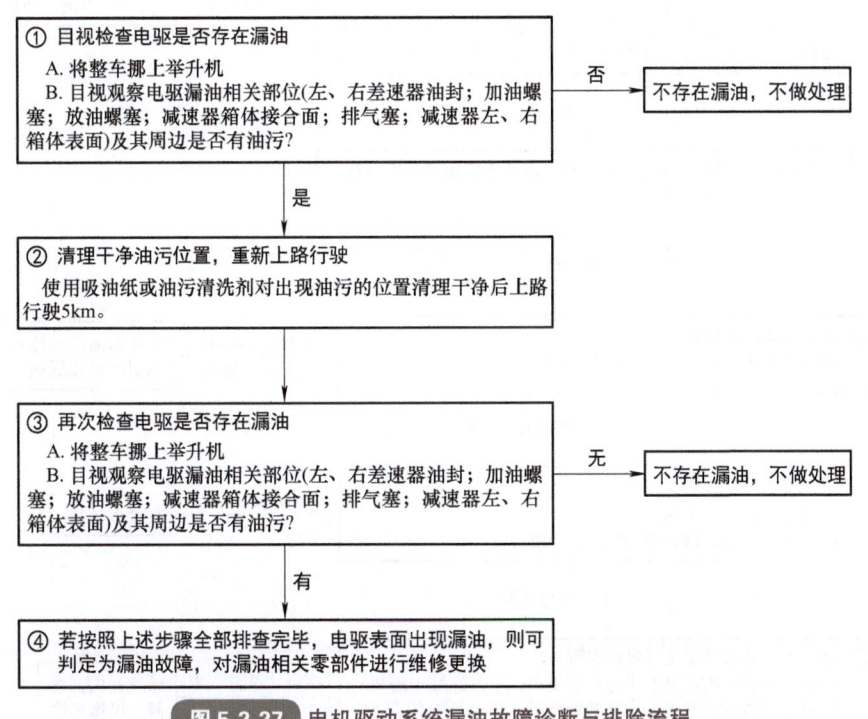

图 5-2-27 电机驱动系统漏油故障诊断与排除流程

6. 驱动系统漏水故障诊断与排除

驱动系统漏水故障诊断与排除流程如图 5-2-28 所示。

7. 无动力输出故障诊断与排除

无动力输出故障诊断与排除流程如图 5-2-29 所示。

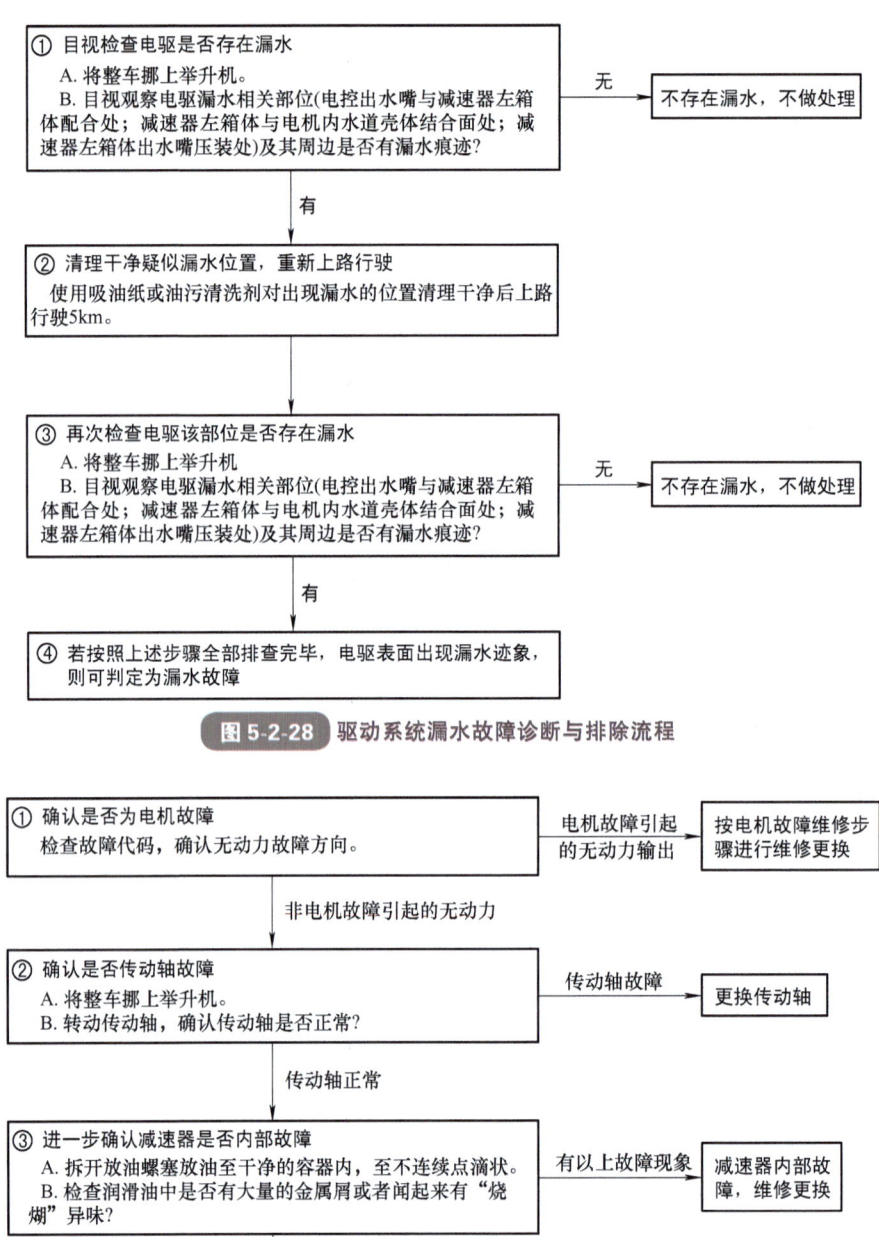

图 5-2-28 驱动系统漏水故障诊断与排除流程

图 5-2-29 无动力输出故障诊断与排除流程

第 3 部分 汽车底盘

Part 3

第 6 章	传动系统维修与故障诊断	156
第 7 章	制动系统维修与故障诊断	191
第 8 章	转向系统维修与故障诊断	207
第 9 章	行驶系统维修与故障诊断	223

Chapter 6
第 6 章 传动系统维修与故障诊断

6.1 传动系统基本组成原理、布置形式

传动系统的组成部件因驱动形式和发动机安装位置而异,典型的传动系统主要由离合器、变速器、万向传动装置(万向节和传动轴)、驱动桥(主减速器、差速器和半轴)等组成。对于发动机前置后轮驱动的汽车来说,动力依次经过离合器、变速器、万向传动装置、主减速器、差速器、半轴到驱动轮。而对于发动机前置前轮驱动的汽车来说,动力依次经过离合器、变速器、主减速器、差速器、万向传动装置(含半轴和万向节)到驱动轮。现代汽车越来越多地采用自动变速器。汽车传动系统包括自动变速器、万向传动装置、驱动桥等,即用自动变速器代替了离合器和手动变速器。采用自动变速器的传动系统结构如图 6-1-1 所示。

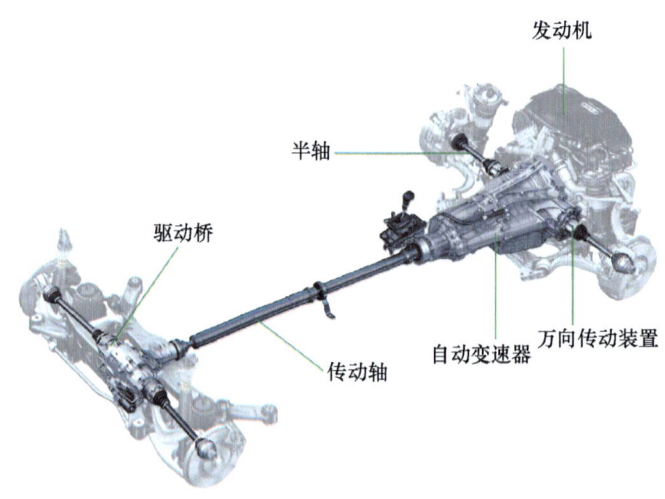

图 6-1-1 采用自动变速器的传动系统构造

6.1.1 驱动形式

发动机的安装位置和布置方向对车辆的驱动形式影响很大。目前汽车大致有发动机前置前轮驱动、发动机前置后轮驱动和四轮驱动 3 种形式。

1. 发动机前置前轮驱动

发动机前置前轮驱动是指传动系统将发动机的动力传递给前轮，从而驱动汽车前进的驱动形式，如图 6-1-2 所示。发动机前置前轮驱动汽车的发动机一般安装在汽车前部，且发动机横置较为常见。但是也有少数汽车采用发动机纵置，通过前驱动桥直接将变速器输出的动力传递给驱动轮。

2. 发动机前置后轮驱动

发动机前置后轮驱动是指传动系统将发动机的动力传递给后轮，从而驱动汽车前进的驱动形式。发动机前置后轮驱动汽车的发动机通常也安装在车辆前部，一般为发动机纵置，如图 6-1-3 所示。它通过传动轴将变速器输出的动力传递给后驱动桥，然后由后驱动桥驱动后轮。有些后轮驱动汽车采用发动机中置或后置。

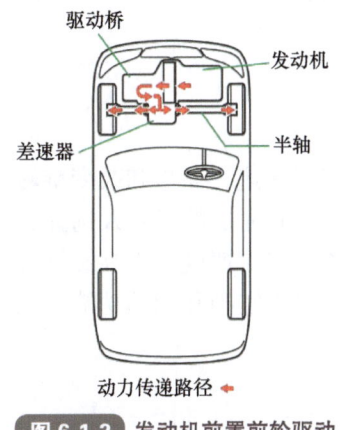

图 6-1-2 发动机前置前轮驱动

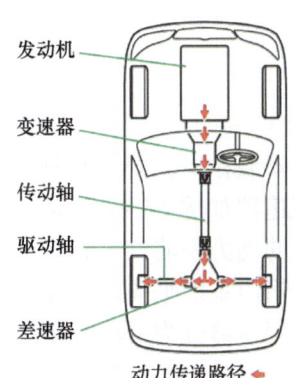

图 6-1-3 发动机前置后轮驱动

3. 四轮驱动

四轮驱动是指传动系统将发动机的动力传递给四个车轮，并通过 4 个车轮驱动汽车行驶，如图 6-1-4 所示。四轮驱动汽车的所有车轮都是驱动轮，前桥和后桥都是驱动桥。根据路面状态不同，四轮驱动汽车可将发动机输出的转矩按不同比例分配给前、后轮，可以获得尽可能大的驱动力，提高汽车在较差路面上的通过性。

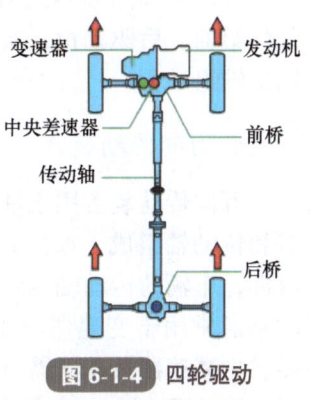

图 6-1-4 四轮驱动

6.1.2 传动系统的组成

1. 离合器

离合器安装在发动机和变速器之间，用来分离或接合发动机与变速器之间的动力传递，如图 6-1-5 所示。离合器主要由飞轮、离合器从动盘、压盘总成及离合器踏板等部件组成。

图 6-1-5　离合器

2. 变速器

变速器安装在离合器与万向传动装置之间，用来实现变速、变矩和改变旋转方向等功能。自动变速器如图 6-1-6 所示。变速器通常有 4～6 个前进挡供驾驶人选择，低挡位可以提供足够的动力来使汽车起步，高挡位可以提供足够的巡航速度来提高经济性，中间挡位保证动力输出更加平顺。另外，变速器还可以给车辆提供空挡和倒挡功能。根据操纵方式的不同，变速器分为手动变速器和自动变速器。

3. 分动器

分动器如图 6-1-7 所示，通常安装在变速器后方，利用分动器可将发动机输出的动力分配给前、后驱动桥，实现四轮驱动。其主要由一根输入轴、主动齿轮、从动齿轮和两根输出轴组成。

4. 万向传动装置

万向传动装置用于轴线相交或相对位置经常变化的转轴之间的动力传递，主要由万向节和传动轴组成，如图 6-1-8 所示。万向节是转轴与转轴之间实现变角度传递动力的基本部件，车辆的传动轴或转向驱动桥上安装有万向节。在发动机前置后轮驱动的车辆上，传动轴通常用于变速器与驱动桥之间的动力传递。在发动机前置前轮驱动的车辆上，变速器、主减速器及差速器直接组合在一起，传动轴安装在差速器和驱动轮之间，此传动轴也叫半轴（驱动轴），它具有长度较短、转速低、传递转矩大等特点。

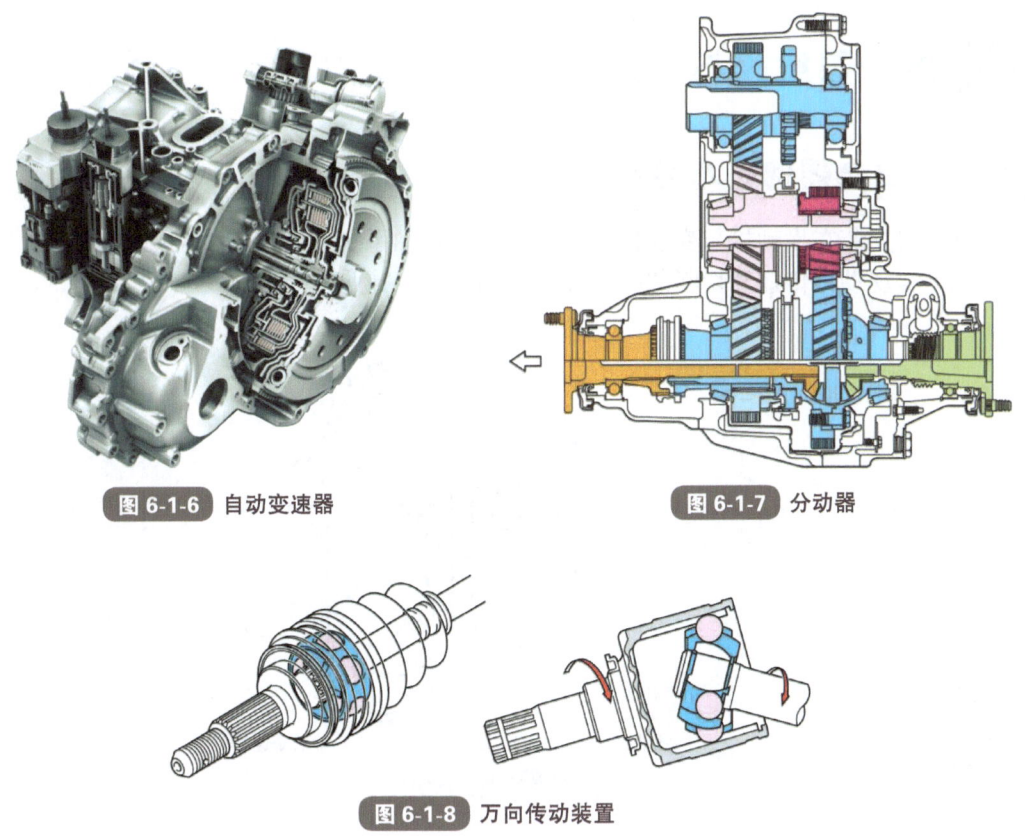

图 6-1-6　自动变速器

图 6-1-7　分动器

图 6-1-8　万向传动装置

5. 驱动桥

驱动桥位于汽车传动系统的末端，主要由主减速器、差速器和驱动桥壳等组成，如图 6-1-9 所示，其作用是将发动机输出的转矩通过主减速器、差速器、半轴等传到驱动车轮，实现降低转速、增大转矩及两侧车轮差速等功能。

图 6-1-9　驱动桥

6.2 离合器维修与故障诊断

6.2.1 离合器的基本组成

离合器安装在发动机与变速器之间,是汽车传动系统中直接与发动机相联结的总成部件,也是实现动力传递和切断的关键部件,如图6-2-1所示。

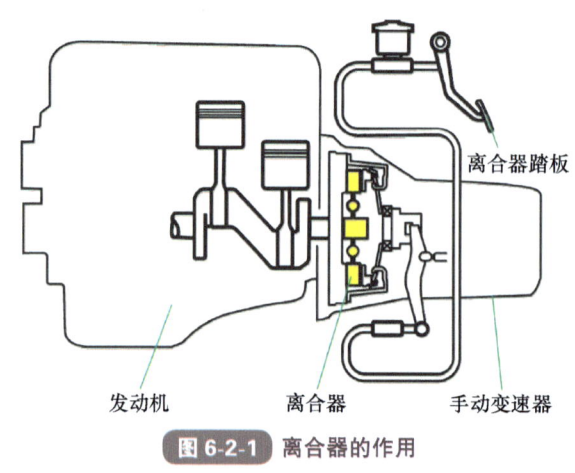

图6-2-1 离合器的作用

离合器由主动部件、从动部件、压紧机构和操纵机构4部分组成,如图6-2-2所示。主动部件包括飞轮压盘总成(含离合器盖)等;从动部件包括从动盘和变速器输入轴等;压紧机构包括压紧弹簧和支撑装置等;操纵机构包括离合器踏板、总泵、分泵和分离轴承等。主、从动部件和压紧机构是保证离合器处于接合状态并能传递动力的基本装置,而操纵机构主要是使离合器分离的装置。

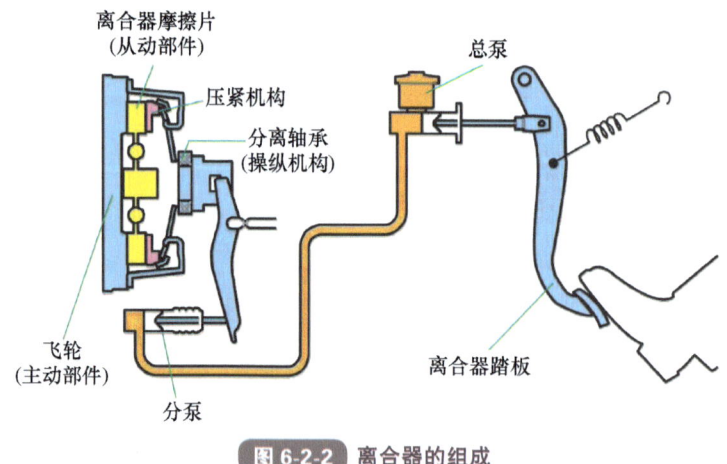

图6-2-2 离合器的组成

6.2.2 离合器的维修

1. 离合器踏板高度和自由行程的检查

回位弹簧将踏板保持在最高的位置上，在自由状态下，用直尺测量地板到离合器踏板上表面的距离，就是离合器踏板高度，如图 6-2-3 所示。

在多数离合器操纵机构中，踏板都存在自由行程，保证离合器踏板在刚被踩下时，并没有立刻分离离合器。可以用手来轻按踏板，当感觉到阻力增大时，测量从底板到离合器踏板上表面的距离，这个距离与离合器踏板高度之差，即为踏板自由行程，如图 6-2-4 所示。

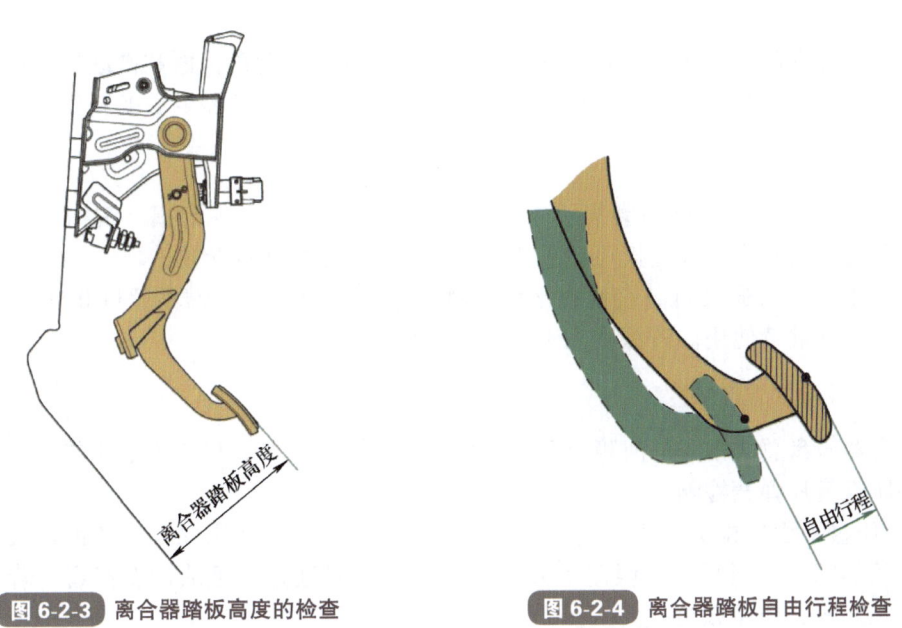

图 6-2-3 离合器踏板高度的检查　　　图 6-2-4 离合器踏板自由行程检查

2. 离合器液压系统排气

首先将离合器总泵储液罐中的油液添加至规定高度，如图 6-2-5 所示，在分泵的放气阀上安装一个软管接到一个盛有半满离合器液的容器内，如图 6-2-6 所示。将放气阀打开 2～3 圈，排放直到流出的离合器液中不再含有气泡，拧紧放气阀。

将离合器总泵储液罐中的油液再次添加至规定高度，并再次进行排除空气作业，排空气时需要两人配合工作，其中一人慢慢地踩离合器踏板数次，感觉到有阻力时踏住踏板不动，另一人拧松放气阀直至油液开始流出，然后拧紧放气阀。连续操作几次，直到流出的油液中不见气泡为止。

空气排除干净之后，需要检查及调整踏板工作行程和储液罐中的油液高度。最后进行路试，应做到接合平稳，分离彻底，无打滑（抖动、异响），操纵机构灵敏可靠，踏板自由行程符合原厂规定。

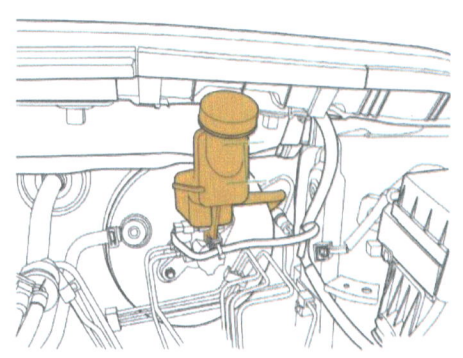

图 6-2-5 离合器总泵油液面高度

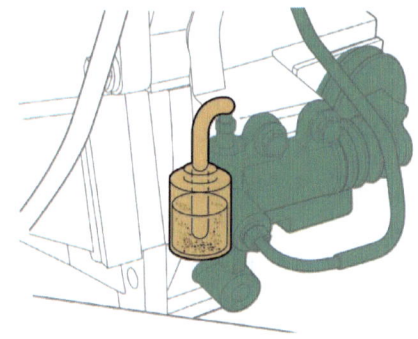

图 6-2-6 分泵放气阀连接

3. 离合器的部件检修

离合器部件的检修包括飞轮检修、压盘总成检修、从动盘检修和操纵机构检修等。目前离合器较多部件都是一次性使用的，确定故障部位后，通常需要更换新部件。

（1）飞轮检修

飞轮常见的损伤有齿圈磨损、轮齿断裂，飞轮工作面出现磨损、沟槽、翘曲和裂纹等。齿圈磨损或断裂需要更换飞轮总成，个别车型可单独更换齿圈。

飞轮工作面可通过百分表检查平面的跳动量，当磨损或起槽不超过 0.5mm 时，可清除毛糙，允许继续使用。若深度大于 0.5mm，应予以更换。

（2）压盘总成检修

离合器压盘总成常见的故障有磨损、烧蚀、弹簧断裂等，检查方法主要有压盘平面度检测和压盘膜片弹簧检测。

1）压盘平面度检测。将钢直尺放在压盘工作表面上，使用塞尺检查钢直尺与压盘工作面之间的间隙，当平面度误差不大于 0.2mm 时，可通过砂纸或油石修磨。若平面度误差大于 0.2mm，应予以更换。

2）压盘膜片弹簧检测。将压盘工作面向上平放，使用游标卡尺检查膜片弹簧到压盘工作面的距离（A），各个膜片弹簧高度差不得大于 0.5mm，如图 6-2-7 所示。膜片弹簧与分离轴承接触处磨损深度（B）应不大于 0.5mm，否则应更换压盘总成。

（3）从动盘检修

从动盘是离合器的重要零部件，离合器传递动力就是靠从动盘摩擦片和主动部件之间的摩擦作用来实现的。因此，摩擦片常见损伤现象有磨损、烧蚀、破裂和油污；从动盘常见的损伤有花键孔的磨损，减振片断裂，从动片翘曲、破裂等。从动盘的检查内容主要有目视外观检查、摩擦片磨损检查、花键齿检查等。

1）目视外观检查。摩擦片的磨损状况通常用目视法检查。若摩擦片有轻微烧蚀、硬

图 6-2-7 压盘膜片弹簧检测

化,可用锉刀或粗砂纸磨光后使用;若摩擦片有轻微油污,可用清洁剂清洁;表面的轻微烧焦可用砂纸打磨。若摩擦片磨损超过使用限度、有裂纹与脱落、烧焦面积大而深或有严重油污时,则需要换用新的从动盘。

2)从动盘花键毂间隙检查。使从动盘在变速器花键轴上轴向移动,若能移动自如且不松动,则为正常,否则应修整从动盘毂花键齿或更换从动盘总成。

3)铆钉头的深度检测。用游标卡尺检测摩擦片的磨损程度,如图6-2-8所示,摩擦片工作面与铆钉头深度为0.50mm,磨损极限为0.30mm。若超过极限应更换;若摩擦片磨损过薄或破裂,应予更换。

4)从动盘总成跳动。如图6-2-9所示,用百分表检查从动盘总成跳动,必要时更换从动盘。

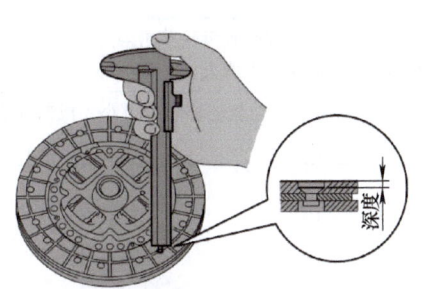

图6-2-8 铆钉头深度检测

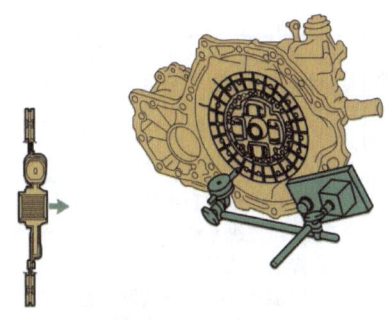

图6-2-9 从动盘总成跳动检查

(4)分离轴承检修

分离轴承常因维护不当缺油而异响,或因磨损而松动,甚至损坏。分离轴承应转动灵活,用手压紧轴承内圈转动,若有阻滞,则为轴承座或滚子磨损;若转动灵活,但稍有"沙沙"声,则为缺油,两种情况都应更换分离轴承。

6.2.3 离合器常见故障诊断与排除

离合器的常见故障现象主要包括离合器打滑、离合器分离不彻底、离合器接合不稳离合器异响等,故障点通常出现在飞轮、从动盘、压盘、膜片弹簧、分离拨叉、分离轴承等部件上。

1. 离合器打滑故障诊断与排除

离合器打滑故障诊断与排除方法见表6-2-1。

表6-2-1 离合器打滑故障诊断与排除方法

故障现象	① 离合器打滑主要表现在松开离合器踏板时,发动机动力不能完全传给驱动轮,出现汽车不动或勉强起步,且发动机转速越高汽车越不能起步 ② 行驶中急加速时,汽车速度不提高或提高不明显 ③ 汽车重载时爬坡无力,且有时伴有离合器烧焦的气味
故障原因	根本原因是压盘不能牢固地压紧从动盘摩擦片,或摩擦片的摩擦系数过小

诊断排除	① 离合器踏板自由行程是否调整过小 ② 液压操纵机构或机械式拉索等是否回位 ③ 分离轴承是否卡滞 ④ 摩擦片是否烧损、硬化、油污或磨损严重等 ⑤ 膜片弹簧是否疲劳、开裂或失效 ⑥ 压盘或飞轮表面是否变形、磨损

2. 离合器分离不彻底

离合器分离不彻底故障诊断与排除方法见表 6-2-2。

表 6-2-2 离合器分离不彻底故障诊断与排除方法

故障现象	① 汽车起步时,将离合器踏板踩到底,仍然挂挡困难,变速器内常伴有齿轮撞击声 ② 强行挂挡后,如果不松开离合器踏板,汽车就会猛向前窜或发动机熄火
故障原因	离合器分离不彻底的根本原因是离合器踏板踩到底时,压盘离开从动盘的移动量过小,或部件的变形导致压盘与从动盘摩擦片有所接触而不能彻底分离
诊断排除	① 离合器踏板自由行程是否调整过大 ② 液压操纵系统是否漏油、系统内有空气或油量不足等 ③ 操纵机构是否卡滞 ④ 摩擦片是否变形或铆钉松动 ⑤ 从动盘是否翘曲 ⑥ 从动盘毂的花键与变速器输入轴是否卡滞 ⑦ 压盘是否变形 ⑧ 膜片弹簧是否断裂或膜片弹簧不在同一平面内 ⑨ 摩擦片是否正反装错

3. 离合器接合不稳

离合器接合不稳故障诊断与排除方法见表 6-2-3。

表 6-2-3 离合器接合不稳故障诊断与排除方法

故障现象	离合器接合不稳又称为离合器发抖,主要表现在起步过程中,缓放离合器踏板,轻踩加速踏板,离合器接合时出现抖振,汽车不能平顺起步,伴有冲撞,严重时车身明显抖动
故障原因	根本原因是从动盘摩擦片表面与压盘表面、飞轮接触表面之间的正压力分布不均,在同一平面内的接触时间不同,使得飞轮或压盘与从动盘接合不平顺
诊断排除	① 操纵机构是否卡滞 ② 摩擦片是否翘曲 ③ 压盘是否变形 ④ 离合器盖是否松动 ⑤ 飞轮端面圆跳动是否超标 ⑥ 膜片弹簧本身弹力是否不均、断裂或膜片弹簧不在同一平面内等

4. 离合器异响

离合器异响故障诊断与排除方法见表 6-2-4。

表 6-2-4 离合器异响故障诊断与排除方法

故障现象	离合器接合时，或踩下离合器踏板少许，或完全踩下时，离合器发出异常响声
故障原因	根本原因在于离合器的部分零件严重磨损及主、从动部件或传动部件的松动
诊断排除	① 踏板自由行程是否调整过小 ② 踏板回位弹簧是否过软，脱落或折断 ③ 分离轴承是否缺油或损坏 ④ 分离轴承与膜片弹簧的间隙是否过小 ⑤ 分离轴承回位弹簧是否折断 ⑥ 膜片弹簧是否断裂 ⑦ 摩擦片铆钉是否外露 ⑧ 从动盘减振器弹簧是否折断等

6.3 手动变速器维修与故障诊断

6.3.1 手动变速器基本组成

车辆行驶过程中，需要的驱动力和车速变化范围大，而发动机提供的转矩和转速的变化范围较小，因此，汽车传动系统中必须设置变速器。变速器主要有 3 个方面的作用：改变传动比、实现倒挡、切断动力传递。

根据操作方式不同，变速器分为手动变速器和自动变速器。手动变速器由驾驶人操作换挡杆实现挡位变化；自动变速器由自动变速器控制模块控制挡位变化，驾驶人通常只需要操作加速踏板。发动机前置前轮驱动车辆（简称"前置前驱车辆"）与发动机前置后轮驱动车辆（简称"前置后驱车辆"）的变速器结构是不一样的，但是一般都由变速传动机构、操纵机构、同步器和安全装置组成。

1. 变速传动机构

手动变速器通常有 4～6 个前进挡、1 个倒挡，这些挡位通过定轴齿轮机构获得。前置前驱车辆通常使用两轴式变速器，两根轴分别称为输入轴和输出轴，如图 6-3-1 所示。前置后驱车辆通常使用三轴式变速器，三根轴分别称为输入轴、中间轴和输出轴。两轴式变速器与三轴式变速器的工作原理基本相似。下面以 5 挡变速器作为介绍。

变速器有 5 个前进挡、1 个倒挡，每个前进挡有一对常啮合齿轮，倒挡的输入轴齿轮和输出轴齿轮之间有倒挡惰轮。前进挡采用同步器换挡，一、二挡共用一个同步器总成，三、四挡共用一个同步器，五挡单独一个同步器；倒挡采用齿轮直接啮合传递动力。

2. 操纵机构

手动变速器由接合套轴向移动实现换挡，而接合套位于变速器壳体内部，于是设置了专门的操纵机构供驾驶人进行换挡操作。驾驶人通过该操纵机构可以准确可靠地变换各个挡位，并且能够随时从任意挡位退出到空挡，如图 6-3-2 所示。根据换挡杆与变速器的位置不同，操纵机构分为直接式和间接式。

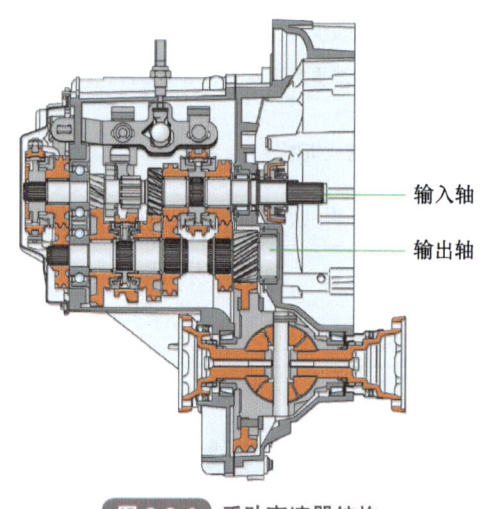

图 6-3-1 手动变速器结构

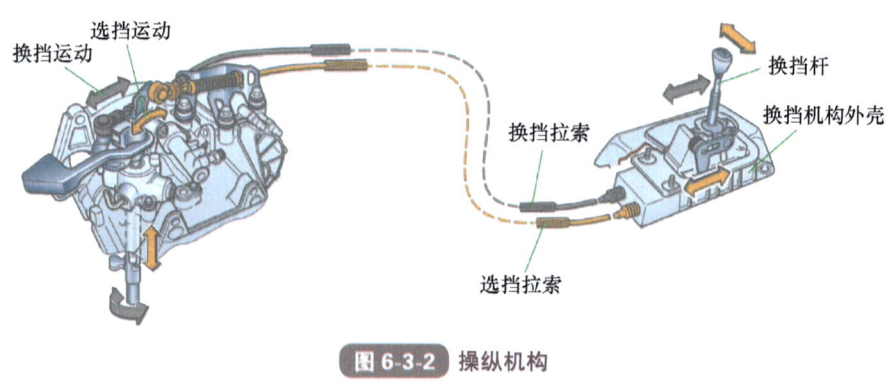

图 6-3-2 操纵机构

3. 同步器

变速器在换挡过程中，所选挡位的待啮合齿轮轮齿线速度必须相等（即同步），才能平顺啮合而顺利换挡。如果两齿轮轮齿速度不相同而强行换挡，则两齿轮之间会出现冲击，导致齿轮端面磨损，甚至轮齿折断。因此，大多数手动变速器的前进挡设置有同步器，它使待接合齿圈与接合套转速同步，保证换挡平顺，简化换挡操作，以降低驾驶人的劳动强度。

手动变速器目前广泛采用惯性式同步器，惯性式同步器依靠摩擦作用实现同步，它可以从结构上保证接合套与接合齿圈在达到同步之前不可能接触，如图 6-3-3 所示。根据结构不同，惯性式同步器可分为锁环式同步器和锁销式同步器。

6.3.2 手动变速器的拆装

将变速器放上工作台，打开放油螺塞，旋转变速器，将油放净，如图 6-3-4 所示。拆开连接分离轴承的卡子（无需拆下），如图 6-3-5 所示。

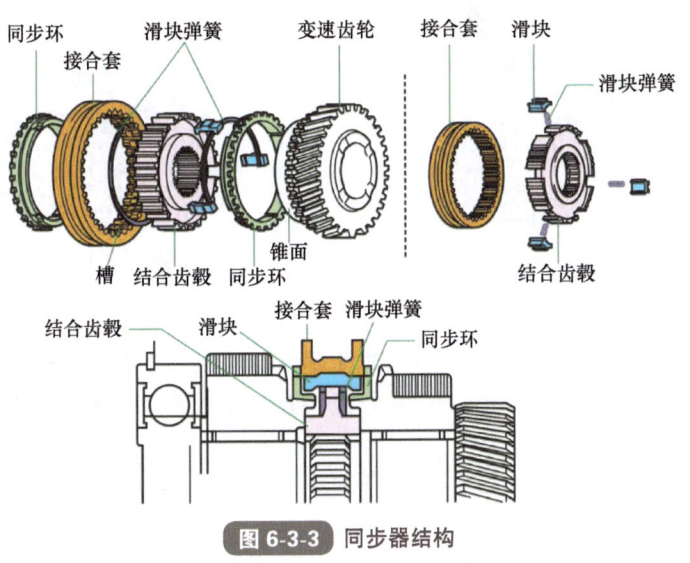

图 6-3-3 同步器结构

图 6-3-4 旋开放油螺塞

图 6-3-5 拆开卡子

拆下液压分离轴承座及分离轴承快速接头，如图 6-3-6 所示。
分离接头总成如图 6-3-7 所示。

图 6-3-6 拆下快速接头

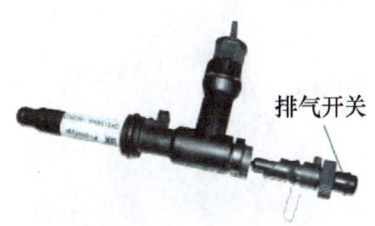

图 6-3-7 分离接头总成

拆下分离轴承螺栓，取下分离轴承，如图 6-3-8 所示。
用工具旋下后盖螺栓，取下后盖，如图 6-3-9 所示。

图 6-3-8 取下分离轴承

图 6-3-9 取下后盖

直接取出倒挡同步环,如图 6-3-10 所示。

挂入一个前进挡,然后将如图中弹性锁销冲去,再将五挡拨叉及齿轮向下移动,待输入轴同输出轴相互锁死,用扭力扳手逆时针旋下五挡从动齿轮紧固螺母,如图 6-3-11 所示。

> 注意:也可先挂上五挡,将细铜棒(或其他硬度较低的金属棒)放在五挡主、从动齿轮之间,用力矩扳手逆时针旋下五挡从动齿轮紧固螺母。

图 6-3-10 取出倒挡同步环

图 6-3-11 取下从动轮紧固螺母

同样方法,用力矩扳手逆时针旋下五挡主动齿轮紧固螺母,如图 6-3-12 所示。用冲子冲出弹性锁销;挂入倒挡,取出五倒挡拨叉,如图 6-3-13 所示。

图 6-3-12 取下主动齿轮紧固螺母

图 6-3-13 取出五倒挡拨叉

取出五挡同步器及五挡主、从动齿轮,如图 6-3-14 所示。

取下滚针轴承,如图 6-3-15 所示。

图 6-3-14 取下同步器和齿轮　　　　　图 6-3-15 取下滚针轴承

用内六角套筒旋下轴承挡板螺栓，取下轴承挡板，如图 6-3-16 所示。
用卡钳取出输出轴后轴承调整垫片，如图 6-3-17 所示。

图 6-3-16 取下轴承挡板　　　　　　图 6-3-17 取出输出轴垫片

同样方法，取出输入轴后轴承调整垫片，如图 6-3-18 所示。
旋下操纵机构壳体螺栓，如图 6-3-19 所示。

图 6-3-18 取出输入轴垫片　　　　　　图 6-3-19 旋下螺栓

旋下定位座——换挡指，如图 6-3-20 所示。
旋下倒车灯开关；此时可直接把操纵机构总成从变速器壳体中拔出，如图 6-3-21 所示。

 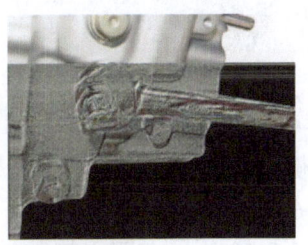

图 6-3-20 旋下定位座　　　　　　图 6-3-21 旋下倒车灯开关

旋出图 6-3-22 中三个定位螺栓（1-叉轴定位座—五倒挡；2-叉轴定位座—三四挡；

3-叉轴定位座——一二挡）。注意：叉轴定位座——一二挡长度较大。

用内六角套筒旋下惰轮轴螺钉，如图 6-3-23 所示。

图 6-3-22　旋出定位螺栓

图 6-3-23　旋下惰轮轴螺钉

旋下变速器壳体螺栓，如图 6-3-24 所示。
旋下离合器壳体螺栓，如图 6-3-25 所示。

图 6-3-24　旋下变速器壳体螺栓

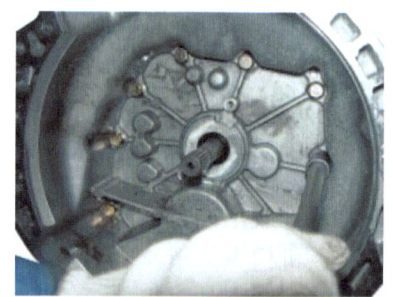
图 6-3-25　旋下离合器壳体螺栓

两人抬起变速器壳体将变速器总成悬空用铜棒砸输入轴和输出轴将变速器壳体和五挡轴套取下，如图 6-3-26 所示。

取下倒挡惰轮总成，如图 6-3-27 所示。

图 6-3-26　取下变速器壳体和五挡轴套

图 6-3-27　取下倒挡惰轮总成

旋出倒挡拨叉机构总成螺栓，取下倒挡拨叉，如图 6-3-28 所示；用卡钳取下开口挡圈，如图 6-3-29 所示。

如图 6-3-30 所示，双手握住输入轴总成、输出轴总成及一二、三四、五倒挡叉轴，将其一起取出，最后取出差速器总成。

第 6 章　传动系统维修与故障诊断

图 6-3-28　取下倒挡拨叉

图 6-3-29　取下开口挡圈

图 6-3-30　取出输入轴总成、输出轴总成及一二、三四、五倒挡叉轴

6.3.3　手动变速器检修

1. 轴承的检查

如图 6-3-31 所示，检查变速器输入和输出轴上的轴承表面有无烧蚀痕迹，并转动轴承检查是否有发卡或异响现象。如轴承表面有烧蚀发黑、脱碳现象或转动轴承时有发卡或异响现象应更换轴承。

2. 齿轮的检查

检查所有齿轮是否损坏，是否已经出现磨损和裂纹，并检查花键是否损坏和磨损，如图 6-3-32 所示。

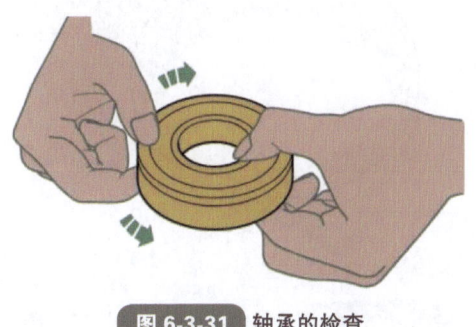

图 6-3-31　轴承的检查

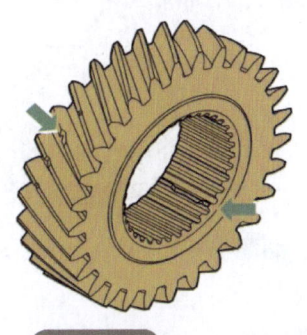

图 6-3-32　齿轮的检查

3. 输入、输出轴检查

首先目测输入和输出轴是否有异常磨损，使用百分表和支架分别检查输入轴（见图 6-3-33a）、输出轴（见图 6-3-33b）的跳动量。检测数值参考相关车型维修数据。

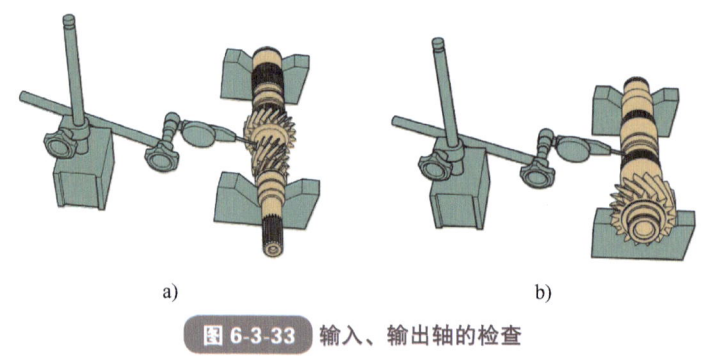

图 6-3-33　输入、输出轴的检查

4. 同步环检查

1）目视检查。检查所有挡位同步环是否磨损异常并出现裂纹，检查锥面是否磨损并有裂纹。如有磨损并出现裂纹，必须予以更换。

2）同步环与齿轮侧面间隙的检查。如图 6-3-34 所示，将同步环平放在齿轮中并使用厚度规（塞尺）沿周围测量同步环与齿轮侧面之间的间隙。检测数值参考相关车型维修手册。

5. 同步器齿毂部件检查

1）目视检查。检查 1/2 挡、3/4 挡同步器齿毂和齿套操作情况，并检查同步器齿毂、滑块是否磨损异常并出现裂纹，如有，应更换相关部件。

2）检查同步器齿套和换挡拨叉的间隙。如图 6-3-35 所示，将换挡拨叉与同步器齿套结合，使用厚度规（塞尺）检查同步器齿套和换挡拨叉之间的间隙。检测数值参考相关车型维修手册。

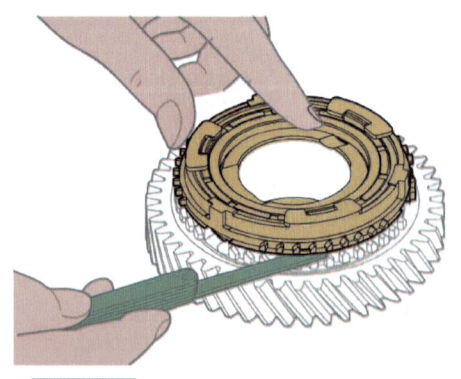

图 6-3-34　同步环与齿轮侧面间隙的检查

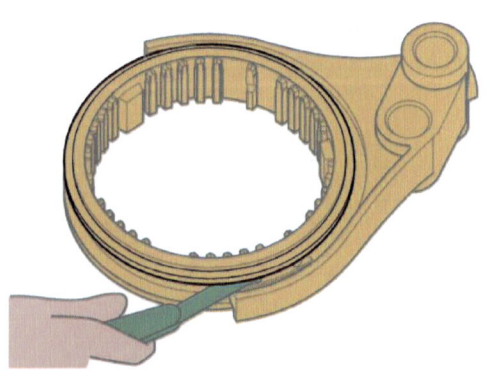

图 6-3-35　同步器齿套和换挡拨叉的间隙

6. 输入轴直径检查

如图 6-3-36 所示，使用千分尺测量输入轴磨损情况，分别测量 A、B、C 三点表面直径，检测数值参考相关车型维修手册。

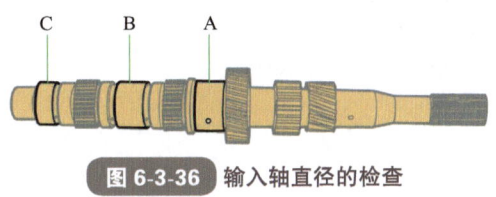

图 6-3-36 输入轴直径的检查

6.3.4 手动变速器常见故障

手动变速器是汽车传动系统的主要部件，它的故障会直接影响车辆行驶性能、乘坐舒适性及燃油经济性。当前许多汽车上的手动变速器内部元件出现故障后，需要按照汽车生产厂商的要求，以总成更换的方式进行维修。

变速器常见故障现象包括换挡困难、跳挡、乱挡、卡挡、漏油、异响等，这些故障都严重影响变速器的正常工作，同时还对车辆和驾乘人员的安全造成威胁。

1. 换挡困难

换挡困难故障诊断排除方法见表 6-3-1。

表 6-3-1 换挡困难故障诊断排除方法

故障现象	换挡困难是指变速器不能顺利地挂入挡位，或无法挂挡，同时伴有齿轮撞击声
故障原因	待啮合轮齿的圆周速度不相等，或拨叉轴及拨叉阻力过大
诊断排除	① 离合器是否调整不当或分离不彻底 ② 换挡杆是否弯曲变形 ③ 操纵机构是否调整不当 ④ 拨叉轴是否弯曲变形 ⑤ 拨叉轴与支撑孔配合是否过紧或锈蚀 ⑥ 同步器是否失效 ⑦ 自锁、互锁装置是否卡死

2. 跳挡

跳挡故障诊断排除方法见表 6-3-2。

表 6-3-2 跳挡故障诊断排除方法

故障现象	跳挡是指在汽车行驶过程中，尤其在加速或爬坡时，换挡杆自动跳回空挡位置
故障原因	啮合齿轮在传递动力时产生较大的轴向力，从而脱离啮合，或啮合齿未能全齿宽啮合导致跳挡

(续)

诊断排除	① 变速器／发动机固定支座螺栓是否松动或断裂 ② 变速器离合器壳体是否对正或松动 ③ 换挡拉索是否调整不当 ④ 拨叉是否弯曲或磨损 ⑤ 拨叉轴支撑轴承是否磨损 ⑥ 拨叉轴自锁装置是否失效 ⑦ 接合齿圈或接合套花键齿是否磨损成锥形 ⑧ 齿轮轴向间隙是否过大

3. 乱挡

乱挡故障诊断排除方法见表6-3-3。

表6-3-3　乱挡故障诊断排除方法

故障现象	乱挡是指变速器实际挂入的挡位与应该挂入的挡位不符，或原挡位未退出，仍然能挂上另一个挡
故障原因	操纵机构选挡不正确或互锁装置失效。若能同时挂入两个挡，应检查互锁装置
诊断排除	① 操纵机构部分杆件是否变形或连接松动 ② 换挡拉索是否调整不当 ③ 换挡杆支撑球头座是否松动 ④ 选换挡控制器是否损坏

4. 卡挡

卡挡故障诊断排除方法见表6-3-4。

表6-3-4　卡挡故障诊断排除方法

故障现象	卡挡是指变速器卡在某个挡位，无法回到空挡
故障原因	接合套与接合齿圈不能正常分离
诊断排除	① 拨叉轴是否弯曲卡死 ② 同步器滑块是否堵塞 ③ 齿轮轴向定位卡簧是否脱落 另外，根据换挡杆是否操作自如，具体检查范围可以适当缩小。若换挡手柄操作自如，则应检查齿轮轴向定位卡簧或拨叉紧固销钉是否脱落；否则，应检查操纵机构或同步器

5. 漏油

变速器漏油故障诊断排除方法见表6-3-5。

表6-3-5　变速器漏油故障诊断排除方法

故障现象	漏油是指变速器内的润滑油从变速器壳体结合面、轴承盖等位置渗漏出来
故障原因	变速器润滑油加注过多、密封不良或其内部压力过高等

(续)

诊断排除	① 通气孔是否堵塞 ② 润滑油油量是否过多 ③ 变速器固定支座紧固螺栓是否松动 ④ 油封是否损坏 ⑤ 密封垫或密封胶是否失效 ⑥ 接合面是否变形 ⑦ 壳体是否有裂纹

6. 异响

变速器异响故障诊断排除方法见表 6-3-6。

表 6-3-6　变速器异响故障诊断排除方法

故障现象	异响是指变速器在工作过程中发出不正常的响声
故障原因	变速传动机构间隙偏大、松旷，齿轮或花键等啮合不正确，或润滑不良
诊断排除	① 变速器缺油或润滑油规格是否正确 ② 齿轮轮齿是否磨损严重 ③ 齿轮内孔是否磨损严重 ④ 齿轮轮齿是否折断或齿面剥落、缺损 ⑤ 齿轮端面跳动量是否偏大 ⑥ 轴承是否磨损严重 ⑦ 输入轴、输出轴等是否弯曲变形 ⑧ 花键是否过度磨损 ⑨ 自锁装置是否损坏
通过异响 的响声特 征判断异 响部位	① 如果变速器在任何挡位（包括空挡）均发出无节奏的"呼隆"声，且车速越快响声越大，但在空挡时踩下离合器踏板，响声消失，则故障在第一轴轴承 ② 如果变速器在任何挡位（不包括空挡）均发出无节奏的"呼隆"声，且车速越快响声越大，但在空挡时不响，则故障在输出轴或中间轴轴承 ③ 如果汽车行驶中换挡有撞击声，表明同步器或自锁装置损坏 ④ 发动机怠速运转，空挡有尖锐的金属撞击声。如果响声均匀，则是常啮合齿轮齿面磨损过量，造成啮合或配合间隙过大；如果响声不均匀，则是常啮合齿轮齿面损伤变形，齿轮折断或齿轮轴变形 ⑤ 发动机怠速运转，空挡时无异响，但挂入其他一些挡位有异响。如果响声均匀，是相应挡齿轮齿面磨损过量，造成啮合或配合间隙过大；如果响声不均匀，是相应挡齿轮齿面损伤变形，齿轮折断或齿轮轴变形

6.4 自动变速器维修与故障诊断

6.4.1 行星齿轮式自动变速器基本构造

液压自动变速器型号众多，其外形和内部结构千差万别，但它们的组成形式基本相似。自动变速器一般由变矩器、齿轮机构、液压系统、换挡控制系统和换挡操纵机构组成。自动变速器组成如图 6-4-1 所示。

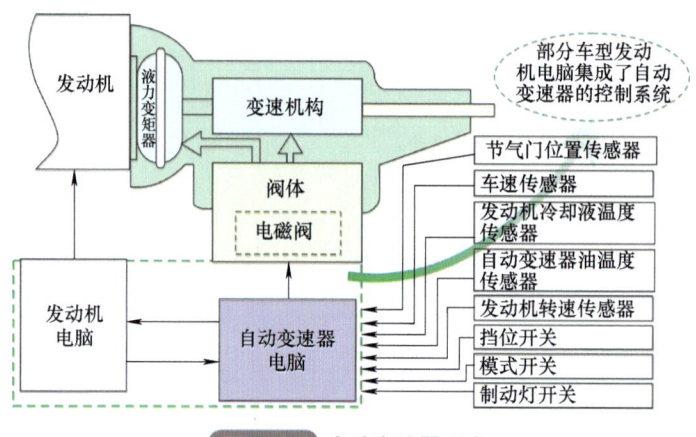

图 6-4-1 自动变速器组成

1. 变矩器

变矩器是一种将动力从发动机曲轴传递给变速器输入轴的液力传动装置,它能够在发动机和变速器之间提供平稳传递扭矩的液力连接。

变矩器由泵轮、涡轮、导轮和锁止离合器等组成,如图 6-4-2 所示。

泵轮与变矩器壳体构成一个整体。变矩器壳体通过螺栓紧固到发动机挠性盘上,与发动机曲轴转速相同。

涡轮通过花键连接到变速器输入轴。泵轮驱动变速器油旋转,使变速器油对涡轮叶片产生撞击力,从而使涡轮旋转,涡轮再带动变速器输入轴旋转。

导轮安装于泵轮和涡轮之间,装有单向离合器,导轮通过单向离合器和固定轴相连,单向离合器使得导轮只能沿泵轮相同的方向旋转,而不能反向旋转。变矩器工作原理如图 6-4-3 所示。

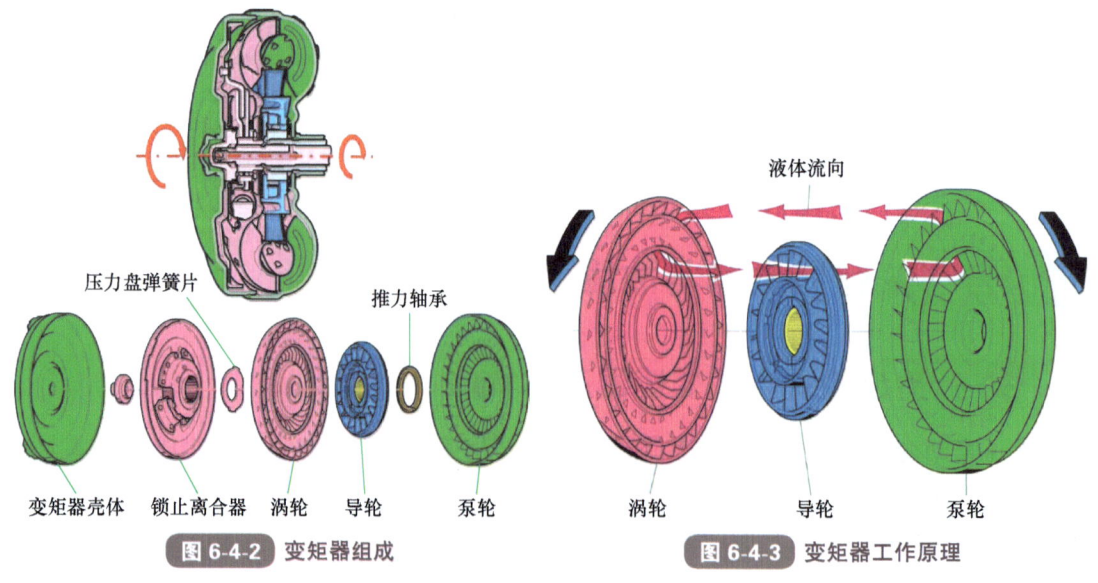

图 6-4-2 变矩器组成　　图 6-4-3 变矩器工作原理

2. 行星齿轮组

一个或一个以上齿轮除绕自身轴线自转外，还绕另一齿轮的固定轴线回转的齿轮传动方式称为行星齿轮传动。

如图 6-4-4 所示，行星齿轮传动作为齿轮传动的一种类型，结构更加紧凑，被广泛应用于自动变速器的传动，它可以简单高效地实现变速器各个挡位动力的传递。

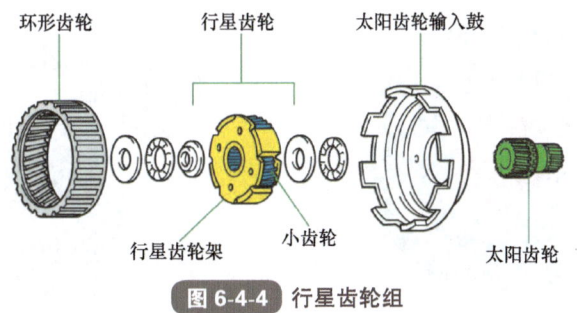

图 6-4-4 行星齿轮组

行星齿轮组由齿圈、太阳轮、行星齿轮和行星架组成，结构紧凑，如图 6-4-5 所示。

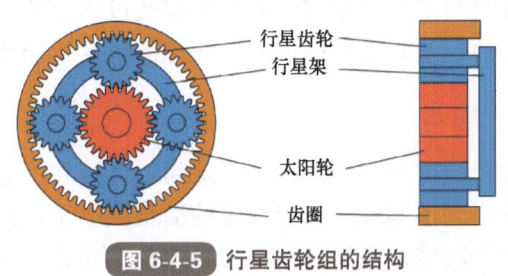

图 6-4-5 行星齿轮组的结构

1) 齿圈。位于齿轮组最外面，内侧有齿且与行星架上的小行星轮啮合。
2) 太阳轮。位于齿轮组中心，外侧有齿且与行星架上的小行星轮啮合。
3) 行星齿轮。介于太阳轮与内齿圈之间。
4) 行星架。支撑行星轮的金属架，其上的行星轮与太阳轮和内齿圈啮合。

以单排单级行星齿轮组为例，太阳轮、内齿圈、行星架三个元件中的任意一个固定，另外两个任意一个作为输入或输出元件，可以实现不同的传动方式，而如果将三个元件中的任意两个刚性连接，锁定在一起作为输入，另一个作为输出，则可以实现直接传动。行星齿轮的减速、加速和反向传动分别如图 6-4-6、图 6-4-7、图 6-4-8 所示。

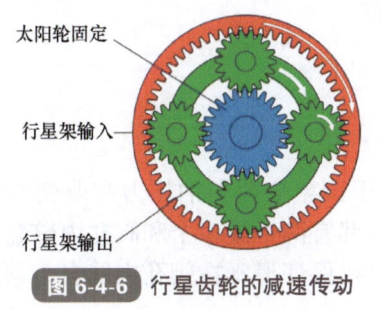

图 6-4-6 行星齿轮的减速传动

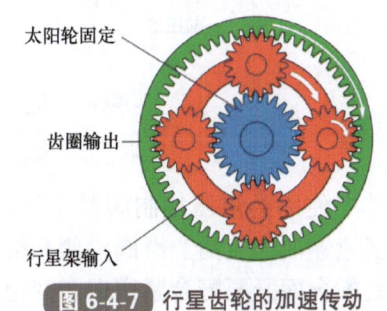

图 6-4-7 行星齿轮的加速传动

3. 液压供给装置——油泵

油泵通常安装在变矩器的后方，由变矩器毂上的键驱动。有些变速器的油泵与变矩器以及变速器的输入轴不是同轴安装的，它们由变矩器通过链条来驱动，油泵结构如图 6-4-9 所示。

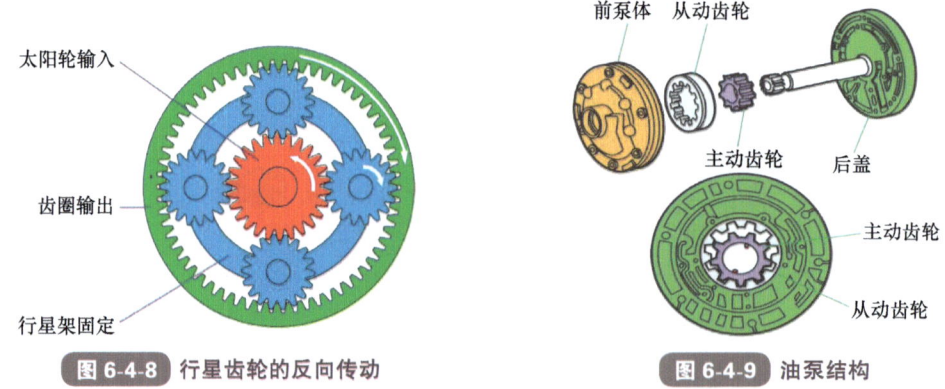

图 6-4-8 行星齿轮的反向传动

图 6-4-9 油泵结构

发动机曲轴通过挠性盘与变矩器相连，而变矩器通过毂上的键与油泵驱动齿轮或链轮相连。这样当发动机运转后，油泵即可提供自动变速器正常工作所需的油压。

4. 液压控制装置——阀体

阀体作为液压控制装置，主要由液压滑阀、球阀、弹簧和油道组成。阀体的作用是调节和引导油流，来控制输出到不同液压执行装置的油压，以实现换挡。阀体一般由上阀体和下阀体组成，上阀体和下阀体由隔板隔开，其中隔板上含有用于控制两个阀体之间变速器油流量的开口。阀体组成如图 6-4-10 所示。

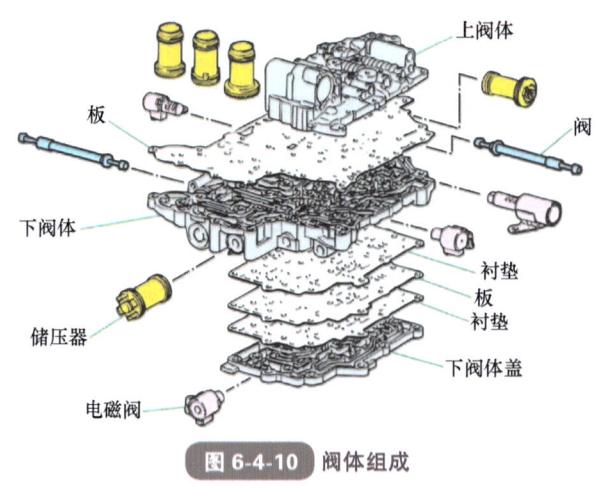

图 6-4-10 阀体组成

阀体中使用的液压控制阀基本是滑阀，滑阀用于调整变速器油压力和改变阀体内部油道中变速器油的流向。滑阀沿阀孔滑动，每个滑阀都有两个或多个和阀孔内壁配合的台肩，这些配合面既要配合紧密以防变速器油泄漏，又要保证滑阀在阀孔内能自由移动。阀体内的多数滑阀都是一侧有弹簧,而液压作用在另一侧。当液压力大于弹簧力时,滑阀被推向弹簧一侧。此外,也会使用若干球阀来对液压进行控制。

5. 多片离合器

多片离合器由摩擦片、钢片、活塞、离合器鼓（或变速器壳体）、卡环等组成,如图 6-4-11 所示。多片离合器能承受较大的转矩。活塞通过回位弹簧回位,回位弹簧由卡环定位。多片离合器中的钢片和摩擦片交替安装,摩擦片的两面有摩擦材料,而钢片两面光滑,没有摩擦材料。也有部分变速器的多片离合器采用单面带摩擦材料的摩擦片,即它一面带有摩擦材料,另一面则是光滑的钢片。

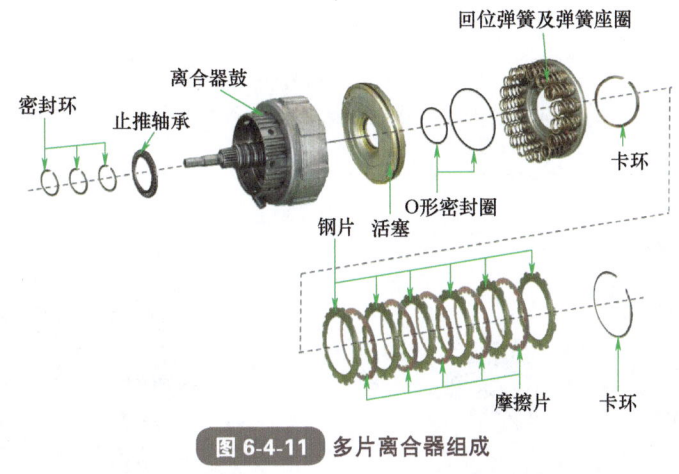

图 6-4-11 多片离合器组成

6. 单向离合器

单向离合器除用于变矩器导轮外,还用于齿轮机构中。齿轮机构中的单向离合器又叫"超越离合器",用来实现转矩的单向传递。单向离合器结构如图 6-4-12 所示。

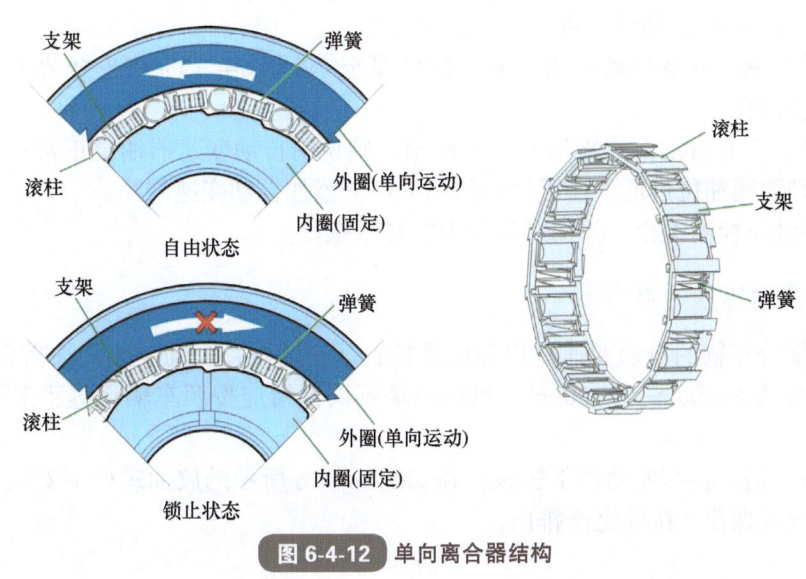

图 6-4-12 单向离合器结构

6.4.2 行星齿轮式自动变速器维护

1. 自动变速器外观检查

检查变速器是否漏油，线束插头是否有松动、腐蚀现象，如图 6-4-13 所示。

检查变速器换挡拉索是否松动，操作变速器换挡杆检查换挡拉索是否有发涩现象，检查换挡拉索是否破损，如图 6-4-14 所示。

2. 自动变速器油位的检查

注意：变速器油温对油位影响较大，因此只有变速器油温处于 35～50℃之间时检查的油位才最准确。检查油位时，车辆一定要处于水平位置。

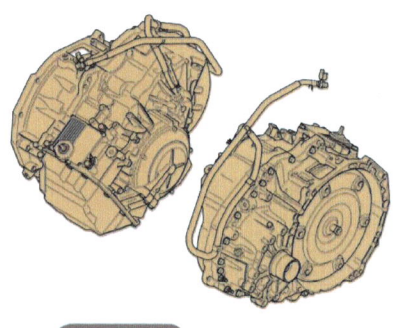

图 6-4-13 变速器外观检查

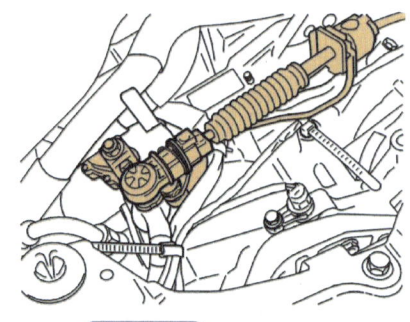

图 6-4-14 换挡拉索检查

1）连接故障诊断仪，启动发动机，保持怠速运转，使用诊断仪读取变速器油温数据，油温达到 50℃，关闭发动机，将换挡杆置于 N 位。

2）举升车辆，并在自动变速器油位检测螺栓（见图 6-4-15）下安放容器，松开自动变速器油位检测孔。

3）此时，若有自动变速器油从孔中流出，则说明自动变速器油位正常；若没有油从孔中流出，则说明油位过低，参照后面的相关部分添加自动变速器油。

4）安装油位检测螺栓，并按照规定力矩拧紧螺栓。

3. 自动变速器油的更换

目前大部分车辆的自动变速器均为免维护自动变速器，自动变速器油需要定期更换，更换周期一般为 60000～80000km，根据车辆不同详情应按照车辆保养手册中的更换周期进行更换。

1）举升车辆，拆卸发动机下护板，在如图 6-4-16 所示的放油螺栓下安放容器，松开自动变速器放油螺栓，待油完全排出。

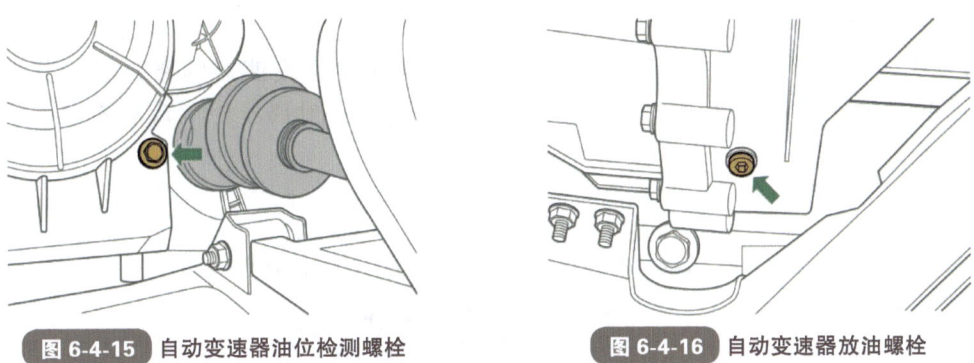

| 图 6-4-15 自动变速器油位检测螺栓 | 图 6-4-16 自动变速器放油螺栓 |

2）拆除上一步中的自动变速器油位检查螺栓，并从油位检查孔往自动变速器内添加油液。

3）按照车辆配置手册中标注的容量加注油液后，执行"自动变速器油位检查"程序。

6.4.3 双离合器自动变速器基本构造

1. 概述

双离合器变速器可以形象地设想为将两台变速器的功能合二为一，并建立在单一的系统内。变速器内含两台自动控制的离合器，由电子控制及液压推动，能同时控制两组离合器的运作，工作原理如图 6-4-17 所示。当变速器运作时，一组齿轮啮合，而接近换挡之时，另一组挡位的齿轮已被预选，但离合器仍处于分离状态；当换挡时一台离合器将使用中的齿轮分离，同时另一台离合器啮合已被预选的齿轮，在整个换挡期间能确保最少有一组齿轮在输出动力，不出现动力间断的状况。

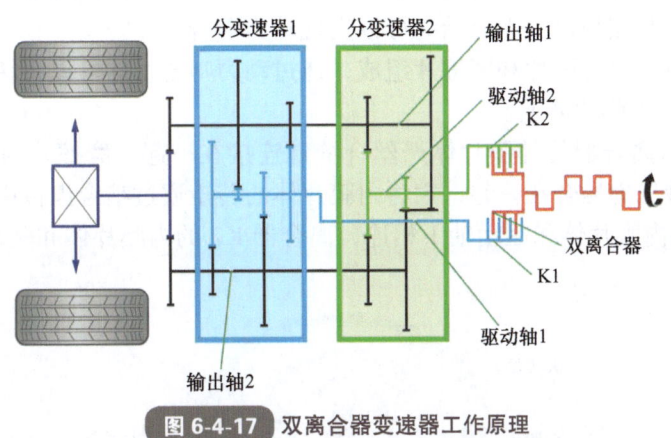

图 6-4-17 双离合器变速器工作原理

2. 双离合器原理

常用的双离合器有干式和湿式两种。干式双离合结构相对简单，但长时间工作会产生造成过热降低运行的可靠性。湿式双离合离合器片浸在变速器油中，可更好地散热，工作可靠性高，但结构相对复杂。

1）干式双离合器。干式双离合器有两套类似于手动变速器的离合器装置组件组装在一起，两个离合器摩擦片、两个压盘，两个离合器分离杆。干式双离合器结构如图6-4-18所示。

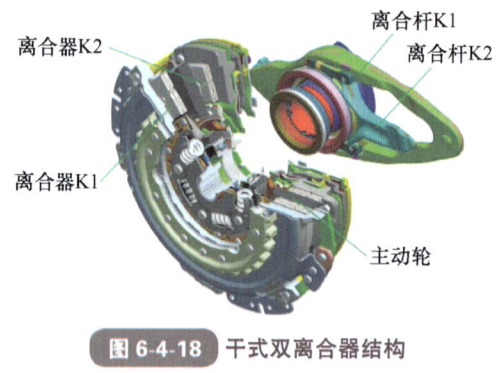

图6-4-18 干式双离合器结构

干式双离合器中有两个独立的干式离合器在工作。它们各自将转矩传输给每个分变速器。可能有两种离合器位置：

发动机停机和怠速时，两个离合器都打开。

行驶过程中，两个离合器中总是只有一个关闭。

离合器通过花键与变速器的驱动轴相连。磨损后自动进行调整。通过离合器执行器将带有离合轴承的离合杆压在蝶形弹簧上，从而将各个离合器盘压在旋转着的主动轮上。

2）湿式双离合器。湿式双离合器变速器的双离合器一直在变速器油中运转。湿式双离合器结构如图6-4-19所示。

通过从动盘将发动机转矩传递到位于每个外膜片体处的两个离合器上。外膜片体与膜片式离合器的主轮毂相焊接，因此始终可以实现动力啮合。

每个离合器单元由钢膜片和摩擦片组成，通过动力啮合，它可以将转矩传递到离合器K1或离合器K2的内膜片体上。

这些钢膜片与离合器的外膜片体严丝合缝地连接在一起，摩擦片与内膜片体也是如此。膜片单元由液压力压合在一起，它将内膜片体的转矩通过啮合齿传递到相应的驱动轴上。离合器K1的内膜片体和驱动轴1相连，离合器K2的内膜片体和驱动轴2相连。

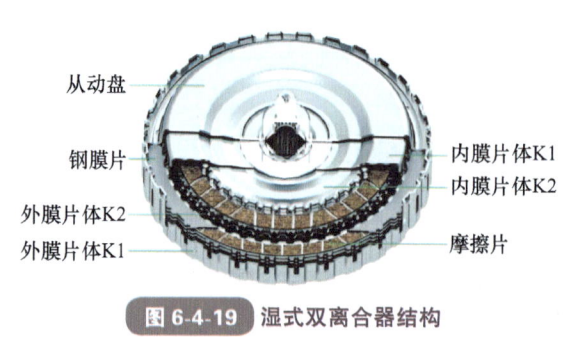

图6-4-19 湿式双离合器结构

3. 输入轴（以大众 BQ380、DQ500 为例）

输入轴被作为一个紧凑的单元布置在变速器外壳内。输入轴 2 是中空的。输入轴 1 穿过中空的输入轴 2 运转。

输入轴 1 与离合器之间通过啮合齿相连。它根据挂入的挡位将发动机转矩传递给输出轴。每根轴上都有滚动轴承，通过滚动轴承可将驱动轴导入外壳内，输入轴具体结构如图 6-4-20 所示。

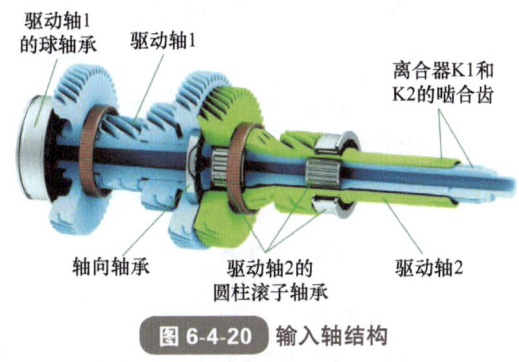

图 6-4-20 输入轴结构

1）输入轴 1。输入轴 1 和离合器 K1 通过啮合齿相连。通过离合器可以在第 1、3、5 和 7 挡之间切换。为了获取驱动轴的转速，在此轴上装有用于驱动轴转速传感器的传感器轮，输入轴 1 的结构如图 6-4-21 所示。

2）输入轴 2。输入轴 2 是空心轴。它与离合器 K2 通过啮合齿相连。通过输入轴 2 可以实现第 2、4、6 挡和倒挡之间的切换。为了获取输出轴的转速，在此轴上装有用于输入轴 2 的传感器轮，输入轴 2 的结构如图 6-4-22 所示。

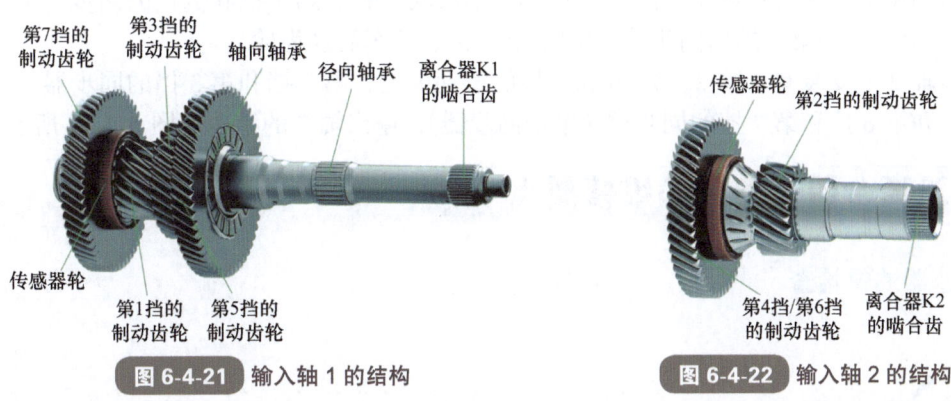

图 6-4-21 输入轴 1 的结构　　图 6-4-22 输入轴 2 的结构

4. 输出轴

在变速器外壳内有两根输出轴。根据所挂入的挡位，发动机转矩由驱动轴传递到输出轴上，输出轴 1 和 2 的结构分别如图 6-4-23 和图 6-2-24 所示。

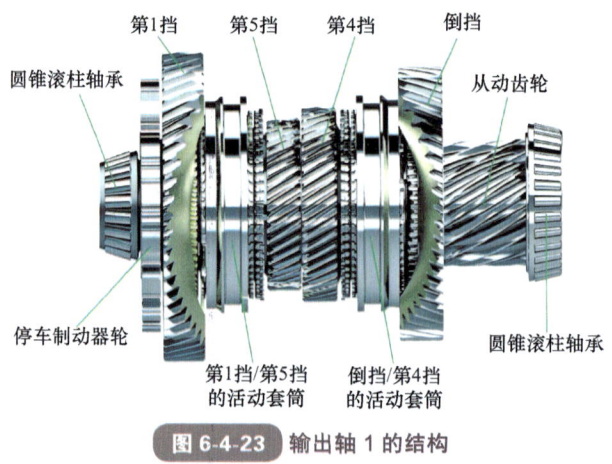

图 6-4-23 输出轴 1 的结构

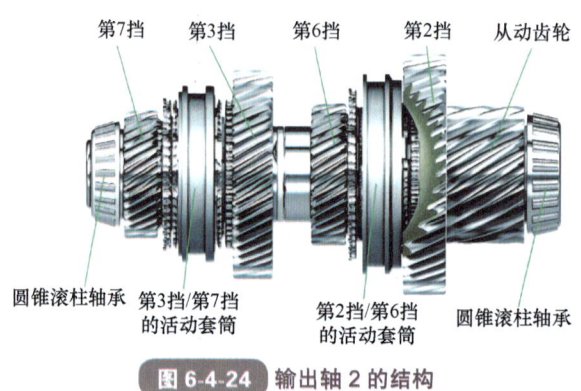

图 6-4-24 输出轴 2 的结构

在输出轴 1 上安装有：第 1、4、5 挡和倒挡的滑动齿轮、第 1 挡和倒挡的同步器（三倍同步器）、第 4 挡和第 5 挡的同步器（单倍同步器）、停车制动齿轮。

在输出轴 2 上安装有：第 2、3、6 和 7 挡的滑动齿轮；第 2 挡和第 3 挡的同步器（三倍同步器）和第 6 挡和第 7 挡的同步器（单倍同步器），输出轴 2 的结构如图 6-4-24 所示。

6.4.4 双离合器变速器的维修要点

1. 变速器油位检查

> 注意：检查油位时，车辆一定要保持水平位置。

1）举升车辆，在自动变速器油位检查螺栓下安放容器，松开图 6-4-25 所示的自动变速器油位检查螺栓。

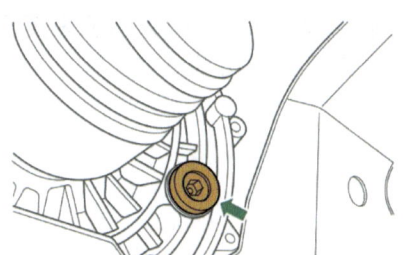

图 6-4-25 自动变速器油位检查螺栓

2）若有自动变速器油从孔内流出，则油位正常，重新紧固油位检查螺栓。若没有自动变速器油从孔内流出，则油位过低，加注自动变速器油，直至有油从孔内流出为止。

3）安装油位检查螺栓，并按规定力矩紧固。

2. 自动变速器油更换

1）举升车辆，并在如图 6-4-26 所示的自动变速器放油螺栓下安放容器，松开自动变速器放油螺栓，待油完全排出后紧固。

2）打开如图 6-4-25 所示的自动变速器油位检查螺栓，在此处加入规定容量的自动变速器油液。

3）油面高度以加油螺栓下沿为准，如图 6-2-27 所示。

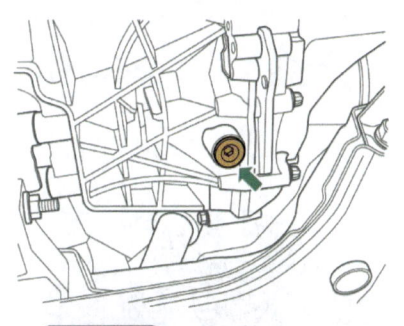

图 6-4-26 自动变速器放油螺栓

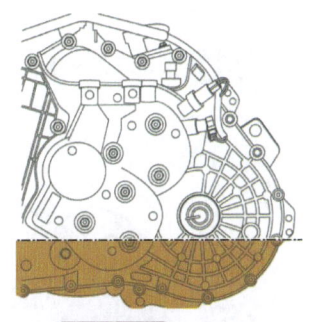

图 6-4-27 油面高度

4）重复变速器油位检查程序，检查油位是否符合规定。

3. 双离合器的拆卸

1）将变速器与发动机分开，放置在工作台或拆装台架上。

2）使用螺丝刀在图 6-4-28a 箭头所示的卡环开口处向外轻轻撬动，释放卡环，并取出。再将图 6-4-28b 所示的小齿轮取出。

3）如图 6-4-29 所示，使用卡簧钳拆卸双离合器卡簧。

4）如图 6-4-30 所示，将三爪拉器安装在双离合器上，使用扳手转动拉器螺栓，将离合器总成从变速器壳体中拉出，并取下离合器。

5）分别取下双离合器的两个分离轴承及支架，如图 6-4-31 所示。

6）分离轴承的检查。如图 6-4-32 所示，检查轴承表面有无烧蚀的痕迹，并转动轴承检查是否发卡或有异响，如是，则更换分离轴承。

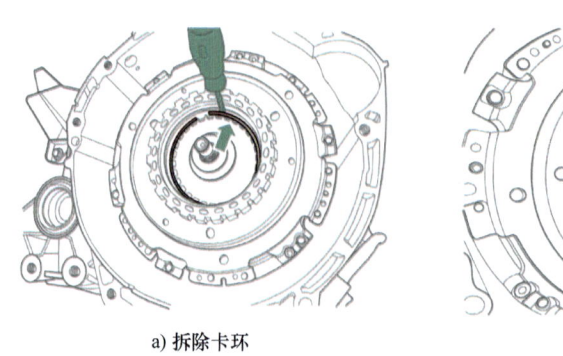

a) 拆除卡环　　　　　　　　　　b) 取出小齿轮

图 6-4-28　拆除卡环并取出小齿轮

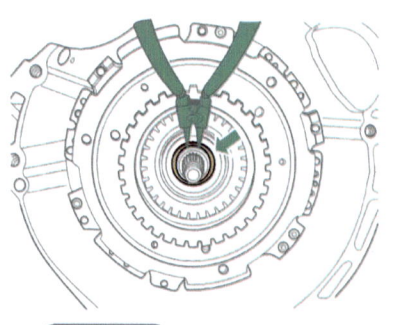

图 6-4-29　拆卸双离合器卡簧

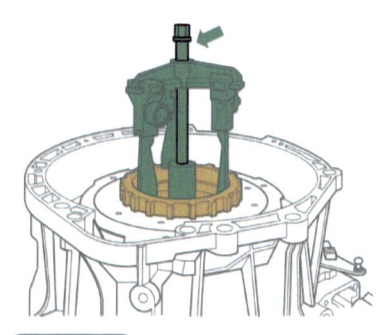

图 6-4-30　使用三爪拉器拉出离合器

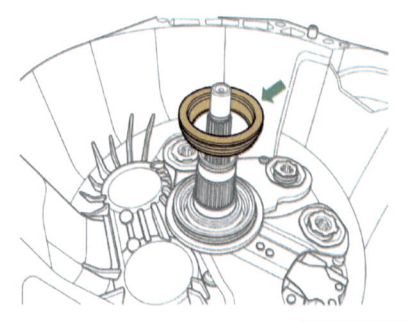

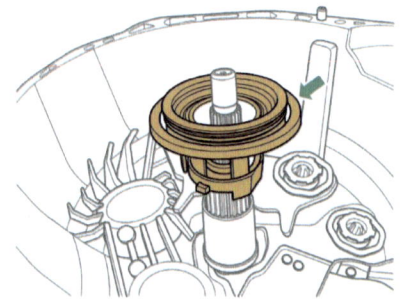

图 6-4-31　取出分离轴承

图 6-4-32　分离轴承的检查

6.5 主减速器、差速器与传动轴维修与故障诊断

6.5.1 主减速器、差速器基本原理

发动机动力经过变速器输出后，必须经过主减速器和差速器才能传递给驱动轮。对于前轮驱动的汽车，主减速器和差速器一般安装在变速器壳体内；对于后轮驱动的汽车，主减速器和差速器一般安装在后驱动桥内。其中主减速器的主要作用是减速增矩，并且在发动机纵置的车辆上，主减速器还具有改变转矩传递方向的作用。

1. 主减速器

主减速器装于变速器壳体内，没有专用的主减速壳体，总称为"变速驱动桥"。变速器输出轴即为主减速器的主动轴，动力由变速器直接传递给主减速器，省去了万向传动装置。因此中小型汽车大多采用单级式主减速器，如图 6-5-1 所示。

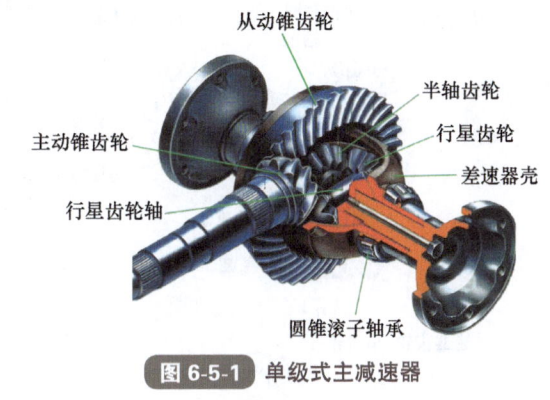

图 6-5-1 单级式主减速器

2. 差速器

汽车上广泛采用的差速器为对称式行星锥齿轮差速器。普通的对称式行星锥齿轮差速器由差速器壳（左右两侧各有一个）、半轴齿轮（两个）、行星锥齿轮（三个或四个，小型、微型汽车多采用两个）等组成。由于其具有结构简单、工作平稳、制造方便、质量较小等优点，被广泛应用在汽车、客车及载货汽车上，四行星锥齿轮差速器和双行星锥齿轮差速器分别如图 6-5-2a 和图 6-5-2b 所示。

差速器工作时，行星齿轮绕行星齿轮轴的旋转称为行星齿轮的自转；行星齿轮绕半轴轴线的旋转称为行星齿轮的公转。差速器能够依靠行星齿轮的自转与公转将转矩改变方向。

防滑差速器可以提高汽车在湿滑地面的通过能力，主要应用在越野车及中/大型汽车上，尤其在四轮驱动汽车上的应用越来越广泛。防滑差速器的基本原理是：当一个驱动轮打滑时，差速器将切断打滑驱动轮的动力传输，将绝大多数动力输送给另一个驱动轮，使汽车能够继续行驶。防滑差速器也称为强制锁止式差速器，就是在对称式锥齿轮差速器上

设置差速锁。当一侧驱动轮滑转时，可利用差速锁使差速器不起差速作用，防滑差速器结构如图 6-5-3 所示。

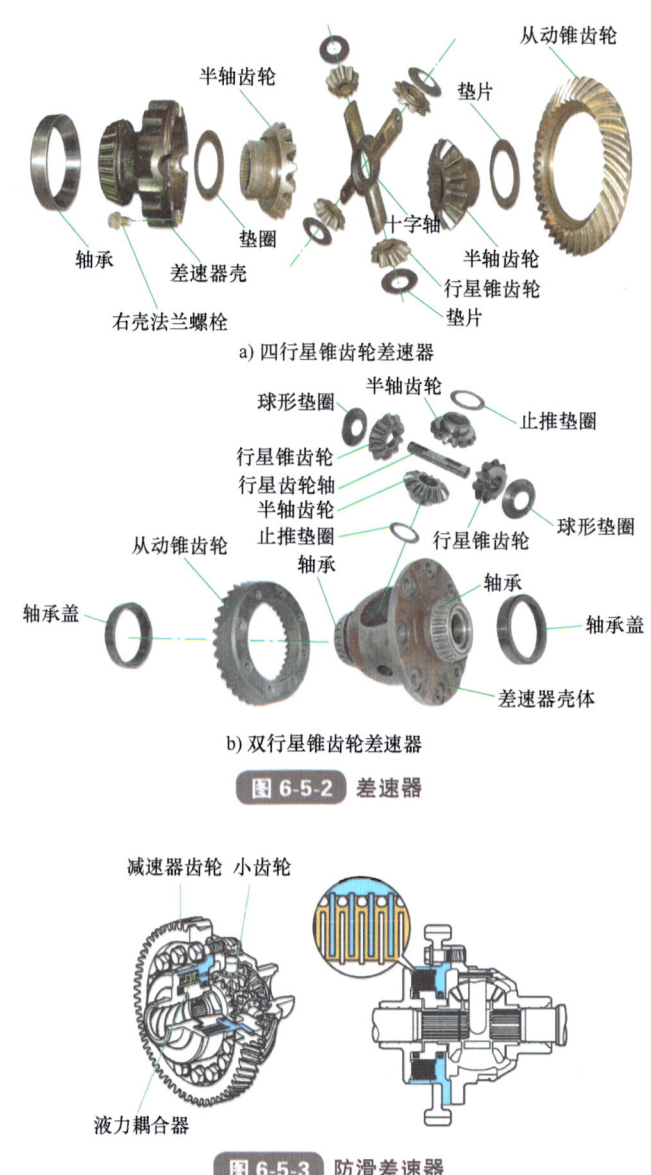

a) 四行星锥齿轮差速器

b) 双行星锥齿轮差速器

图 6-5-2　差速器

图 6-5-3　防滑差速器

6.5.2　传动轴基本组成

1. 传动轴

传动轴总成主要由传动轴及其两端焊接的花键轴和万向节叉组成。转向驱动桥、断开式驱动桥或微型汽车的传动轴通常制成实心轴，传动轴中一般设有由滑动叉和花键轴组成的滑动花键，以实现传动长度的变化。

传动轴将来自变速器的转矩传递给驱动桥，驱动车轮转动，前驱式车辆传动轴如图 6-5-4 所示。

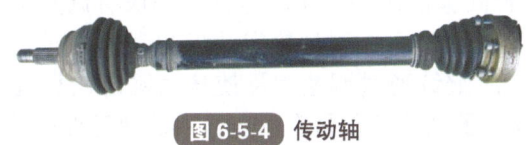

图 6-5-4 传动轴

2. 万向节

万向节安装在转轴之间，改变动力传递角度。按其在扭转方向上是否有明显的弹性，可分为刚性万向节和挠性万向节。刚性万向节按其运动特性可分为不等速万向节、准等速万向节和等速万向节。不等速万向节主要用于发动机前置后轮驱动汽车的变速器与驱动桥之间，等速和准等速万向节主要用于发动机前置前轮驱动汽车的内、外半轴之间。球笼式等速万向节结构如图 6-5-5 所示。

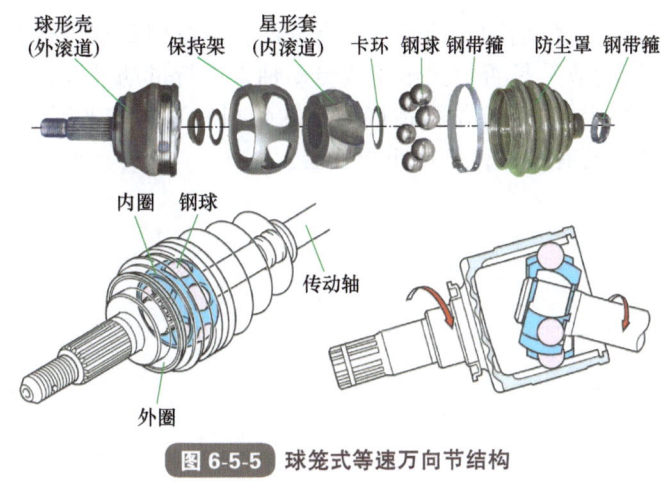

图 6-5-5 球笼式等速万向节结构

6.5.3 主减速器、差速器维修要点

主减速器的检查与调整主要包括主减速器轴承预紧度的检查与调整、主从动锥齿轮啮合的检查以及啮合间隙的调整。

1）轴承预紧度的检查与调整。主减速器齿轮的圆锥滚子轴承应有一定的装配预紧度，以减小传动过程中轴向力所引起的齿轮轴的轴向位移，保证锥齿轮副的正常啮合。检查轴承预紧度的方法因车而异，一般是在不安装油封和油封座的情况下，按照规定力矩紧固轴承螺栓后，以 16～33N 的拉力能够使其转动，轴承的预紧度是合适的，若不符合上述要求，可增减调整垫片，直到合适为止。

2）主从动锥齿轮啮合的检查。检查主从动锥齿轮啮合状态时，先在主动锥齿轮轮齿上涂以红丹，然后用手使主动锥齿轮往复转动。此时，从动锥齿轮轮齿的两工作面上会出现红色印迹。若从动齿轮轮齿工作面上的印迹均位于齿高的中间位置，偏向齿的小端，并且占齿面宽度的 60% 以上，则为正确啮合。如果印迹不在上述位置，则可以通过增减主减速器壳与主动锥齿轮轴承座之间的调整垫片的数量来调整。

3）主从动锥齿轮啮合间隙的调整。主减速器上一般有调整螺母，通过旋转调整螺母来改变从动锥齿轮的位置。调整后要测量轮齿的齿侧间隙，通常在 0.15～0.40mm 范围内。若间隙大于规定值，应继续通过调整螺母使从动锥齿轮靠近主动锥齿轮，反之则离开。为保持已调好的圆锥滚子轴承的预紧度不变，一端螺母拧进的圈数应等于另一端螺母拧出的圈数。

6.5.4 传动轴异响的检修

由于汽车经常在复杂道路上行驶，万向传动装置很容易受到损害，其故障主要表现在传动轴异响和万向节异响。如果是发动机前置、后轮驱动的汽车，万向传动装置故障还包括中间支承的异响。

在万向节技术状况良好时，如果传动轴在汽车行驶中发出周期性的响声，速度越高响声越大，甚至伴随有车身振动，应进行以下检查：

1）传动轴是否弯曲或传动轴管凹陷，若有弯曲，则按照要求进行校正；

2）传动轴管与万向节叉是否焊接不正或传动轴未进行过动平衡试验和校准；

3）伸缩叉安装是否错位，错位将造成传动轴两端的万向节叉不在同一平面内，不能满足等速传动的条件。若有错位，则应重新安装。

Chapter 7
第 7 章　制动系统维修与故障诊断

7.1 制动系统的基本组成与原理

汽车制动系统是强制车轮减速或停止转动的装置。按照功能划分，汽车制动系统可分为行车制动系统和驻车制动系统。行车制动系统在汽车行驶中使用，能够使汽车减速或在最短的距离内停车，通常用脚来操纵，俗称"脚刹"。驻车制动系统在汽车停稳后使用，能够使停在平地或斜坡上的汽车保持不动，通常用手来操纵，俗称"手刹"。

液压式制动系统主要由操纵机构、制动助力系统、制动液压系统、电子制动控制系统、盘/鼓式制动器等组成，如图7-1-1所示。

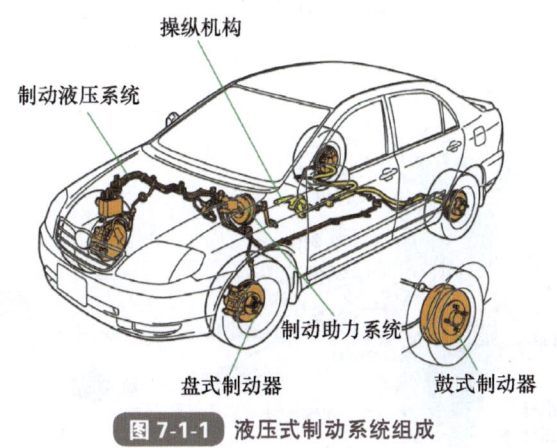

图 7-1-1　液压式制动系统组成

1. 操纵机构

操纵机构是将驾驶人施加在制动踏板上的力传递给制动主缸的装置，如图7-1-2所示。操纵机构由制动踏板、推杆或具有传力作用的联动装置等组成。当驾驶人用脚踩制动踏板时，制动踏板推动推杆，将作用力传递给制动主缸的活塞。

2. 制动助力系统

制动助力系统是一种制动加力装置，其作用力与制动踏板的作用力一起施加在制动主缸上，使车辆更容易停下来，以降低驾驶人的疲劳强度。常用的制动助力系统是真空助力器，如图7-1-3所示，其利用发动机或真空泵提供的真空与大气压力差实现助力。

3. 制动液压系统

制动液压系统是将踏板作用力转换成液压压力并传递给车轮制动器的装置，它主要由制动主缸、储液罐、制动器、制动轮缸或制动钳、制动力调节装置、制动管和软管等组成，如图7-1-4所示。

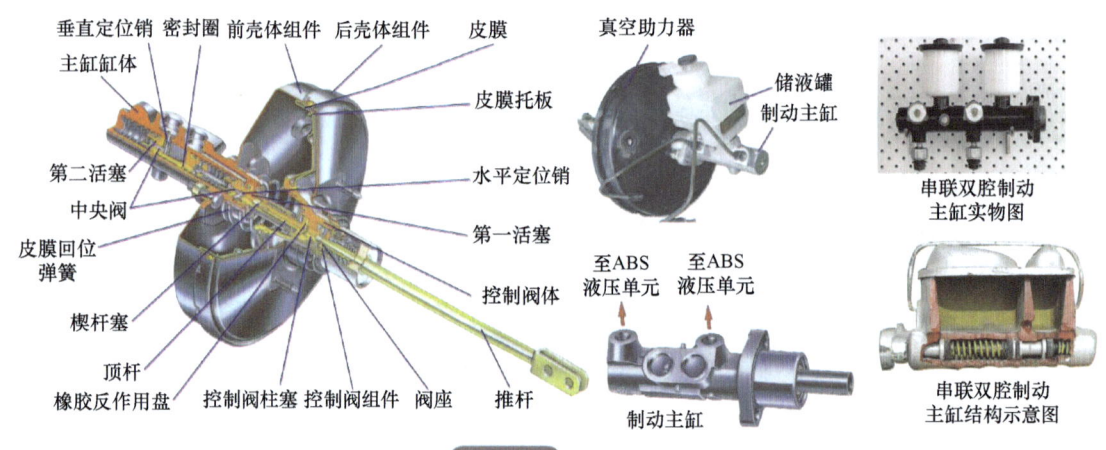

图 7-1-2 操纵机构

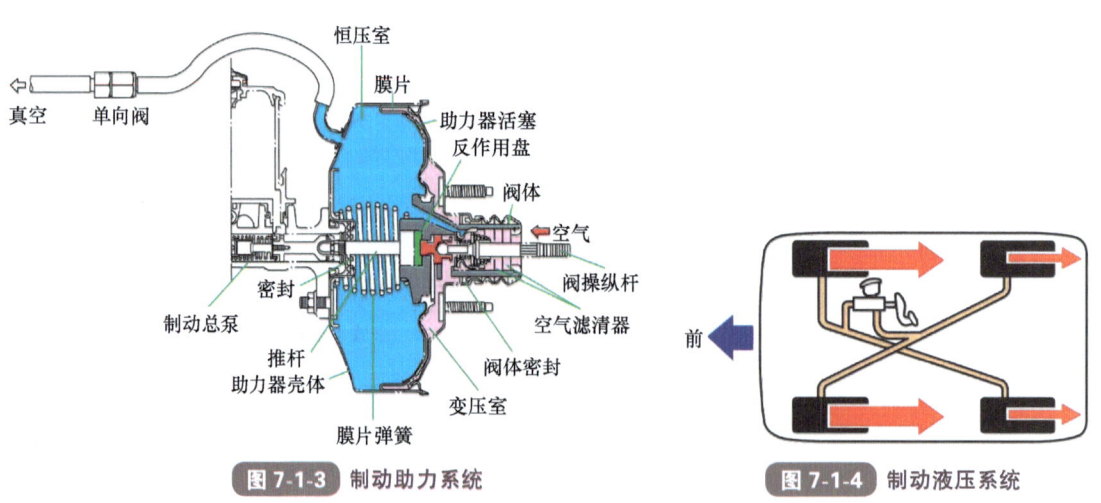

图 7-1-3 制动助力系统   图 7-1-4 制动液压系统

4. 制动器

制动器是使车轮停止转动的装置，按照结构不同可分为盘式制动器（见图7-1-5a）和鼓式制动器（见图7-1-5b）。鼓式制动器多用于汽车后轮，主要由制动蹄、制动鼓等组成。

盘式制动器多用于汽车前轮，主要由制动钳制动片、制动盘和防溅板等组成。大部分汽车的前后轮均采用盘式制动器。

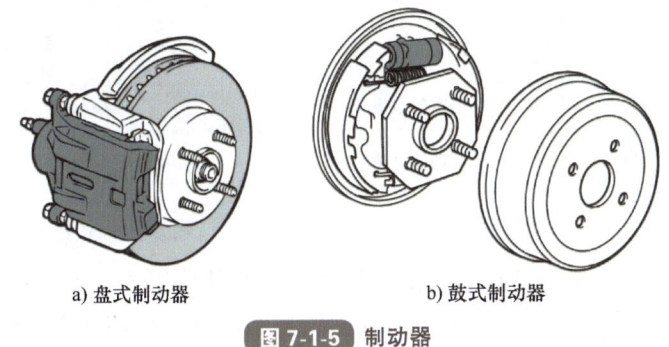

a) 盘式制动器　　　　　b) 鼓式制动器

图 7-1-5　制动器

5. 电子制动控制系统

电子制动控制系统在传统制动系统的基础上增加了一些电子控制装置，这些电子控制装置一般由传感器、电子制动控制模块和制动压力调节器（执行器）等组成。

汽车电子制动控制系统包括防抱死制动系统（ABS）、电子制动力分配（EBD）系统、电子驻车制动（EPB）系统、液压制动辅助（HBA）系统、牵引力控制系统（TCS）、电子稳定程序（ESP）控制系统等。

7.2　盘式制动器

7.2.1　盘式制动器的组成与原理

盘式制动器可以用于前轮，也可以用于后轮，通常固定在轮毂上，结构如图 7-2-1 所示。

驾驶人踩下制动踏板时，制动踏板上的作用力经助力器助力放大后传递到制动主缸；制动主缸产生高液压压力，并通过制动管和软管传递给盘式制动器中的液压活塞。在液压压力的作用下，液压活塞推动制动片压紧在制动盘上，制动片与制动盘之间的摩擦力迫使制动盘的转速下降，从而降低车速，最终使车辆停止行驶。当解除制动力时，液压压力下降，活塞回位，制动片与制动盘分离，两者之间的摩擦力消失。

1. 制动钳

制动钳安装在转向节或车桥凸缘上，并横跨在制动盘上，其内部装有活塞，并与之形成液压腔。在制动主缸高液压压力作用下，制动钳及活塞使制动片压向制动盘。常见的制动钳有固定式和浮动式。

1）固定式制动钳。固定式制动钳固定在悬挂装置上，钳体在制动过程中保持不动。钳体的两侧分别有 1 或 2 个活塞，并采用密封圈密封，如图 7-2-2 所示。

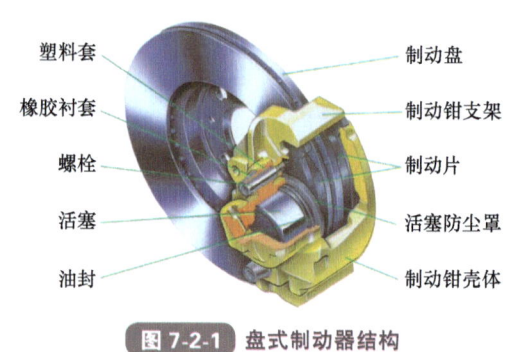

图 7-2-1 盘式制动器结构

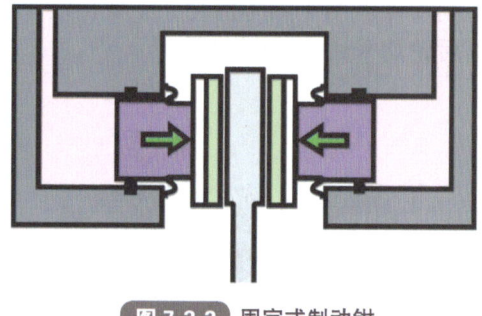

图 7-2-2 固定式制动钳

2）浮动式制动钳。浮动式制动钳由支架和钳体两部分组成，支架紧固在悬架部件上，钳体通过导向销连接在支架上，并可以沿导向销左右滑动，如图 7-2-3 所示。

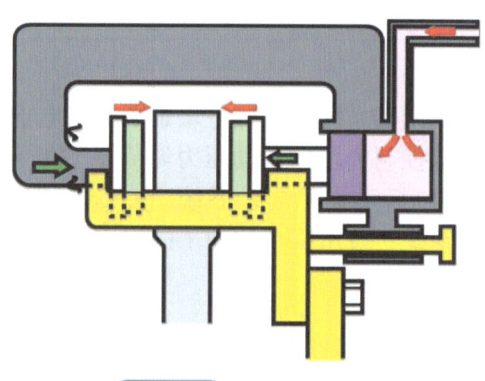

图 7-2-3 浮动式制动钳

和固定式制动钳相比，浮动式轴向和径向尺寸小，制动液受热汽化的机会较少。此外，在兼做驻车制动器的情况下，浮动式不用加装驻车制动钳，只需加装推动液压缸活塞的机械传动部件即可。

2. 制动片

制动片的作用是与制动盘相接触产生摩擦力，阻止制动盘转动。制动片由摩擦材料和钢质底板制成，常见的固定方式有铆接、粘接和模铸粘接，如图 7-2-4 所示。

3. 制动盘

制动盘是制动器中最大、最重的部件，常采用耐磨的铸铁材料制成，并通过螺栓安装在轮毂上，它与制动片相接触并产生摩擦力来阻止车轮转动，如图 7-2-5 所示。

7.2.2 盘式制动器的维修要点

1. 盘式制动器制动片拆卸更换要点

1）检查制动总泵储液罐中的液位。如果制动液液位处于最满标记和最低允许液位之间的中间位置，则在开始本程序前不必排出制动液。如果制动液液位高于最满标记和最低允许液位之间的中间位置，则在开始前应将制动液排出至中间位置。

图 7-2-4 制动片

图 7-2-5 制动盘

2）举升和顶起车辆，拆下车轮总成。

3）拆卸如图 7-2-6 所示的制动钳下导销螺栓。

4）不断开液压制动器挠性软管，向上转动制动钳（见图 7-2-7），并用粗钢丝或同等工具固定制动钳。

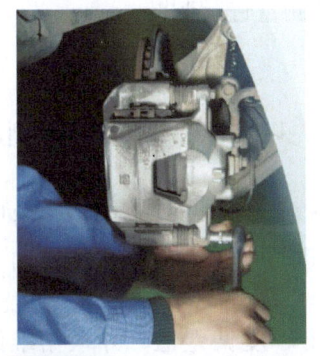

图 7-2-6 拆卸制动钳下导销螺栓

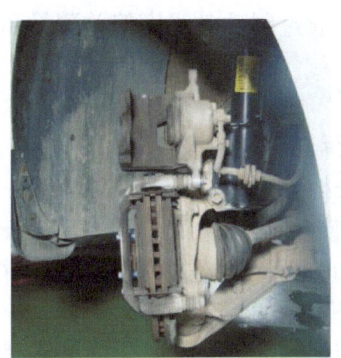

图 7-2-7 向上转动制动钳

5）从制动钳安装托架上取出制动片，如图 7-2-8 所示。

2. 目视检查

尽管制动片上设计有磨损指示器，但全面的外观目视检查也是非常重要的。目视检查包括以下内容：

1）检查钳体和支架是否损坏或松动。
2）检查制动钳排气螺栓是否松动。
3）检查制动盘表面是否有划痕或污物。
4）检查制动片表面颜色是否正常。
5）检查制动器是否存在漏油现象。

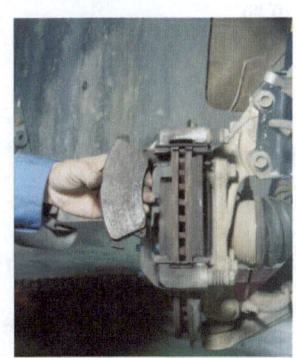

图 7-2-8 取出制动片

3. 制动钳的检修

检修制动钳时，需要拆下制动钳，然后按照以下内容进行检查：

1）检查钳体是否有锈蚀和损伤现象，轮缸橡胶防尘套是否完好且有良好的弹性。

2）检查活塞在钳体中是否能平滑移动。

3）检查导向销是否磨损或变形，弹性夹的弹性是否正常（浮动式制动钳）。

4. 制动片的检修

在制动片多个位置测量其厚度，如图 7-2-9 所示，查看制动片是否达到磨损极限及磨损是否均匀，并根据情况进行更换。更换制动片时，同一车轮上的制动片应一起更换。当制动片出现不均匀的磨损时，应查找故障原因并进行修理。

图 7-2-9 制动片厚度的测量

5. 制动盘的检修

检查制动盘表面和磨损时，先用工业酒精或经许可的制动器清洗剂清洁制动盘的摩擦面，然后检查制动盘摩擦面是否存在锈蚀、点蚀、开裂、灼斑、变形等情况。如果制动盘的摩擦表面出现上述情况，则制动盘需要表面修整或更换。制动盘磨损会导致其发生形变，这可通过制动盘厚度偏差测量和制动盘端面跳动量测量进行判断。

6. 制动盘厚度偏差的测量

1）拆卸制动钳及制动片，并清洁制动盘的摩擦面，以便于千分尺能接触到清洁的制动盘内摩擦面。

2）使用千分尺测量并记录制动盘圆周上均匀分布的 4 个点或更多点的厚度，如图 7-2-10 所示。操作时，务必确保在制动盘摩擦面内进行测量，且每次测量时千分尺与制动盘外边缘的距离相等（约 10mm）。

3）计算所记录的最大厚度和最小厚度之差，得出厚度偏差值，并根据维修手册判断该差值是否符合规定。如果制动盘厚度偏差超出规定，则制动盘需要进行表面修整或更换。

对制动盘进行表面修整或更换后，必须测量制动盘端面跳动量，以确保盘式制动器的最佳制动性能。

7. 制动盘端面跳动量的测量

在测量制动盘端面跳动量前，需要拆卸制动盘，检查轮毂和制动盘的接合面，确保没有异物、锈蚀或碎屑等。拆下制动盘前，必须标记制动盘与车轮双头螺柱的相对位置，以保证装配的唯一性。

1）对准拆卸前所做的装配标记，将制动盘安装至轮毂，并在车轮双头螺柱上安装垫圈，再将车轮螺母按照合理顺序紧固至规定值，以正确固定制动盘。

2）将百分表组件或同等工具安装至支柱，使百分表测量头与制动盘摩擦面以 90° 角接触，且距离制动盘外边缘约 13mm，如图 7-2-11 所示。转动制动盘，直到百分表读数达到最小值，然后将百分表归零；然后再次转动制动盘，直到百分表读数达到最大值，并标记最大值对应的测量点的位置，该最大值就是制动盘端面跳动量。

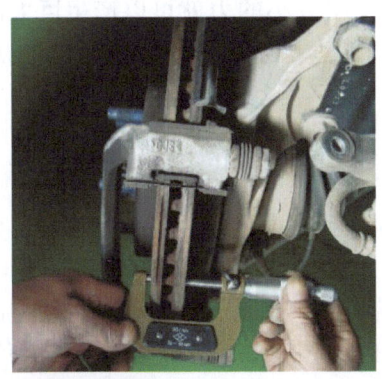

图 7-2-10　制动盘厚度的检查

图 7-2-11　制动盘端面跳动量的测量

3）根据维修手册判断制动盘的端面跳动量是否符合规定。如果制动盘端面跳动量符合规定，则安装制动钳并踩几下制动踏板，以便使制动盘固定到位，然后拆下垫圈。如果制动盘端面跳动量超出规定，则对制动盘进行表面修整或更换，并再次测量制动盘端面跳动量，以确保盘式制动器的最佳性能。

8. 制动管路排气

1）举升车辆在车辆底部，轮胎背面找到制动轮缸放气螺塞。

2）取下制动轮缸放气螺塞的防尘帽。将软管的一端连接在放气螺塞上，另一端插入制动液空瓶中，如图 7-2-12 所示。

3）两人配合操作，一人在车内多次踩下制动踏板，另一人在踩下制动踏板的状态下松开放气螺塞。当制动液不再流出时，拧紧放气螺塞（见图 7-2-13），然后松开制动踏板。

图 7-2-12　软管连接放气螺塞

图 7-2-13　拧紧放气螺塞

4）重复以上步骤，直到将制动液中的空气全部排出，完全拧紧放气螺塞。对每个车轮重复上面的步骤，以排出各个制动管路中的空气。

5）将制动液储液罐内的制动液添加到规定位置。

7.3 鼓式制动器

与盘式制动器相比,鼓式制动器最大的优点是使用较小的力就可以产生巨大的制动力,但其抗热及抗水衰退性、制动器间隙自调节性、制动方向稳定性较差。常见的鼓式制动器有领从蹄式和伺服式两种。

7.3.1 鼓式制动器的组成和原理

鼓式制动器可以应用在前轮,也可以应用在后轮。鼓式制动器主要包括底板、制动轮缸、回位弹簧、限位弹簧、制动蹄、制动鼓等组成,如图7-3-1所示。

当施加制动力时,制动踏板作用力经助力器助力后传递到制动主缸。制动主缸将压强传至制动管和制动软管,在液压作用下,制动轮缸活塞推动制动蹄外张,使之与制动鼓接触,制动蹄与制动鼓之间的摩擦力迫使制动鼓的转速下降,从而降低车速,最终使车辆停止行驶。当解除制动力时,液压系统压力下降,在回位弹簧的作用下,制动轮缸活塞回位,制动蹄与制动鼓分离,两者之间的摩擦力消失。

1. 制动蹄

制动蹄是制动器相对固定的部件,它与旋转的制动鼓摩擦形成制动力。常见的制动蹄由钢制蹄片铆接或粘接摩擦材料而成,如图7-3-2所示。多数制动蹄是由两块T形断面钢板焊接在一起制成的。制动蹄外部的弯曲金属板称为基板,其上固结有摩擦材料。焊接在基板下的金属板称为腹板,腹板上通常加工有各种形状和规格的孔,用于安装制动蹄回位弹簧、限位弹簧和调节器等。

2. 制动鼓

在鼓式制动器中,最外端的主要部件是制动鼓。制动鼓不与底板相连接,而是与轮毂相连接,与车轮一起旋转,如图7-3-3所示。当施加制动力时,制动蹄与制动鼓的内表面摩擦,产生制动力。制动鼓为铸铁件或铸铁与钢的复合件,通过螺栓孔套在车轮螺栓上。另外,制动鼓的中心还有一个大孔,用来与轮毂中心定位。

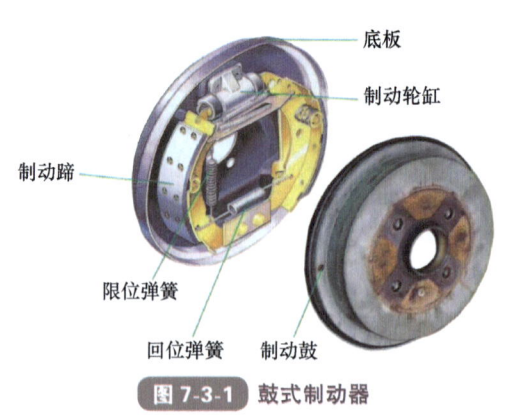

图7-3-1 鼓式制动器

图 7-3-2 制动蹄

图 7-3-3 制动鼓

7.3.2 鼓式制动器的维修

在对鼓式制动器进行检修时，首先应拆下制动鼓，然后用湿抹布清理制动部件上的粉尘，防止被吸入而损害身体，最后对制动鼓、制动蹄、弹簧和调节器等部件进行检查。

1. 制动鼓的检查

制动鼓为制动系统提供摩擦表面，除了正常磨损之外，常常因恶劣的使用环境而造成损坏。制动鼓常见的损坏形式有划伤、裂纹和变形。

1）划伤。划伤是一种严重的制动鼓磨损形式，它包括摩擦表面粗糙、擦伤及有深度凹槽。划伤的原因有许多，最常见的原因是制动蹄磨损严重，导致铆钉或基板直接与制动鼓接触。此外，硬度不均的摩擦材料或制动鼓里面滞留的灰尘、沙子和磨屑也可能划伤制动鼓。因此，鼓式制动器比盘式制动器更容易划伤。制动鼓划伤将引起制动蹄快速磨损，常常还伴随着"轰隆"声或"嘎嘎"声，特别是在制动蹄与制动鼓之间有金属与金属接触时。

2）裂纹。制动鼓的裂纹常常是由于制动产生的应力不均或事故中的冲击力引起的。裂纹可能出现在制动鼓的任何地方，但最常见的部位是制动鼓安装孔附近或摩擦表面的外边缘。

3）变形。完好的制动鼓摩擦表面平行于轮毂轴心，并能以轮毂中心为圆心正确转动。所有制动鼓在制动作用过程中都会发生变形，但是一旦制动器松开，它们通常会恢复到原始的形状。如果摩擦表面没有恢复到正确形状，不再与轮毂轴线平行，或不能绕轮毂轴线正确转动，那么制动鼓就变形了。常见的制动鼓变形有弯曲变形、失圆变形、偏心变形。

制动鼓的弯曲变形可通过测量其直径进行检查如图 7-3-4 所示，而制动鼓的失圆变形、偏心变形可通过测量其摩擦面的跳动量来检查，如图 7-3-5 所示，具体的测量方法可参见维修手册，测量结果一旦超出维修手册的规定，应进行更换。

2. 制动蹄的检查

制动底板上通常有观察孔，可以目视制动蹄摩擦材料的厚度，但最好是将制动鼓拆下，然后对整个制动蹄进行彻底的外观检查，而不仅仅是查看制动蹄摩擦材料的厚度。制动蹄外观检查时，如果发现摩擦材料破损，则必须更换制动蹄。当然，制动蹄摩擦材料厚度也必须符合维修手册相关规定，如图 7-3-6 所示。

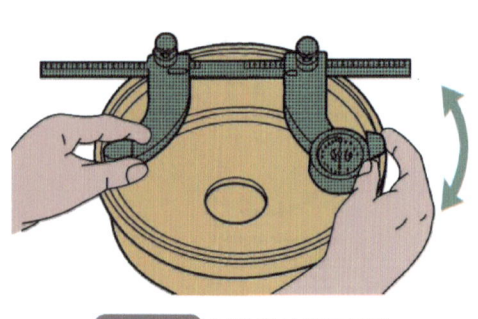

图 7-3-4 制动鼓的直径测量

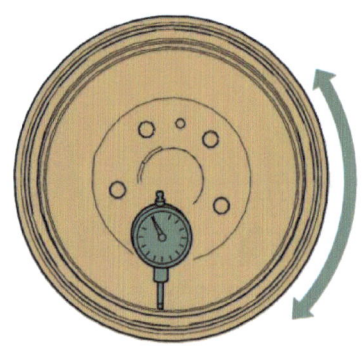

图 7-3-5 制动鼓的跳动量检查

3. 制动轮缸的检查

鼓式制动器的制动轮缸由铸铁制成，其缸筒经过打磨，以便为轮缸油封和活塞提供光滑的表面。如果缸筒表面受到损伤，会导致制动轮缸漏油。

制动轮缸活塞的外面装有防尘罩，用来避免污物进入缸筒。在活塞与油封之间有一根带密封皮碗支架的弹簧。用来避免彼此变形，保证制动力释放时密封皮碗紧贴缸筒壁，防止外界空气进入制动轮缸。在对制动轮缸进行检查时，用钝器将防尘套撬起来查看，如果防尘套内仅是潮湿，这是由制动液渗透引起的，是正常的；如果制动液从防尘套处滴漏，就意味密封皮碗有问题，需要更换制动轮缸。在每个制动轮缸的后部有排气螺栓和连接制动软管的螺纹孔，应同时检查制动轮缸与制动软管、制动轮缸与排气螺栓之间是否存在制动液泄漏。

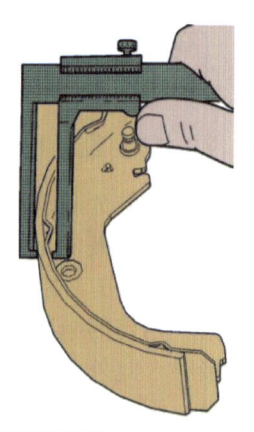

图 7-3-6 制动蹄的检查

4. 鼓式制动器间隙的调整

如果制动蹄和制动鼓之间的间隙过大，制动踏板的位置会很低，导致制动轮缸行程不足以使制动摩擦材料和制动鼓接触，驾驶人必须多次踩压制动踏板迫使更多的制动液进入轮缸，使其充分移动以产生制动力。因此，鼓式制动器需要调整制动蹄和制动鼓之间的间隙。按照调整方式不同，可分为制动鼓安装前调整和制动鼓安装后调整。

在制动鼓安装前，使用制动鼓至制动蹄间隙规（简称"量规"）对制动鼓内径最宽处进行测量，然后手动牢牢紧固量规上的固定螺栓，保持在当前位置，接下来在量规的一侧与相应的制动蹄之间插入适当规格的塞尺，转动制动蹄调节器星轮，直到制动蹄接触到量规和塞尺，调整结束后安装制动鼓。

大多数鼓式制动器可以在制动鼓安装后通过旋转星轮或旋转调节器进行间隙调整。调节时，使用一字螺丝刀推开棘片，然后使用调整工具使星轮转动，同时转动制动鼓，如果感觉到制动鼓受到阻力，应停止调整。反复进行行车制动和驻车制动操作，直到调节器总成不发出"咔嗒"声，然后调整驻车制动器拉线。

7.4 制动助力系统

7.4.1 真空助力系统定义

常见的制动助力系统分为真空助力式和电液助力式。真空助力系统利用发动机进气歧管真空及大气压力来增大制动踏板对制动主缸活塞的作用力,以提供助力功能。电液助力系统利用电动机驱动液压泵来提高制动主缸内的液压压力,以实现助力。电液助力系统的组成部件都集成在制动主缸上。真空助力系统是目前应用最广泛的制动力助力系统。

7.4.2 真空助力器结构

真空助力系统的核心部件是真空助力器,它利用进气歧管真空与大气压力的差值来增大推杆对制动主缸活塞的作用力,从而增大制动主缸内的液压压力,以实现助力作用。在配置柴油发动机或增压汽油发动机的汽车上,由于进气歧管不能形成有效真空,真空助力系统中设计有真空泵。

真空助力器位于制动踏板和制动主缸之间,它有单膜片式和双膜片式两种结构,它们的工作原理是相似的,如图7-4-1所示。

单膜片式主要由动力腔、控制阀和单向阀组成。双膜片式又叫串联膜片式,它相当于将两个单膜片式串联在一起,有两个膜片、四个腔室和一个控制阀。

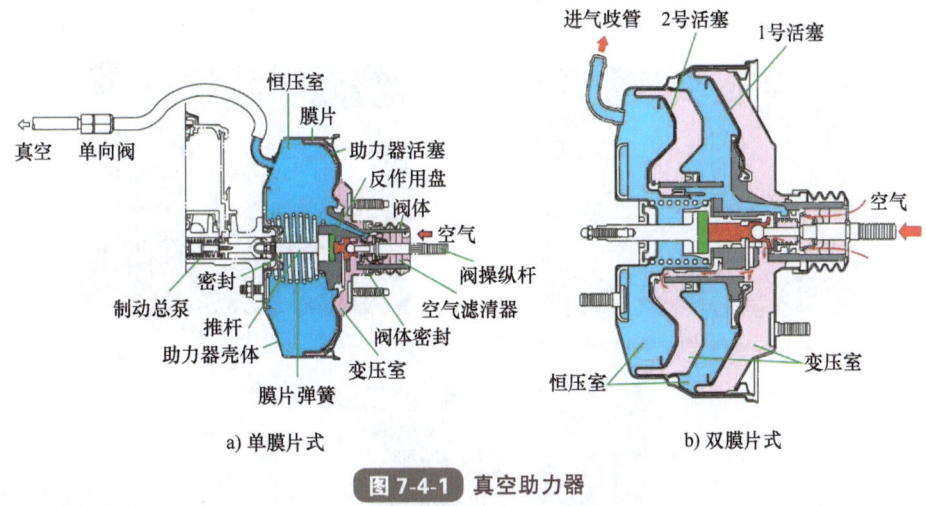

图 7-4-1 真空助力器

7.4.3 真空助力系统的检修

1. 常见的故障现象

若真空助力系统工作不正常,制动系统可能会出现以下故障:

1)制动踏板僵硬。
2)踩压或者释放制动踏板时有"嘶嘶"声。
3)踏板被踩下时太靠近地板。
4)制动有拖滞感。

制动有拖滞感也可能是制动液压系统出现故障引起的,此时应该把制动总泵与助力器分离,如果此时制动器松开了,则表明故障在真空助力器;如果制动器并没有松开,则表明故障在制动液压系统。

2. 系统检查与测试

当制动系统出现与真空助力系统相关的故障时,首先应进行真空助力系统性能检查,然后根据需要对真空助力系统及相关附件进行测试(或检测)。这些测试主要包括真空供给测试、单向阀测试、助力器空气阀测试、制动踏板行程检测、制动踏板自由行程检测等,若配备有电子真空泵,则还需要对其进行测试。

3. 真空助力器的拆装

拆卸真空助力器时,首先应该拆卸蓄电池负极电缆、真空软管及单向阀等部件。接着,拆卸制动主缸与真空助力器之间的紧固件,并移走制动主缸,如图7-4-2所示。进行此操作时不要损坏制动管道,如果制动管道没有足够的空间,就拆下制动管道并封堵所有开口和周围部分,如图7-4-3所示。然后,将助力器阀杆从制动踏板上松开,并拆卸真空助力器紧固件,如图7-4-4所示。最后,从发动机舱中取出真空助力器。真空助力器的安装按照与拆卸相反的顺序进行。各车型真空助力器拆装的具体步骤请参考维修手册。

a)

b)

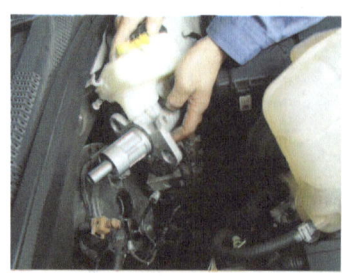
c)

图 7-4-2 拆卸制动主缸

a)

b)

c)

图 7-4-3 拆卸助力器周围组件

图 7-4-4 拆卸助力器紧固件

注意：禁止通过阀杆搬运真空助力器，以防止损坏真空助力器控制阀的密封件。

  有些真空助力器的推杆或阀杆长度是可以调节的，安装时需要检查并调节其长度。如果推杆太长，制动主缸的操作就会不正常，可能造成制动器拖滞；如果推杆太短，制动时会产生噪声，并导致制动距离偏长。阀杆长度主要影响制动踏板的高度和行程。

7.5 制动控制系统

7.5.1 防抱死制动系统

ABS 是在传统机械制动液压系统基础上建立的电子控制装置，除了传统的制动液压系统部件外，还包括电子制动控制模块、轮速传感器、液压控制单元、ABS 故障指示灯等。ABS 组成如图 7-5-1 所示。

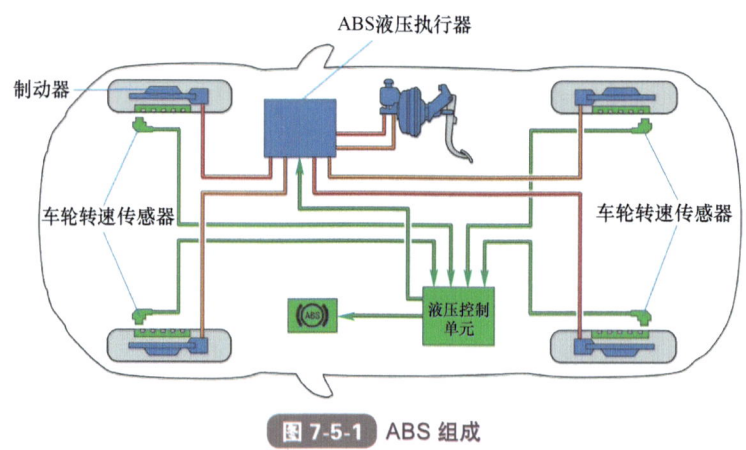

图 7-5-1 ABS 组成

电子制动控制模块由输入电路、数字控制器、输出电路和警告电路组成，其主要功能是通过信号收集，分析和判别，防止车轮抱死。

轮速传感器主要安装在前轮转向节上和后轮肘节上，传感器和信号齿轮都属于车轮轴承总成的一部分，不能单独维修和更换，传感器与信号齿轮之间的间隙不可调。

液压控制单元主要包括电动液压泵、蓄压器和电磁阀等，它和 EBCM 集成在一起，串接在制动主缸和制动轮缸之间，以调节制动轮缸的制动压力。

ABS 故障指示灯呈琥珀色，当 ABS 工作异常时，指示灯就会点亮，此时就要进行维修。

7.5.2 其他电子制动系统

1. 电子制动力分配系统

电子制动力分配（EBD）系统集成在 ABS 中，取代了传统制动液压系统中的比例阀，它能够合理地分配前、后轮的制动力，防止车辆制动时甩尾，并且能使车辆在不同的路面上获得最佳的制动效果，缩短制动距离，提高制动灵敏度和协调性，如图 7-5-2 所示。

2. 牵引力控制系统

牵引力控制（TRC）系统能够在车辆起步、加速或湿滑路面行驶时控制驱动轮滑移率，以维持车辆行驶的稳定性和最适当的驱动力。牵引力控制系统如图 7-5-3 所示。

TCS 防滑原理与 ABS 非常相似，它们都是通过控制液压控制单元来调节车轮的制动力，从而调节车轮滑移率，以保持车轮与地面的最佳附着力但是它们之间存在以下不同之处：

1）ABS 对所有车轮起作用，控制其滑移率；而 TCS 只对驱动轮起作用。

2）ABS 的目的是防止制动时车轮抱死滑移，提高制动效率和安全性；而 TCS 的目的是防止驱动车轮原地滑转，改善车轮与路面的附着力，提高车辆牵引力。

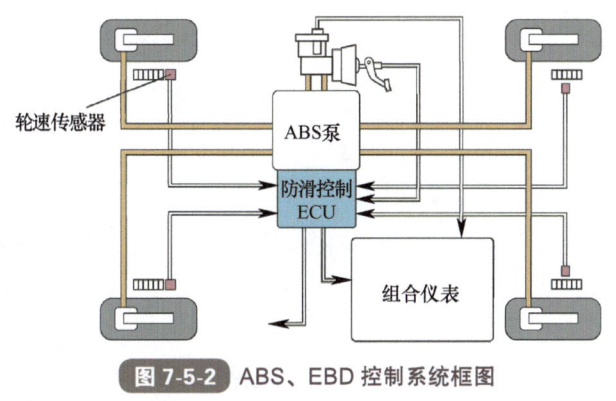

图 7-5-2　ABS、EBD 控制系统框图

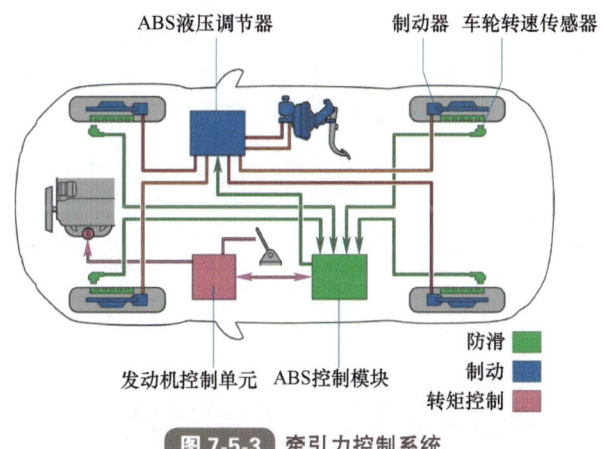

图 7-5-3　牵引力控制系统

3）ABS 只有在车辆行驶过程中驾驶人踩下制动踏板后才能工作；TCS 则是在整个行驶过程中都处于警戒状态，一旦驱动轮出现滑转，便自动投入工作。

3. 电子稳定程序

电子稳定程序（ESP）能够主动纠正车辆在高速或湿滑路面上行驶时转向过度和转向不足，避免车辆偏航现象，同时它还集成了 ABS 和 TCS 的功能。当车辆有转向过度趋势时，系统将外侧的一个或全部车轮进行制动，当车辆有转向不足趋势时，系统将内侧的一个或全部车轮进行制动，从而矫正车辆的偏转特性。电子稳定程序能够提高驾驶安全性、优化操控性及驾驶舒适性，并通过对车辆横向和纵向的动态控制，提高 ABS、TCS 的性能。

ESP 组成如图 7-5-4 所示。

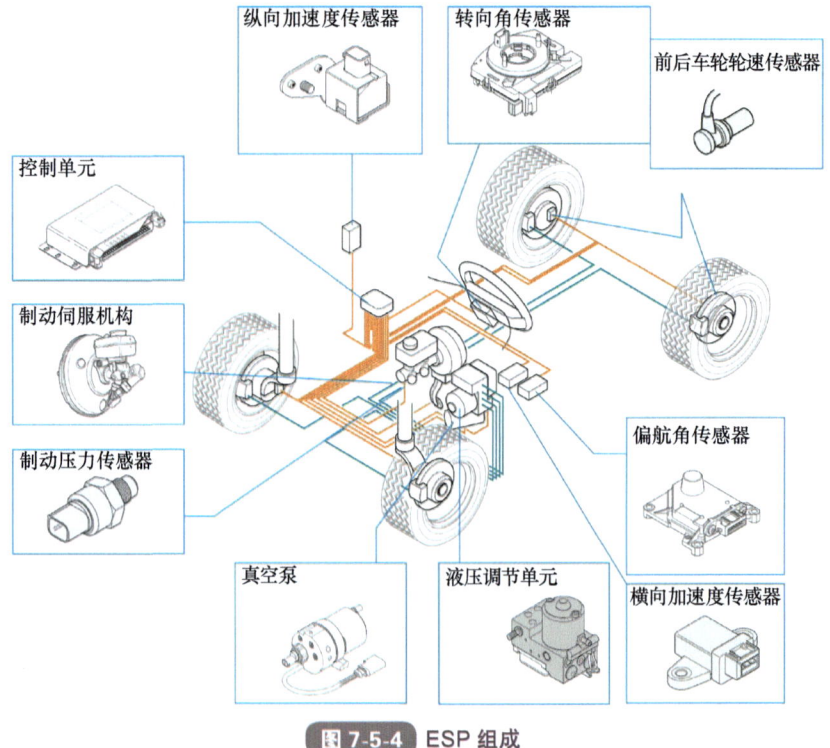

图 7-5-4　ESP 组成

Chapter 8
第 8 章　转向系统维修与故障诊断

8.1 转向系统的基本组成与原理

在汽车行驶过程中，驾驶人需要根据道路状况频繁地改变其行驶方向，因此对于轮式汽车来讲，转向系统能够使与转向桥相连的车轮相对于汽车的纵轴线偏转一定的角度，从而实现车辆转向。根据转向动力不同，转向系统分为机械转向系统和动力转向系统。

转向系统通常由转向操纵机构、转向器和转向传动机构组成，如图 8-1-1 所示。

1. 转向操纵机构

转向操纵机构主要包括转向盘和转向柱。

1）转向盘。转向盘呈圆形，主要作用是将驾驶人施加在转向盘的力矩传递给转向柱。其内部由金属架组成，外边包裹有柔软的合成橡胶或树脂，起到缓冲作用。

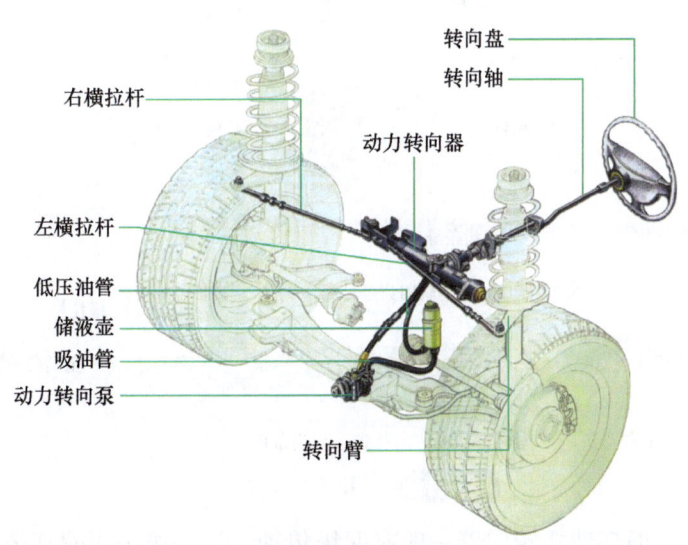

图 8-1-1　转向系统组成

2）转向柱。转向柱位于转向盘和转向器之间，主要作用是将来自转向盘的转向力矩传递给转向器。转向柱主要由转向柱管、转向轴、转向传动轴、万向节、转向柱调整机构等组成，如图 8-1-2 所示。

2. 转向器

转向器是转向系统的减速传动装置，如图 8-1-3 所示，目前在汽车上广泛使用的转向器有齿轮齿条式和循环球式。

图 8-1-2 转向柱　　图 8-1-3 转向器

1）齿轮齿条式。齿轮齿条式转向器通常安装在副车架或发动机托架上，且安装点采用橡胶衬垫隔离振动和冲击。齿轮齿条式转向器具有结构简单、质量小转向灵敏、成本低、便于布置等特点，因此广泛应用于小客车和轻型汽车上。齿轮齿条式转向器主要由输入轴、小齿轮、齿条、转向器壳体等组成，如图 8-1-4 所示。

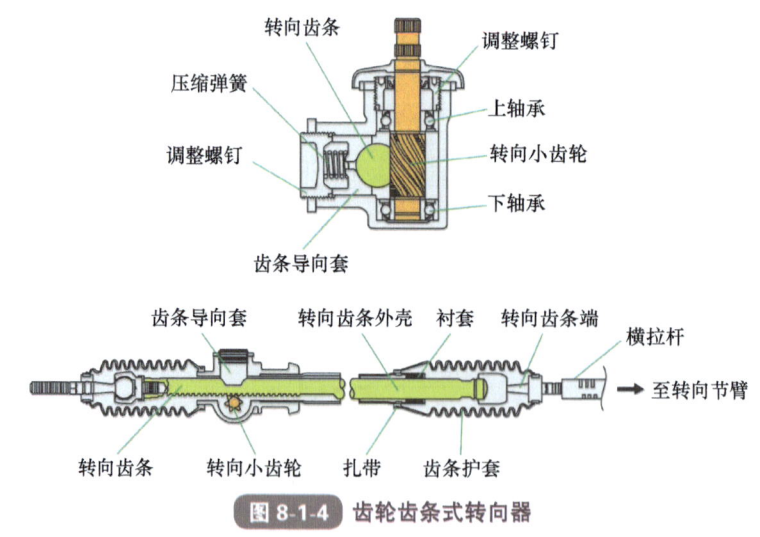

图 8-1-4 齿轮齿条式转向器

2）循环球式。循环球式转向器一般有两级传动，第一级采用螺杆螺母传动，第二级采用齿扇齿条传动。循环球式转向器传动效率高，操纵轻便，使用寿命长，工作平稳、可靠，通常应用在货车或越野车上。循环球式转向器主要由输入轴、转向螺杆、转向螺母、钢球、钢球导管、齿扇轴（摇臂轴）、转向器壳体等组成，如图 8-1-5 所示。

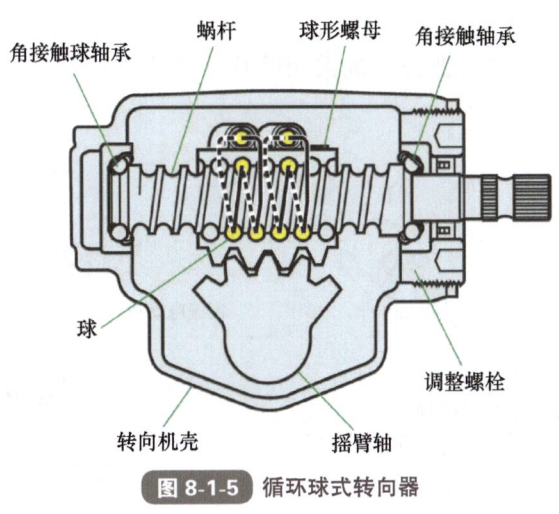

图 8-1-5　循环球式转向器

3. 转向传动机构

转向传动机构将转向器输出的力矩传递给转向桥两侧的转向节，使两侧转向轮偏转。同时，它使两侧转向轮偏转角度按一定关系变化，以保证汽车转向时车轮与地面的相对滑动尽可能小。

拉杆式转向传动机构通常与齿轮齿条式转向器配合使用，主要由横拉杆、梯形臂、转向节（球节）等组成，如图 8-1-6 所示。当齿条左右移动时，横拉杆也随之等量移动推动梯形臂及转向节绕着支点转动，从而使转向轮偏转相应的角度。横拉杆由内横拉杆和外横拉杆组成。球节主要由球头、球头销、球头座、球节窝、压缩弹簧、防尘罩等组成。

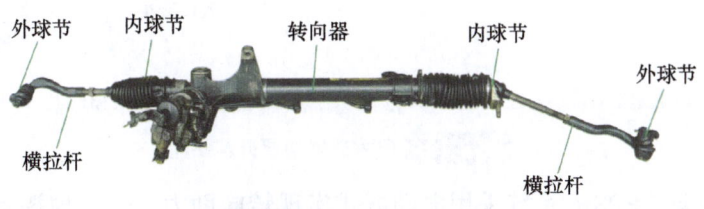

图 8-1-6　拉杆式转向传动机构

4. 动力转向系统

汽车动力转向系统是在机械转向系统的基础上增加了一套助力装置，这样可以使转向操纵更加轻便。在正常情况下，采用动力转向系统的汽车在转向时所需要的力一小部分由驾驶人提供，而大部分作用力由助力装置提供，助力装置失效时，仍能够确保转向系统的机械部件正常工作。动力转向系统主要有液压助力转向系统和电动助力转向系统两种类型,如图 8-1-7 所示。

液压助力转向系统在机械转向系统的基础上增加了一套液压助力系统。液压助力转向器中增加了转向控制阀和转向动力腔。液压由动力转向泵提供。动力转向泵安装在发动机前端,由曲轴驱动。目前大部分车辆采用叶片式动力转向泵,叶片式转向泵分解图如图 8-1-8 所示。

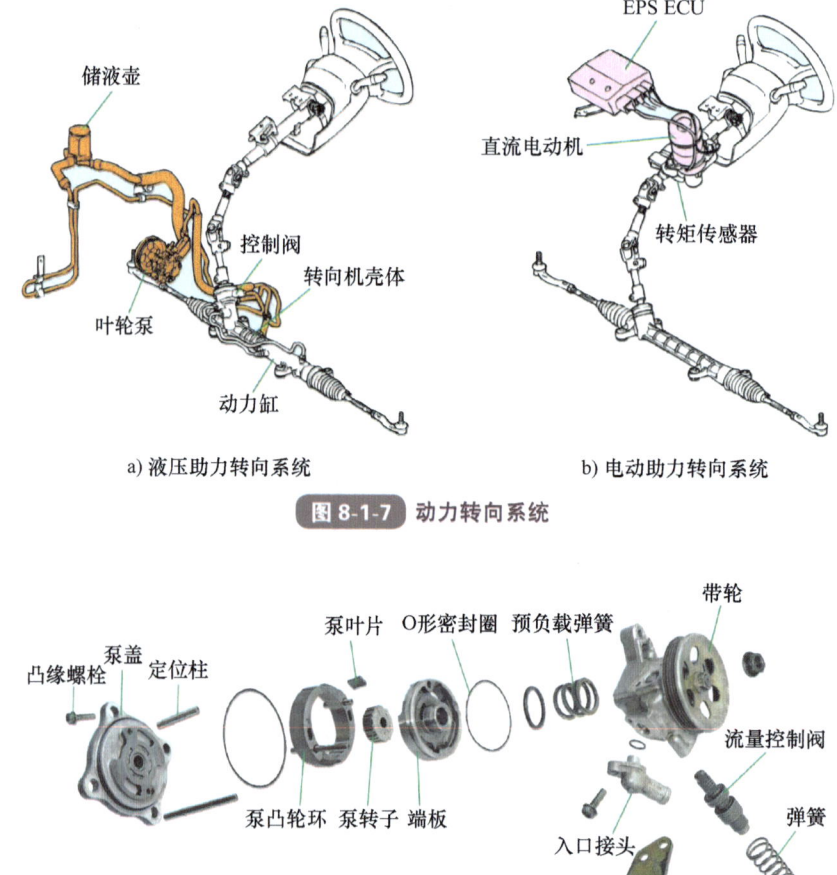

a) 液压助力转向系统　　b) 电动助力转向系统

图 8-1-7　动力转向系统

图 8-1-8　叶片式转向泵分解图

电动助力转向(EPS)系统采用电动方式实现转向助力,是一种智能助力转向系统,组成如图 8-1-9 所示。

转矩传感器的作用是将驾驶人的转向意图反馈给动力转向控制模块,它是动力转向控制模块控制动力转向电动机的主要参数。转矩传感器安装在转向器输入轴或转向柱的扭力杆上,如图 8-1-10 所示。

动力转向电动机是电动助力转向系统的执行器,动力转向电动机安装在转向器上,采用蜗轮蜗杆传动方式驱动转向主轴(见图 8-1-11),从而使齿条移动,实现助力转向。

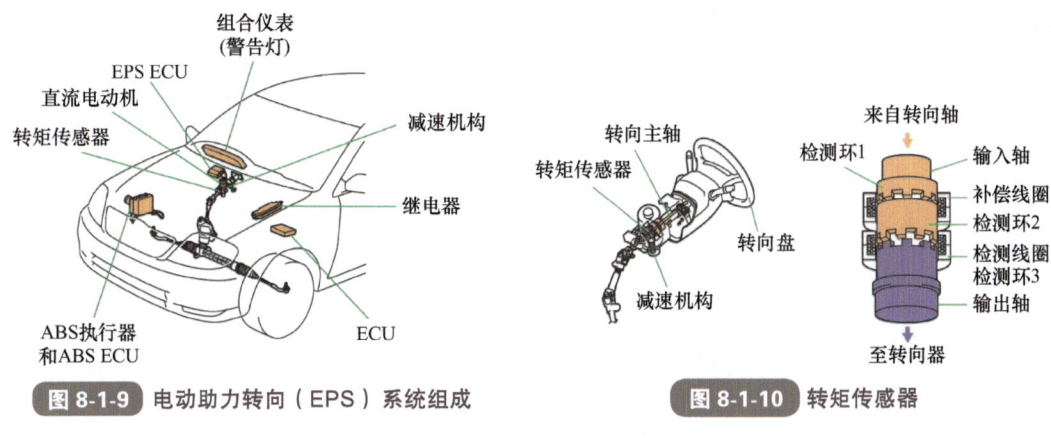

图 8-1-9 电动助力转向（EPS）系统组成

图 8-1-10 转矩传感器

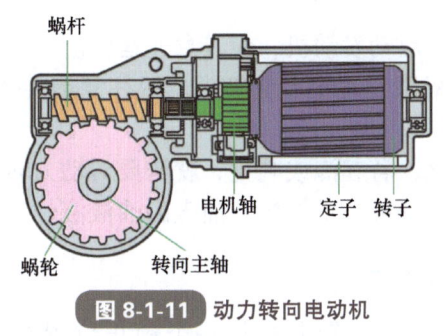

图 8-1-11 动力转向电动机

8.2 转向系统的维修与故障诊断

8.2.1 转向系统检查

1. 动力转向泵传动带的检查

1）用手按压转向带检查预紧力是否正常。
2）目视检查传动带是否出现过度磨损、帘线断裂等情况。

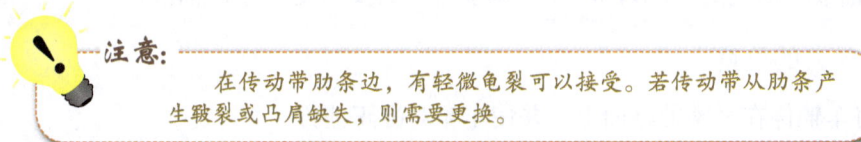

注意：在传动带肋条边，有轻微龟裂可以接受。若传动带从肋条产生皲裂或凸肩缺失，则需要更换。

2. 动力转向油液液位的检查

1）将车辆停放在水平路面。
2）发动机停转时，检查储液壶中的液位，如图 8-2-1 所示。必要时，往储液壶中添加油液。预热后的油液，油液温度为 75～80℃之间。油液应位于标记"HOT MAX"和"HOT MIN"之间。冷却后的油液，油液温度为 20～25℃。液面应位于标记"COLD

MAX"和"COLD MIN"之间。

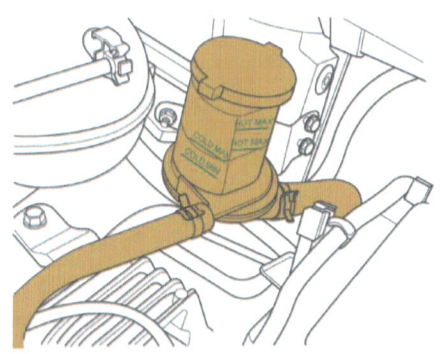

图 8-2-1 储液壶油液位置刻度

3）预热动力转向油液，启动发动机，使其怠速运转。

4）旋转转向盘由右侧极限位置至左侧极限位置往复旋转数次，使油温上升。油温预热至 75～80℃。

5）检查是否起泡或乳化，若起泡或乳化，就需要对动力转向系统进行排气。

6）停止发动机。稍等几分钟，重新检查油壶的油液液位。

3. 动力转向系统的排放程序

1）在发动机停止工作时，将转向盘从一个锁止位置打到另一个锁止位置，反复多次。

2）启动发动机，使发动机在怠速工况下运转，检查动力转向管路带油壶总成液面，必要时添加油液，使液位保持在"COLD MIN"刻度以上。

3）来回转动转向盘，但在任一侧不要把方向打到底，排出系统中的空气。使液位保持在"COLD MIN"刻度以上，必须将系统中的空气排出，才能获得正常的动力转向性能。

4）将转向盘回正，让发动机怠速运转 2～3min。

5）路试车辆，确认动力转向功能是否正常、有无异响。

6）按步骤1）和步骤2）重新检查动力转向油液面，确保当系统达到正常工作温度并稳定后，油液液面达到"HOT MAX"刻度处，必要时适当添加油液。

4. 转向力的检查

1）将车辆停在平整的路面上，并使车轮对准正前方。

2）开蓄电池负极电缆，参见蓄电池。

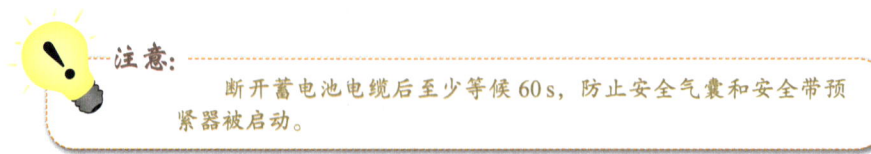

注意：断开蓄电池电缆后至少等候60s，防止安全气囊和安全带预紧器被启动。

3）拆卸驾驶员安全气囊。

4）连接蓄电池负极电缆。

5）使用扭矩扳手，检查转向盘固定螺母的紧固扭矩是否正确。

6）启动发动机，怠速运转。

7）如图 8-2-2 所示使用力矩扳手，将转向盘分别向左和向右转动 90°，检查向左和向右转动时的转矩。转向力应符合维修手册相关技术标准。

5. 转向横拉杆球头的检查

1）拆卸转向器横拉杆球头。

2）将横拉杆球头牢固地夹于卡钳上。

3）将螺母安装在球头螺栓上。

4）前后摇动球头上螺栓 5 次以上。

5）如图 8-2-3 所示使用扭力扳手，以每 2～4r/s 的转速，连续旋转螺母，然后在第 5 圈时读出转矩。转矩应符合相关车型维修手册技术标准，如果转矩不在规定范围内，则更换横拉杆总成。

> **注意**：左右两侧转向器横拉球杆头的检查方法相同。

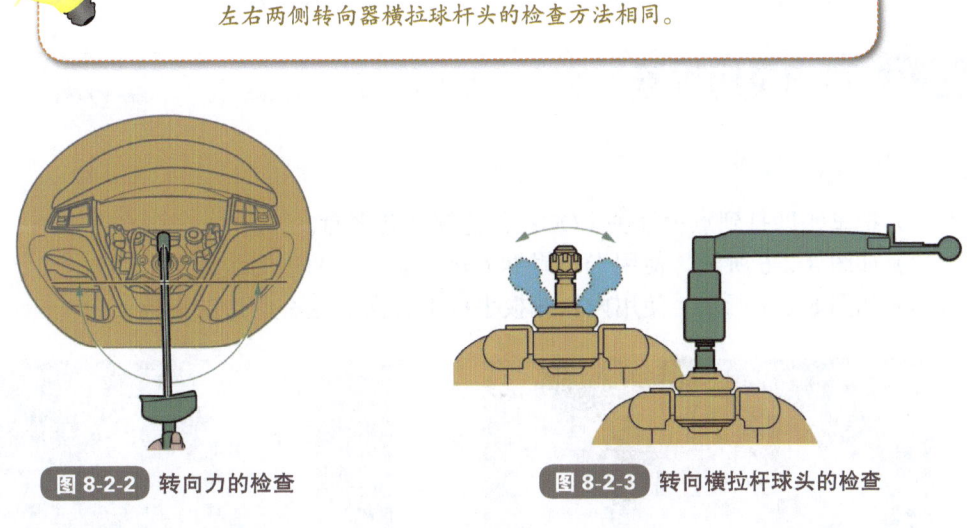

图 8-2-2 转向力的检查　　图 8-2-3 转向横拉杆球头的检查

6. 转向盘自由间隙的检查

1）将车辆停在水平地面上，轮胎朝向正前方。

> **注意**：部分车型的转向盘自由间隙无法调整，在中间轴万向节正常的情况下，更换机械转向器带横拉杆总成。

2）在转动的同时感觉中间轴之间是否存在间隙，如果有间隙必须更换中间轴。最大自由间隙：30mm。转向盘自由间隙的检查如图 8-2-4 所示。

7. 中间轴万向节的检查

1）如图 8-2-5 所示，固定中间轴万向节的一端，以顺时针及逆时针方向扭转上，下中间轴万向节另一端。

2）是否感觉到任何的移动，如果有任何移动就需要更换中间轴。

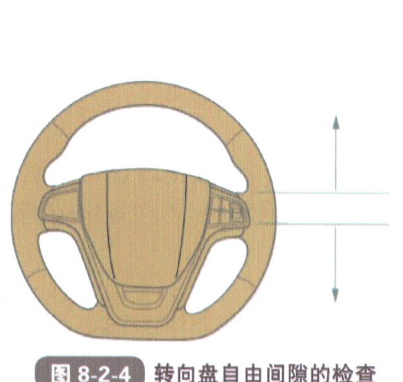

图 8-2-4 转向盘自由间隙的检查

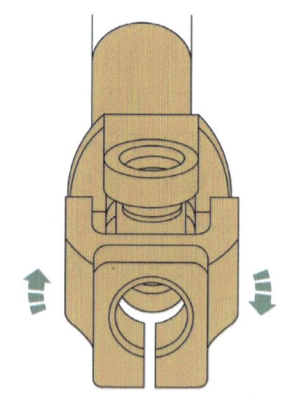

图 8-2-5 中间轴万向节的检查

8.2.2 转向系统拆装

1. 转向盘和转向柱的拆卸

1）把车钥匙打到点火开关 LOCK 位置锁住转向盘。

2）如图 8-2-6 所示，使用卡簧钳拆下转向盘左右两边的装饰盖。

3）如图 8-2-7 所示，使用内六花扳手拆下转向盘左右两边的螺栓。

图 8-2-6 拆卸转向盘左右两边的装饰盖

图 8-2-7 拆卸转向盘左右两侧螺栓

4）拆下安全气囊插件后，取下安全气囊和转向盘装饰盖。

5）如图 8-2-8 所示，使用 22# 套筒、棘轮扳手拆下转向盘螺母。力矩：(35±5) N·m。

6）如图 8-2-9 使用拆卸转向盘专用工具拉器拆卸转向盘，并取下。

图8-2-8 拆卸转向盘螺母

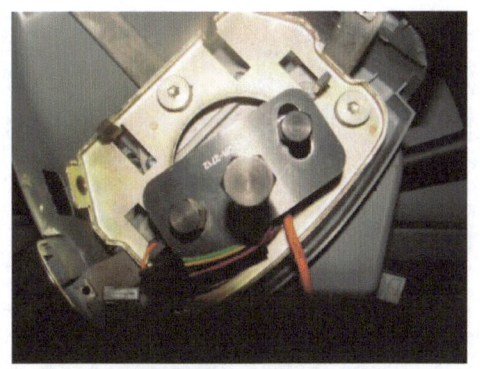
图8-2-9 拉器拆卸转向盘

7）用十字螺丝刀拆下转向管柱装饰罩上的4颗螺钉。
8）拆下螺钉后，取下转向管柱上下装饰罩。
9）取下车钥匙、防盗线圈装饰罩。
10）取下防盗线圈。
11）用十字螺丝刀拆下组合开关上的四个螺钉。
12）拔下组合开关上的刮水器插件。
13）拔下转向开关插件。
14）按图8-2-10所示的箭头方向拔下开关插件。

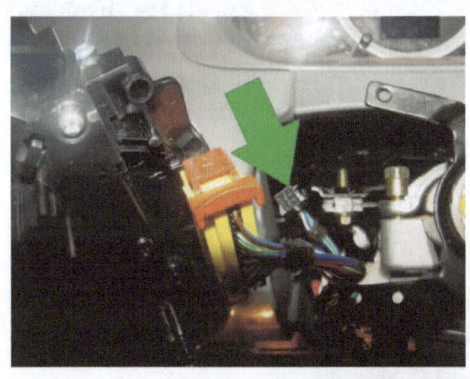
图8-2-10 按箭头方向拔下开关插件

15）取下组合开关。
16）拔下图8-2-11所示白色插件。
17）拔下图8-2-12所示蓝色插件。
18）如图8-2-13所示，使用13#扳手拆下点火开关在转向管柱上的两颗螺栓。力矩：(22 ± 1) N·m。
19）如图8-2-14所示，使用10#套筒、棘轮扳手拆下转向管柱与仪表台连接的螺栓。力矩：(25 ± 3) N·m。

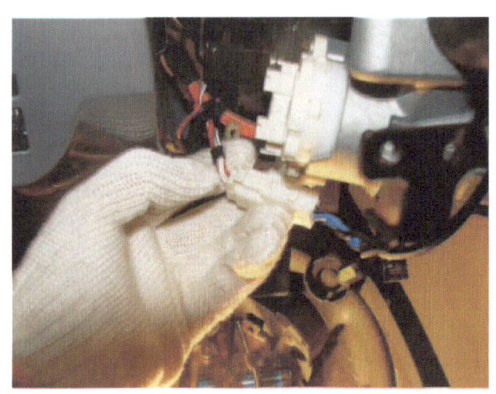
图 8-2-11 拔下白色插件

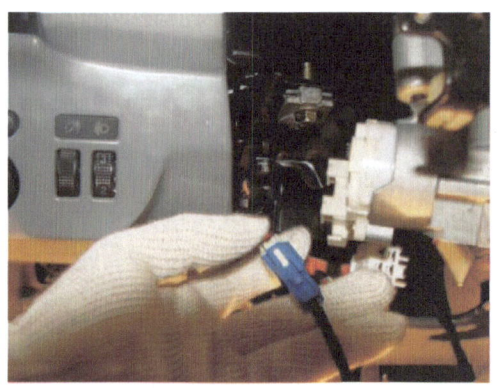
图 8-2-12 拔下蓝色插件

图 8-2-13 点火开关在转向管柱上的螺栓

图 8-2-14 转向管柱与仪表台连接的螺栓

20）使用10#套筒、棘轮扳手拆下转向万向节与转向器连接的螺栓，然后取下转向管柱总成和转向万向节总成，如图8-2-15所示。力矩：(30±3)N·m。

安装步骤参照拆卸步骤进行。

图 8-2-15 拆下转向管柱总成

2. 转向机总成的拆装

1）举升车辆，使用13#扳手拆下波纹管前端的螺母和螺栓，如图8-2-16所示。力矩：(17±1) N·m。

2）拔下三元催化转化器前、后的橡胶圈。

3）使用10#套筒和棘轮扳手拆下三元催化转化器和波纹管之间与车身连接的两颗螺栓。力矩：(13±1) N·m。

4）拔下后消声器与车身吊钩连接的橡胶圈，然后卸下排气管。拆下左制动盘。

5）如图8-2-17所示，使用17#梅花扳手拆下左横拉杆球头与转向节连接的螺母。力矩：(35±3) N·m。

图 8-2-16 拆下波纹管前端的螺母和螺栓

图 8-2-17 拆下左横拉杆球头与转向节连接螺母

6）如图8-2-18所示，使用8#套筒和棘轮扳手拆下左前轮速传感器螺栓。力矩：(10±1) N·m。

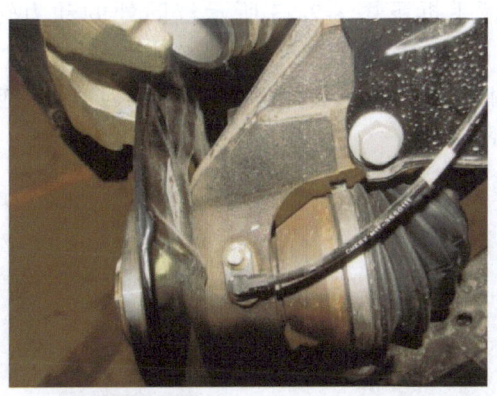

图 8-2-18 拆下左前轮速传感器

7）从左前减振器上拔下轮速传感器线。拔下左前轮速传感器线。

8）如图8-2-19所示，使用17#扳手拆下转向节与下摆臂球头的螺母。如图8-2-20所示,将左前制动轮缸用绳子从中间穿过并固定在车上,固定好的位置不能影响拆卸。

图 8-2-19 转向节与下摆臂球头的螺母

图 8-2-20 固定制动轮缸

9)将左驱动轴从左转向节拔出,并用绳子吊起来,如图 8-2-21 所示。

10)使用卡箍钳将图 8-2-22 所示圈出的动力转向回油管卡箍拆下,拆卸时需准备好容器回收。

图 8-2-21 吊起驱动轴

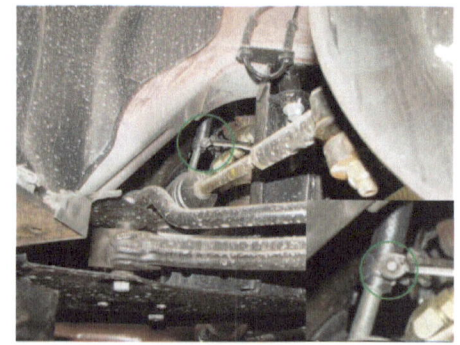

图 8-2-22 动力转向回油管卡箍

11)使用 17# 开口扳手拆下图 8-2-23 所示红圈处的动力转向进油管螺母。力矩:(11±3)N·m。

12)使用 10# 套筒和棘轮扳手拆下转向万向节与转向器的连接螺栓,如图 8-2-24 所示。力矩:(30±3)N·m。

图 8-2-23 动力转向进油管螺母

图 8-2-24 转向万向节和转向器的连接螺栓

13）使用15#套筒、棘轮扳手、梅花扳手拆下图8-2-25所示的螺母和螺栓。力矩：（90±5）N·m。使用液压升降输送器顶住前桥。

14）用15#扳手拆下图8-2-26所示圈出的车身与副车架连接的螺栓。力矩：（110±10）N·m。

图8-2-25 拆卸螺母和螺栓

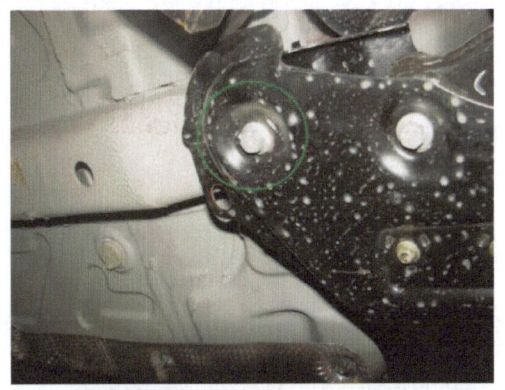
图8-2-26 车身与副车架连接螺栓

15）用15#扳手拆下图8-2-27所示圈出的车身与前副车架连接的螺栓。力矩：（110±10）N·m。

图8-2-27 车身与前副车架连接螺栓

16）在发动机舱内用13#扳手拆下减振器与车身壳体连接的三个螺母。力矩：（50±5）N·m。

17）使用液压升降输送器将前桥放下，取下图8-2-28所示的前桥、悬架和转向器。

18）如图8-2-29所示，使用19#套筒、棘轮扳手拆下副车架与转向器左边连接螺栓。力矩：（100±10）N·m。

19）如图8-2-30所示，使用19#套筒、棘轮扳手拆下副车架与转向器右边连接螺栓。力矩：（100±10）N·m。

20）取下转向器总成，如图8-2-31所示。

安装参照与拆卸相反的步骤进行。

图 8-2-28 前桥

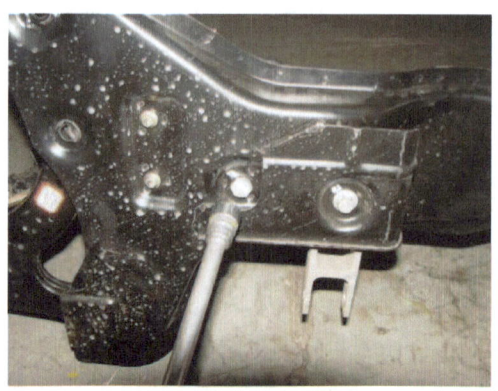

图 8-2-29 副车架与转向器左侧连接螺栓

图 8-2-30 副车架与转向器右侧连接螺栓

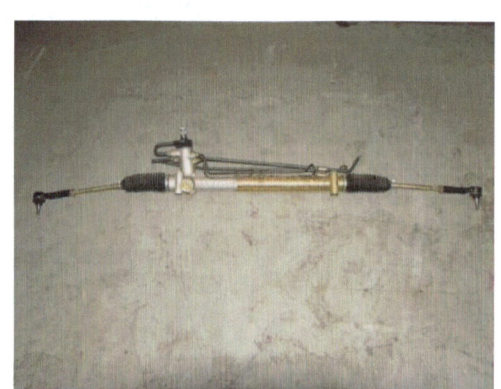

图 8-2-31 转向器总成

8.2.3 转向系统常见故障诊断与排除

1. 转向盘振摆

转向盘振摆故障诊断排除策略见表 8-2-1。

表 8-2-1 转向盘振摆故障诊断排除策略

故障现象	汽车在某转速范围内行驶时，转向轮摇摆或转向盘抖动
故障原因	① 转向器螺杆（蜗杆）两端轴承严重磨损，间隙过大 ② 横、直拉杆球头销及球头座磨损，使球关节松旷 ③ 转向摇臂与摇臂轴的紧固螺栓、螺母松动 ④ 前轮轮毂轴承磨损松旷，固定螺母松动 ⑤ 前轮前束过大，车轮外倾角，主销后倾角过小 ⑥ 前轴弯曲，车架、前轮轮辋变形 ⑦ 前轮外胎由于修补或装用翻新胎失去平衡 ⑧ 减振器失效，前钢板弹簧刚度不一致

(续)

诊断排除	① 一人转动转向盘，另一人在车下观察转向器和传动机构。若转向盘转动了一定角度，而转向摇臂并不转动，则故障在转向器；若转向摇臂转动了一定角度而前轮并不偏转，则故障在转向传动机构 ② 若故障在转向器，应拆下转向器，检查螺杆与指销（螺母齿条与齿扇）啮合间隙是否过大。若过大，应予调整 ③ 如果故障在转向传动机构，应将横、直拉杆拆下，检查横、直拉杆球头销和球头碗是否磨损严重，弹簧是否折断，螺塞是否调整过松，必要时应重新调整或换件 ④ 若转向盘自由转动量符合要求，再用千斤顶将前轮架起，用撬棍往上撬轮胎。若有松旷量，则为前轮毂轴承松旷或转向节主销与衬套间隙过大，应进行调整或修理，轴承损坏应更换 ⑤ 确认前轮无松旷量，应检查前轮前束是否符合要求，若不符合要求，应重新调整 ⑥ 若前轮前束符合规定，应检查钢板弹簧螺栓、转向器固定螺栓是否松动，若松动，应按规定力矩拧紧 ⑦ 上述检查无松动，应检查前钢板弹簧刚度和减振器是否失效。若刚度不符合要求或减振器失效，应更换 ⑧ 若存在摆振现象，则应对转向轮进行平衡检测和校正 ⑨ 经上述检查调整仍无效时应卸下前轴和车架，检查前轴是否弯曲变形，若变形应予以校正或更换

2. 低速摆头

低速摆头故障诊断排除策略见表 8-2-2。

表 8-2-2　低速摆头故障诊断排除策略

故障现象	汽车在低速行驶时，感到方向不稳，产生前轮摆振
故障原因	① 装载前后不均等 ② 前轮胎气压是否过低或过高 ③ 前悬架弹簧错位、折断或固定不良 ④ 转向盘自由行程过大或转向拉杆球头销松旷 ⑤ 转向节主销与衬套的配合间隙过大或前轴主销孔与主销配合间隙过大 ⑥ 前轮定位不正确
诊断排除	① 外观检查车辆是否装载货物超长，而引起前轮承载过小，检查前轮胎气压是否过低或过高，应充气使之达到规定值，检查前悬架弹簧是否错位、折断或固定不良，若错位，应拆卸修复；若折断，应更换；若固定不良，应按规定力矩拧紧 ② 检查转向盘自由行程由一人握紧转向摇臂，另一人转动转向盘试验，若自由行程过大，说明转向器啮合传动副间隙过大，应调整。放开转向摇臂，仍由一人转动转向盘，另一人在车下观察转向拉杆球头销，若有松旷现象，说明球头销或球碗磨损过甚，弹簧折断或调整过松，应先更换损坏的零件，再进行调整 ③ 调查以上检查均正常，可支起前桥，并用手沿转向节轴轴向推拉前轮，凭感觉判断是否松旷，若有松旷感觉，可由另一人观察前轴与转向节连接部位，若此处松旷，说明转向节主销与衬套的配合间隙过大或前轴主销孔与主销配合间隙过大，应更换主销及衬套。若此处不松旷，说明前轮毂轴承松旷，应重新调整轴承的预紧度 ④ 若非上述原因所致，应对前轴进行检查，检查前轮定位是否正确，若不正确，应调整；检查前轴是否变形，若有变形应进行校正

3. 高速摆头

高速摆头故障诊断排除策略见表 8-2-3。

表 8-2-3 高速摆头故障诊断排除策略

故障现象	汽车在高速或某一个较高车速行驶时，出现转向盘发抖，行驶不稳定
故障原因	① 前轮胎气压是否过低 ② 转向器及转向传动机构松动 ③ 前减振器漏油或失效 ④ 悬架弹簧松动 ⑤ 前轮偏摆或不平衡 ⑥ 前轮定位不正确或车架变形
诊断排除	① 外观检查：检查前轮胎气压是否过低，若气压过低，应充气使之达到规定值。检查前桥、转向器及转向传动机构是否松动，若松动，应紧固。检查前减振器是否漏油，若漏油或失效，应更换。检查左、右悬架弹簧是不是折断或弹力减弱，若有折断或弹力减弱，应更换。检查悬架弹簧是否固定可靠，若松动，应紧固 ② 无负荷检查：支起起动桥，用三脚架塞住非驱动轮，起动发动机并逐步使汽车换入高速挡，使驱动轮达到车身摆振的车速，若此时车身和转向盘出现抖动，说明传动轴严重弯曲或松旷，驱动桥齿轮啮合间隙过大，应更换或调整，若此时车身和转向盘不抖动，说明故障在前桥 ③ 检查前轮是不是偏摆：支起前桥，在前轮轮辋边上放一划针，慢慢地转动车轮，查看轮辋是否偏摆过大，若轮辋偏摆过大，应更换。拆下前轮，在车轮动平衡仪上检查前轮的动平衡情况，若不平衡量不大，应加装平衡块予以平衡 ④ 经上述检查均正常，应检查车架和前轮是否正常，用前轮定位仪检查前轮是否正确，若不正确，应调整，检查车架有无变形，若有变形，应校正

Chapter 9
第 9 章　行驶系统维修与故障诊断

9.1 行驶系统基础知识

行驶系统的主要作用是将传动系统传来的转矩转化为汽车行驶的驱动力矩，支撑汽车的总质量，并承受路面作用于车轮上的力和力矩，减少振动，缓和冲击，保证汽车的平稳行驶。

汽车行驶系统一般由车架（或车身）、悬架、车桥、车轮与车胎等组成。

9.2 车轮与车胎维修与故障诊断

9.2.1 车轮结构与常规检查

1. 轮胎结构

目前绝大多数汽车采用充气轮胎。汽车充气轮胎分为有内胎式和无内胎式。有内胎式轮胎的主要缺点是不适应高速行驶，高速行驶时温度较高，容易爆胎而形成安全事故。无内胎式轮胎能够更好地改善轮胎的缓冲性能，提高轮胎的使用寿命和车辆行驶的安全性。无内胎式轮胎结构如图 9-2-1 所示。

2. 轮胎压力检查

在正常行驶状态下，合适的轮胎气压能优化轮胎的磨损量，延长轮胎的使用寿命，提高车辆的乘坐舒适性和操纵性，同时还能提高车辆的燃油经济性。

轮胎信息标牌中标注了轮胎气压标准，它通常位于驾驶人侧的门框上、杂物箱内侧或者用户手册中。

车辆的使用环境和温度会影响轮胎内的气压，高温会增加胎内的压力，低温会降低胎内的压力。当使用冷态气压参数进行充气时，车辆需停驶一段时间后再进行操作。

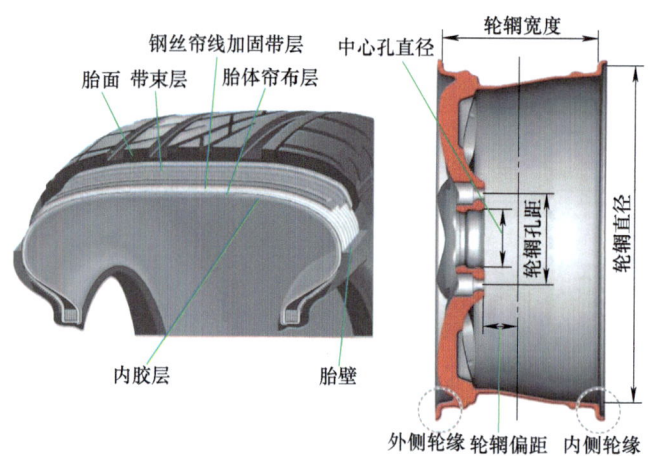

图 9-2-1 无内胎式轮胎结构

目测检查轮胎的变形量,可以帮助确定轮胎的充气状态是否合适,但不能判断轮胎的准确气压值,因此应使用轮胎气压表来准确检查轮胎气压是否符合规格。轮胎压力检查方法如图 9-2-2 所示。

3. 轮胎的磨损检查

轮胎在使用过程中应经常检查其花纹的磨损情况,一般通过磨损指示器来进行判断,轮胎磨损指示器如图 9-2-3 所示。磨损指示器设计在轮胎胎面沟槽底部,呈凸起窄条状,且从轮胎一侧延伸到另一侧。磨损指示器用于显示胎面花纹深度,当胎面被磨损到与磨损指示器平齐时,提示需要更换轮胎。

图 9-2-2 轮胎压力检查方法

轮胎花纹深度也可使用轮胎花纹深度计来测量。测量前,首先应清除轮胎花纹中的杂物,以保证测量的准确性。测量时,把轮胎花纹深度计放在胎面沟槽中(不包括胎面指示器),深度计的读数即为轮胎花纹深度值,如图 9-2-4 所示。

图 9-2-3 轮胎磨损指示器

图 9-2-4 轮胎花纹深度测量

9.2.2 轮胎拆卸、修补与动平衡

1. 轮胎拆卸注意事项

轮胎拆装时应注意以下事项：

1）拆装轮胎要在清洁、干燥、无油的场所进行，通常使用轮胎拆装机进行操作。
2）安装新轮胎时，要注意轮胎尺寸、旋转方向及轮胎的平衡标记。
3）检查并清除轮辋上的橡胶和锈蚀，便于轮胎与轮辋接合。
4）检查气门嘴与轮辋或气门芯是否配合平整，并清除灰尘。充气后应检测气密性，并安装气门芯帽。
5）涂抹适量的润滑剂于胎圈和轮辋上，便于轮胎的安装。
6）充气时注意安全防护，并在充气开始时用橡胶锤轻击轮胎，使轮胎平稳嵌入轮辋圈槽内，防止轮胎跳动。
7）将轮胎充气至规定的气压，过高或过低的气压会缩短轮胎的使用寿命。
8）充气结束后，应确认胎圈完全嵌入轮辋内。

2. 轮胎拆卸步骤

1）使用轮胎气门芯工具放掉轮胎气压。
2）使用轮胎拆装机侧铲压开轮胎侧壁，如图9-2-5所示。

注意：受压位置应尽可能地避开气门嘴。

3）将车轮放置在轮胎拆装机上，操作轮胎拆装机卡紧车轮。
4）使用轮胎拆装机上臂压下轮胎胎面，如图9-2-6所示。

注意：上臂头与轮辋之间的距离，避免划伤轮辋。

5）使用撬杆撬起轮胎壁与轮胎拆装机上臂之上，如图9-2-7所示。在使用轮胎拆装机压下胎壁的同时旋转轮胎，拆下轮胎的上半部分。
6）使用撬杆撬起轮胎的下侧胎壁，如图9-2-8所示。
7）旋转轮胎拆装机拆下轮胎，如图9-2-9所示。

3. 轮胎补胎（热补）

轮胎在使用过程中被扎伤不可避免。当胎面扎入的尖锐物体扎孔直径小于6mm，周围40mm内也无其他扎孔时，此轮胎可以进行修补。

图 9-2-5 铲开胎壁

图 9-2-6 压下胎面

图 9-2-7 翘起轮胎

图 9-2-8 撬起下部

图 9-2-9 拆下轮胎

1）做好标记：拆下轮胎，并在被扎的部位做好标记，如图9-2-10所示。

2）内部打磨：取出钉子，将被扎的部位从内部进行打磨。打磨时，千万不要损坏轮胎帘布层，如图9-2-11所示。

图9-2-10 标记被扎位置

图9-2-11 打磨被扎部位

3）贴上胶片：在打磨处涂抹胶水，贴上专用的火补胶片，如图9-2-12所示。

4）热补加热：使用热补机对胶片进行加热，如图9-2-13所示。加热时间根据热补机的要求进行设定。

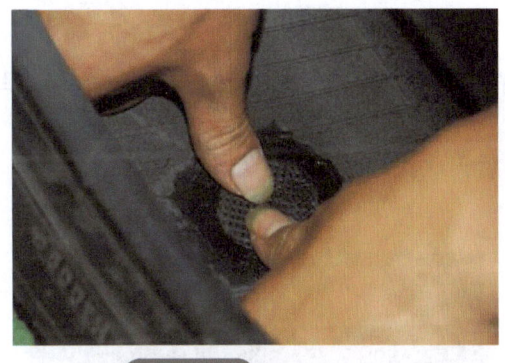

图9-2-12 涂胶水贴胶片

图9-2-13 加热胶片

5）热补完成：热补成功后整个胶片已经和轮胎成为一体，如图9-2-14所示；装上轮胎，检查漏气部位是否泄漏。

4. 轮胎补胎（"蘑菇钉"式冷补）

1）准备"蘑菇钉"：拆下被扎的轮胎，取出上面的钉子，准备"蘑菇钉"，如图9-2-15所示。

2）涂胶：向"蘑菇钉"涂上专用胶水，如图9-2-16所示。

3）打磨吸尘：将轮胎内壁被扎的部分进行打磨吸尘。

4）穿入"蘑菇钉"：将"蘑菇钉"从内侧穿入破损处，使其顶端从外侧穿出，如图9-2-17所示。

图9-2-14 热补完成

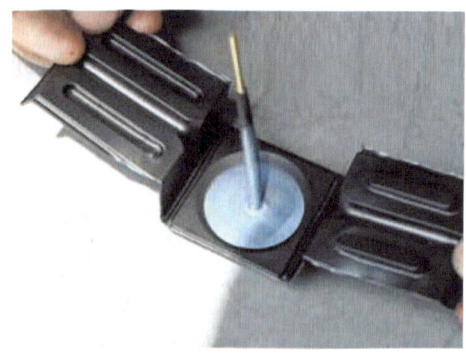

图9-2-15 准备"蘑菇钉"

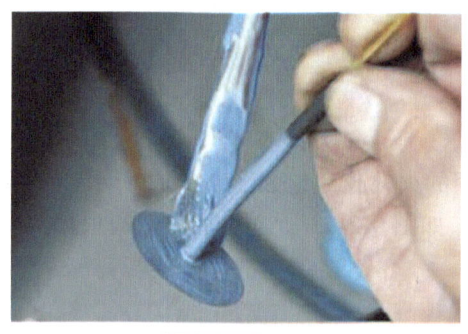

图9-2-16 涂胶

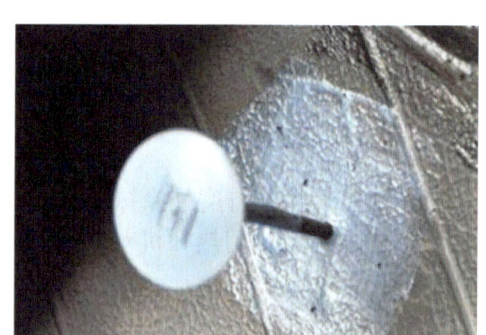

图9-2-17 穿入"蘑菇钉"

5)抽出贴合：用工具从外侧拖拽"蘑菇钉"顶部使胎壁内的"蘑菇钉"底座尽量与胎壁贴合，如图9-2-18所示。

6)压紧：再次从内侧碾压以保证贴合，然后再次涂胶，如图9-2-19所示。

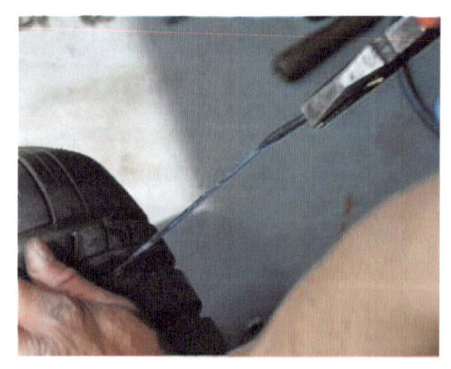

图9-2-18 拉出"蘑菇钉"顶部

图9-2-19 压紧"蘑菇钉"

7)割掉多余部分：在轮胎外侧将多余的蘑菇钉裁掉。

5. 轮胎动平衡原理

当车辆以高速行驶时，车轮的两侧均会发生不平衡，这种不平衡将会使车轮产生横向振动。为了解决这个问题，可以在左侧较轻部位附加一个与左侧较重部位重量相同的铅块，在右侧较轻部位附加一个与右侧较重部位重量相同的铅块。这就是轮胎动平衡的原理。

在轮胎进行了补胎或车辆中、高速行驶时出现有规律的车身跳动或转向盘抖动，就有可能是车辆的动平衡问题。动平衡问题可能会导致以下问题：

1）行驶时车身或转向盘发抖，影响行驶稳定性。

2）轮胎发生偏磨，缩短使用寿命。轮胎不正常磨损后可能还会出现异响，影响乘坐舒适性。

3）减振器、球头等悬架部件的负荷增大，缩短其使用寿命。

6. 轮胎动平衡操作

1）前期准备。做动平衡测试前，应清除轮胎及轮辋上的杂物并取下旧平衡块，保证轮胎和轮辋表面清洁，确保轮胎气压符合标准。

2）固定车轮。使用专用固定工具将车轮安装在动平衡机上，注意选择的锥体应与轮辋中心孔大小相当，保证固定牢靠，如图9-2-20所示。

图 9-2-20　固定车轮到动平衡机上

3）输入参数。根据动平衡机的要求测量轮胎和轮辋的相关参数，主要包括：轮辋边缘与平衡机机箱之间的距离，使用机箱上的专用刻度尺进行测量；轮辋宽度，使用专用卡尺测量；轮圈直径，根据轮胎规格参数得知。如图9-2-21所示。

图 9-2-21　测量参数

4）采集数据。输入相关车轮数据后，按下确认键开始测量，如图9-2-22所示。测量过程中车轮高速旋转，平衡机自动采集数据。待车轮停止后，控制台显示出测量结果，左、右显示器显示的两个数字分别表示车轮内、外两侧需要添加的平衡块的质量，如图 9-2-23 所示。

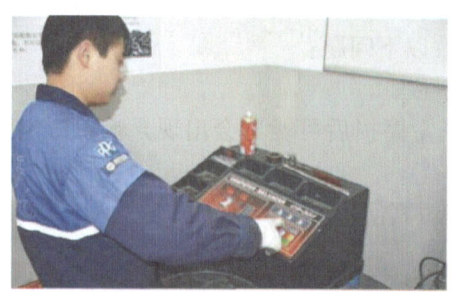

图 9-2-22　输入数据开始测量

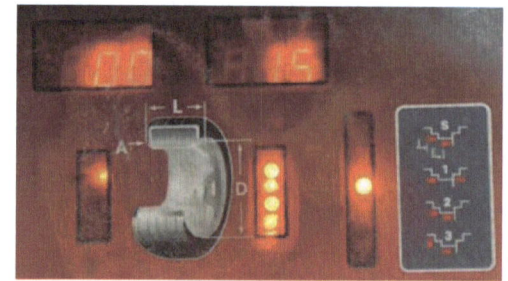

图 9-2-23　测量结果

5）确定平衡块安装位置。根据平衡机中间显示屏的提示，用手慢慢转动车轮，确定平衡块安装位置。

6）安装平衡块。平衡块是车轮动平衡校正所使用的基本材料，其表面有规格（质量）和材质信息。按照固定形式不同，平衡块可分为挂钩式和粘贴式两种。平衡块应该按照平衡机的提示进行安装（见图 9-2-24），要保证安装位置和平衡块规格（质量）都正确。安装平衡块后可能产生新的不平衡，应重新进行动平衡测试及校正，直至达到规定要求。

图 9-2-24　安装平衡块重新检查动平衡

9.3　悬架系统基础知识

9.3.1　悬架系统概述

悬架系统连接车身和车轮，具有下列功能：

1）行驶时，与轮胎一起吸收和缓冲因路面不规则性而受到的各种震动，摆动和冲击，以便保护乘客和货物，并改善驾驶稳定性。

2）传递因路面和车轮之间的摩擦产生的驱动力和制动力至底盘和车身。

3）将车身支撑在轴上，并在车身和车轮之间保持恰当的几何关系。悬架系统组成如图 9-3-1 所示。

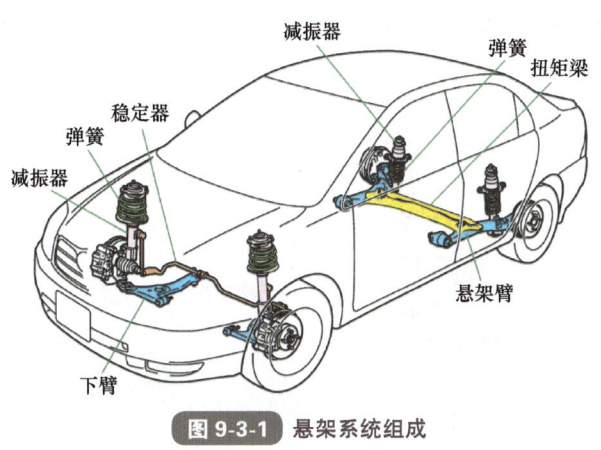

图 9-3-1 悬架系统组成

9.3.2 悬架系统分类

悬架系统根据其结构不同可分为两类。

1. 非独立悬架

两个车轮用一个桥壳或桥梁支撑，左右轮一起运动，如图 9-3-2 所示。

2. 独立悬架

每个车轮由安装在车身上的独立臂支撑。因此，左、右轮是独立运动的，如图 9-3-3 所示。

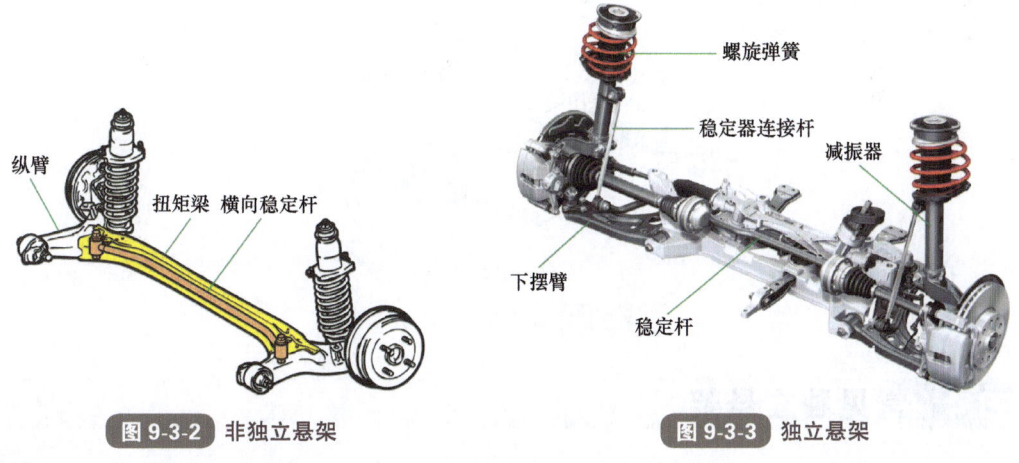

图 9-3-2 非独立悬架　　图 9-3-3 独立悬架

9.3.3 常见非独立悬架

1. 扭梁杆式非独立悬架

这种类型主要用于前置发动机前轮驱动（FF）汽车的后悬架，采用由焊接在可扭转的前桥架上的悬架臂和稳定器杆构成的结构（有些型号没有稳定器杆）。扭梁杆式非独立悬架结构如图 9-3-4 所示。

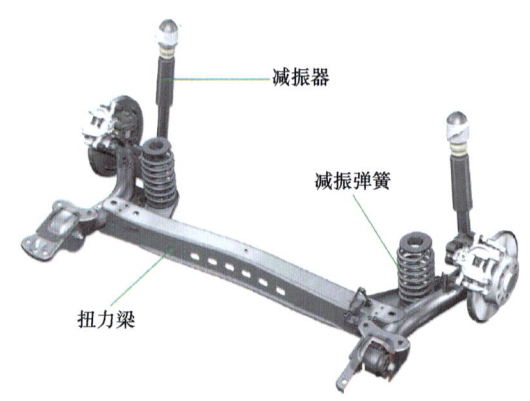

图 9-3-4　扭梁杆式非独立悬架结构

转弯或在高低不平的道路上行驶时发生，稳定器杆随前桥梁扭转。其结果是因稳定器杆的作用减少横摆，因而保持车辆稳定性。

2. 钢板弹簧式非独立悬架

这种类型悬架用于小型客货车、卡车和大客车的前悬架，以及商务车的后悬架。此类悬架结构简单但强度比较高；难于使用很软的弹簧，因此乘坐舒适性不是很好。钢板弹簧式非独立悬架如图 9-3-5 所示。

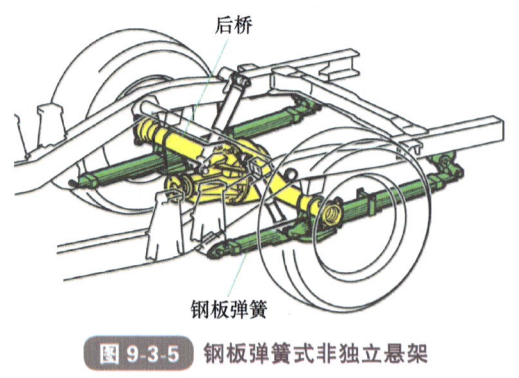

图 9-3-5　钢板弹簧式非独立悬架

9.3.4　常见独立悬架

1. 麦弗逊式独立悬架

麦弗逊式独立悬架是目前乘用车应用比较普遍的悬架结构形式。如图 9-3-6 所示，筒式减振器为滑动立柱，横摆臂的内端通过铰链与车身相连，外端通过球铰链与转向节相连。减振器的上端与车身相连，减振器的下端与转向节相连，车轮所受的侧向力大部分由横摆臂承受，其余部分由减振器活塞和活塞杆承受。筒式减振器上铰链的中心与横摆臂外端球铰链中心的连线为主销轴线，此结构也为无主销结构。

此类悬架结构相对简单，零件少，重量轻；悬架占用空间小，可增加发动机舱可用空间；悬架支撑点之间距离大，因安装误差或零件制造误差对前轮定位的干扰小。因此，除了车轮前束外，一般不需要定位调整。

2. 双横臂式独立悬架

在这种悬架中，车轮通过上臂和下臂安装到车身上，如图 9-3-7 所示。悬架的几何形状可根据上臂和下臂的长度及其安装角按需要进行设计。

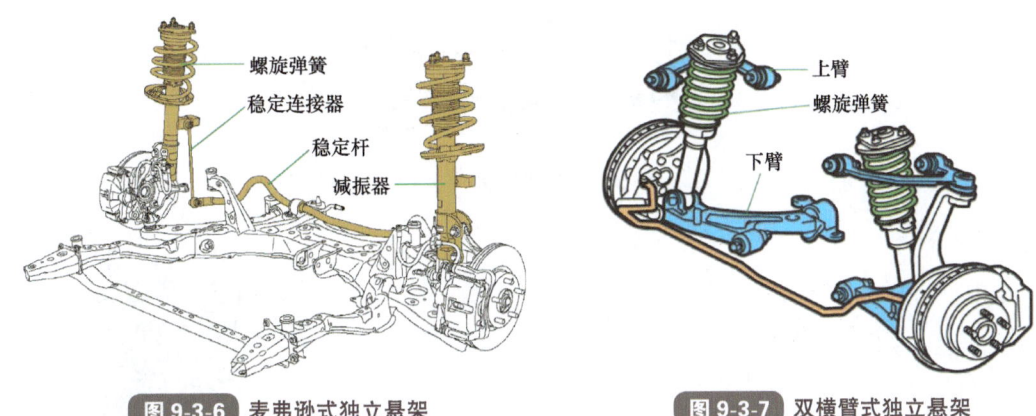

图 9-3-6　麦弗逊式独立悬架　　　图 9-3-7　双横臂式独立悬架

如果上臂和下臂平行且长度相等，轮距和轮胎的轮胎对地面外倾角将改变，其结果是不可能获得足够的转弯性能。此外，轮距的变化将造成过渡轮胎磨损。为解决这个问题，设计中通常采用上臂比下臂短，使轮距和轮胎相对于地面的外倾角变化减小。

9.3.5　悬架的弹性元件

1. 钢板弹簧

钢板弹簧由一组弯曲的弹簧刚带组成，称为"片"，按照最短到最长的次序层叠在一起。这个层叠的弹簧片用中心螺栓紧固在一起，可防止弹簧片滑动到不适合的位置。并用弹簧夹固定。最长（主）弹簧片两端均弯曲形成弹簧片卷耳用于将弹簧连接到车架或构件（如组梁）上，如图 9-3-8 所示。

2. 螺旋弹簧

螺旋弹簧由特种弹簧杆制成。当螺旋弹簧上有一负载时，整个杆在弹簧收缩时扭转。用此方式，外力的能量被储存起来冲击被缓冲。螺旋弹簧如图 9-3-9 所示。

3. 空气弹簧

空气弹簧利用空气受压缩时有弹性或"弹簧性能"。在部分高端车型的自适应悬架系统中采用较多，空气弹簧如图 9-3-10 所示。

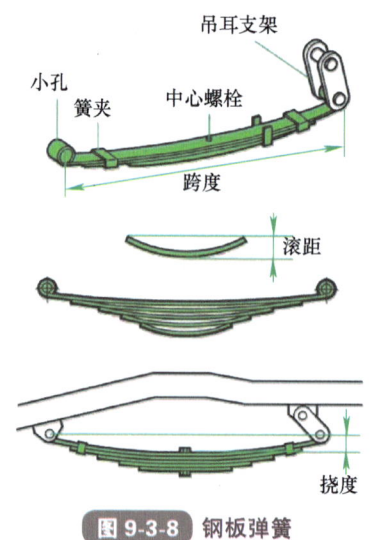

图 9-3-8 钢板弹簧

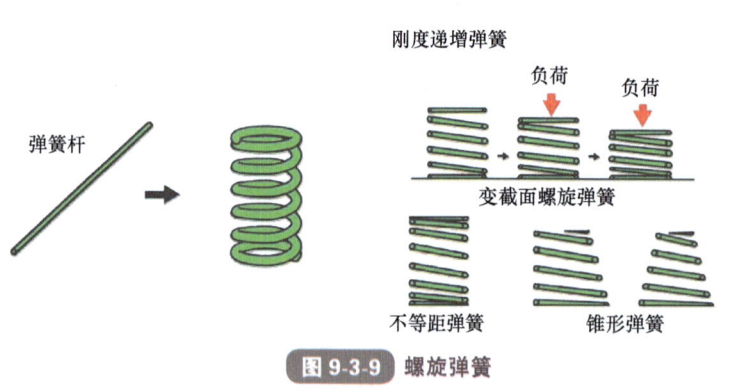

图 9-3-9 螺旋弹簧

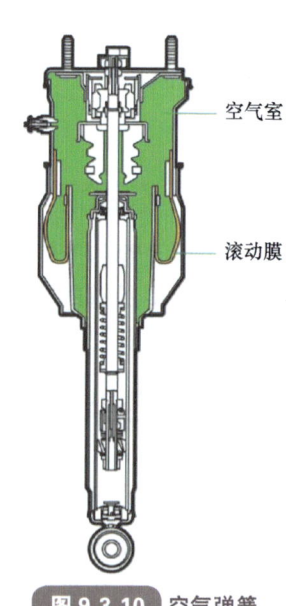

图 9-3-10 空气弹簧

9.3.6 减振器

在汽车中，使用伸缩筒式减振器，减振器使用一种专用油，称作减振器油，作为工作介质。在这类减振器中，活塞的运动迫使油流经节流孔（小孔）产生流动阻力，从而产生减振力，如图 9-3-11 所示。

目前在汽车上应用最为广泛的液压减振器是双向作用筒式减振器。双向作用筒式减振器的基本组成如图 9-3-12 所示，它有 3 个同心缸筒，外面的缸筒是防尘罩，其上部的吊耳与车架相连。中间是储油缸筒，内装有一定量的油液。其下端的吊耳与车桥相连，里面是工作缸筒，其内装满油液。它还有 4 个阀，即压缩阀、伸张阀、流通阀和补偿阀。流通阀和补偿阀是一般的单向阀，其弹簧很弱，当阀上的油压作用力与弹簧弹力同向时，阀处于关闭状态，完全不通油液；而当油压作用力与弹簧弹力反向时，只要很小的油压，阀便能开启。压缩阀和伸张阀是卸载阀，其弹簧刚度较大，预紧力较大，只有当油压增大到一定程度时，阀才能开启；而当油压降低到一定程度时阀即自动关闭。

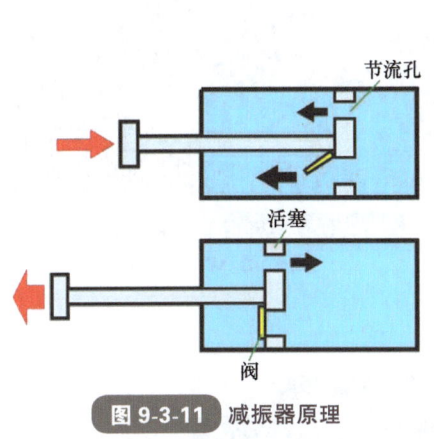

图 9-3-11　减振器原理

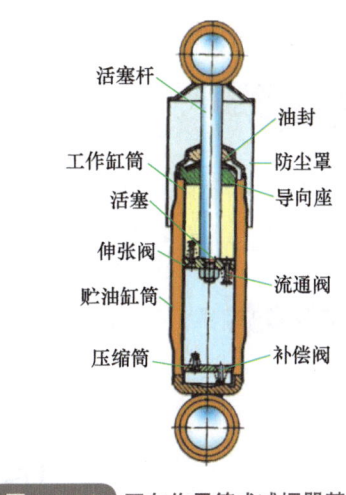

图 9-3-12　双向作用筒式减振器基本组成

9.4　悬架系统维修与故障诊断

9.4.1　前轮前束的调整

注意： 前轮前束调整前，应确保车辆停放在水平路面上，确保车轮都朝向正前方。

1）举升车辆。

2）如图 9-4-1 所示，松开横拉杆左右两端固定螺母 1。顺时针或逆时针以相同的转动量转动横拉杆 2 来调整两端前轮前束设定。

3）紧固横拉杆左右两端固定螺母。

9.4.2　下摆臂总成的拆卸检查

1）拆卸车轮，举升车辆。

2）用扭力扳手拆卸后下摆臂总成与副车架固定螺栓和螺母，如图 9-4-2 所示。

3）拆卸前下摆臂与副车架固定螺栓和螺母，如图 9-4-3 所示。

4）拆卸下摆臂至转向节固定螺栓和螺母，如图 9-4-3 所示。

5）分离下摆臂与转向节，如图 9-4-4 所示。

6）取下下摆臂总成，并清理表面灰尘，如图 9-4-5 所示。

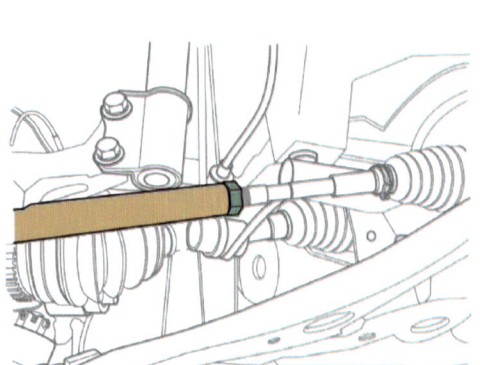

图 9-4-1 横拉杆调整螺母

图 9-4-2 拆卸后下摆臂总成与副车架固定螺栓和螺母

后下摆臂总成与副车架固定螺栓和螺母

前下摆臂与副车架固定螺栓和螺母

下摆臂至转向节固定螺栓和螺母

图 9-4-3 拆卸前下摆臂与副车架固定螺栓和螺母

图 9-4-4 分离下摆臂与转向节

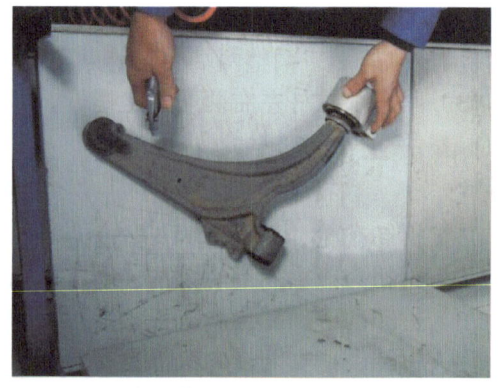

图 9-4-5 取下下摆臂总成

7）检查下摆臂球头、安装表面有无异常磨损，如图 9-4-6 所示。

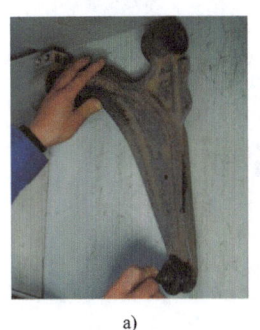 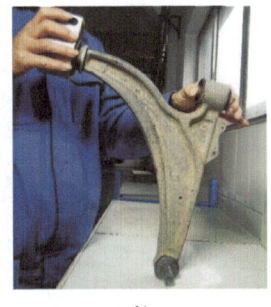 

a) b) c)

图 9-4-6 检查下摆臂总成

9.4.3 减振器总成的拆卸

1）拆卸车轮，举升车辆。将制动软管、轮速传感器线束从减振器上分离。
2）如图 9-4-7 所示，拆卸减振器与转向节固定螺栓和螺母。
3）将稳定杆连接螺母从减振器总成上拆下，如图 9-4-8 所示。
4）降下车辆，在发动机舱内拆卸减振器支座螺母，取出支座，如图 9-4-9 所示。
5）如图 9-4-10 所示，使用液压千斤顶顶住转向节，并轻微顶起将转向节与减振器总成分离。
6）如图 9-4-11 所示，将减振器总成取出。

图 9-4-7 拆卸减振器和转向节固定螺栓、螺母　　图 9-4-8 拆卸稳定杆螺母

图 9-4-9 拆卸减振器支座螺母

图 9-4-10 顶起转向节

图 9-4-11 取出减振器总成

9.4.4 行驶平顺性不良故障诊断

行驶平顺性不良故障诊断排除策略见表 9-4-1。

表 9-4-1 行驶平顺性不良故障诊断排除策略

故障现象	汽车行驶时出现振动,加速时出现窜动,驾乘人员感觉不舒服
故障原因	① 前稳定杆卡座松旷或橡胶支承损坏 ② 车轮动平衡超标 ③ 减振器或缓冲块失效 ④ 发动机横梁和下摆臂的固定螺栓或衬套松旷 ⑤ 半轴内外万向节磨损松旷 ⑥ 轮胎气压过高,磨损不均等
诊断排除	① 检查发动机工作是否正常,若有异常,则修理或更换相应的发动机部件 ② 检查前稳定杆卡座是否松动,若有松动,则修理卡座或橡胶支承。若没有松动,则检查钢板弹簧U形螺栓、发动机横梁和下摆臂的螺栓以及转向横拉杆球头,进行相应的紧固和更换 ③ 查看轮胎气压是否过高,若过高,则进行放气操作 ④ 检查车轮轴承是否松旷,若松旷,则进行相应的紧固 ⑤ 查看减振器或缓冲块是否失效,若失效,则修理或更换 ⑥ 检查车轮的动平衡,若动平衡超标,则进行动平衡调节

9.4.5 车身横向斜切故障诊断

车身横向斜切故障诊断排除策略见表 9-4-2。

表 9-4-2 车身横向斜切故障诊断与排除策略

故障现象	汽车车身左高右低或左低右高,出现倾斜
故障原因	① 左右轮胎气压不一致 ② 左右轮胎规格不一致 ③ 悬架弹簧自由长度或刚度不一致 ④ 下摆臂变形 ⑤ 发动机横梁和下摆臂的固定螺栓或衬套松旷 ⑥ 减振器或缓冲块损坏 ⑦ 发动机横梁变形 ⑧ 车身变形等

(续)

诊断排除	① 查看车辆前桥左右车轮是否有差异，若有，则检查左右轮胎气压和轮胎规格是否一致 ② 检查前桥两侧弹簧自由长度和刚度是否一致 ③ 检查两侧下摆臂是否变形或者下摆臂与发动机横梁的衬套是否损坏 ④ 检查前桥减震装置和缓冲块是否失效 ⑤ 查看发动机横梁和车身是否变形

9.4.6 行驶跑偏故障诊断

行驶跑偏故障诊断排除策略见表 9-4-3。

表 9-4-3 行驶跑偏故障诊断排除策略

故障现象	汽车正常行驶，不踩制动时，必须紧握转向盘才能保持直线行驶，若稍有放松便自动跑向一边
故障原因	造成汽车行驶跑偏的根本原因是汽车车轮的相对位置不正确，两侧车轮受到的阻力不一致。具体原因如下： ① 两前轮轮胎气压不等，直径不一或汽车装载质量左、右分布不均匀 ② 前梁、车架发生水平面内的弯曲 ③ 前轮定位不正确 ④ 车轮有单边制动或拖滞现象 ⑤ 转向杆系变形
诊断排除	① 检查左右车身是否一高一低，若是，则检查悬架或车架，进行相应的维修或更换，或者查看车辆装载物品 ② 检查轮胎的气压、规格、磨损是否正常，若有异常，调整轮胎气压，或更换为同种规格的轮胎 ③ 检查前轮定位是否正确，若有异常，则重新定位

第 4 部分 汽车电气系统

Part 4

第 10 章	汽车电气系统特点与电路图识读	242
第 11 章	电源充电、启动系统维修与故障诊断	254
第 12 章	汽车空调系统维修与故障诊断	261
第 13 章	照明系统维修与故障诊断	278
第 14 章	汽车中控门锁系统维修与故障诊断	282
第 15 章	汽车音响、导航系统维修与故障诊断	287
第 16 章	其他电动辅助装置的维修与故障诊断	292
第 17 章	高级驾驶辅助系统	298

Chapter 10
第 10 章　汽车电气系统特点与电路图识读

10.1 汽车电气系统特点

汽车电气系统的基本特点如下。

1) 蓄电池、发电机双电源低压（12V 或 24V）直流供电。蓄电池是辅助电源，发动机未启动时，蓄电池向部分用电设备供电；发电机是主电源，当发动机启动后，发电机向全车用电设备供电，同时对蓄电池进行充电。两者互补可以有效地使用电设备在任何情况下都能正常工作。

汽车用电器及控制系统由直流电驱动，这是因为现代汽车发动机是靠电力起动机启动的，启动机由蓄电池供电，而向蓄电池充电又必须用直流电源，所以汽车电气系统为直流系统。汽车的直流电是由交流发电机产生的交流电经发电机内部的整流器整流，电压调节器对电压进行调节后输出的。

2) 全车用电设备单线制并联连接。单线制是指从电源到用电设备只用一根导线连接，利用车身大架作为搭铁连通蓄电池负极。单线制节省导线、线路连接清晰，安装和检修方便，因此现代汽车均采用单线制。

汽车上的电源和所有用电设备采用并联连接，它们正常工作时的电压相同。如果某个用电设备发生故障，不会影响其他用电设备正常工作，每个用电设备都由各自串联在其线路中的专用开关控制，互不产生干扰。

3) 蓄电池负极搭铁。采用单线制时蓄电池的一个电极需接至车架或车身上，俗称"搭铁"。蓄电池的负极接车架或车身称为负极搭铁；蓄电池的正极接车架或车身称为正极搭铁。负极搭铁对车架或车身金属的化学腐蚀较轻，对无线电干扰小。现代汽车电路统一采用负极搭铁。

4) 熔丝保护线路，继电器保护开关。为了防止因短路、直接搭铁导致的电流过大而烧坏线束，电路中一般设有保险装置，如熔断器、易熔线等。部分开关中经常有大电流通过，比如点火开关。一般有大电流经过的线路中安装了继电器，利用继电器小电流控制大电流的特性保护开关，避免大电流流过开关造成开关损坏。

5) 中央配电盘统一控制电路连接。大众汽车采用配电盘统一控制电路连接，电路的起源在配电盘内，井然有序的电路连接给故障维修带来了极大的便利。关于配电盘，其他车系的叫法不一，如宝马车系的前后供电模块、丰田车系的继电器盒总成和接线盒总成、通用车系的熔丝盒等。

10.2 汽车电路图识读

10.2.1 汽车电路组成

汽车基本电路由电源、熔断装置、开关、用电器和导线组成。导线的作用是将电源、熔断、开关、用电器等连接到一起，组成一个完整的电路。当开关闭合时接通回路，用电器中有电流通过并开始工作，如图 10-2-1 所示。

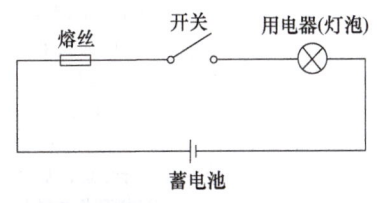

图 10-2-1 汽车电路的基本组成

汽车上的任何电路都是在这个基本电路的基础上演变而来的，虽然多条电路进行串联并联或混联，使电路图看上去比较复杂，但只要依据电流始终是从电源或蓄电池的正极流向负极这个原则，就一定可以看明白电路图。

1）电源。汽车采用蓄电池、发电机双电源。发动机停止时，汽车用电器采用蓄电池供电；发动机启动后，发电机向蓄电池充电（如需要），并向全车用电器供电。

2）熔断装置。熔断装置在电路中起到保护作用，当电路中流过超过规定的电流时，熔断装置切断电路，防止烧坏电路连接导线和用电器。汽车中的熔断装置有熔丝、电路断电器及易熔线等。

3）开关。用于控制用电器的开关分为手动开关和电子开关。手动开关由乘员直接手动操作，电子开关根据需要自动控制。

4）用电器。用电器即用电设备，包括灯泡、各类电动机（如电动座椅、电动车窗、天窗等）、仪表、传感器、执行器、音响等。

5）导线。导线用于电源、熔断装置、开关、用电器等之间的连接。

10.2.2 汽车电路图识读方法

汽车电路图识读方法见表 10-2-1。

表 10-2-1 汽车电路图识读方法

时刻牢记回路原则	回路是最简单的电学概念，任何用电器要想正常工作，必须与电源的负极构成回路。前文讲到汽车上任何电路都是在图 10-2-1 所示基本电路上演变而来的。无非是多条电路进行并联或串联，或者增加电子控制装置和用电设备，使电路看上去比较复杂。只要依据电流始终是从蓄电池或电源正极流向负极构成回路的原则，就一定可以把电路图看明白
牢记汽车电路一般原则	双电源原则：在读图时往往将发电机、蓄电池这两个电源当作一个电源，常从这个电源的正极出发，经过用电器回到另一个电源的负极，这实际上并未构成真正的通路，也就不能产生电流。因此，读图时要强调从一个电源正极出发，经过用电器，回到同一电源的负极 单线制原则：汽车电路的主要特点是单线制、各用电器相互并联，因此回路原则在汽车电路上的具体形式就是电源正极→导线→开关→用电器→同一电源的负极

(续)

了解图注的含义	电路图识读之前要仔细阅读图注，图注说明的是汽车所有电气设备的名称及其数字代号，通过读图注可初步了解该汽车装配了哪些电气设备。有利于抓住电路图的重点，对视图的速度和准确度都有很大提高
熟悉电路符号标记	为了便于绘制和识读汽车电路图，部分电气设备的接线柱被赋予不同的标志代号
熟悉各开关和继电器的作用	开关和继电器是控制电路通断的关键。在电路图中，各种开关、继电器都是按初始位置画出的，如按钮未按下，开关未接通，或继电器线圈未通电，其触点未闭合（常开触点）或未打开（常闭触点），这种状态称为原始状态。但看图时，不能完全按原始状态分析，否则很难理解电路所表达的工作原理，因为大多数用电设备都是通过开关、按钮、继电器触点的变化而改变回路的，进而实现不同的电路功能 电路图识读时，应注意与开关有关的几个问题： ① 在开关的许多接线柱中，注意哪些是接电源的，哪些是接用电器的，接线柱旁是否有接线符号，这些符号是否常见 ② 开关共有几个挡位，在每个挡位中，哪些接线柱通电，哪些接线柱断电 ③ 蓄电池或发电机的电流是通过什么路径到达这个开关的，中间是否经过别的开关和熔断器，这个开关是手动的还是电控的 ④ 各个开关分别控制哪个用电器，被控用电器的作用或功能是什么 ⑤ 在被控的用电器中，哪些电器处于常通电，哪些电路处于短暂接通，哪些应先接通，哪些应后接通，哪些应单独工作，哪些应同时工作，哪些电器允许同时接通
掌握导线颜色标注及规律	一般情况下，汽车上导线用什么颜色，电路图上就印制或标出线色代码。导线颜色有纯色型、条纹色型以及螺旋条纹色型等红色线大多为控制相线；棕色为搭铁线；白、黄色线用于控制灯；蓝色线大多用于指示灯或传感器；绿、红／黑或绿／黑色多用于脉冲式的用电器。另外，通常相线代号是30，搭铁线的代号是31，受控制的大容量用电设备供电线的代号是X，受控制的小容量用电设备供电线的代号是15
全面了解整车电路图	在识读汽车电路图之前，应先了解整车电路图。目前汽车厂家电路图有软件形式和pdf格式，通过这些整车电路的目录可以看出整车电路由哪些部分组成，再根据电路图中图形及文字符号，对整车电气设备做全面的了解
纵观全图	随着汽车电子技术的发展，汽车电路也越来越多。目前的汽车厂家基本上不再提供整车电路图，而是提供某个系统的电路图，另外还提供相关系统的分电路图
注意各系统的工作过程和相互间的联系	在识读某个系统的电路图之前，要清楚该系统所包含的部件有哪些，各有什么作用。在识读过程中应特别注意开关、继电器触点的工作状态，大多数电气系统都是通过开关、继电器不同的工作状态
抓住典型电路进行分析，举一反三	识读汽车电路图要善于剖解典型电路，达到触类旁通的目的。目前同一品牌下的不同车型电路图基本相同，不同点不外乎是外围接线端口不同，或在某一个基础上增加了某个用电器以实现更多的功能，这样读懂了一个例子，举一反三，对照比较，触类旁通，可以掌握汽车电路的一些共同规律，再以这些共性为指导，了解其他品牌汽车的电路原理，又可以发现更多的共性以及各种车型之间的差异

10.2.3 汽车电路图识读示例

1. 问界汽车电路图特点及识读示例

以问界M9车型为例。如图10-2-2和图10-2-3所示，问界汽车的电路图采用一种典型的三段式结构。这种结构的安排不仅层次分明，更有效地优化了线路的布局。在电路图的上方，可以看到供电模块的布置，它为整个电路系统提供了稳定的电力支持。而控制模块则位于电路图的中间位置，作为核心部分，它协调并管理各个用电器的运作。至于用电器和接地点，被统一安排在电路图的下部，这样的布局不仅便于线路的连接，也提高了系统的稳定性和可靠性。

　　导线是连接各个模块的关键，被巧妙地布置在供电模块、控制模块和用电设备之间，从而形成了一个完整、连贯的系统。在电力和信号的传输过程中，遵循着从上到下的路径，确保了整个电路系统的顺畅运作。

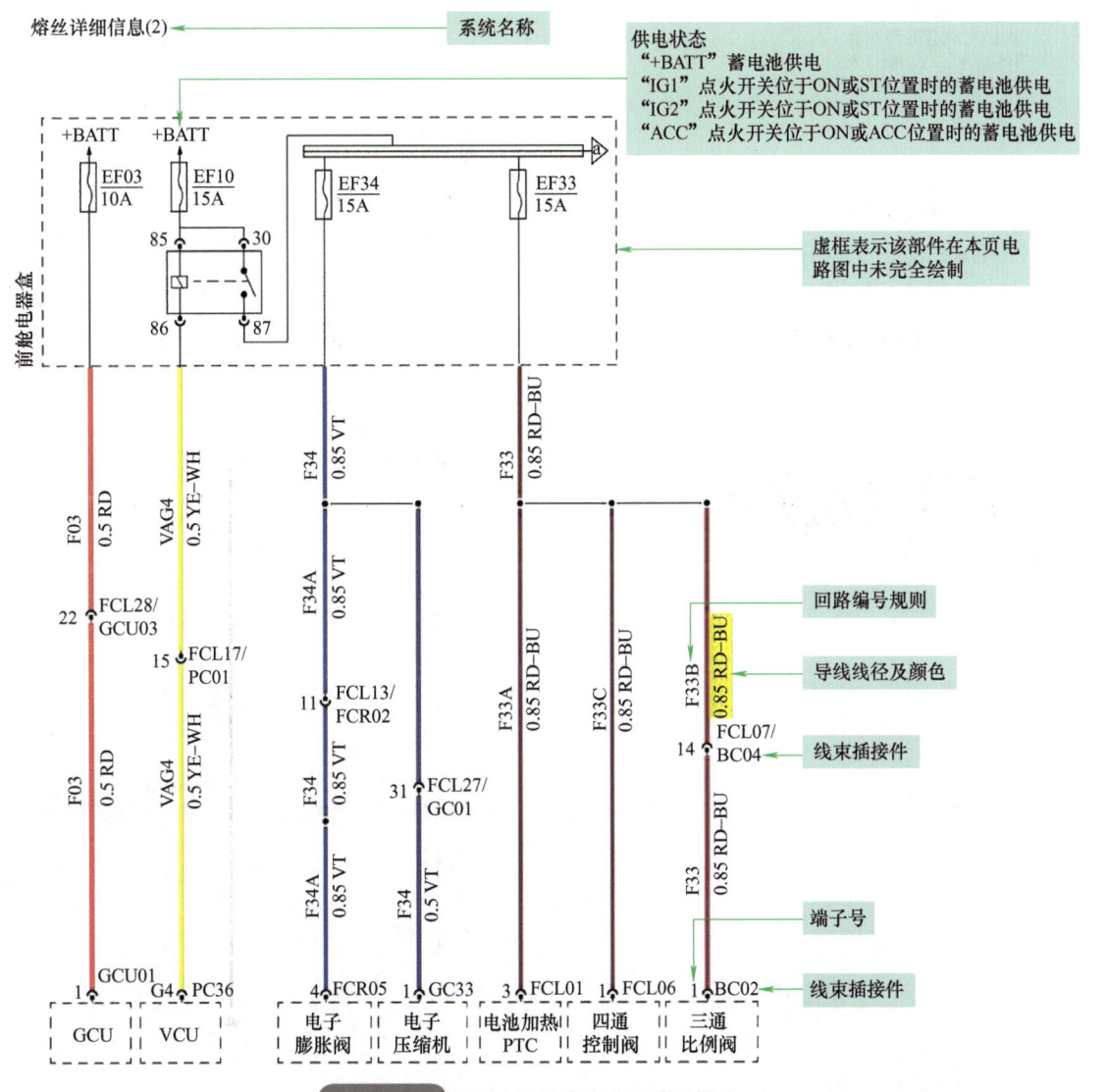

图 10-2-2　问界 M9 汽车电路识读示例（一）

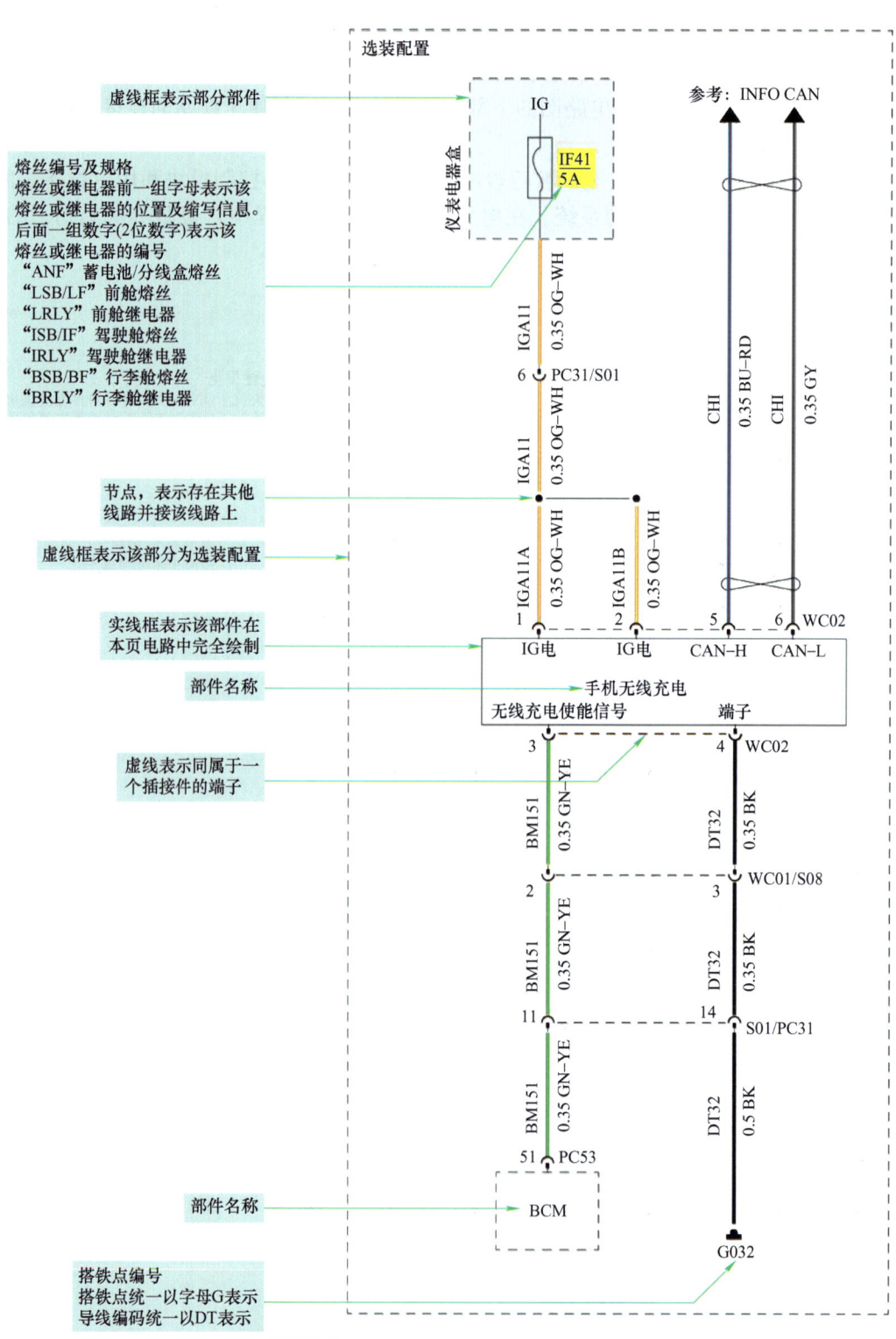

图 10-2-3 问界 M9 汽车电路识读示例（二）

在电路图中，所有元件与元件之间的导线都严格按照实车情况进行完全显示。然而，电路图上的元件和导线的大小及长度并不代表它们在实际车辆中的实际尺寸和长度。举例来说，一根 5m 长的导线和一根只有几毫米长的导线在电路图中可能以相同的方式表示。此外，为了方便理解电器工作原理，部件内部复杂的导线通常会被简化表示。

2. 电器元件符号、电气识别与电路代码

（1）电气元件符号

问界汽车电路图中的电气符号见表 10-2-2。

表 10-2-2　问界汽车电路图中的电气符号

电气符号	电气名称	电气符号	电气名称
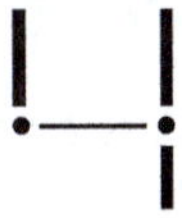	分布式连接点	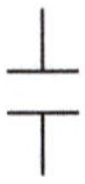	电容
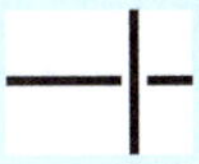	不连接交叉线		可变电容
	连接点		压电传感器
	可移动连接点		转向管柱滑动线圈
	接地	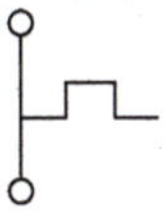	温度保护断路器
	连接器	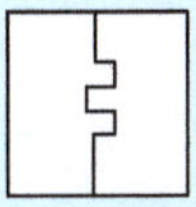	电热丝
	完整零部件	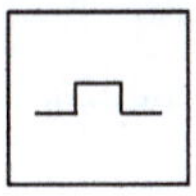	过热保护继电器
	部分零部件		仪表
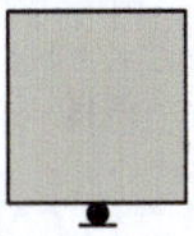	零部件壳体直接接地		天线

(续)

电气符号	电气名称	电气符号	电气名称
	带有螺栓或螺钉连接端子的零部件		点火线圈
	带有接插式连接端子的零部件		双丝灯泡
	带有引出线接插式连接端子的零部件		霍尔式传感器
	电阻丝		时钟弹簧
	部分电阻丝或加热丝		永磁单速马达
	温度或压力电位计		永磁双速马达
	外部控制电位计		导条
	蓄电池		ABS 轮速传感器
	线路断路器		线圈

(续)

电气符号	电气名称	电气符号	电气名称
	保险丝	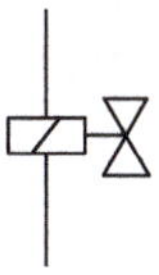	电磁控制阀
	熔断丝		三极管
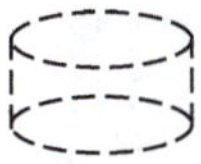	屏蔽		灯泡
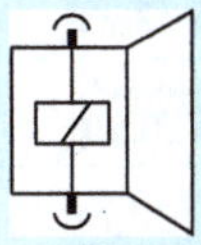	单音喇叭或扬声器		蜂鸣器
	二极管	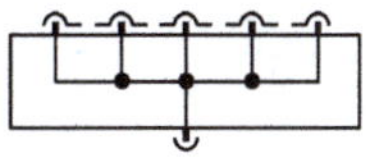	短路连接器
	稳压二极管		发光二极管

（2）电气识别与电路代码

问界汽车电路图中采用统一标号规则来制定回路编号，回路编号分为功能号和分路号，如图 10-2-4 所示。回路编号主要是为了帮助车辆的设计、生产而研发的。同时也有助于维修技师诊断电路故障。

功能号：如图 10-2-4 所示，前面一组字母和数字表示导线的功能。在这里，在功能号中的字母"CF18"表示熔丝，说明来自熔丝"CF18"。维修技师在检测回路时，回路编号中的功能部分是最有帮助的。功能号是基于一些回路之前的端子功能名称，可以告诉技师回路的功能、来自的元件及其端子。

分路号：如图 10-2-4 所示，功能号后面若有一组字母表示同一功能的导线存在支路。若是一个字母说明该线路前存在一个节点；若是多个字母，说明该线路前存在多个节点。

导线颜色、线径说明：如图 10-2-5 所示，导线颜色包括一个底色和一个条纹色，它反映了导线在车上的实际颜色。在电路图中，导线颜色被放在导线的旁边，导线颜色对照见表 10-2-3。在线色的前面标记出了线径的信息，线径单位是 mm^2。

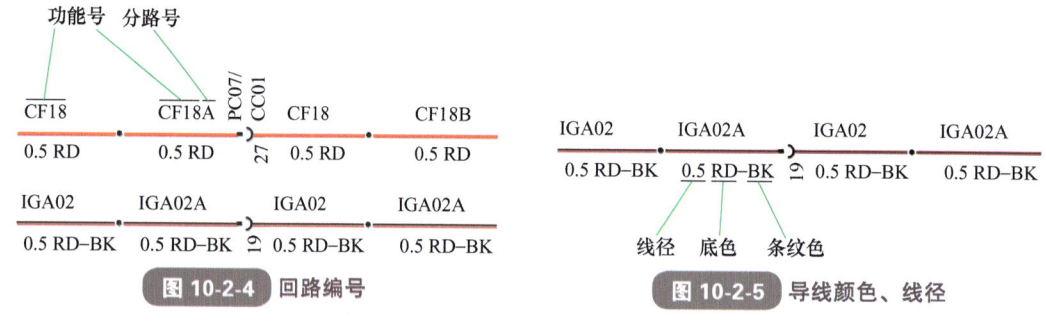

图 10-2-4 回路编号　　图 10-2-5 导线颜色、线径

表 10-2-3 导线颜色对照

线色缩写	线路颜色	颜色示例
B（BK）	黑色	
Br（BN）	棕色	
Bl（BU）	蓝色	
G（GN）	绿色	
Gy（GY）	灰色	
Lg（LG）	浅绿色	
O（OG）	橙色	
P（PK）	粉色	
R（RD）	红色	
V（VT）	紫色	
W（WH）	白色	
Y（YE）	黄色	

3. 熔丝、继电器、线束插接器、导线编码规则

（1）熔丝、继电器编号规则

如图 10-2-6 所示，熔丝或继电器编号前面一组字母表示该熔丝或继电器的位置及缩写信息。后面一组数字（2 位数字）表示该熔丝或继电器在车上的数字编号。熔丝、继电器位置与编号对照见表 10-2-4。

（2）线束插接器编号规则

如图 10-2-7 所示，线束插接器的编号是根据实际车辆所具有的线束来编号，首字母是表示所属的线束或表示对接插接器，后部是插接器的编号。线束插接器编号对照见表 10-2-5。

第10章 汽车电气系统特点与电路图识读

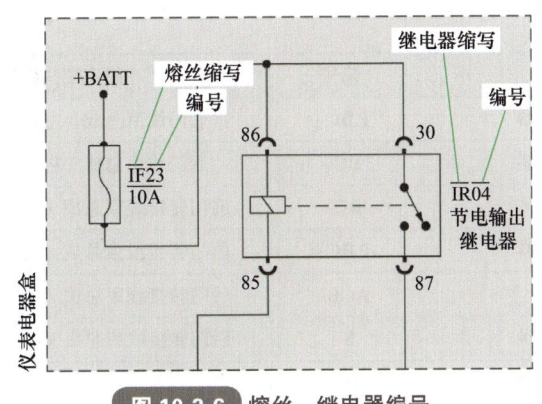

图 10-2-6　熔丝、继电器编号

表 10-2-4　熔丝、继电器位置与编号对照

熔丝、继电器位置	编号
蓄电池熔丝	ANF-
分线盒熔丝	ANF-
前舱熔丝	LSB-/LF-
前舱继电器	LRLY-
驾驶舱熔丝	ISB-/IF-
驾驶舱继电器	IRLY-
行李舱熔丝	BSB-/BF-
行李舱继电器	BRLY-

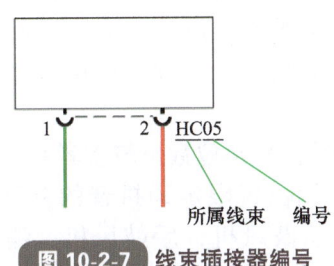

图 10-2-7　线束插接器编号

表 10-2-5　线束插接器编号对照

线束接头名称	编号	线束接头名称	编号
前舱线束插接器	FC-	驾驶人座椅相关线束插接器	EL-
驾驶舱线束插接器	PC-	前排乘客座椅相关线束插接器	ER-
仪表板线束插接器	IC-	中排左侧座椅相关线束插接器	ESL-
底盘线束插接器	CC-	中排右侧座椅相关线束插接器	ESR-
发动机线束插接器	GC-	前门线束总成（左）线束插接器	HC-
前保险杠线束插接器	FBC-	前门线束总成（右）线束插接器	KC-

(续)

线束接头名称	编号	线束接头名称	编号
后保险杠线束插接器	RBC-	后门线束总成（左）线束插接器	MC-
前副车架线束插接器	BC-	后门线束总成（右）线束插接器	NC-
顶棚线束插接器	RC-	前门转接线束总成（左）线束插接器	HJC-
顶棚饰板线束插接器	RBC-	前门转接线束总成（右）线束插接器	KJC-
空调线束插接器	ACB-	后门转接线束总成（左）线束插接器	MJC-
副仪表台线束插接器	S-	后门转接线束总成（右）线束插接器	NJC-
后背门相关线束插接器	TC-		

（3）导线编码规则

1）CAN 线和搭铁在任何接插件里面均以 CH 和 DT 表示。

2）导线编码均取 2 位英文字母（作为首两位）+ 接口序列 + 端子序列（阿拉伯数字），但对于控制器只有 1 个接口的导线，则导线编码不需要加入接口序列。如车身稳定系统（ESP），只有一个接口，则导线编码为 2 位英文字母（作为首两位）+ 端子序列（阿拉伯数字），即 ES1、ES2、ES3……；电动尾门控制器（PLG），有两个接口，接口序列为 A、B，则导线编码为 2 位英文字母（作为首两位）+ 接口序列 + 针脚序列（阿拉伯数字），即 PLA1、PLA2、PLA3……PLB1、PLB2、PLB3……

3）有总线连接的控制器，首先取其英文名称缩写的第 1 位和第 2 位作为编码前两位英文字母，若与其他上总线的控制器重名，则取其英文名称缩写的第 1 位和第 3 位、第 1 位和第 4 位……

4）无总线的系统，则取其电气系统总成名称（非电气系统，则取其电气功能名称）前两个中文汉字拼音的首字母作为编码前两位。如车灯总成（Che Deng Zong Cheng），即 CD 作为编码前两位；电源启动系统（Dian Yuan Qi Dong Xi Tong），即 DY 作为编码前两位；

5）有信息交互的系统，按照总 PIN 位数量较多者系统进行编码；

6）有位置限定的系统，则用位置限定词拼音的首字母前（Q）、后（H）、左（Z）、右（Y），作为编码第三位。如前鼓风机，后鼓风机，编码为 GFQ1、GFQ2……GFH1、GFH2……

导线编码与系统对照见表 10-2-6。

表 10-2-6 导线编码与系统对照

编号	系统（功能）	编号	系统（功能）
GS	换挡控制器	BC	车身控制器
SB	换挡执行器	AV	全景影像控制器
TC	变速器控制器	NV	夜视控制器
FC	风扇控制器	PD	雷达控制器
EO	电子油泵控制器	IC	仪表

（续）

编码	系统（功能）	编码	系统（功能）
WD	四驱控制器	HU	抬头显示控制器
EM	发动机控制器	WC	无线充电控制器
EP	电子助力转向	RR	信息娱乐系统
PB	电子驻车控制器	AR	行车记录仪
ES	车身稳定系统	CC	换挡面板开关
MR	中距离毫米波雷达	AL	氛围灯控制器
MP	多功能摄像头	MS	开关控制器
SR	短距离毫米波雷达	AM	车窗防夹控制器
AP	自动泊车辅助	TB	远程通信单元
DF	疲劳驾驶监测	SM	天窗
AB	安全气囊控制器	YG	刮水器（俗称"雨刮"）
PL	电动尾门控制器	LB	喇叭
AC	空调控制器	HS	后视镜调节
DS	座椅控制器	CS	后除霜/后视镜加热
EC	电子转向柱锁	CD	车灯
AF	自适应前照灯控制	YS	压缩机
CY	12V车载电源	DT	搭铁
CH/CL	CAN		

Chapter 11
第 11 章 电源充电、启动系统维修与故障诊断

11.1 电源充电、启动系统基本知识

1. 电源充电系统

电源充电系统一般由点火开关、蓄电池、发电机、调节器、充电指示灯及线束等组成。点火开关控制着发电机励磁电路，当点火开关打开时，发电机内部定子与转子之间建立磁场。

蓄电池是一个电化学装置，从发电机得到电能并将之储存，作为下次启动发动机的能量。当发电机不工作时，蓄电池也可以短时间为车载电器提供电能，蓄电池结构如图 11-1-1 所示。

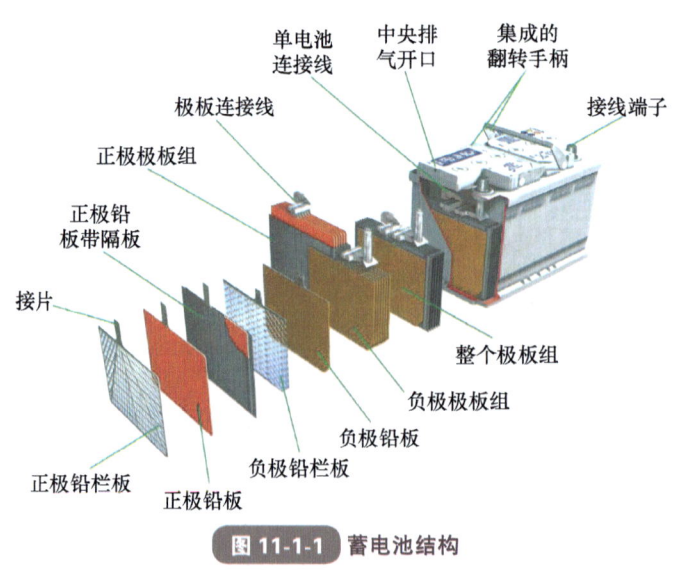

图 11-1-1 蓄电池结构

发电机是汽车充电系统中的关键部位，其作用是产生电能并输送给蓄电池和车载电器。发电机通常是交流电机，为车载电器供电时需要进行转换，这就需要整流器将交流电转换成直流电。发电机结构如图 11-1-2 所示。

调节器一般安装在发电机上，作用是限制发电机的输出电压值，防止电压过高对电路造成影响。

2. 启动系统

启动系统一般由蓄电池、点火开关、启动机、空挡启动开关、启动继电器以及启动线束等组成。启动机是汽车启动系统的核心部件（见图 11-1-3），一般由直流电动机、控制机构和传动机构三部分组成。

直流电动机的作用是将电能转换成机械能，产生转矩；控制机构用来控制启动机与蓄电池之间的电路通断，从而控制启动机的工作；驱动机构的作用是在发动机启动时，使启动机驱动齿轮啮入飞轮齿环，将启动机的转矩传递给发动机曲轴，并且在发动机启动后，使驱动齿轮与飞轮齿环快速脱开。启动机结构如图 11-1-4 所示。

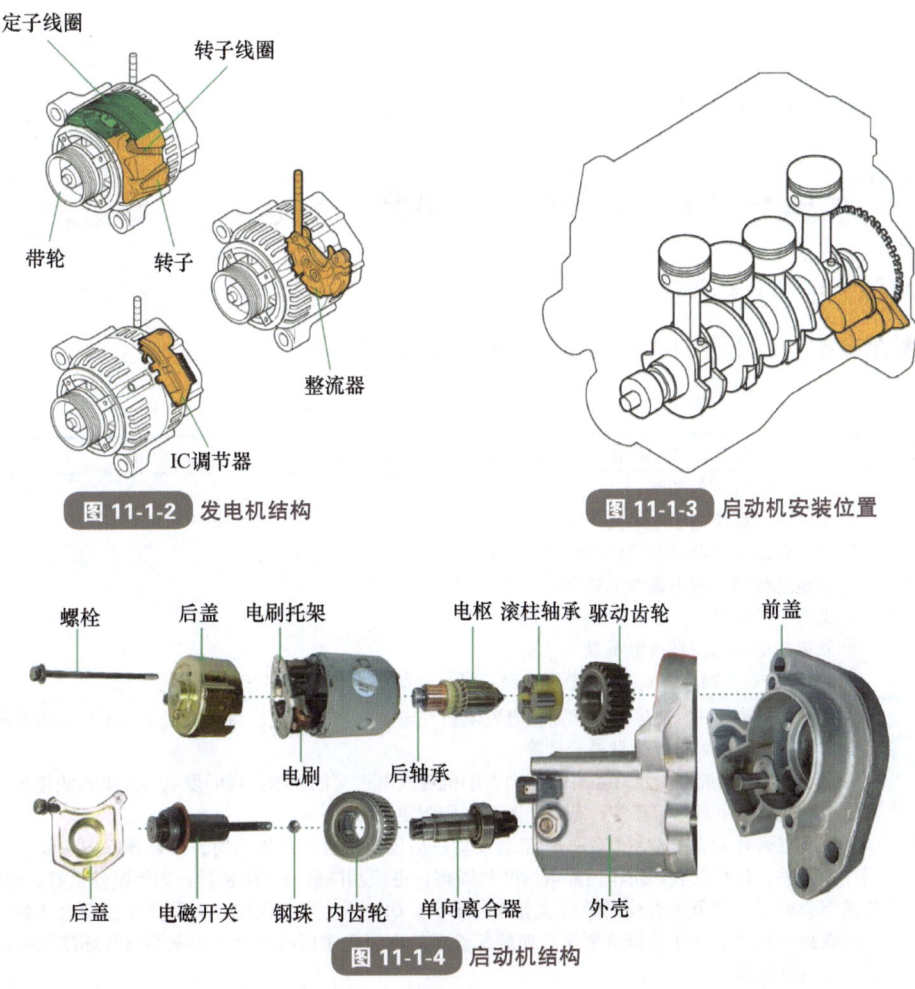

图 11-1-2 发电机结构

图 11-1-3 启动机安装位置

图 11-1-4 启动机结构

11.2 电源充电、启动系统维修与故障诊断

11.2.1 发电机检查

发电机检查步骤见表 11-2-1。

表 11-2-1 发电机检查步骤

输出电压检查	发电机输出电压检查可以帮助维修人员诊断发电机的发电电压是否符合标准范围。具体步骤如下： ① 万用表设置为"DC"电压挡 ② 万用表正极连接蓄电池"+"，负极连接至蓄电池"−" ③ 启动发动机，调整发动机转速至 2000r/min，电压表应该显示在 13.5～15.2V 如果发电机输出电压太高或太低都表明发电机存在故障，应更换发电机调节器或发电机
电磁场检查	在发电机处于工作状态时，发电机的励磁线圈通电会产生磁场。此时，使用螺丝刀或者铁质工具靠近发电机转子端部，应该能够感觉到磁场吸引螺丝刀的力量。否则，说明发电机没有发电，应检查调节器、电刷以及转子线圈
常规检查	当对充电系统的故障进行诊断前，应该先检查以下内容： ① 蓄电池的正负极电缆线与极柱是否紧固牢靠 ② 发电机上面的接线是否牢靠 ③ 发电机传动带是否松弛 ④ 发动机转速达到 1500r/min 后，充电指示灯是否熄灭

11.2.2 充电系统常见故障诊断与排除

1. 电源充电指示灯不亮

电源充电指示灯不亮故障诊断排除策略见表 11-2-2。

表 11-2-2 电源充电指示灯不亮故障诊断排除策略

故障现象	闭合点火开关和发动机正常运转时，充电指示灯一直不亮
故障原因	① 充电指示灯灯丝断路 ② 熔断丝烧断使指示灯线路不通 ③ 指示灯或调节器电源线路导线断路或接头松动 ④ 蓄电池极柱上的电缆线头松动 ⑤ 点火开关故障 ⑥ 发电机电刷与滑环接触不良 ⑦ 调节器内部电路故障，如调节器内部电子元件损坏而使大功率三极管不能导通
诊断排除	首先启动发动机并怠速运转，然后检查发电机充电系统能否充电。将充电指示灯不亮分为充电系统能充电和不能充电两种情况分别进行排除 接通点火开关时充电指示灯不亮，启动发动机后发电机又能发电，说明发电机充电系统正常；检查仪表盘上的充电指示灯是否正常，若灯丝断路，则需更换 当接通点火开关充电指示灯不亮，启动发动机后发电机且不能发电时，故障排除方法如下：首先关闭点火开关，检查仪表熔断丝。如该熔断丝断路，更换相同规格的熔断丝；如熔断丝良好，继续检查。接通点火开关，用万用表检测熔断丝上的电压值，如电压为零，说明点火开关以及点火开关与熔断丝之间线路有故障，应予检修或更换。如熔断丝上的电压正常则检查发电机电刷与滑环接触不良或调节器内部电路故障

2. 充电指示灯时亮时灭

充电指示灯时亮时灭故障诊断排除策略见表 11-2-3。

表 11-2-3　充电指示灯时亮时灭故障诊断排除策略

故障现象	接通点火开关和发动机正常运转时，充电指示灯不稳定，时亮时灭
故障原因	① 发电机传动带挠度过大而出现打滑现象 ② 发电机整流二极管断路、定子绕组连接不良或断路而导致发电机输出功率降低；发电机电刷磨损过多 ③ 调节器调节电压过低 ④ 相关线路接触不良
诊断排除	① 检查传动带的挠度是否符合规定 ② 检查相关线路连接情况，如不正常，则需检修 ③ 拆下调节器和电刷组件总成，并按前述方法检查调节器和电刷，如不正常，则需检修或更换 ④ 检修发电机总成

3. 发电机工作有异响

发电机工作有异响故障诊断排除策略见表 11-2-4。

表 11-2-4　发电机工作有异响故障诊断排除策略

故障现象	发电机在运转过程中有不正常噪声
故障原因	① 风扇传动带过紧或过松 ② 发电机损坏被卡住或松旷缺油，轴承钢球保护架脱落及轴承走外圆 ③ 发电机转子与定子相碰，俗称"扫膛" ④ 电刷磨损过大，或电刷与滑环接触角度偏斜，电刷在电刷架内倾斜摆动 ⑤ 发电机总装时部件不到位使机体倾斜或发电机电枢轴弯曲 ⑥ 发电机传动带与轴松旷，使传动带盘与散热片碰撞
诊断排除	① 检查风扇传动带松紧度 ② 检查发动机传动带轮与发电机安装是否松旷 ③ 用手触摸发电机外壳和轴承部位，是否烫手或有振动感，若烫手说明定子和转子相碰或轴承损坏。借助听诊器或旋具听发电机轴承部位，声音清脆、不规则，说明轴承缺油或滚柱已损坏 ④ 拆下电刷，检查其磨损和接触情况 ⑤ 拆检发电机，检查其内部机件配合和润滑是否良好。如果发电机噪声细小而均匀，应检查硅二极管和励磁绕组是否断路或短路

4. 充电电流故障

充电电流故障包括充电电流过大和充电电流过小，故障诊断排除策略见表 11-2-5。

表 11-2-5　充电电流故障诊断排除策略

	故障现象	汽车灯泡易烧坏，蓄电池温度过高且其电解液消耗过快
充电电流过大	故障原因	电压调节器调节电压过高或者是调节器失效
	诊断排除	启动发动机加速到 1500r/min 时，用万用表测量发电机端子 B 电压，如果超过最大值的 20%，则可确认调节器故障，应更换调节器

（续）

充电电流过小	故障现象	在蓄电池充电性能良好情况下，发电机在各转速下充电电流均很小，蓄电池亏电
	故障原因	① 接线的接头松动 ② 发电机发电不足，其原因如下： a. 发电机 V 带过松 b. 二极管损坏（个别） c. 电刷接触不良，集电环上有油污 d. 励磁绕组局部短路，定子线圈短路或插头松开 ③ 调节器故障： a. 电压调整偏低 b. 触点脏污 c. 继电器触点接触不良
	诊断排除	① 检查发电机传动带张紧度 ② 用跨接线跨接调节器端子 B 和 F，如果充电电流增大，则说明故障在调节器。如果充电电流还是过小，则故障在发电机，应拆检发电机

11.2.3 起动机检测

1. 测量端子 30 电压

点火开关旋转至 START 挡，如图 11-2-1 所示，测量起动机端子 30 与机体搭铁之间的电压，标准电压应在 8.0V 或更高。

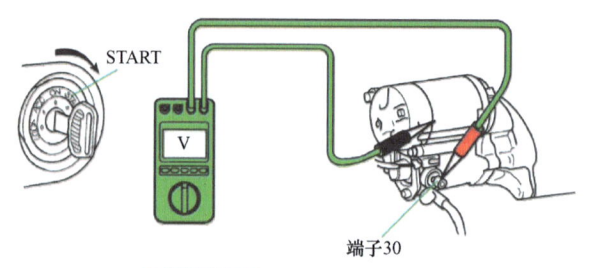

图 11-2-1 测量端子 30 电压

2. 测量端子 50 电压

点火开关旋转至 START 挡，如图 11-2-2 所示，测量起动机端子 30 与机体搭铁之间的电压，标准电压应在 8.0V 或更高。

如果电压低于 8.0V，应检查熔丝、点火开关、启动继电器等。

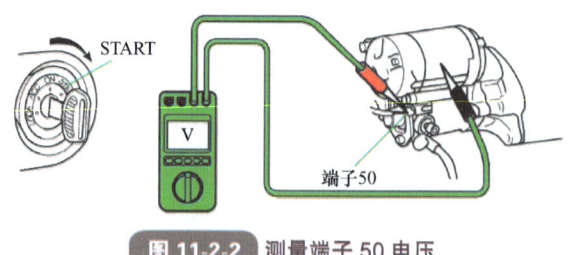

图 11-2-2 测量端子 50 电压

11.2.4 启动系统常见故障诊断与排除

启动机作为启动系统的核心部件之一，出现故障会直接影响启动系统的正常工作。启动机常见故障现象包括启动机异响、启动机不转动以及启动机能够转动但无法启动发动机等。

1. 启动机异响

启动发动机时，启动机异响是启动系统常见故障之一。表 11-2-6 列举了启动机在启动时的常见异响现象。这些异响产生的原因则完全是由启动机内部故障造成的。

表 11-2-6　启动机异响故障诊断

故障现象	故障原因
启动时（发动机运转前）有高频变调的噪声，但发动机可以启动	启动机驱动齿轮与飞轮间距过大
发动机已运转，点火开关已释放后，有高频变调般的噪声，这种间歇性故障通常是"启动机卡滞"或"电磁阀弱"造成的	启动机驱动齿轮与飞轮间距过小，飞轮跳动引起间歇性故障
发动机已运转但启动机仍接合时，有高频鸣响。当启动机接合，发动机反转时，声音类似警报声	离合器失效
发动机已运转，启动机渐停时，有"隆、隆"声或（严重时）敲击声	启动机电枢转子变曲或不平衡

2. 启动机不转

检查启动机不启动的常见方法是先接通前照灯，然后启动车辆，观察车辆状态。接通前照灯的目的是判断电源是否充足或线路是否有故障。表 11-2-7 给出五种启动机不运行的故障现象、故障原因及诊断排除策略。

表 11-2-7　启动机不转故障诊断排除策略

故障现象	故障原因	诊断排除
启动机不转动，前照灯仍然亮	点火开关电路开路	检查点火开关触电及连接
	启动机故障	检查换向器、电刷及连接
	控制电路开路	检查电磁阀、开关及连接
	蓄电池接线端子电阻高	清理、紧固端子导线夹
启动机不转动，前照灯明显变暗	蓄电池馈电或有故障	对蓄电池再次充电并测试
	环境温度太低	检查线路及蓄电池
	小齿轮卡死	启动机与飞轮 - 活动小齿轮之间对位不好；检查齿牙
	电枢转子卡滞	轴承卡住、轴弯曲、极靴松动
	启动机短路	按需要修理或更换
	发动机短路	检查发动机电气及机械系统

(续)

故障现象	故障原因	诊断排除
启动机不转动，前照灯稍微变暗	蓄电池接线端子松动或腐蚀	拆下清理并重新安装
	小齿轮未结合	清理驱动轴及电枢转子轴，更换已损坏部件
	电磁阀接通但不运作启动机电路中电阻过大或开路	清理换向器、更换电刷、修理不良连接
启动机不转动，前照灯熄灭	可能在蓄电池接线端子处接触不良	清理蓄电池导线夹和端子，紧固导线夹
启动机不启动，前照灯不亮	开路	清理并紧固连接处，更换电缆
	蓄电池放电或有故障	对蓄电池再次充电并测试

3. 启动机旋转，但无法启动发动机

表11-2-8列举了启动机能转动但发动机不能正常启动的四种故障现象、故障原因和诊断排除策略。

表11-2-8 启动机能转动但发动机不能正常启动故障诊断排除策略

故障现象	故障原因	诊断排除
启动机转动慢但发动机不启动	蓄电池亏电	检查蓄电池
	环境温度过低	检查线路及蓄电池
	蓄电池电缆过细	安装适当的电缆
	启动机失效	测试启动机
	发动机机械故障	检查发动机
电磁阀推杆颤动	蓄电池电压低，端子松动或腐蚀	检查蓄电池、清理紧固端子连接处
	电磁阀保持线圈开路	更换电磁阀
启动后，小齿轮脱开缓慢	电磁阀推杆卡死	清理、活动推杆
	超越离合器卡在电枢转子轴	清理电枢转子轴及离合器套
	超越离合器失效	更换离合器
	拨杆回位弹簧老化	安装新弹簧
	飞轮及齿轮间对位过紧	启动机及飞轮重新对位
启动机转动，但发动机不转动	小齿轮未啮合	启动机及飞轮重新对位
	小齿轮打滑	更换失效的驱动装置

Chapter 12

第 12 章　汽车空调系统维修与故障诊断

12.1 汽车空调系统基础知识

12.1.1 汽车空调的作用

汽车空调的作用是调节车内的温度、湿度、气流速度、空气洁净度等，从而为乘员创造清新舒适的车内环境。汽车空调系统主要由通风系统、空气净化系统、空调制冷系统、暖风系统等组成。

12.1.2 汽车空调的组成

1. 通风系统

空调通风是将新鲜空气送进车内取代污浊空气的过程，汽车空调的通风方式一般有自然通风、强制通风和综合通风三种。

1）自然通风：是利用车辆运动产生的气压将外部空气送入车内。车辆移动时，车辆外面的气压分布如图 12-1-1 所示，一些地方产生正压，一些地方产生负压，使空气入口位于正压处，排风口位于负压处。

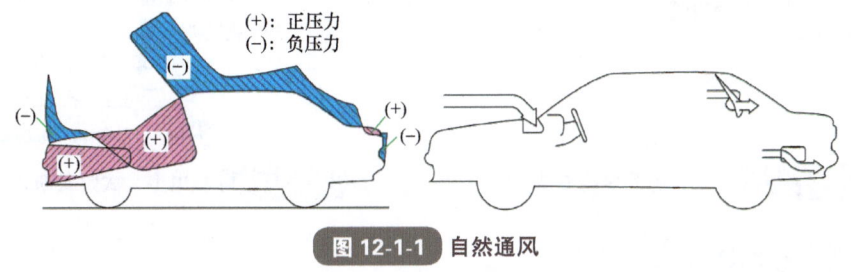

图 12-1-1　自然通风

2）强制通风：是利用鼓风机强制将车外空气送入车厢内进行通风换气，进气口和排气口一般与自然通风的风口在相同位置。在冷暖一体化的汽车空调上，大多采用通风、供暖和制冷的联合装置，将外气与空调冷暖空气混合后送入车内，如图 12-1-2 所示。

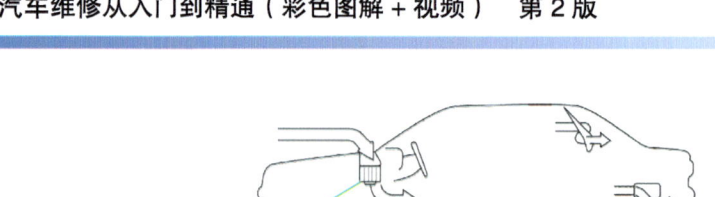

图 12-1-2 强制通风

3）综合通风：是指一辆汽车上同时采用动压通风和强制通风。综合通风系统结构复杂，但省电，经济性好，运行成本低。特别是在春秋季节，用动压通风导入凉爽的外气，以取代制冷系统工作，同样可以保证舒适性要求。

2. 空气净化系统

空气净化是将车厢内存在的由人呼吸排出的二氧化碳、蒸发的汗液以及从车外进入的灰尘、花粉等污染物进行过滤。空气净化系统通常有空气过滤式和静电集尘式两种。

1）空气过滤式净化系统：空气过滤式净化系统是在空调系统的进风口处设置空气过滤器，滤除空气中的灰尘和杂物，其结构简单，广泛用于各种汽车空调系统中，如图 12-1-3 所示。

2）静电集尘式空气净化系统：静电集尘式空气净化系统是在空气进口的过滤器后再设置一套静电集尘装置或单独安装一套用于净化车内空气的静电除尘装置。过滤器用于过滤大颗粒的杂质，静电集尘器则以静电集尘方式吸附微小的颗粒和尘埃，如图 12-1-4 所示。

此外，空气净化系统还包括除臭装置、负离子发生器等，除臭装置一般采用活性炭过滤器、纤维式或滤纸式空气过滤器来吸附烟尘和臭气等有害气体；负离子发生器供给负氧离子，但其结构复杂，成本高，只用于高级轿车和旅行车上。

空气净化系统利用送风机吸入车内的空气，通过过滤器净化空气并吸收气味。另外，某些车型安装有烟雾传感器，它能检测到烟雾并自动地使送风机以"高速"运行。

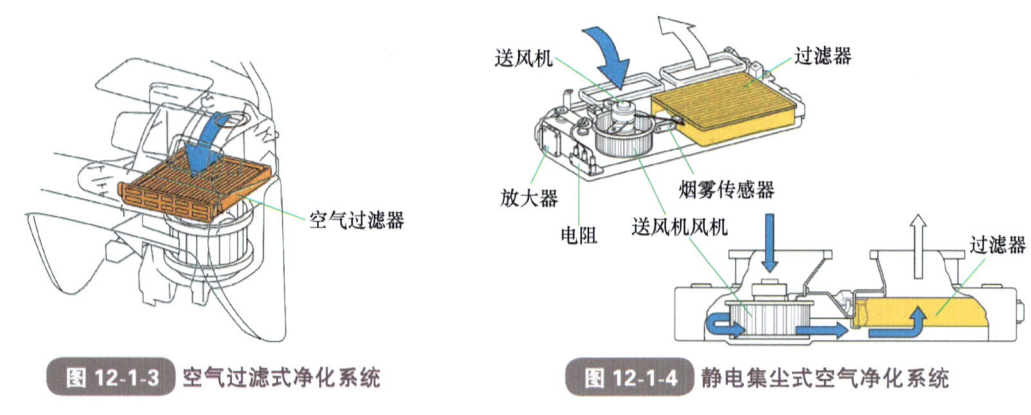

图 12-1-3 空气过滤式净化系统   图 12-1-4 静电集尘式空气净化系统

3. 空调制冷系统

新能源汽车空调制冷系统主要由电动压缩机、冷凝器、蒸发器、膨胀阀、储液干燥器、管路、冷凝风扇等组成。图 12-1-5 所示为电动汽车空调系统组成。

第 12 章　汽车空调系统维修与故障诊断

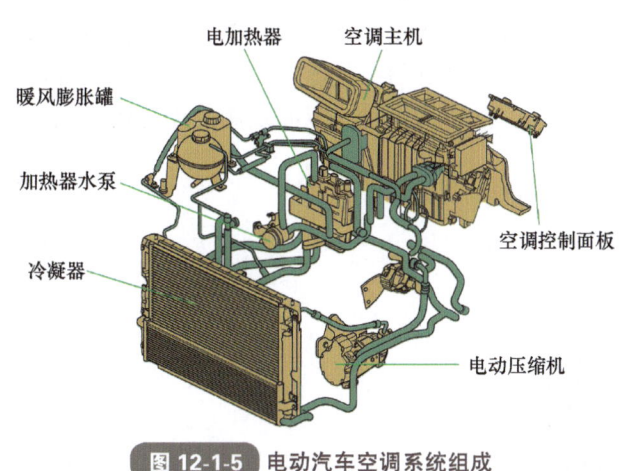

图 12-1-5　电动汽车空调系统组成

1）压缩机。压缩机的作用是将低温低压气态制冷剂压缩成高压高温的气态制冷剂，并推动制冷剂在系统中循环流动。电动空调压缩机如图 12-1-6 所示。

2）冷凝器。冷凝器（见图 12-1-7）的作用是把电动压缩机排出的高温高压气态制冷剂的热量传给大气，使制冷剂冷凝成液体；冷凝器中制冷剂的液化，需要释放大量的热量，所以车载空调冷凝器大多布置在车头散热器前面，由冷却系统风扇或冷凝器风扇或两者共同进行冷却。冷凝器是由铜/铝管与铝散热片组合起来的热交换设备，管子做成各种盘管状，散热片的作用是增大冷凝器的散热面积，而且可支撑盘管。

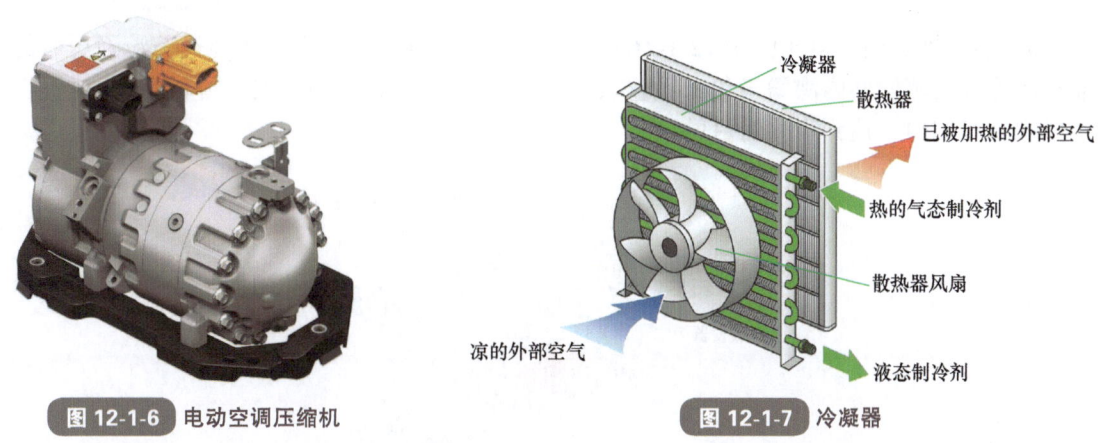

图 12-1-6　电动空调压缩机　　　　　图 12-1-7　冷凝器

3）储液干燥器。储液干燥器（见图 12-1-8）具有如下作用：

① 储存制冷剂：接收从冷凝器来的液体并加以储存，根据蒸发器的需要提供所需的制冷剂量。

② 过滤：将系统中出现的杂质和脏物（如锈蚀、污垢、金属微粒等）过滤掉，它们会损伤压缩机轴承，还会堵塞过滤网和膨胀阀。

③ 吸收系统中的湿气：汽车空调系统中要求湿气越少越好，因为湿气会造成"冰塞"并腐蚀系统管道等，使制冷系统无法正常工作。

4）膨胀阀。膨胀阀（见图12-1-9）的作用：一是节流降压，使从冷凝器过来的高温高压液体制冷剂节流降压成为容易蒸发的低温低压雾状制冷剂进入蒸发器，即分开了制冷剂的高压侧和低压侧；二是自动调节制冷剂流量，即根据制冷负荷的改变和压缩机转速的变化，自动调节制冷剂进入蒸发器的流量，以满足制冷循环的需要。

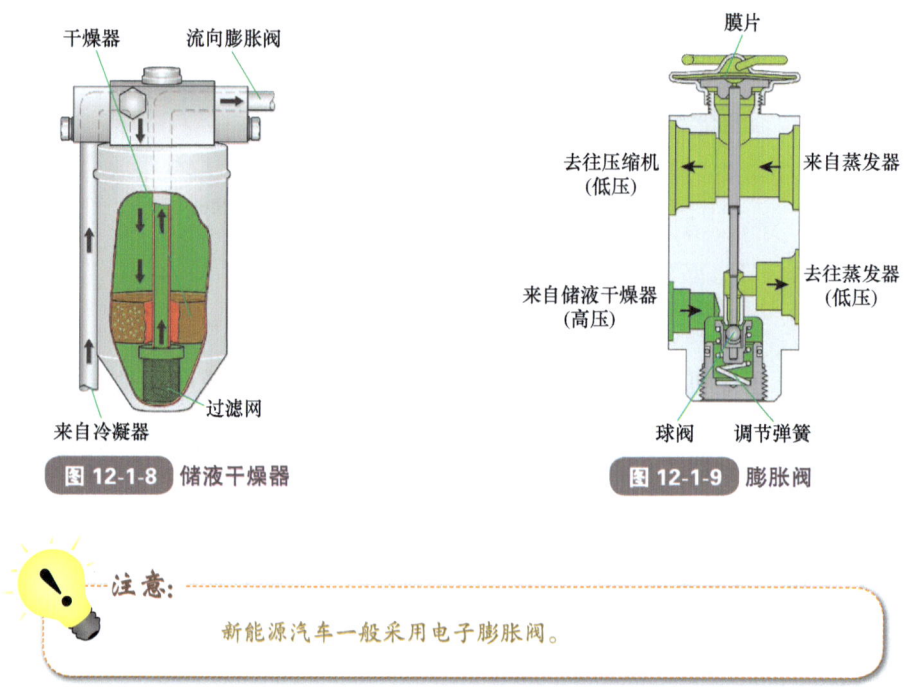

图12-1-8 储液干燥器　　图12-1-9 膨胀阀

注意：新能源汽车一般采用电子膨胀阀。

5）蒸发器。蒸发器（见图12-1-10）的作用与冷凝器相反，它是将经过节流降压后的液态制冷剂在蒸发器内沸腾气化，吸收蒸发器表面周围空气的热量而使之降温，由风机将冷风吹到车厢内，达到降温的目的。

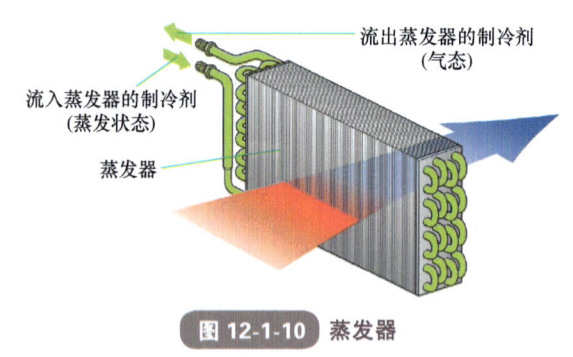

图12-1-10 蒸发器

4. 暖风系统

传统汽车暖风系统采用升温后的发动机冷却液流经热交换器的方式向乘员舱提供暖风，如图12-1-11所示。

新能源汽车空调暖风系统采用PTC加热器提供暖风，如图12-1-12所示。

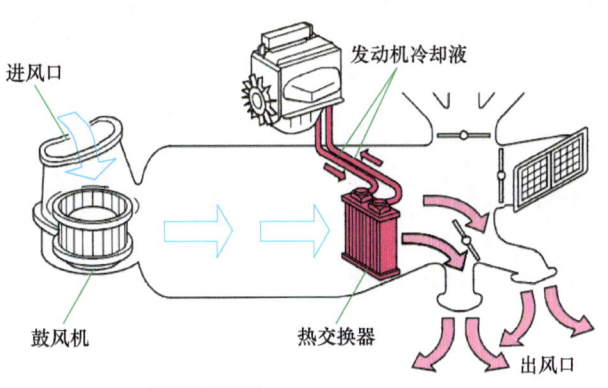

图 12-1-11 传统汽车暖风系统

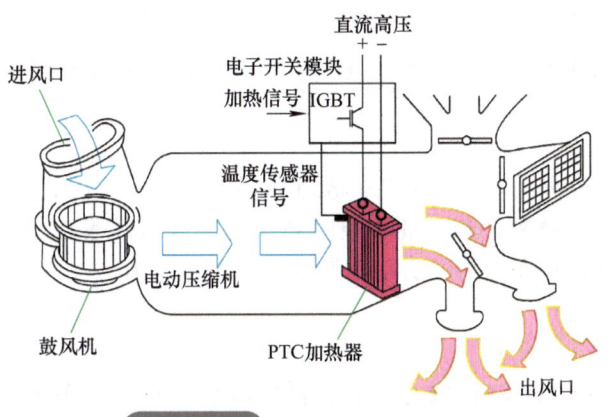

图 12-1-12 新能源汽车暖风系统

12.2 汽车空调系统维修与故障诊断

12.2.1 空调系统抽真空

对制冷系统进行维修或更换元件时,空气会进入系统,空气中含有一定量的水蒸气(湿空气),抽真空并不能直接把水分抽出制冷系统,而是产生真空后降低了水的沸点,水汽化成蒸汽后被抽出制冷系统。因此,系统抽真空时,时间越长,系统内残余的水分就越少。为最大限度地将系统内的空气及湿气抽出,必须采用重复抽真空法,即第一次抽真空完毕后,再连续抽 30min 以上。

1. 歧管压力表、真空泵与制冷系统的连接

将歧管压力表上的两根高、低压软管分别与压缩机或空调管路上的高、低接口相连,如图 12-2-1 所示;将歧管压力表上的中间软管真空泵相连。

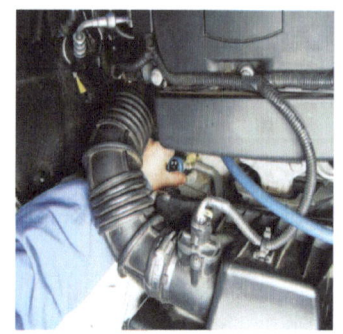

图 12-2-1　歧管压力表连接

2. 抽真空

开动真空泵，打开歧管压力表的高、低压手动阀，启动真空泵。观察歧管压力表真空度大于 95kPa 后，再持续 10min 后停止抽真空。启动真空泵，观察歧管低压压力表真空度不低于 300kPa，高压表不能低于零，说明系统有堵塞，应修复后再抽。

3. 真空泄漏

关闭高、低压手动阀，其表针应在 10min 内不得回升。低压表在 100～200kPa 之间。这就是前面所说的真空试漏。若在抽真空时系统达不到低压表在 100～200kPa，或达到了但在 10min 内表针有回升，则说明制冷系统有泄漏的地方。

4. 检漏

系统内的真空度在 10min 内没有回升，低压表在 100～200kPa 之间，还要进行制冷剂检漏，方法是从低压端注入少量气态制冷剂。当压力达到 100kPa 时，迅速关闭制冷剂瓶和低压手动阀。用电子检漏仪（见图 12-2-2）或肥皂水检查方法查漏，若出现管接头有泄漏，则进行紧固。

注意：如果抽真空不足，空调管道内的水分会冻结，这将阻碍制冷剂的流动并导致空调系统内表面生锈。

图 12-2-2　电子检漏仪

5. 第二次抽真空

再次开动真空泵，打开歧管压力表的高、低压手动阀，继续抽真空不少于30min，可以更长时间保证抽真空的效果，结束时要先关闭高、低压手动阀，再关闭真空泵。这时就为系统加注制冷剂做好了准备。

12.2.2 空调系统制冷剂的加注

从高压端充注制冷剂的具体操作如下：

1）空调系统预先进行充注冷冻机油、抽真空、检漏以后，才能充注制冷剂。

2）按规定接好歧管压力表、制冷剂注入阀和高、低压端气门阀管路，然后用制冷剂去除软管内的空气。除去软管内空气的操作过程为先关闭高、低压手动阀，拆开高压端气门阀和软管的连接，然后打开高压手动阀，最后打开制冷剂注入阀开关。在软管口听到制冷剂气体发出来的"嘶嘶"声后大约20～30s，立即将软管与高压端气门阀相连，关闭高压手动阀。用同样的方法清除低压端和管路中的空气，然后关闭高、低压手动阀。

3）将制冷剂罐倒立，打开高压手动阀至全开位置，以便制冷剂液体从高压端进入空调系统（此时，不允许启动发动机，也不允许启动空调系统）。

4）当小罐装制冷剂充注完毕后，关闭高压手动阀，然后再更换另一罐（此时还需除去中间软管的空气），直到加入规定量的制冷剂液体。

5）从高压端充注规定量的制冷剂液体后，关闭制冷剂注入阀和高压手动阀。

6）启动发动机，打开空调A/C开关，并将风机置于高速挡、温控开关调到最冷位置，从视液镜中观察、确认系统内无气泡、无过量制冷剂；观察压力表压力是否正常，一般低压在0.147～0.192MPa之间，高压在1.37～1.67MPa之间为正常。

7）关闭空调A/C开关，发动机停止运转，静止1～3min后，卸下歧管压力计两个接头。卸下接头时动作要迅速，以免过多的制冷剂排出。

注意：从高压端向系统充注制冷剂时，发动机不应处于运转状态（压缩机停转），更不可拧开歧管上的手动低压阀，以防止产生液压冲击。

12.2.3 空调系统不制冷或制冷不足检查

空调系统不制冷或制冷不足故障原因如图12-2-3所示。

1. 空调系统压力正常时出现不制冷或制冷不足故障

空调系统出现不制冷或制冷不足故障，使用歧管压力表检查制冷系统压力正常（见图12-2-4）。出现这些故障的可能原因有冷凝器散热不良、制冷剂不足或过量、制冷剂完全泄漏、压缩机故障、管路堵塞等。需要通过目视、检漏仪和系统压力测试进一步检查。

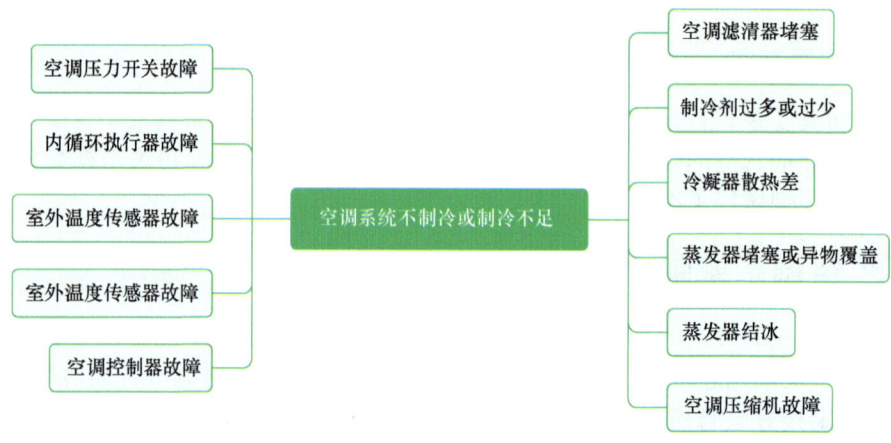

图 12-2-3 空调系统不制冷或制冷不足故障原因

2. 空调压力不正常出现制冷不足故障

空调系统出现不制冷或制冷不足故障，使用歧管压力表检查制冷系统压力不正常（见图 12-2-5）。

如图 12-2-5 所示，系统高压偏低，低压也偏低，故障现象通常为制冷不足。可能的原因是制冷剂不足或泄漏。如果因压力低，压缩机停止运转，应重新填充部分制冷剂，并执行彻底的泄漏测试。如有必要从系统中排放制冷剂，以更换总成或管路。不要忘记检查压缩机润滑油量。当制冷剂泄漏时，可能会造成制冷系统润滑油的损失。

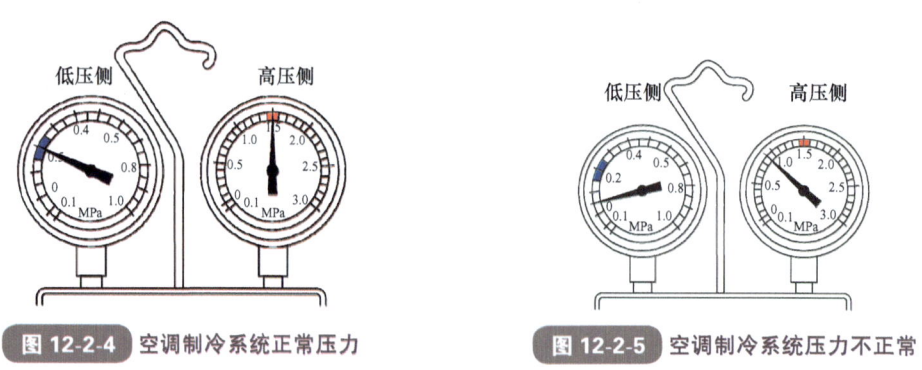

图 12-2-4 空调制冷系统正常压力

图 12-2-5 空调制冷系统压力不正常

如图 12-2-6 所示，高、低压力指针摆动，故障现象为有时制冷良好，有时制冷不足（交替）。原因可能是制冷系统中存在湿气或储液干燥器处于过饱和状态，应更换储液干燥器，通过制冷系统抽真空清除系统中的湿气。

如图 12-2-7 所示，两侧压力低，低压侧出现真空，储液干燥器排入/排出之间温度差高于 5℃。原因可能是储液干燥器堵塞。

如图 12-2-8 所示，低压和高压压力偏高，制冷不足，高压管路过热。原因可能是系统制冷剂过多、冷凝器空气通道堵塞或冷却风扇故障等，如果压缩机吸入管结冰，则制冷系统可能超载。

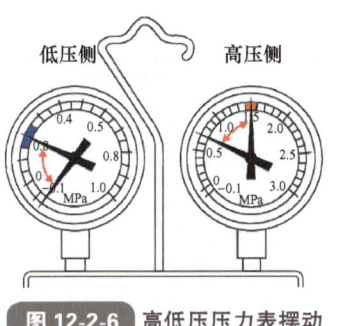

图 12-2-6 高低压压力表摆动

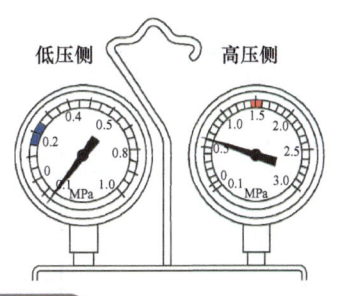

图 12-2-7 两侧压力低，低压侧出现真空

此时，应将制冷剂量恢复到规定量，检查系统制冷剂是否超载并进行如下修正：

放出部分制冷剂，直到低压表和高压表读数降至标准以下为止。重新填充制冷剂直至压力正常为止，额外填充 50～100g 制冷剂。

运转系统并检查性能。如果仪表读数显示仍然太高，则应排放制冷系统，拆卸并检查冷凝器中的制冷剂是否可以自然流通，或更换冷凝器、储液干燥器后运转制冷系统，重新检查性能。

如图 12-2-9 所示，低压压力高，高压压力低，制冷效果差，通常为压缩机故障。

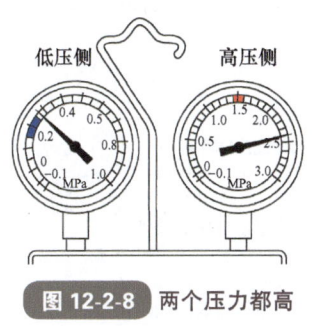

图 12-2-8 两个压力都高

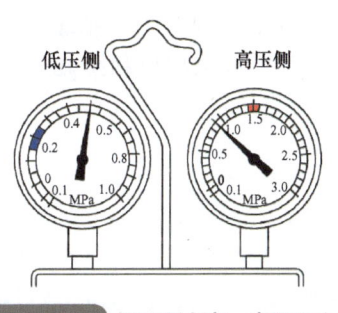

图 12-2-9 低压压力高，高压压力低

空调制冷系统常见故障原因见表 12-2-1。

表 12-2-1 空调制冷系统常见故障原因

序号	高压	低压	问题可能原因	可能故障点
1	高	高	系统整体压力高	①制冷剂加注量过多 ②系统内含空气（抽真空不良） ③冷冻机油过量 ④冷凝器散热不良
2	高	正常	高压侧故障	①冷凝器散热不良 ②冷凝器内部连通（内漏） ③冷冻机油过量
3	高	低	高低压分隔点堵塞	①膨 K 阀堵塞 ②蒸发器内部堵塞 ③冰堵 ④膨胀阀开度过小 ⑤感温包泄漏

(续)

序号	高压	低压	问题可能原因	可能故障点
4	正常	高	低压侧故障	① 膨胀阀开度过大 ② 制冷剂加注量偏多
5	正常	低	高低压分隔点问题	① 膨胀阀开度偏小 ② 制冷剂加注量偏少 ③ 感温包泄漏
6	低	高	压缩机压缩能力不足	① 压缩机转速不足 ② 压缩机内部连通（内漏）
7	低	正常	高压侧故障	① 制冷剂加注量偏少 ② 压缩机工作效率低
8	低	低	系统整体压力低	① 制冷剂加注量过少 ② 冷凝器堵塞 ③ 储液干燥器堵塞

12.2.4 空调系统不制暖或制暖不足检查

新能源汽车空调系统不制暖、制暖不足故障原因如图12-2-10所示，其中温度执行器故障症状、怀疑故障部位和维修方案见表12-2-2。

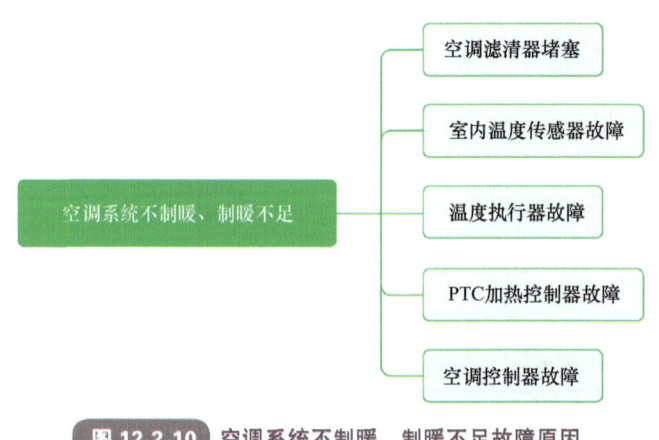

图 12-2-10 空调系统不制暖、制暖不足故障原因

表 12-2-2 温度执行器故障症状、怀疑故障部位和维修方案

症状	怀疑部位	维修方案
冷暖风门漏风	① 冷暖风门机构机械故障 ② 冷暖风门电动机故障 ③ 出风道漏风 ④ 空调控制模块故障	① 调整冷暖风门机构 ② 更换冷暖调节电动机 ③ 更换冷暖风门机械机构 ④ 修复漏风风道 ⑤ 更换冷风风道 ⑥ 更换空调控制模块

(续)

症状	怀疑部位	维修方案
内外循环风门漏风	① 被切换到外循环 ② 外循环风冷卡滞关闭不严 ③ 内外循环电动机故障 ④ 空调控制模块故障	① 切换到内循环 ② 调整外循环风门机构 ③ 更换内外循环调节电动机 ④ 更换内外循环风门机械机构 ⑤ 更换空调控制模块

1. 温度执行器故障检测

以左侧温度执行器为例,其电路如图 12-2-11 所示。

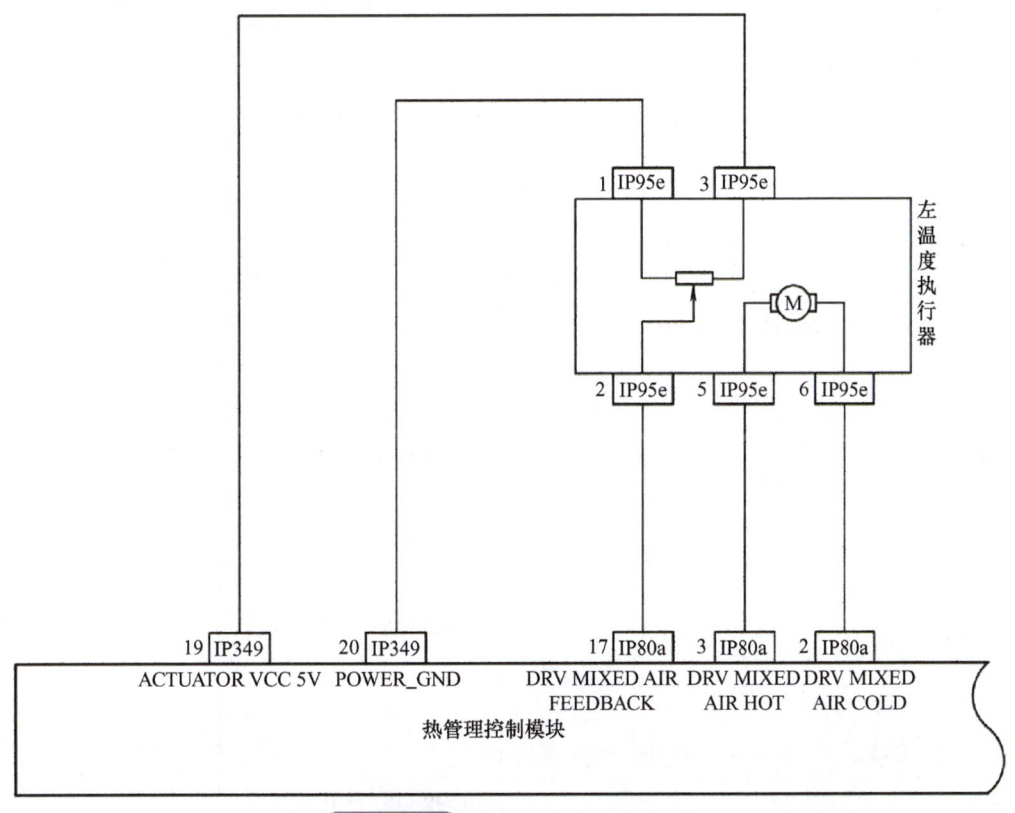

图 12-2-11 左侧温度执行器电路图

1)间歇性故障检查:电源开关置于 OFF 位置,连接故障诊断仪。启动车辆上电并路试至少 10min,再次读取故障码,检查是否有温度调节电动机、温度风门电动机相关故障码输出。如无故障码输出,则说明此故障为间歇性故障,重点检查线束有无接触不良等现象。若仍有温度调节电动机、温度风门电动机相关故障码输出,则可继续进行下一步的检查程序。

2)热管理控制模块、左风门执行器外观、线束检查:对热管理控制模块、左风门执行器的外观进行细致检查，以确认是否存在损坏、变形、污渍或松动等问题。同时，热管理控制模块、左风门执行器线束插接器的状况也应进行检查，以确保没有损坏、接触不良、老化或松动的情况。若发现上述任何问题，则必须进行相应的修理或更换。若检查结果显示一切正常，则进行下一步的检查程序。

3）检查热管理控制模块与左温度执行器之间线束是否存在开路现象：电源开关置于OFF挡，断开热管理控制模块线束插接器IP80a、IP349；断开左温度执行器线束插接器IP95e，使用万用表电阻挡（或蜂鸣挡）检查相关端子之间的电阻，见表12-2-3。

若检查结果不正常，则必须进行相应的修理或更换相关线束。若检查结果显示一切正常，则进行下一步的检查程序。

表12-2-3　检查相关端子之间的电阻

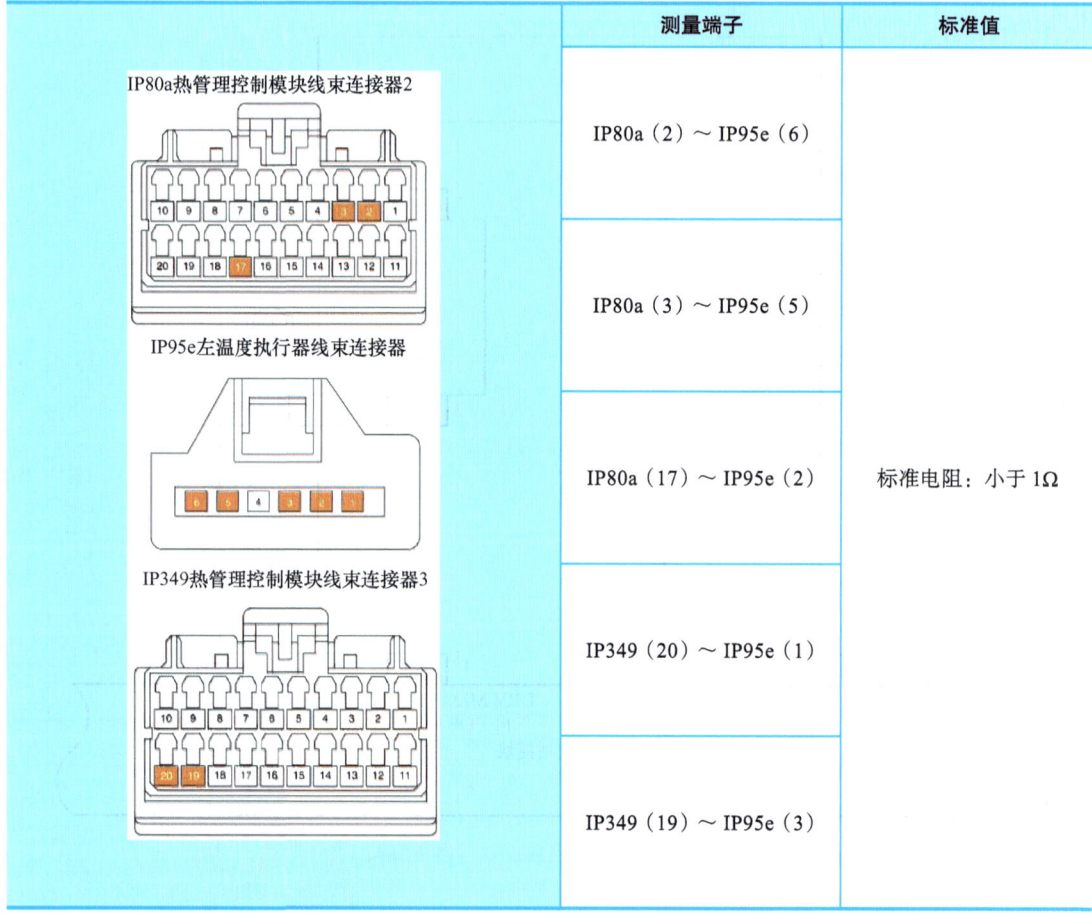

测量端子	标准值
IP80a（2）～IP95e（6）	标准电阻：小于1Ω
IP80a（3）～IP95e（5）	
IP80a（17）～IP95e（2）	
IP349（20）～IP95e（1）	
IP349（19）～IP95e（3）	

4）检查热管理控制模块与左温度执行器之间线束是否存在对电源短路现象：电源开关置于OFF挡，断开热管理控制模块线束插接器IP80a、IP349；断开左温度执行器线束插接器IP95e，点火开关置于OFF挡，使用万用表直流20V挡检查相关端子与车身搭铁之间的电压，见表12-2-4。

若检查结果不正常，必须进行相应的修理或更换相关线束。若检查结果显示一切正常，则进行下一步的检查程序。

表 12-2-4　检查相关端子与车身搭铁之间的电压

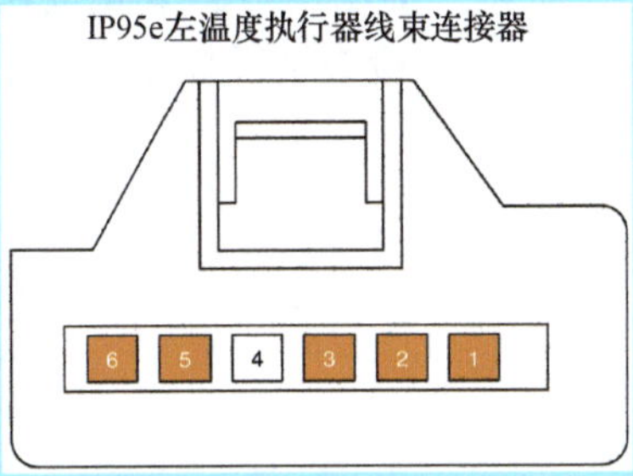

测量端子	标准值
IP95e（1）～车身搭铁	标准电压：0V
IP95e（2）～车身搭铁	
IP95e（3）～车身搭铁	
IP95e（5）～车身搭铁	
IP95e（6）～车身搭铁	

5）检查热管理控制模块与左温度执行器之间线束是否存在对搭铁短路现象：电源开关置于 OFF 挡，断开热管理控制模块线束插接器 IP80a、IP349；断开左温度执行器线束插接器 IP95e，使用万用表检查相关端子与车身搭铁之间的电阻，见表 12-2-5。

表 12-2-5　检查相关端子与车身搭铁之间的电阻

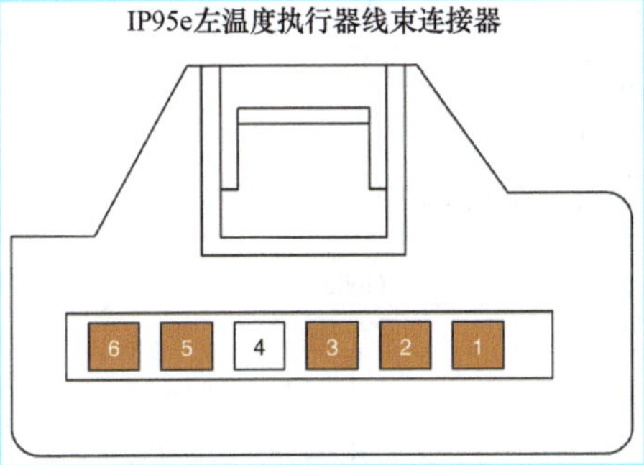

测量端子	标准值
IP95e（1）～车身搭铁	标准电阻：10kΩ 或更高
IP95e（2）～车身搭铁	
IP95e（3）～车身搭铁	
IP95e（5）～车身搭铁	
IP95e（6）～车身搭铁	

若检查结果不正常，则必须进行相应的修理或更换相关线束。

若检查结果显示一切正常，则可判断故障点在左温度执行器自身，更换左温度执行器。更换后再次测试空调制暖效果，如仍无制暖或制暖效果不佳，则更换热管理控制模块。

2. 新能源汽车 PTC 加热器故障检测

新能源汽车空调系统出现不助暖或制暖效果不佳，使用故障诊断仪读取故障码，若出现 PTC 加热器相关故障码，则可按照以下步骤检测故障。

PTC 加热控制器电路如图 12-2-12 所示。

1）间歇性故障检查：电源开关置于 OFF 位置，连接故障诊断仪。启动车辆上电并路试至少 10min，再次读取故障码，检查是否有加热器相关故障码输出。如无故障码输出，则说明此故障为间歇性故障，重点检查线束有无接触不良等现象。如仍有加热器相关故障码输出，则进行下一步的检查程序。

2）热管理模块、PTC加热器外观和线束检查：对热管理模块、PTC加热器外观进行细致检查，以确认是否存在损坏、变形、污渍或松动等问题。同时，热管理模块、PTC加热器线束插接器的状况也应进行检查，以确保没有损坏、接触不良、老化或松动的情况。若发现上述任何问题，则必须进行相应的修理或更换。若检查结果显示一切正常，则进行下一步的检查程序。

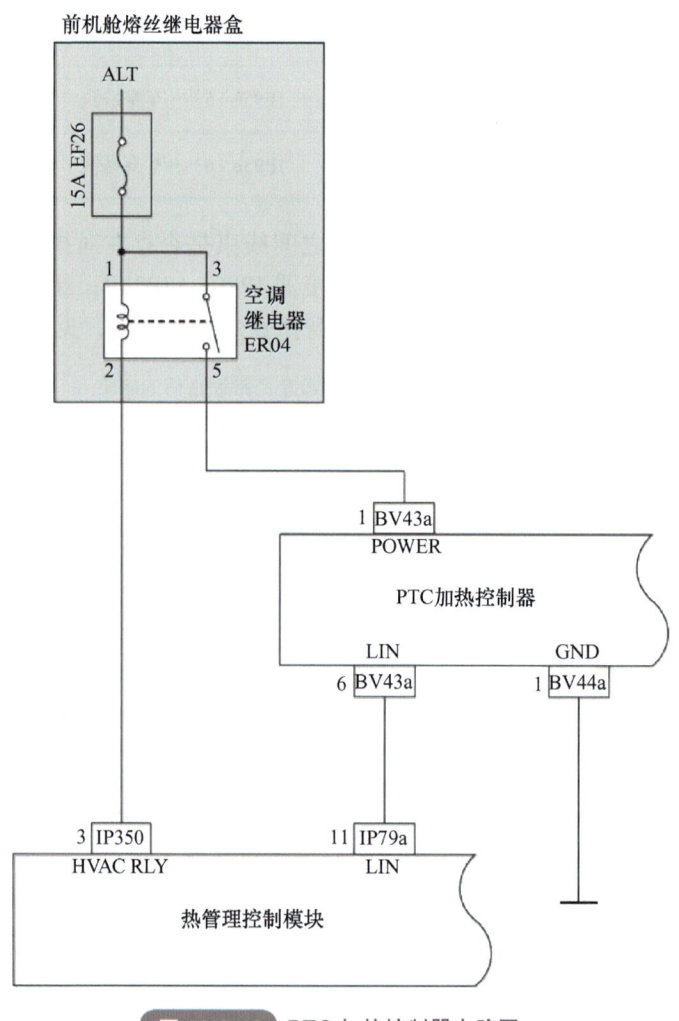

图 12-2-12　PTC 加热控制器电路图

3）检查蓄电池电压：电源开关置于 ON 挡，使用万用表 20V 直流挡测量蓄电池电压，标准电压应在 9～16V 范围内。如不在标准范围内，检查 DC-DC 低压充电系统或更换蓄电池。若检查结果显示一切正常，则进行下一步的检查程序。

4）检查熔丝：电源开关置于 OFF，拔下前机舱熔丝盒内的 EF26（额定容量 15A）熔丝，检查熔丝是否熔断。如有熔断则检查熔丝线路，并更换额定容量的熔丝。若检查结果正常，则进行下一步的检查程序。

5）检查空调继电器 ER04：电源开关置于 OFF 挡，拔下空调继电器 ER04，使用相同型号的继电器替换后检查空调系统是否能够正常制暖。如正常,则为继电器故障,更换继电器;如仍不正常,继续下一步检查。

6)检查热管理控制模块与 PTC 加热器之间的线路:电源开关置于 OFF 挡,依次断开热管理控制模块线束插接器 IP79a、PTC 加热器线束插接器 BV43a、空调压缩机线束插接器 BV08a、VCU 线束插接器 CA67、热泵采暖电子膨胀阀线束插接器 CA126a、蒸发器电子膨胀阀线束插接器 CA290、采暖三通阀线束插接器 CA214a、热交换器电子膨胀阀线束插接器 CA291、冷却三通阀线束插接器 CA54、四通阀线束插接器 CA210。使用万用表测量相关端子,见表 12-2-6。

表 12-2-6 相关端子测量(一)

测量端子	标准值
 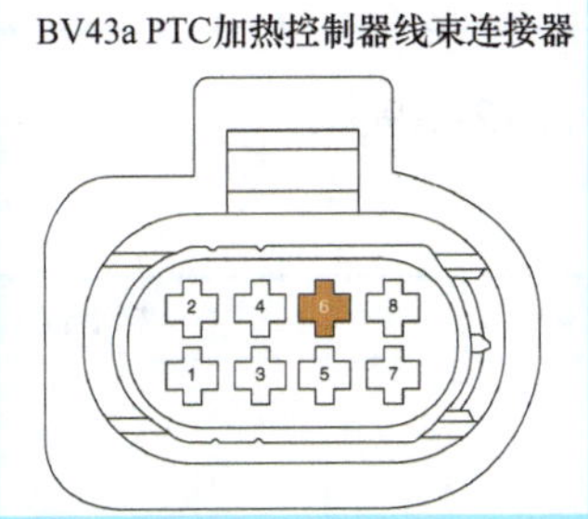 IP79a(11)～BV43a(6)	标准电阻:小于 1Ω
BV43a(6)～车身搭铁	标准电阻:10kΩ 或更高

将电源开关置于 ON 挡,使用万用表测量相关端子,见表 12-2-7。

表 12-2-7 相关端子测量(二)

测量端子	标准值
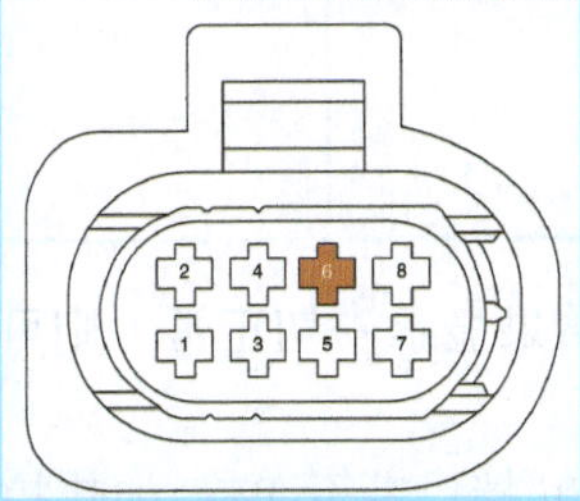 BV43a(6)～车身搭铁	标准电压:0V

以上检查若不正常，则修理或更换相关线束。若检查结果显示一切正常，则可继续进行下一步的检查程序。

7）检查 PTC 加热器与空调继电器之间的线路：电源开关置于 OFF 挡，拔下空调继电器 ER04，断开 PTC 加热控制器线束插接器 BV43a，使用万用表测量相关端子，见表 12-2-8。

表 12-2-8　相关端子测量（三）

测量端子	标准值
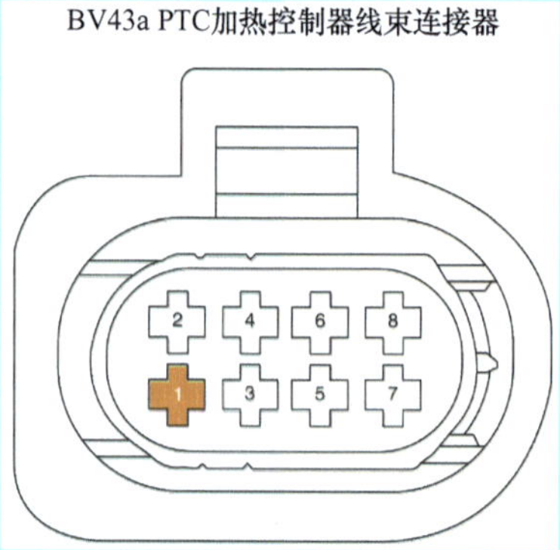 BV43a（1）～ER04（5）	标准电阻：小于 1Ω
BV43a（1）～车身搭铁	标准电阻：10kΩ 或更高

电源开关置于 ON 挡，使用万用表测量相关端子，见表 12-2-9。

表 12-2-9　相关端子测量（四）

测量端子	标准值
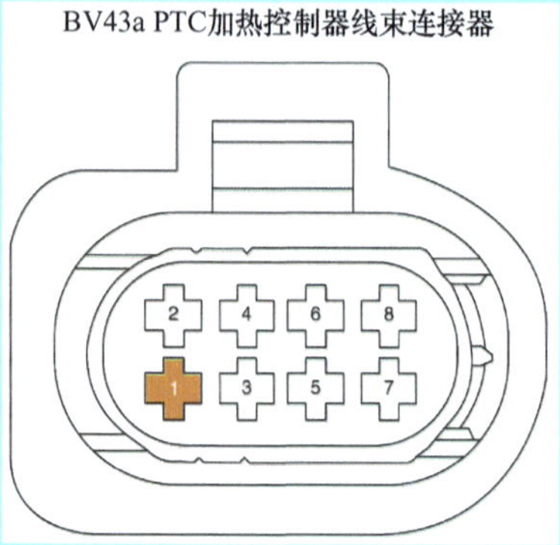 BV43a（1）～车身搭铁	标准电压：0V

以上检查如不正常，则修理或更换相关线束。若检查结果显示一切正常，则可继续进行下一步的检查程序。

8）检查 PTC 加热控制器接地线路：电源开关置于 OFF 挡，断开 PTC 加热控制器线束插接器 BV44a，使用万用表检查相关端子，见表 12-2-10。

表 12-2-10　相关端子测量（五）

BV44a PTC负极线束连接器	测量端子	标准值
	BV44a（1）～车身搭铁	标准电阻：小于1Ω

以上检查如不正常，则修理或更换相关线束。

若检查结果正常，则可判断为 PTC 加热控制器自身故障，更换 PTC 加热控制器。检查空调系统制暖是否正常，如仍不正常，则更换热管理器控制模块。

第 13 章 照明系统维修与故障诊断

13.1 汽车照明系统基础知识

汽车照明系统组成如图 13-1-1 所示。

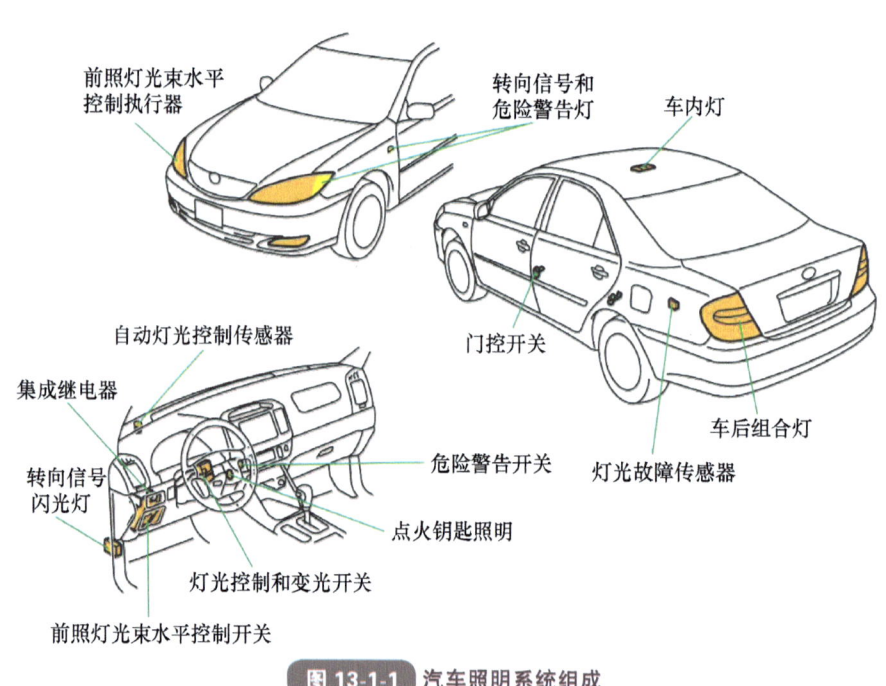

图 13-1-1 汽车照明系统组成

外部照明灯包括：前照灯、日间行车灯、驻车灯和牌照灯、转向灯、危险警告灯、制动灯、雾灯等。

车内灯包括：顶灯/阅读灯、仪表灯、门控灯、行李舱照明灯等。

13.2 汽车照明系统维修与故障诊断

13.2.1 灯光组合开关的更换

1）断开蓄电池负极电缆。
2）拆卸驾驶人安全气囊。
3）拆卸转向盘固定螺母①，断开多功能转向盘按键总成线束插接器②，取出转向盘（见图13-2-1）。
4）拆卸组合开关总成②固定螺钉（见图13-2-2）。

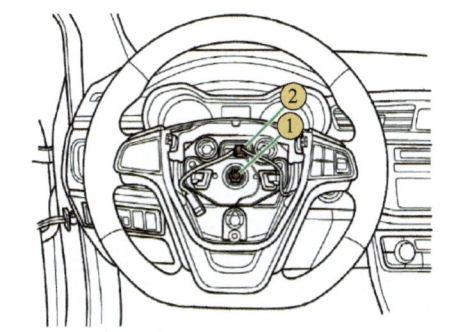

图13-2-1 拆卸转向盘固定螺母和转向盘按键总成线束插接器

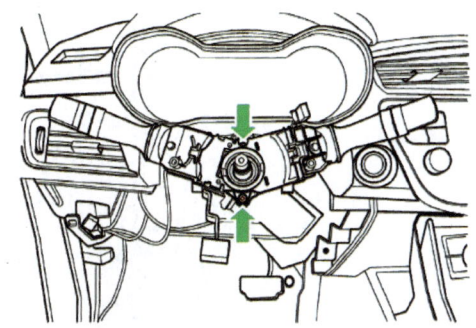

图13-2-2 拆卸组合开关总成固定螺钉

5）断开组合开关两处线束插接器，取下组合开关（图13-2-3）。

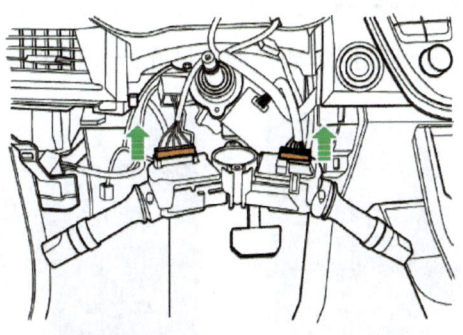

图13-2-3 断开组合开关线束插接器

13.2.2 前照灯的更换

1）断开蓄电池负极电缆。
2）拆卸前保险杠。
3）拔出红色插销，断开前组合灯总成线束插接器（见图13-2-4）。
4）拆卸前组合灯下端两颗固定螺栓（见图13-2-5）。

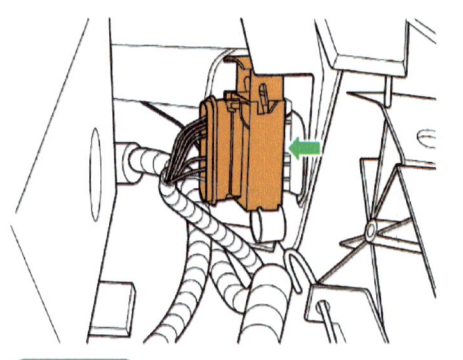
图 13-2-4 断开前组合灯总成线束插接器

图 13-2-5 拆卸前组合灯下端固定螺栓

5）拆卸前组合灯上端固定螺栓和固定螺钉，取下前组合灯（见图 13-2-6）。

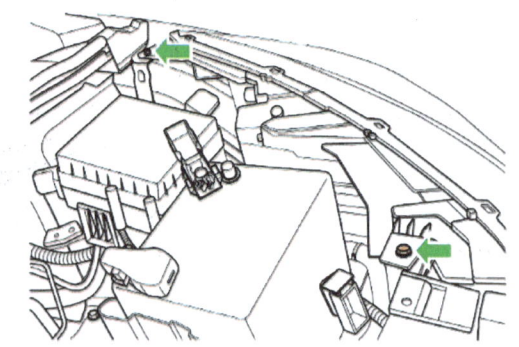
图 13-2-6 拆卸前组合灯上端固定螺栓和固定螺钉

13.2.3 前照灯电路的检查

1）如图 13-2-7a 所示，断开前照灯插接器，灯光开关转至前照灯挡位（见图 13-2-7b）。

a)   b)

图 13-2-7 断开插接器，灯光开关转至前照灯挡位

2）如图 13-2-8 所示，使用万用表蜂鸣挡检查插接器接地端和车身搭铁之间的电阻，万用表应发出蜂鸣声。

3）如图 13-2-9 所示，使用万用表 20V 直流电压挡检查插接器供电和搭铁端的电压，标准电压应为蓄电池电压。

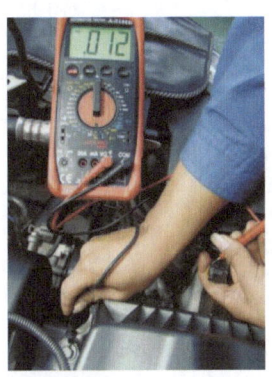

图 13-2-8　接地电路检查

图 13-2-9　供电检查

4）用试灯检查供电情况。如图 13-2-10 所示，用试灯探头接触插接器供电端子，将试灯负极夹子夹在搭铁上，试灯应点亮。

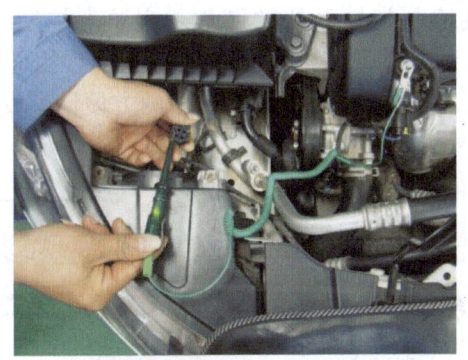

图 13-2-10　用试灯检查供电

第 14 章 汽车中控门锁系统维修与故障诊断

14.1 汽车中控门锁系统基础知识

中控门锁系统是中央控制门锁系统的简称,主要由控制部分和执行部分组成,如图 14-1-1 所示。中控门锁系统是通过操作门锁控制开关和钥匙控制电动机,同时控制所有车门关闭与开启的装置,其作用是增加汽车使用的方便性和安全性。

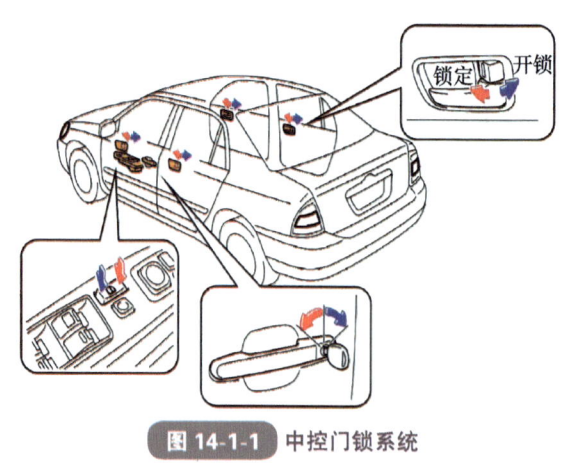

图 14-1-1 中控门锁系统

14.1.1 汽车中控门锁系统

1)门锁控制开关。门锁控制开关一般安装在驾驶人侧前门内的扶手上,通过门锁控制开关可以同时锁上和打开所有的车门,如图 14-1-2a 所示。

2)钥匙控制开关。钥匙控制开关装在左前门和右前门的外侧锁上,如图 14-1-2b 所示。当从车外用车门钥匙开门或锁门时,钥匙控制开关便发出开门或锁门信号给门锁控制 ECU,实现车门打开或锁止。

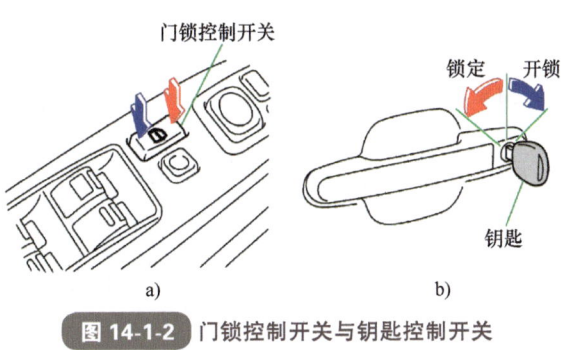

图 14-1-2 门锁控制开关与钥匙控制开关

3）门控开关。门控开关用来检测车门开闭的情况。车门打开时，门控开关接通；车门关闭时，门控开关断开。

4）门锁执行机构。中控门锁用电磁驱动方式进行门锁的开启与关闭。门锁执行机构主要分为电磁线圈式和直流电动机式。

电磁线圈式执行机构锁门时，给电磁线圈加正向电流，衔铁带动连杆左移，扣住门锁舌片；开门时，给电磁线圈加正向电流，衔铁带动连杆左移，脱离门锁舌片。

直流电动机式执行机构（见图 14-1-3）的连杆由直流电动机驱动，利用电动机的正转和反转完成锁门和开门的动作。

5）门锁连杆操纵机构。当门锁电机（或其他执行机构）运转时，通过门锁连杆操纵门锁锁定或开启。

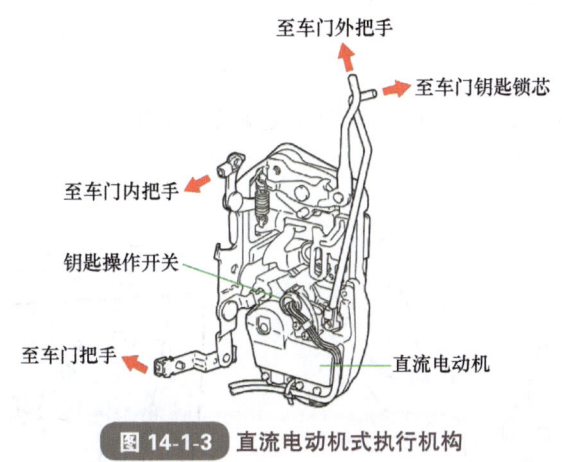

图 14-1-3 直流电动机式执行机构

14.1.2 遥控中控门锁系统

遥控中控门锁系统也称无钥匙进入系统。其作用是从远处锁止和解锁所有车门，为驾驶人提供便利。如图 14-1-4 所示。遥控中控门锁系统是在普通中控门系统的基础上增加手持遥控器、车门控制接收器、集成继电器（含防盗 ECU）等部件。

遥控器有分开型和组合型 2 种。组合型遥控器的发射天线由钥匙板兼任。身份代码存储器中存储的身份代码通过输出部分经由发射天线发射出去。车门控制接收器对接收的信号进行放大和调制后，发送给防盗 ECU，防盗 ECU 检查身份鉴定代码是否相符，当代码一致时，驱动相应的执行器。

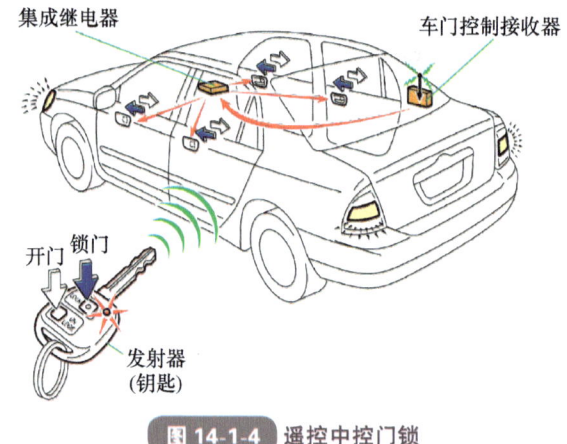

图 14-1-4　遥控中控门锁

14.2　汽车中控门锁系统维修与故障诊断

14.2.1　前门锁总成拆卸

这里以左前门锁总成为例，其他车门锁可参考。
1）断开蓄电池负极电缆。
2）拆卸左前门内饰板。
3）拆卸左前门锁体总成上的固定螺钉（见图 14-2-1）。
4）揭下挡水膜（见图 14-2-2）。

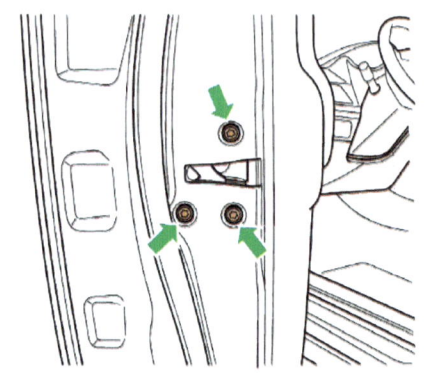

图 14-2-1　拆卸左前门锁体总成上的固定螺钉

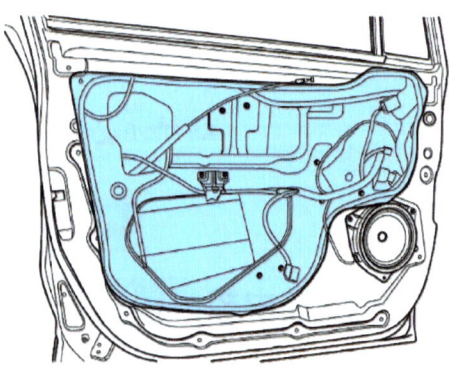

图 14-2-2　揭下挡水膜

5）拆卸门内开启拉线①、门外开启拉杆②和锁芯拉杆③（见图 14-2-3）。
6）断开左前车门锁体总成线束插接器（见图 14-2-4）。
7）取下左前车门锁体总成。

第14章 汽车中控门锁系统维修与故障诊断

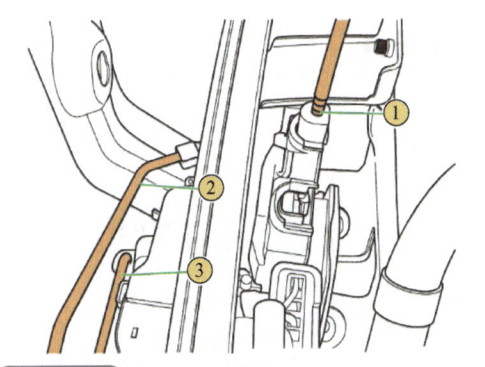

图 14-2-3 拆卸门内开启拉线、门外开启拉杆和锁芯拉杆

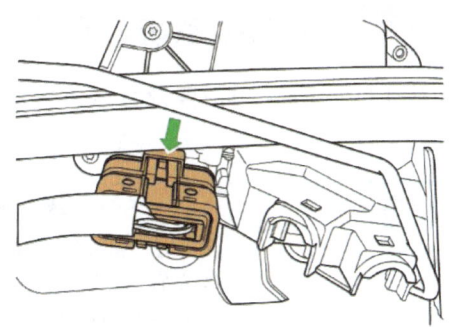

图 14-2-4 断开左前车门锁体总成线束插接器

14.2.2 行李舱锁总成拆卸

1）断开蓄电池负极电缆。
2）拆卸行李舱门内装饰板。
3）断开行李舱锁总成线束插接器（见图 14-2-5）。
4）拆卸行李舱锁总成上的固定螺栓（见图 14-2-6）。
5）取下行李舱锁总成（见图 14-2-7）。

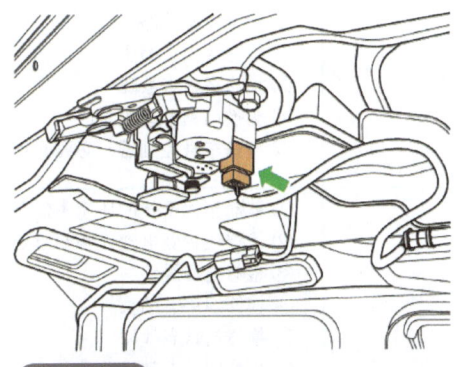

图 14-2-5 断开行李舱锁总成线束插接器

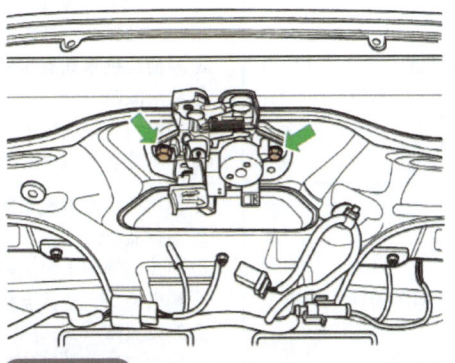

图 14-2-6 拆卸行李舱锁总成上的固定螺栓

图 14-2-7 取下行李舱锁总成

14.2.3 中控门锁系统常见故障及排除方法

中控门锁系统常见故障及维修方案见表14-2-1。

表14-2-1 中控门锁系统常见故障及维修方案

故障症状	可疑故障部位	维修方案
机械钥匙不能锁/开车门	① 中控门锁的电源故障 ② 左前门锁机内的开/闭锁开关接触不良 ③ 线束插头接触不良 ④ 相关搭铁点接触不良 ⑤ 线束故障 ⑥ 中控锁电动机故障 ⑦ 车身控制模块故障	① 检修电源线路 ② 检修线束、插头 ③ 检修搭铁点故障 ④ 更换门锁电动机总成 ⑤ 检修车身控制器，必要时更换
中控锁开关不能锁/开车门	① 中控门锁的电源故障 ② 左前玻璃升降开关总成上的中控门锁开关故障 ③ 线束插头接触不良 ④ 相关搭铁点接触不良 ⑤ 线束故障 ⑥ 中控门锁电动机故障 ⑦ 车身控制器故障	① 检修电源线路 ② 检修线束、插头 ③ 检修搭铁点故障 ④ 检修左前门玻璃升降开关 ⑤ 更换门锁电动机总成 ⑥ 检修车身控制器，必要时更换
只有左前门锁不能锁/开车门	① 中控锁的电源故障 ② 左前门锁线束插头接触不良 ③ 左前门锁搭铁点接触不良 ④ 线束故障 ⑤ 左前门中控门锁电动机故障 ⑥ 车身控制器故障	① 检修电源线路 ② 检修线束、插头 ③ 检修搭铁点故障 ④ 更换门锁电动机总成 ⑤ 检修车身控制器，必要时更换
遥控器不能锁/开车门	① 使用环境有电磁干扰 ② 遥控器故障 ③ 中控门锁的电源故障 ④ 线束插头、搭铁点接触不良 ⑤ 线束故障 ⑥ 中控门锁电动机故障 ⑦ 车身控制器故障	① 移动至无干扰的环境中使用 ② 检修遥控器电池，必要时更换 ③ 检修电源线路 ④ 检修线束、插头 ⑤ 检修搭铁点故障 ⑥ 更换门锁电动机总成 ⑦ 检修车身控制器，必要时更换

Chapter 15
第 15 章 汽车音响、导航系统维修与故障诊断

15.1 汽车音响、导航系统基础知识

15.1.1 汽车音响系统基本组成

随着电子技术的发展和驾驶人对视听享受的追求越来越高,汽车音响系统越来越受到人们的重视,已经成为评价汽车舒适性的指标之一。驾驶人可以通过汽车音响系统听到优美的音乐,也可接听驾驶时所需要的交通路况信息和新闻。汽车音响系统主要由天线、音响主机、功率放大器和扬声器等组成,如图 15-1-1 所示。

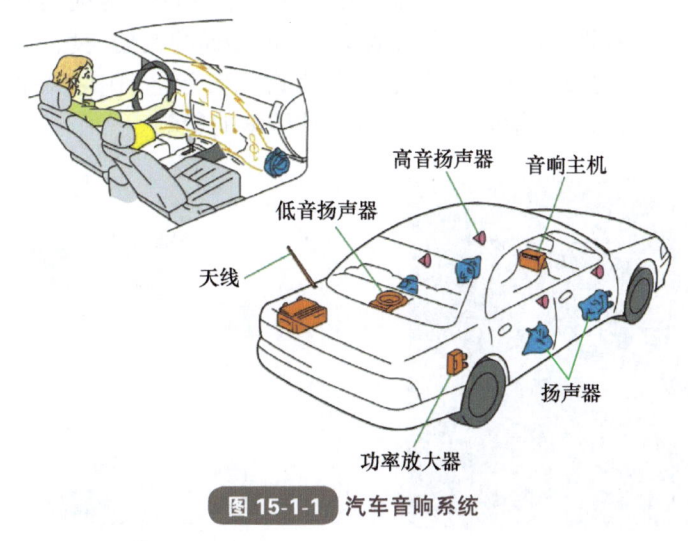

图 15-1-1 汽车音响系统

1. 天线

天线的作用是接收广播电台发射的电波,并通过高频电缆传送给无线电调频装置。

2. 音响主机

音响主机也称信号源,是汽车多媒体系统的节目源,包括汽车收音机(调谐器)、激光唱机(CD 放音机)等。

3. 功率放大器

功率放大器的作用是将音频信号进行电压放大和功率放大,然后使扬声器发出声音。

4. 扬声器

扬声器的主要功能是把音频信号还原成声音,是汽车音响系统的终端,决定车厢内的音响性能。

15.1.2 汽车导航系统基本组成

汽车导航系统主要由全球卫星定位系统(GPS)和车辆自动导航系统组成。

1. 全球卫星定位系统的组成及工作原理

全球卫星定位系统由距地面 21000km、在 6 个轨道面上均匀分布的 24 个地球同步卫星组成,如图 15-1-2 所示。GPS 主要是由空间部分(导航卫星)、地面站(监控部分)和用户设备(GPS 接收器)组成。

在汽车导航系统中,利用 GPS 卫星的无线电波来检测车辆的绝对位置。在全球任何地方、任何时刻都至少能看到 4 颗 GPS 导航卫星,如图 15-1-3 所示。确定汽车位置可通过测量电波从卫星至接收器的传播时间来进行计算。车载 GPS 导航内置的 GPS 天线会接收到来自环绕地球的 24 颗 GPS 卫星中的至少 3 颗所传递的数据信息,就可以测出接收器在地球上的位置坐标(经度、纬度和高度)。但考虑到实际空间中存在许多误差因素,因此通过第 4 颗卫星来做"双重检验",以消除这些因素的影响。

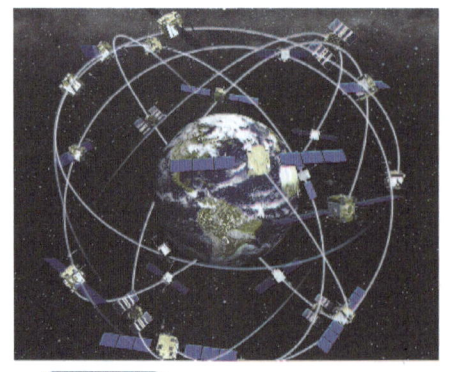

图 15-1-2 全球卫星定位系统的组成

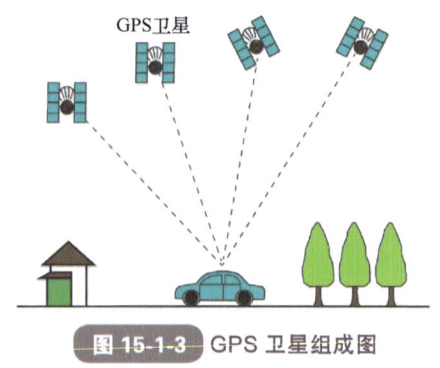

图 15-1-3 GPS 卫星组成图

2. 车辆自动导航系统

1)车辆地理位置定位原理。车辆自动导航系统根据导航接收器总成中的陀螺仪传感器和车速传感器来确定车辆的运动轨迹,从而确定车辆的相对位置。陀螺仪传感器位于导航接收器总成内,它通过检测角速度来计算方位,车速传感器用于计算车辆运动距离。

2)地图匹配原理。当前的驾驶路线由自动导航(根据陀螺仪传感器和车速传感器)和 GPS 导航计算得出。将该信息与电子地图数据中得出的可能路线作对比,并将车辆位置设置到最合适的路线上。经过地图匹配之后,系统将在显示器上显示路线修正情况,如图 15-1-4 所示。

图 15-1-4 地图匹配

3. 汽车导航系统的工作过程

在出发前,用户通过系统提供的输入方法(触屏或语音等)将目的地输入到导航设备中。汽车导航系统根据全球卫星定位系统(GPS)测定的车辆绝对位置和车辆自动导航系统中测定的车辆相对位置来计算车辆当前的实际位置,并结合车载电子地图及用户输入的车辆目的地计算出最佳行驶路线,并在行驶中将信息(语音/图像)提供给驾驶人。

15.2 汽车音响、导航系统维修与故障诊断

15.2.1 低音扬声器的拆卸

这里以左前门上的低音扬声器为例,其他车门扬声器可参考。
1)拆卸前车门内饰板。
2)断开低音扬声器线束插接器(见图 15-2-1)。
3)拆卸低音扬声器 3 颗铆钉,并取出低音扬声器(见图 15-2-2)。

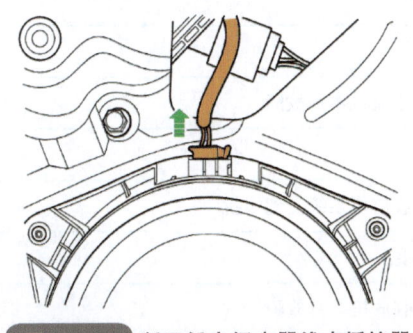

图 15-2-1 断开低音扬声器线束插接器

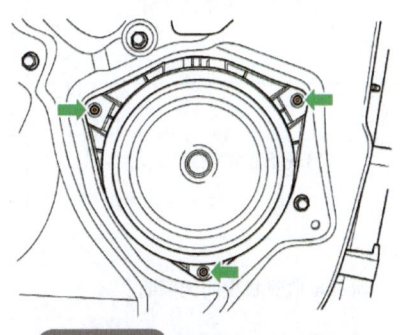

图 15-2-2 拆卸低音扬声器铆钉

15.2.2　GPS 主机拆卸

1）拆卸 GPS 主机盖板，根据车型不同此步骤拆卸方法不同（见图 15-2-3）。
2）拆卸 GPS 主机 4 颗固定螺钉（见图 15-2-4）。

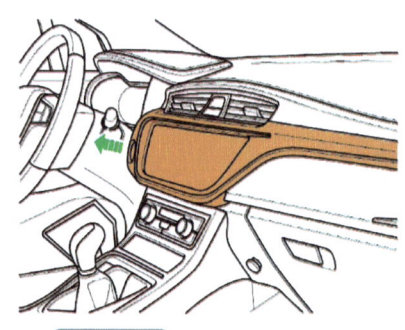

图 15-2-3　拆卸 GPS 主机盖板

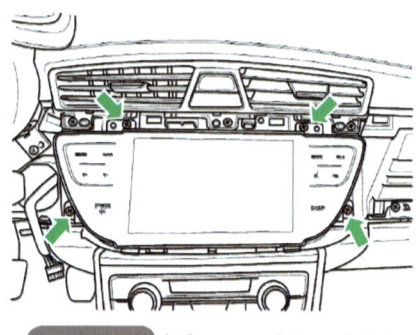

图 15-2-4　拆卸 GPS 主机固定螺钉

15.2.3　汽车音响系统常见故障及可疑部位

汽车音响系统常见故障及可疑部位见表 15-2-1。

表 15-2-1　汽车音响系统常见故障及可疑部位

症状	可疑部位
按下电源开关不能启动系统	① 整车电源处于非 OFF 位置
	② 系统电源
	③ 音响主机 / 收放机本身故障
面板开关不工作	音响主机 / 收放机本身故障
听不到任何来自扬声器的声音	① 音响主机 / 收放机电源电路
	② 音响主机 / 收放机静音
	③ 扬声器电路
所有模式下的音质均不佳	① 音响主机 / 收放机本身故障
	② 扬声器电路
	③ 扬声器损坏
出现不正常噪声	① 音响主机 / 收放机本身故障
	② 扬声器损坏
	③ 音响主机 / 收放机系统受到干扰
无线电收音机夜间无照明	① 整车照明电路
	② 音响主机 / 收放机本身故障

15.2.4 汽车导航系统常见故障及原因

汽车导航系统常见故障及原因见表 15-2-2。

表 15-2-2　汽车导航系统常见故障及原因

故障现象	故障原因
导航仪黑屏的故障	① 蓄电池亏电 ② 交流发电机损坏 ③ 导航仪本身失常
方向偏差较大	① 车速传感器信号、陀螺仪传感器信号缺失 ② 线束被压破
寻找不到目的地	导航信息存储介质损坏
GPS 无法搜索卫星信号	① 导航仪本身或其系统失常 ② 卫星信号弱 ③ 受到汽车内的其他用电器干扰 ④ GPS 天线损坏

Chapter 16
第 16 章　其他电动辅助装置的维修与故障诊断

16.1 刮水器／洗涤器系统维修与故障诊断

16.1.1 刮水器／洗涤器系统原理

刮水器系统有前风窗刮水器和后风窗刮水器。后风窗刮水器一般使用在 SUV 和两厢车上。此外，通常也把前照灯清洗装置归类到刮水器系统里，刮水器系统组成如图 16-1-1 所示。

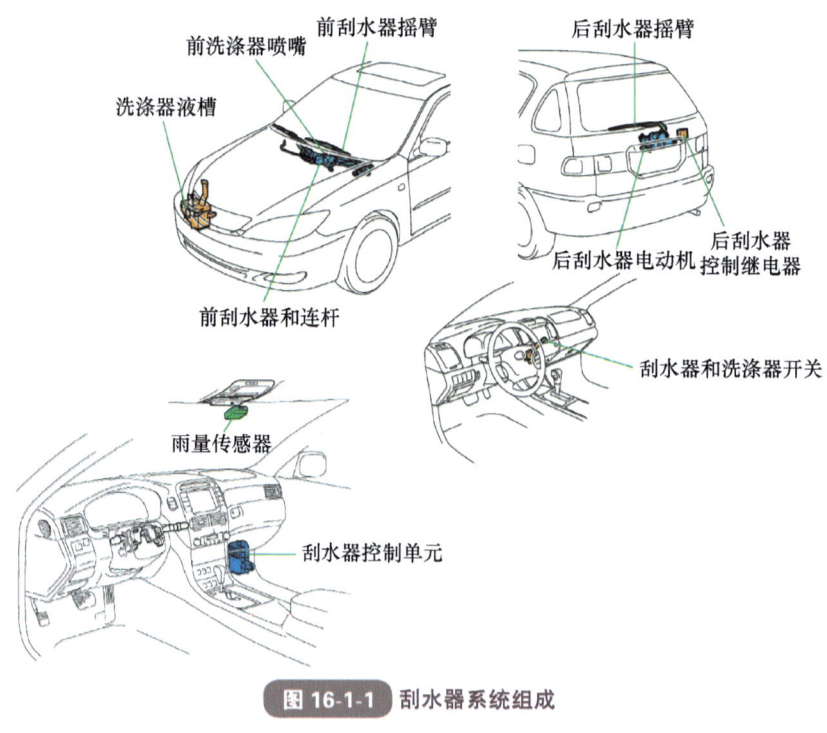

图 16-1-1　刮水器系统组成

刮水器/洗涤器系统的主要组成部件有：
① 连动机构，包括刮水器片、刮水器臂、连杆和刮水器电动机等。
② 洗涤液泵、储液罐和洗涤液液位开关。
③ 组合开关。
④ 车身控制模块。

16.1.2　刮水器电动机的供电的检查

1）打开发动机舱盖，拆卸风窗玻璃刮水器臂装饰盖，如图 16-1-2 所示。

图 16-1-2　拆卸风窗玻璃刮水器臂装饰盖

2）断开如图 16-1-3 所示的刮水器电动机插接器。

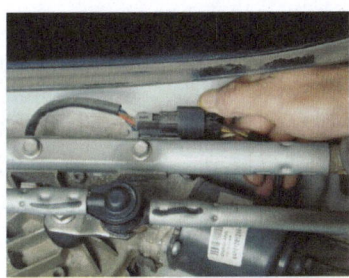
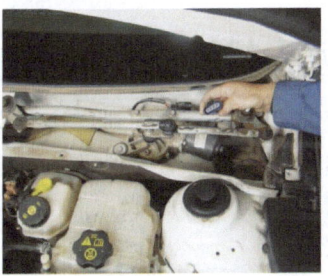

图 16-1-3　刮水器电动机插接器

3）用试灯探头接触刮水器电动机供电端子，将试灯负极夹子夹在搭铁上，如图 16-1-4 所示。打开刮水器开关，试灯应点亮。

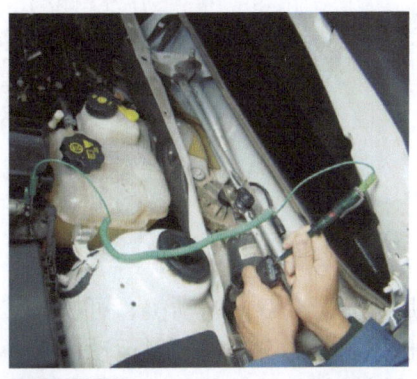

图 16-1-4　检查刮水器电动机供电情况

16.1.3 刮水器系统故障诊断

刮水器系统典型的故障现象主要包括：刮水器不工作，刮水器调速功能失效，刮水器刮不干净等。

如果刮水器完全不工作，那么应该检查：
1) 刮水器电动机是否失效。
2) 刮水器开关是否失效。
3) 继电器是否失效。
4) 雨量传感器是否失效。
5) BCM 是否故障。
6) 线路是否故障。
7) 连接器是否松动。

针对刮水器抖动情况，应该着重检查：
1) 刮片安装是否到位。
2) 刮水器连杆机构是否损坏。

16.2 电动后视镜维修与故障诊断

16.2.1 电动后视镜组成与原理

汽车后视镜的位置直接关系到驾驶人能否观察到后方情况，与行车安全有着密切的关系。越来越多的轿车采用电动后视镜，通过开关进行调节，操作方便。电动后视镜一般由镜片、电动机总成、壳体等组成，如图 16-2-1 所示，后视镜的操作开关一般安装在左前车门或仪表台上。

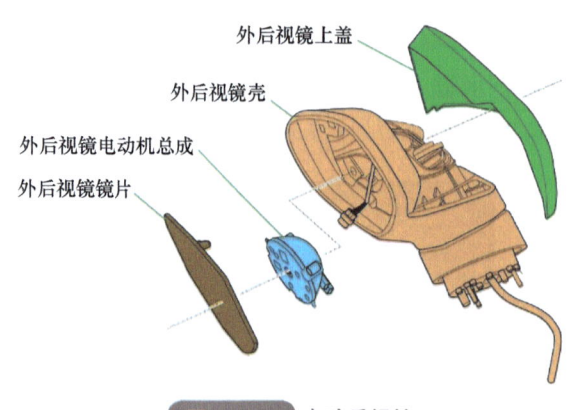

图 16-2-1 电动后视镜

在每个后视镜镜片的背后都有两个双向电动机，可操纵其上下及左右运动。通常上下方向的倾斜运动由一个电动机控制，左右方向倾斜运动由另一个电动机控制。通过改变电动机的电流方向，即可完成后视镜的位置调整。有的电动后视镜还有伸缩功能，伸缩开关控制伸缩电动机工作，使整个后视镜伸出或缩回。

16.2.2 电动后视镜检查与故障诊断

1）拆卸电动后视镜插接器盖板，如图 16-2-2 所示。
2）断开电动后视镜插接器，如图 16-2-3 所示。

图 16-2-2 拆卸电动后视镜插接器盖板

图 16-2-3 断开电动后视镜插接器

3）如图 16-2-4 所示，用试灯探头接触插接器上的供电端子，将负极夹子夹在车身搭铁上，调整后视镜调节按钮，试灯应点亮。

图 16-2-4 电动后视镜供电检查

16.3 电动门窗维修与故障诊断

16.3.1 电动门窗基本组成

电动门窗可使驾驶人和乘客坐在座位上，利用开关使车门玻璃自动升降，操作简单便利有利于行车安全。电动门窗主要由车窗电动机、车窗升降调节器和控制开关等组成，如图 16-3-1 所示。

1. 电动机

电动门窗一般使用双向永磁式电动机，每个车窗一般装一个。按下或抬起电动车窗开关，电动机正向或反向转动通过传动机构将动力传给车窗升降调节器，使车窗玻璃升高或降低。

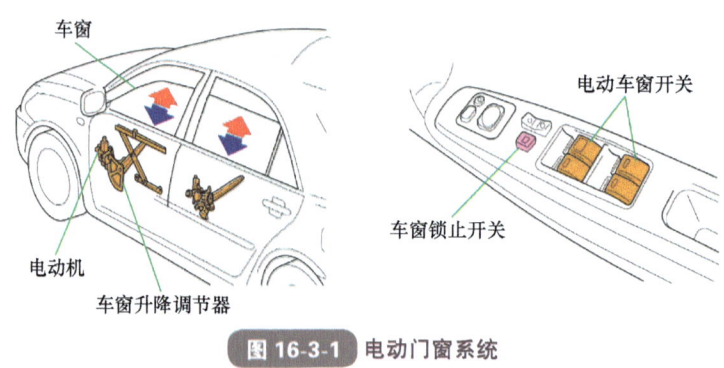

图 16-3-1　电动门窗系统

2. 车窗升降调节器

车窗升降调节器的常见类型有绳索式、交叉臂式，如图 16-3-2 所示。

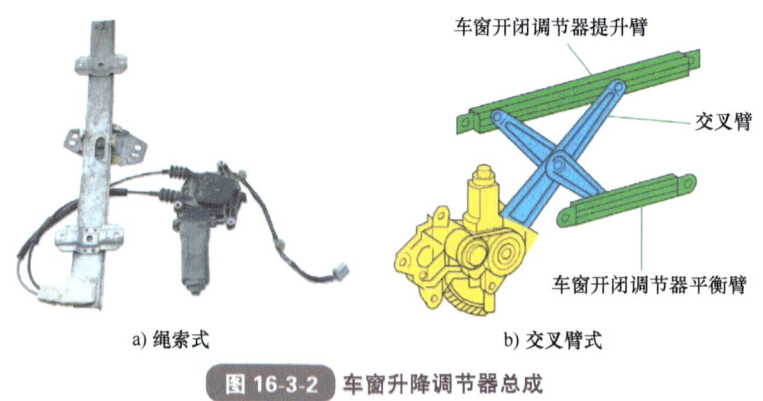

图 16-3-2　车窗升降调节器总成

3. 控制开关（见图 16-3-1）

电动门窗控制开关分为主控开关（驾驶人侧）和分控开关（乘客侧）。主控开关上的各车窗控制开关可控制相应车窗的升降，具有 Auto 功能的驾驶人侧车窗开关还可实现该侧车窗的自动升降功能。车窗锁止开关可切断各分控开关的控制功能。分控开关只能控制对应的车窗的升降。

16.3.2　电动门窗系统维修与故障诊断

1. 电动门窗初始化（通用车系）

如果车窗无法执行快速上升/下降功能（如在车辆门断电后），驾驶人信息中心内会显示警告信息。此时，需要参照以下步骤完成车窗初始化：

1）关闭车门。
2）点火开关置于 ON 挡。
3）将车窗玻璃完全降下。
4）拉起车窗开关直至完全关闭车窗，并保持开关拉起至少 2s。
5）完成车窗初始化，其他车窗重复以上步骤。

2. 电动车窗升降电动机供电检测

1）如图 16-3-3 所示，拆卸内侧门拉手紧固螺栓。
2）拆卸玻璃升降器开关后方储物格内的紧固螺栓，如图 16-3-4 所示。

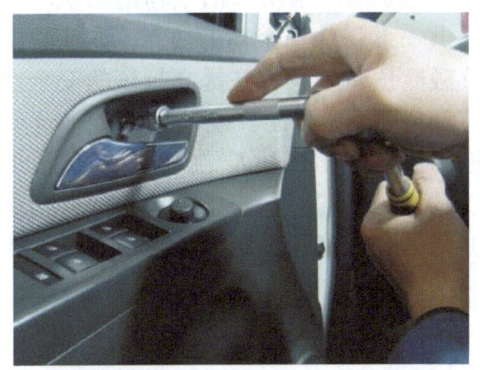

图 16-3-3　拆卸内侧门拉手紧固螺栓

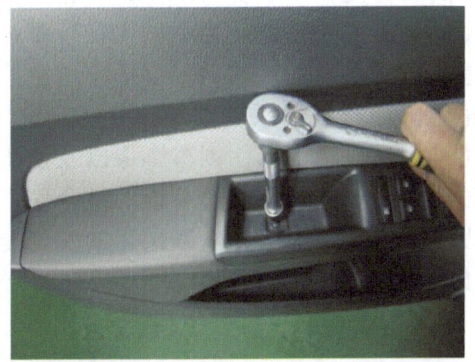

图 16-3-4　拆卸玻璃升降器开关紧固螺栓

3）拆卸车内内饰板卡扣，将车内内饰板从车门上分离，如图 16-3-5 所示。分离时，注意内饰板后线束，然后断开内饰板线束。

4）检查车窗升降电动机供电。如图 16-3-6 所示，用试灯的检测端子接触车窗升降电动机插接器供电端子，将试灯负极夹子夹在车身搭铁上，打开点火开关，试灯应点亮。

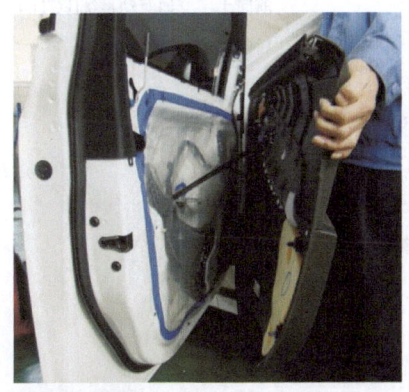

图 16-3-5　拆卸车内内饰板断开线束

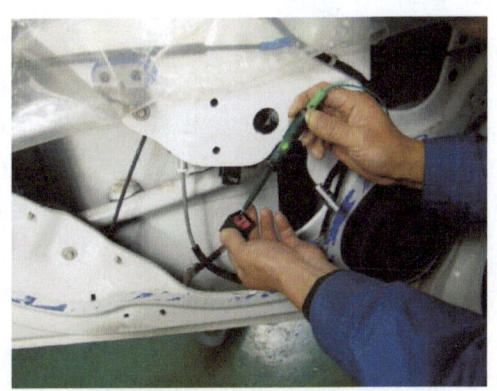

图 16-3-6　检查车窗升降电动机供电

第 17 章 高级驾驶辅助系统

高级驾驶辅助系统（ADAS）划分为两大类：行车辅助系统和泊车辅助系统。行车辅助系统的主要目的是为驾驶人在行车过程中提供一系列的安全辅助功能，这些功能包括但不限于车道保持辅助、自适应巡航控制以及碰撞预警等，旨在提高行车的安全性和舒适性。泊车辅助系统则专注于为驾驶人在停车时提供必要的安全辅助功能，这些功能可能包括自动泊车、倒车影像以及泊车距离控制等，帮助驾驶人更安全、更便捷地完成泊车过程。通过这两类系统的结合使用，可以显著提升驾驶的整体体验，降低交通事故发生的概率，为驾驶人和乘客的安全提供更加全面的保障。高级驾驶辅助系统组成如图 17-1 所示。

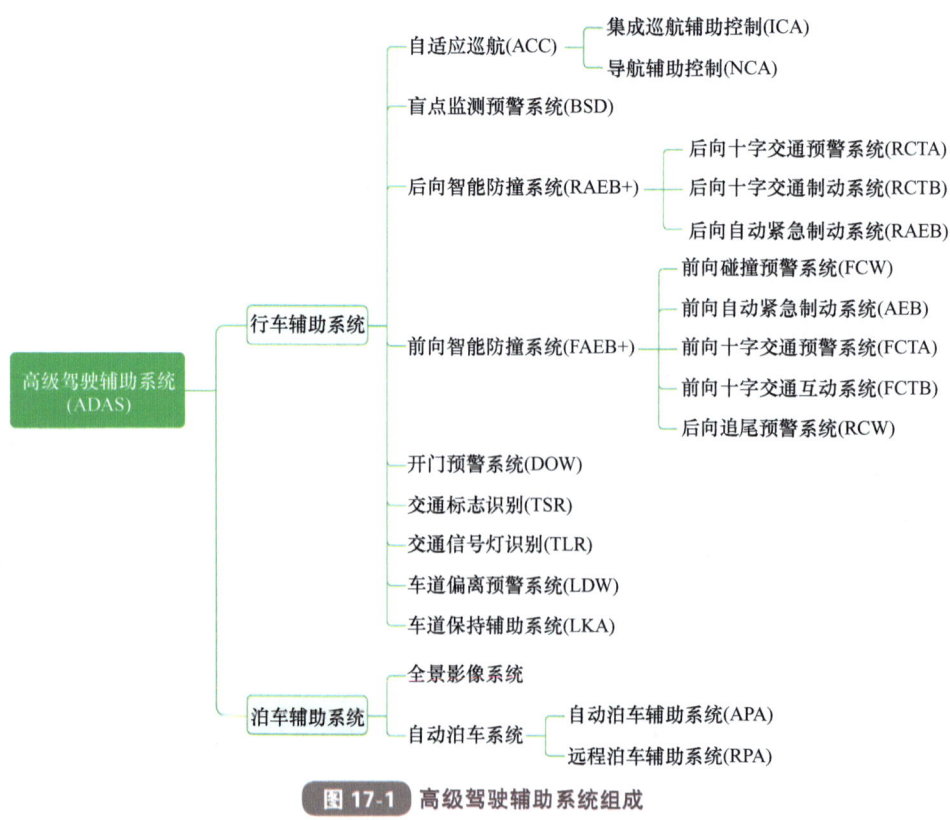

图 17-1 高级驾驶辅助系统组成

17.1 行车辅助系统

17.1.1 系统概述

行车辅助系统通过集成先进的激光雷达技术、高清摄像头以及精确的高精地图等关键部件，为驾驶人在行车过程中提供了一系列全面的安全辅助功能。这些功能不仅包括传统的车道保持辅助、自动紧急制动，还扩展到更为复杂的交通标志识别、自适应巡航控制以及盲点监测等，大大提高了驾驶的安全性和舒适性。行车辅助系统部件位置图、控制图和部件组成分别如图 17-1-1 ～图 17-1-3 所示。

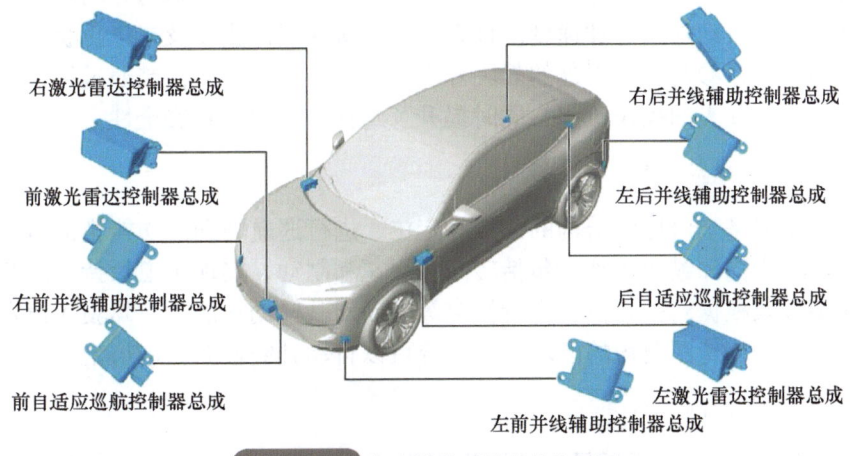

图 17-1-1 行车辅助系统部件位置图

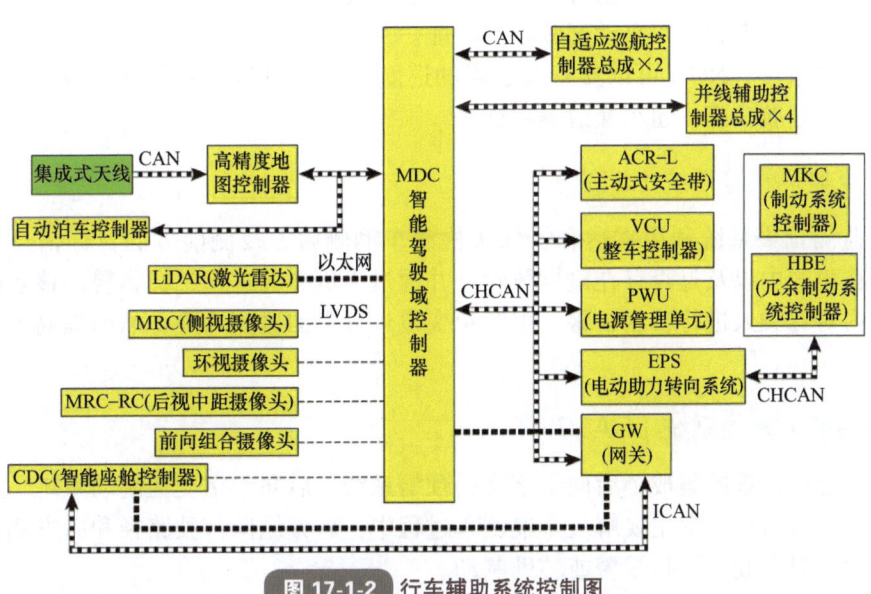

图 17-1-2 行车辅助系统控制图

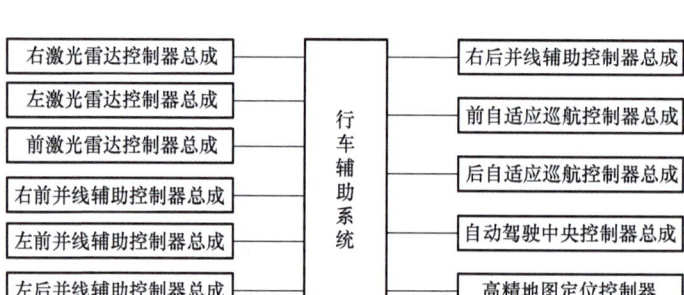

图 17-1-3 行车辅助系统部件组成

1. 自适应巡航（ACC）

自适应巡航控制是一种先进的驾驶辅助系统，它实时监控车辆前方的行驶环境，并在设定的速度范围内自动控制行驶速度。该系统具备减速至停止以及在停止状态下自动起步的功能，以适应交通参与者等引起的驾驶环境变化。自适应巡航控制通过维持与前车的安全距离，减轻了驾驶人的操作负担，同时提升了驾驶的舒适性和安全性。

（1）集成巡航辅助控制（ICA）

ICA 功能主要基于对道路结构的认知和定位，进行巡航辅助。功能激活后，系统可以同时控制车辆的横向和纵向运动，包括转向、加速和制动，实现车道保持、跟车、车道内主动偏移避障以及根据驾驶人指令进行换道等自动驾驶辅助功能。在驾驶人设定了导航目的地，并处于高精度地图覆盖的区域时，系统可以自动升级至 NCA 功能。

（2）导航辅助控制（NCA）

NCA 功能允许驾驶人通过导航地图设定目的地，并选择并确定导航路径。在高精度地图和定位信息准确的区域，系统基于导航信息，控制车辆的横向和纵向运动，实现从出发地到目的地的"点到点"自动驾驶辅助功能。

在高速场景下，NCA 可以支持高速路的巡航、拥堵跟车、车道内主动偏移避障、自动上下匝道、导航换道、超车换道等功能。

2. 盲点监测预警系统（BSD）

盲点监测预警系统利用雷达和摄像头检测车辆侧后方及侧前方的目标信息，判断是否有目标在盲区内以及是否存在碰撞风险，并通过人机界面进行二级告警。该系统在一定车速范围内对驾驶人进行盲区告警，可避免变道过程中的碰撞风险，从而提高了行车的安全性。

3. 后向智能防撞系统（RAEB+）

后向智能防撞系统集成了后向十字交通预警系统、后向十字交通制动系统、后向自动紧急制动系统等特性。它主要解决车辆倒车过程中，后方纵向行驶路径和后方侧向交通流的碰撞风险，对驾驶人进行报警或辅助制动。

该系统通过传感器获取车辆周边环境状态，包括交通参与者、障碍物、车道线等，计算本车的运动轨迹与障碍物的碰撞风险,然后通过声光提醒驾驶人风险存在,并控制驱动和制动系统,实现对后向碰撞地避免或缓解。此功能仅为驾驶人的辅助功能,不能完全代替驾驶人,在必要时需要驾驶人立即接管。

4. 前向智能防撞系统(FAEB+)

前向智能防撞系统包括前向碰撞预警系统、(前向)自动紧急制动系统、前向十字交通预警系统、前向十字交通制动系统、后向追尾预警系统等子系统特性。它主要避免车辆前进过程中前方纵向行驶路径和前方侧向交通流的碰撞风险,以及后方被追尾的风险。综合考虑各方面的潜在碰撞风险,对驾驶人进行报警或辅助制动。

该系统通过传感器获取车辆周边环境状态,包括交通参与者、障碍物、车道线等,计算本车的运动轨迹与障碍物的碰撞风险,然后通过声光提醒驾驶人风险存在,并控制驱动和制动系统,避免或缓解各个方向的碰撞。此功能仅为驾驶人的辅助功能,不能完全代替驾驶人,在必要时需要驾驶人立即接管。

5. 开门预警系统(DOW)

开门预警系统(DOW)利用传感器检测自车侧后方报警区域存在的运动障碍物信息,检测对象包括车辆(乘用车、客车、货车、牵引挂车及特种车辆等)和二轮车(自行车、电动自行车、摩托车等)。当自车静止停车时,系统会结合碰撞TTC时间与障碍物位置信息,判断障碍物和车门发生碰撞的可能性。系统根据碰撞可能性与开门意图给出预警。

6. 交通标志识别(TSR)/交通信号灯识别(TLR)

TSR交通标志识别和TLR交通信号灯识别系统,通过融合高精地图、GPS定位、视觉感知等信息,识别道路两侧及道路上方出现的交通标志和交通信号灯,并通过图标和声音提示驾驶人。

7. 车道偏离预警系统(LDW)

车道偏离预警系统主要利用摄像头等传感器获取车辆前方的车道线,并基于感知到的车辆在车道中的位置;当车辆偏离车道时,系统能通过显示和转向盘震动提醒驾驶人及时控制车辆,在一定车速范围内提高了行车安全性。此功能为驾驶人的提醒功能,不对车辆进行操纵。驾驶人全程需自行控制车辆转向盘。

8. 车道保持辅助系统(LKA)

车道保持辅助系统主要利用摄像头等传感器获取车辆前方的车道线,并基于感知到的车辆在车道中的位置;然后通过控制转向系统,实现车道偏离抑制功能。车道保持辅助系统在一定车速范围内辅助驾驶人对转向盘的操纵控制,在一定程度上减轻了驾驶人的驾驶负担,提高了行车舒适性。另一方面,车道保持辅助系统可以避免无意识的车道偏离,提高了行车安全性。此功能为驾驶人的辅助功能,不能完全代替驾驶人,驾驶人需保持手在转向盘上,并在必要时操纵车辆。

17.1.2 系统维修

1. 激光雷达控制器总成的更换（前保险杠侧）

1）整车低压下电。
2）拆卸前保险杠本体及附件总成。
3）拆卸图 17-1-4 所示的前部激光雷达控制器固定螺栓①。
4）拆卸图 17-1-4 所示的前部激光雷达控制器②。
5）断开图 17-1-5 所示的前部激光雷达线束插接器。

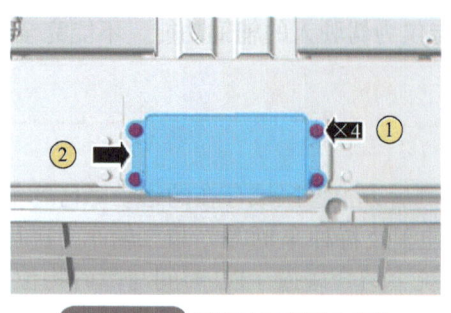

图 17-1-4　拆卸控制器固定螺栓

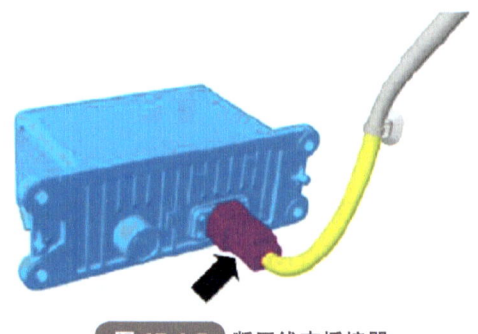

图 17-1-5　断开线束插接器

安装按照与拆卸相反的顺序进行，激光雷达控制器固定螺栓标准力矩：(8±1) N·m。安装完成后进行激光雷达的动态标定。

2. 自动驾驶中央控制器总成的更换

1）整车低压下电。
2）排空空调系统冷却液。
3）拆卸副仪表板右侧板总成。
4）拆卸副驾搁脚支撑泡沫。

> **注意：** 请勿使液体飞溅至线束插接器接头，以免造成线束短路故障。

5）断开图 17-1-6 所示的自动驾驶中央控制器总成线束插接器①。
6）如图 17-1-6 所示，拆卸卡箍，拆卸耦合机构进出水管②。
7）分别拆卸图 17-1-7 所示的自动驾驶中央控制器总成固定螺栓①和固定螺母②，并取下自动驾驶中央控制器总成③。

安装程序以相反的顺序进行，自动驾驶域中央控制器总成固定螺母②标准力矩：(8+1) N·m；自动驾驶中央控制器总成固定螺栓①标准力矩：(8+1) N·m。

第 17 章　高级驾驶辅助系统

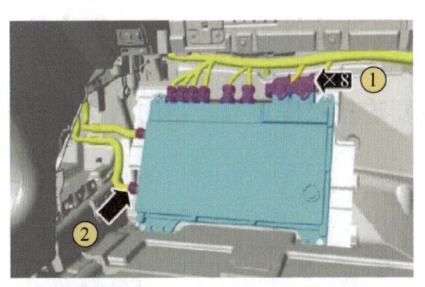

图 17-1-6　拆卸线束插接器和进出水管

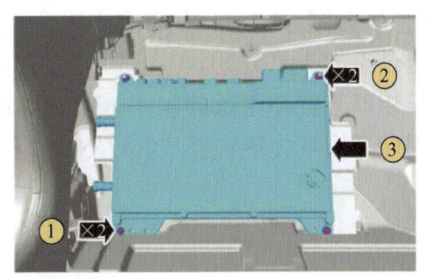

图 17-1-7　拆卸螺栓、螺母及控制器总成

3. 前并线辅助控制器总成的更换

1）拆卸前保险杠本体及附件总成。

2）断开图 17-1-8 中的前并线辅助控制器线束插接器①，拆卸固定螺母②，取下前并线辅助控制器③。

安装以拆卸相反的顺序进行，确保线束插接器连接稳固可靠。并线辅助控制器固定螺母②标准力矩：(4±0.4) N·m。

4. 前自适应巡航控制器总成的更换

1）拆卸前保险杠本体及附件总成。

2）拆卸图 17-1-9 中的前自适应巡航控制器固定螺母①，断开线束插接器②，取下前自适应巡航控制器③。

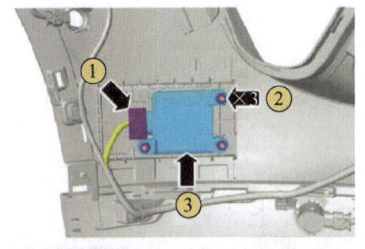

图 17-1-8　拆卸前并线辅助控制器

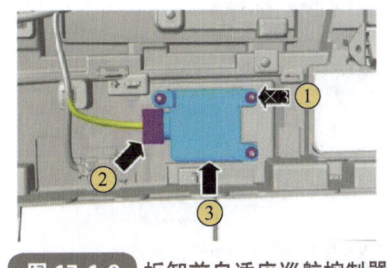

图 17-1-9　拆卸前自适应巡航控制器

安装以与拆卸相反的顺序进行。

5. 前全景摄像头总成的更换

1）拆卸前保险杠摄像头支架。

2）拆卸图 17-1-10 中的全景前摄像头总成固定螺栓①，取下全景前摄像头总成②。

安装以与拆卸相反的顺序进行，完成后进行全景摄像头静态标定。

6. 前向组合摄像头总成的更换

1）整车低压下电。

2）拆卸带前顶灯的顶棚开关总成。

3）断开图 17-1-11 中的前向组合摄像头总成线束插接器①，拆卸固定螺栓②，取下前向组合摄像头总成③。

安装以与拆卸相反的顺序进行，确保线束插接器连接稳固可靠。前向组合摄像头总成固定螺栓②标准力矩：（5±0.5）N·m。

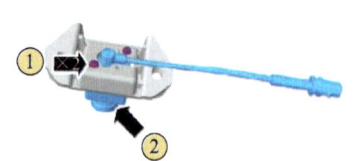
图 17-1-10　拆卸全景前摄像头总成

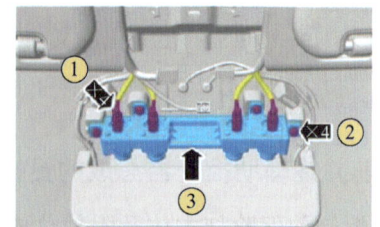
图 17-1-11　拆卸前向组合摄像头总成

7. 前短距摄像头总成的更换

以左侧前短距摄像头纵横为例，右侧的拆卸与安装参照左侧执行。

1）拆卸左外后视镜安装座下盖板。

2）拆卸图 17-1-12 中的左外后视镜摄像头支架固定螺钉①，取下左外后视镜摄像头支架总成②。

3）图 17-1-13 中的前短距摄像头总成固定螺栓①，取下前短距摄像头总成②。

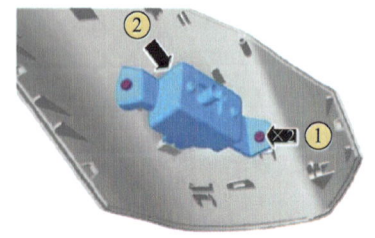
图 17-1-12　拆卸左外后视镜摄像头支架

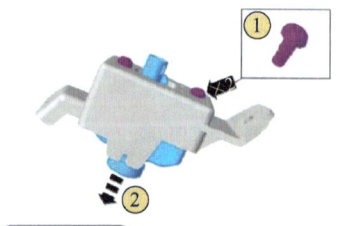
图 17-1-13　拆卸前短距摄像头总成

安装以与拆卸相反的顺序进行，完成安装后进行相机标定。

8. 后向中距摄像头总成的更换

1）整车低压下电。

2）拆卸扰流板本体总成。

3）拆卸图 17-1-14 中的后向中距摄像头总成和流媒体摄像头总成固定支架螺栓①，取下固定支架②。

4）拆卸图 17-1-15 中的后向中距摄像头总成固定螺栓①，取下后向中距摄像头总成②。

第 17 章 高级驾驶辅助系统

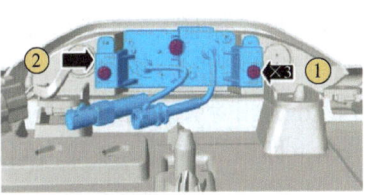

图 17-1-14 拆卸固定支架

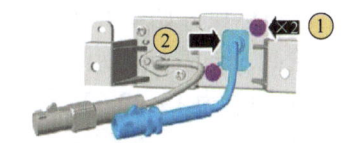

图 17-1-15 拆卸后向中距摄像头总成

9. 高精地图定位控制器的更换

1）整车低压下电。
2）如图 17-1-16 所示，拆卸右后脚部出风口盖板总成。
3）打开地毯。
4）如图 17-1-17 所示，断开高精地图定位控制器线束插接器①，拆卸固定螺栓②，取下高精地图定位控制器③。

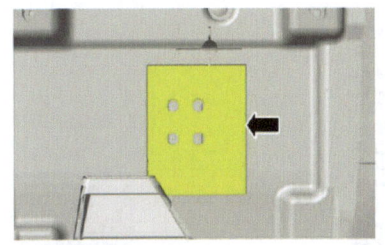

图 17-1-16 拆卸右后脚部出风口盖板

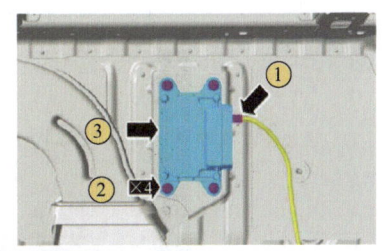

图 17-1-17 拆卸高精地图定位控制器总成

安装以与拆卸相反的顺序进行，高精地图定位控制器固定螺栓②的标准力矩:(8±1) N·m。完成安装后进行高精地图定位控制器的动态标定。

17.1.3 系统标定

1. 全景摄像头的静态标定（以阿维塔 11 车型为例）

注意： 标定场地的尺寸应至少为 10m×5m。场地必须平整，地面纹理应尽量简单，推荐使用单一颜色的地面。建议选择室内环境进行校准，确保光线均匀且充足，避免靶标图案上出现明显的光斑；对于室外环境，要求与室内相同，需避免强烈阳光直射或光线不足的情况。在进行校准时，车辆应挂入空挡，并使用轮胎固定装置以防止车辆移动。

车辆场地准备：
1）将待标定车辆开入场地，车辆与场地周边距离如图 17-1-18 所示。
2）左右标靶和车辆平行：待车停稳之后开始摆放靶标。靶标平整铺开，靶标内部无气泡，靶标两头如果翻卷，需要压平。靶标相对车辆摆放示意图如图所示，需确保左右靶标和车辆平行、车辆后轮中心和靶标标记点齐平（使用三角尺保证），并且左右靶标内侧间距（从黑色靶标块开始量）为 2.63m，误差 1cm（使用米尺测量）。调整左右靶标位置，需要左右车轮到左右靶标的距离相等（同侧前轮和后轮分别相等），左右靶标内侧到车轮（后轮）之间的距离为 $X=(2.63-车宽)/2$，误差小于 1cm，即以二维码图案最内侧为起点，到车轮胎间距离。

3）车辆后轮的中心与靶标标记点平齐：将三角尺一个直角边贴在靶标边缘，需要直角和靶标标记点重合，前后移动靶标，让另一个直角边对齐车辆后轮接地中心点，误差小于 1cm。如图 17-1-18 所示，每一条靶标上都有明显指示标志。

4）再次确认左右靶标之间平行：测量左右靶标的顶部和尾部，二维码图案最内侧之间的距离，误差小于 2cm。

标定步骤：

1）连接诊断仪。

2）选择并点击进入"服务与标定"。

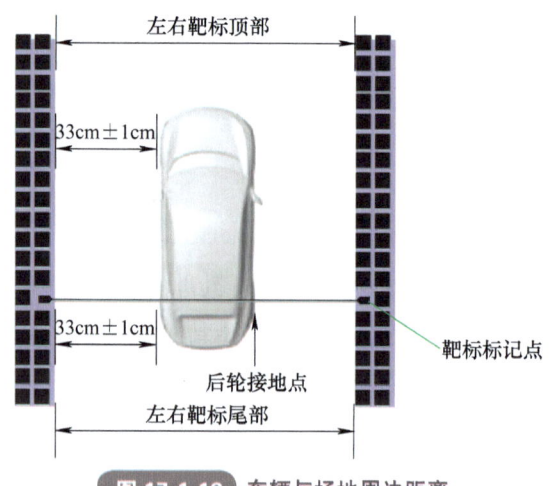

图 17-1-18 车辆与场地周边距离

3）选择并点击进入"换件"。

4）选择"MDC"，点击开始。

5）选择"MDC9-12 摄像头售后标定"。

6）根据诊断仪提示信息完成相应标定操作。

7）通过诊断仪查询标定结果。

8）标定完成后，全景摄像头拼接无明显畸变。

2. 相机静态标定

标定硬件要求：

场地尺寸应至少满足 10m×5m 的要求。场地必须平整，且地面纹理应尽量简单，推荐采用单一色调的地面。在室内环境中，光照应均匀且充足，以确保靶标图案上无明显亮斑；在室外环境中，亦应遵循室内光照条件的要求，避免强光直射或处于光线不足的昏暗环境。

车辆与场地准备：

1)如图 17-1-19 所示,将立式标靶放在平坦地面上。

2)如图 17-1-20 所示,前后正向相机标定时,靶标摆放车头或者车尾中间,靶标离车头 2.5～3m 之间或离车尾 3.5～4m 之间,并靶标面与车头或车尾平行。

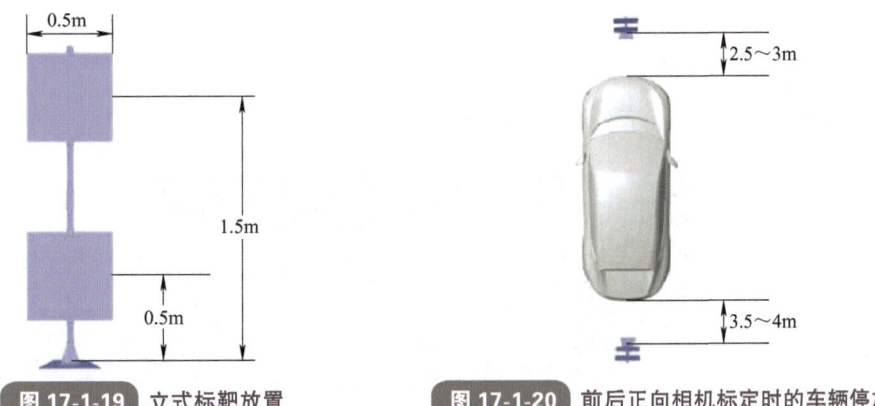

图 17-1-19 立式标靶放置

图 17-1-20 前后正向相机标定时的车辆停放方式

3)如图 17-1-21 所示,侧向相机标定时,采用两个支架靶标,其中一个靶标摆放在与车头平行距离车身 2.5～3m 的位置,且靶标面尽可能与侧前相机光轴垂直方向,误差在 ±10° 内(肉眼可预估);另一靶标摆放在与车后轮轴平行距离车身 2.5～3m 的位置,且靶标面尽可能与侧后相机光轴垂直方向,误差在 ±10° 内(肉眼可预估)。两个标靶处于同一垂直线上。在对任一侧向摄像头进行标定时,前后两个标靶都需要摆放。

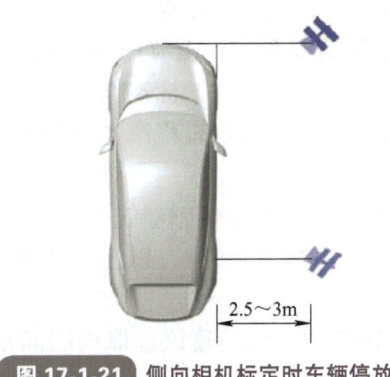

图 17-1-21 侧向相机标定时车辆停放方式

标定步骤:

1)在标定前,确认高精地图定位控制器已进行标定,连接诊断仪。

2)选择并点击进入"服务与标定"。

3)选择并点击进入"换件"。

4)选择"MDC",点击"开始"。

5)若对前向组合摄像头进行标定,则选择"MDC0-3 摄像头售后标定"。

6)若对左侧前短距摄像头和后短距摄像头进行标定,则选择"MDC4-5 摄像头售后标定"。

7)若对右侧前短距摄像头和后短距摄像头进行标定,则选择"MDC6-7 摄像头售后标定"。

8）若对后向中距摄像头进行标定，则选择"MDC8 摄像头售后标定"。
9）根据诊断仪提示信息完成相应标定操作。
10）通过诊断仪查询标定结果。

3. 相机动态标定

场地及车辆要求：
相机动态标定路况和行驶条件如图 17-1-22 所示。

图 17-1-22 相机动态标定路况和行驶条件

车辆应以 10～50km/h 的速度在道路上匀速行驶。需经过设有转弯的十字路口。道路标线应清晰可见，且道路两侧应有建筑物，纹理需丰富多样。建议选择至少为三车道的道路，并在中间车道行驶。若道路为双车道，则应选择右侧车道行驶。光照条件应充足，路况应保持畅通无阻。应避免在大雾或雪天进行标定作业，尽量减少在雨天进行标定，因为路面积水和传感器镜头上的水雾均会对标定过程产生不利影响。

标定流程：
1）通过诊断仪下发标定指令，触发相应传感器执行标定。
2）需要先进行两次转弯，转弯角度≥90°，以激活惯导，再进行如上的驾驶校准过程。
3）行驶路线尽可能选取有转弯的路线，建议选取周围满足标定路况的街区行驶，进行标定。
4）上述初步标定结束后，前视摄像头和侧视摄像头需进行智能驾驶校准（初步标定后车机自动激活智能驾驶校准，若未激活，则通过车机手动激活）。

异常处理：
若车辆在驾驶有效里程（有效里程满足标定路况要求，且车速条件的累计里程数）超过 20km，或标定时间超过 30min 后，通过诊断仪查询到标定状态为失败，则需检查传感器，并重新进行标定。

4. 激光雷达的动态标定

路况和行驶条件：
车辆应以 10～50km/h 的速度在道路上匀速行驶。在设有转弯的十字路口，应保持车道线的清晰可见,且车道两侧应有结构丰富、纹理明显的建筑物。建议选择至少为三车道的道路,并在中间车道行驶;若道路仅有两车道,则应选择右侧车道行驶。确保光线充足且道路状况良好,无阻碍。应避免在大雾或雪天进行标定作业,尽量减少在雨天进行标定,因为路面积水和传感器镜头上的水雾均会对标定过程产生不利影响。

标定步骤:

1)连接诊断仪。

2)选择并点击进入"服务与标定"。

3)选择并点击进入"换件"。

4)选择"MDC",点击"开始"。

5)选择"MDC 激光雷达(全部)售后标定"。

6)根据诊断仪提示信息完成相应标定操作。

7)通过诊断仪查询标定结果。

8)需要先进行两次转弯,转弯角度≥90°,以激活惯导,再进行如上的驾驶校准过程。

9)行驶路线尽可能选取有转弯的路线,建议选取周围满足标定路况的街区行驶,进行标定。

10)上述初步标定结束后,激光雷达需进行智能驾驶校准(初步标定后车机自动激活智能驾驶校准,若未激活,则通过车机手动激活)。

异常处理:

若车辆在驾驶有效里程(有效里程满足标定路况要求,且车速条件的累计里程数)超过 20km,或标定时间超过 30min 后,通过诊断仪查询到标定状态为失败,则需检查传感器,并重新进行标定。

5. 高精地图定位控制器的动态标定

路况及车速要求:

在平坦开阔的地区,车顶天线的可视角度应尽量保持在 150°以上(见图 17-1-23)。车辆行驶速度应超过 10km/h,并且至少有两次加速至 40km/h。移动网络连接应保持正常状态,以便通过中控屏幕进行查看。在下发标定指令时,车辆需挂入 P 挡并保持静止状态。

标定步骤:

1)将诊断仪连接到智能驾驶控制器上,并将车辆上电。

2)启动诊断仪,并在诊断仪上下发动态标定组合惯导的指令。

3)在平坦开阔的区域驾驶车辆,按照限定路线执行动态标定。

4)动态标定路线如图 17-1-24 所示,需要保证车辆至少进行 3 次左转、3 次右转和 3 次直线加减速。

异常处理:

1)超时异常情况:当按照既定路线完成行驶后,若诊断仪显示的标定状态仍未完成,应继续沿用该路线行驶。若行驶总时长超过 30min,标定状态依旧未能成功,建议转移至开阔地带,并依照前述路径继续行驶。同时,需检查组合惯导的 4G 网络连接是否处于正常状态。

图 17-1-23 车顶天线的可视角度

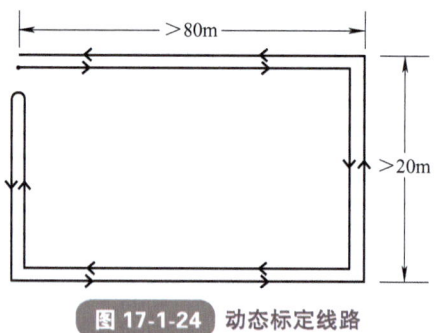

图 17-1-24 动态标定线路

2）若在行驶路径完成后，通过诊断仪检测发现标定状态未通过，则应将车辆送回4S店，以便检查组合惯性导航系统的安装精度是否存在问题。

6. 毫米波雷达的动态标定

路况和行驶条件：

1）在动态标定过程中，道路两侧应配备一定数量的道路设施，例如路灯柱、道路护栏、路牌等。建议优先选择具有金属栏杆的封闭道路，以便更迅速地完成标定工作。应避免在两侧完全无遮挡的路段进行标定。路况和行驶条件如图 17-1-25 所示。

图 17-1-25 路况和行驶条件

2）道路应保持平整，无坑洼及坡道，且道路曲率半径应大于1000m，以便车辆尽可能地保持直线行驶。

3）车辆的行驶速度应控制在 40～120km/h 之间，并尽量保持车速稳定。

4）确保雷达表面清洁，无冰霜、泥土等物质附着，避免遮挡。

5）应避免在中雨或更恶劣的天气条件下进行校准工作。

6）在开始标定前，必须确认车辆处于正常状态，且无其他与雷达校准无关的故障码出现。

标定步骤：

1）连接诊断仪。

2）选择并点击进入"服务与标定"。

3）选择并点击进入"换件"。

4）选择"MDC"，点击开始。

5）选择"MDC 毫米波雷达（全部）售后标定"。

6）根据诊断仪提示信息完成相应标定操作。

7）按照规定路线行驶，直到标定完成。通过诊断仪查询标定结果。

异常处理：

如果车辆在驾驶时间超过 30min 后，仍未完成校准，请检查传感器，并重新标定。

17.2 泊车辅助系统

泊车辅助系统通过集成使用多种传感器和高精度地图数据，为驾驶人提供全方位的泊车支持。这些传感器包括摄像头、超声波雷达、激光雷达等，它们共同工作，能够捕捉车辆周围环境的详细信息。借助这些信息，系统能够生成车辆周围的全景影像，帮助驾驶人更好地了解停车空间的布局。此外，泊车辅助系统还能够执行自动泊车功能，通过精确控制车辆的转向、加速和制动，实现无需驾驶人干预的自动泊车操作。这些功能大大提高了泊车的安全性和便利性，尤其在狭窄或复杂的停车环境中，为驾驶人提供了极大的帮助。

17.2.1 系统概述

泊车辅助系统部件位置图及自动泊车系统控制图分别如图 17-2-1、图 17-2-2 所示。

1. 全景影像系统

全景影像系统通过前后左右四个全景摄像头采集的视频图像信号，经由自动驾驶域控制器 MDC 融合处理后，拼接成实时图像信息，并在中控屏幕上展示。这些图像信息包括车辆的俯视、前视、后视等不同视角，帮助驾驶人更好地观察车辆周围环境，减少视野盲区。全景影像系统组成如图 17-2-3 所示。

当驾驶人将挡位开关切换至倒车挡位 R 挡时，挡位信号会被发送至整车控制器（VCU）。随后，自动驾驶域控制器（MDC）通过 CAN 通信线路接收到倒挡信号，激活全景摄像头工作。摄像头将视频信息传递至自动驾驶域控制器（MDC）进行处理，处理后的视频信息再发送至智能座舱控制器（CDC），并通过中控屏显示车辆周围的动态画面。此外，驾驶人也可以通过按下转向盘右侧的泊车键，或在中控屏上点击软按键来启动全景影像系统。

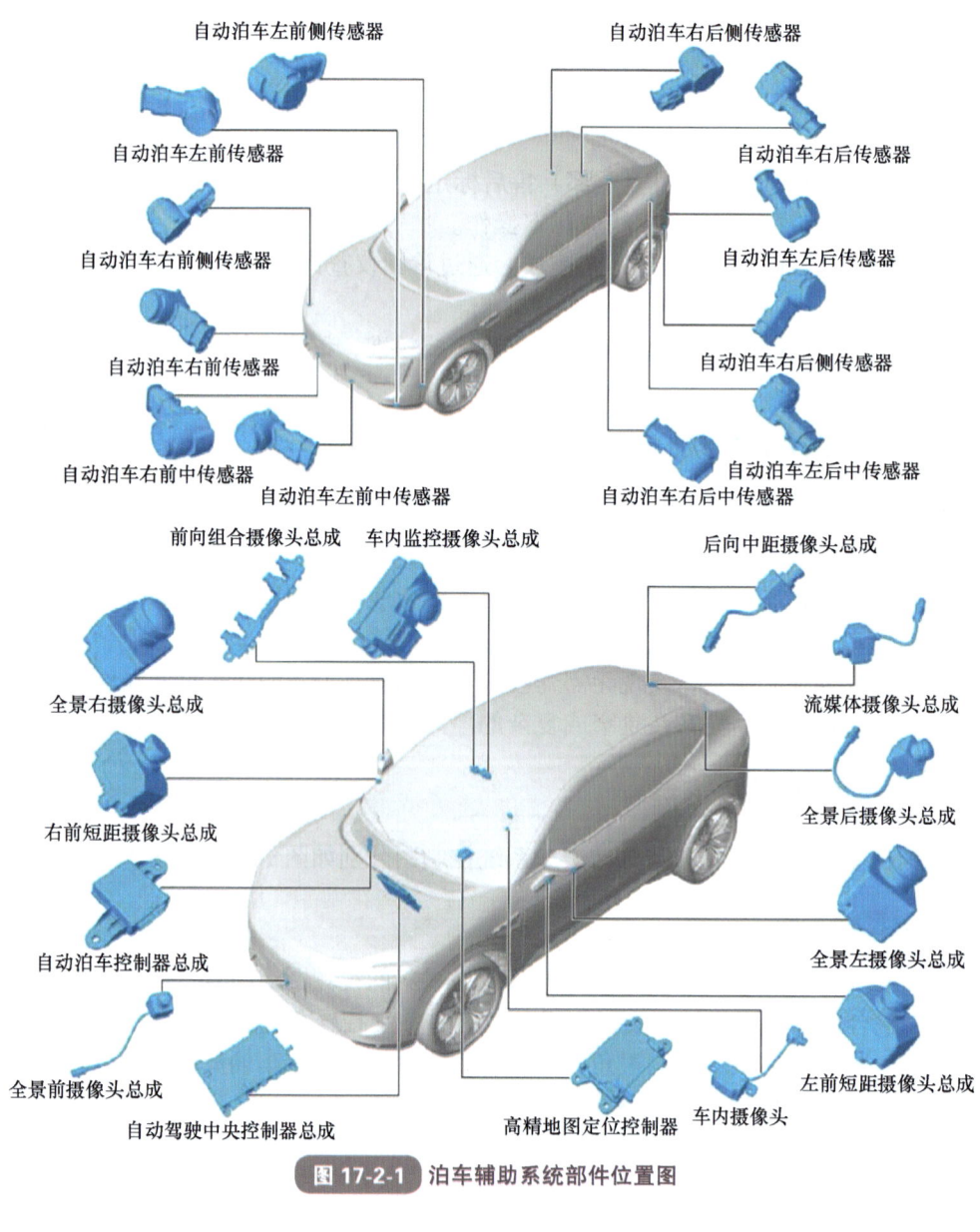

图 17-2-1 泊车辅助系统部件位置图

第 17 章 高级驾驶辅助系统

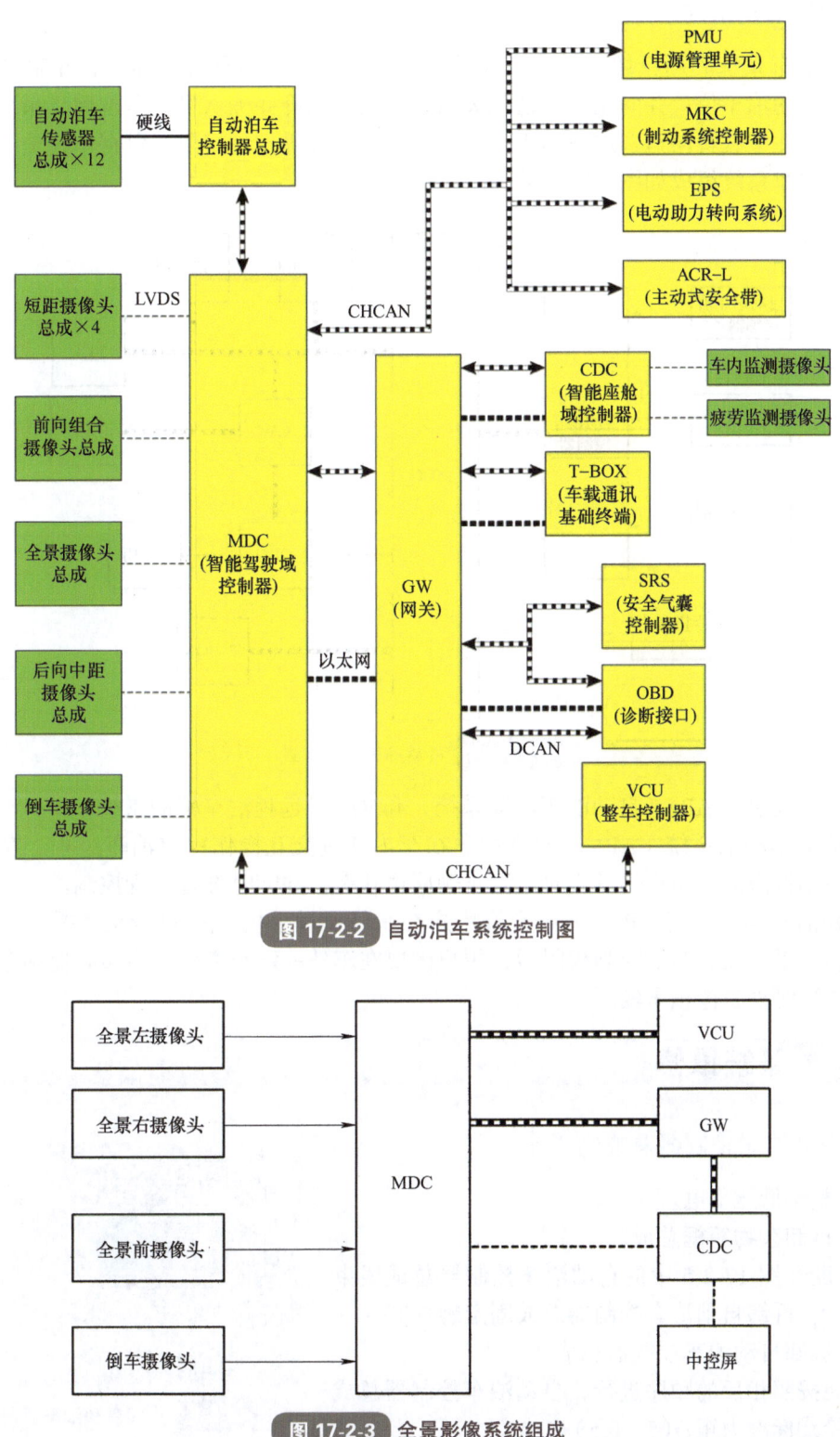

图 17-2-2 自动泊车系统控制图

图 17-2-3 全景影像系统组成

2. 自动泊车系统

自动泊车系统利用摄像头、超声波雷达、激光雷达等多种传感器，在车辆低速行驶时监测可用的泊车位，并向用户推送相关信息。用户选择并确认目标车位后，系统会计算泊车轨迹，并接管转向盘、加速踏板、制动踏板、挡位等控制权限，以将车辆泊入目标车位。自动泊车系统组成如图 17-2-4 所示。

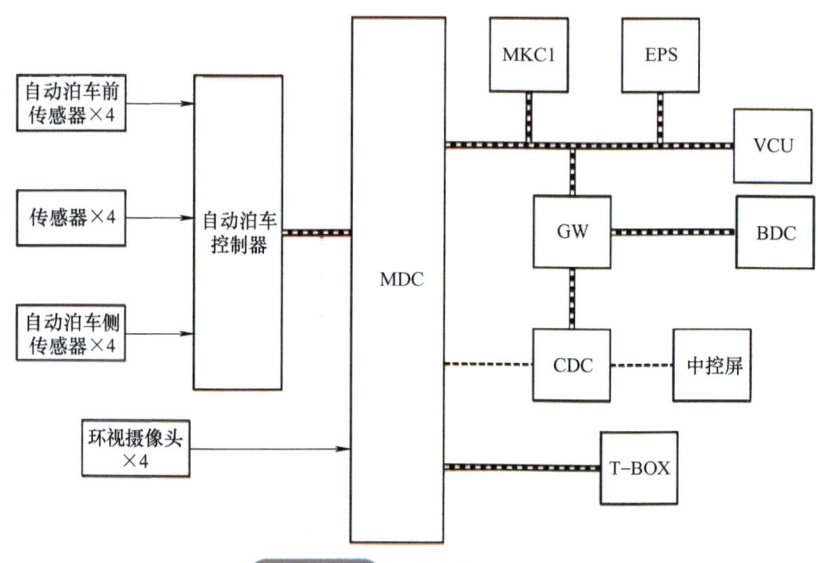

图 17-2-4 自动泊车系统组成

泊车系统包括 APA（自动泊车辅助系统）和 RPA（远程泊车辅助系统）。

自动泊车辅助系统（APA）允许用户在车内通过交互操作完成泊车过程。在系统接管车辆控制权限后，用户仍需实时监测车辆周边状态，并随时准备接管控制。

远程泊车辅助系统（RPA）则允许用户在车外通过手机 App 进行交互操作，以完成泊车过程。系统接管车辆控制权限后，用户需要在车外一定距离范围内实时监测车辆周边状态，并随时准备停止车辆。

17.2.2 系统维修

1. 自动泊车控制器总成的更换

1）整车低压下电。
2）拆卸杂物箱框总成。
3）断开图 17-2-5 中的自动泊车控制器总成线束插接器①，拆卸自动泊车控制器总成固定螺栓②。
4）拆卸自动泊车控制器总成③。

安装按照相反的顺序进行，自动泊车控制器总成固定螺栓②标准力矩：(5±0.5)N·m。

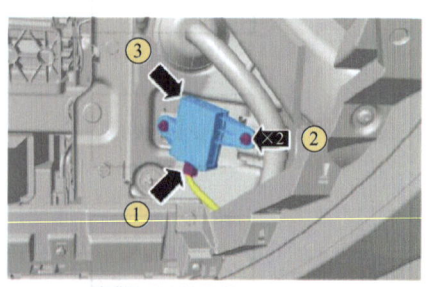

图 17-2-5 拆卸自动泊车控制器总成

2. 自动泊车前传感器的更换（前保险杠侧）

提示：本次拆卸与安装以左侧为例，右侧的拆卸与安装参照左侧执行。

1）整车低压下电。
2）拆卸前保险杠本体及附件总成。
3）断开图 17-2-6 中的左前自动泊车传感器线束插接器①和左前中央位置自动泊车传感器线束插接器②。
4）脱开图 17-2-7 中的左前自动泊车传感器支架①，拆卸左前自动泊车传感器②；脱开左前中央位置自动泊车传感器支架③，拆卸左前中央位置自动泊车传感器④。

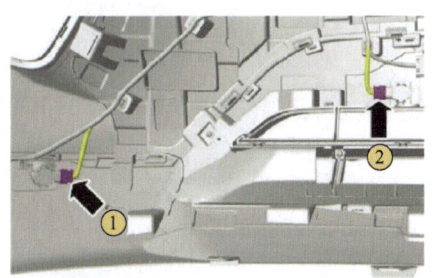

图 17-2-6　断开传感器线束插接器

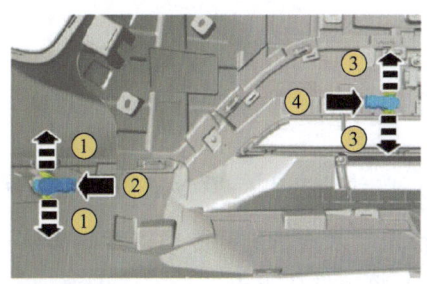

图 17-2-7　拆卸左前和左前中央位置传感器

3. 自动泊车前传感器的更换（后保险杠侧）

提示：本次拆卸与安装以左侧为例，右侧的拆卸与安装参照左侧执行。

1）整车低压下电。
2）拆卸后保险杠本体及附件总成。
3）断开图 17-2-8 中的左后中央位置自动泊车传感器线束插接器①和左后自动泊车传感器线束插接器②。
4）断开图 17-2-9 中的左后中央位置自动泊车传感器支架①，拆卸左后中央位置自动泊车传感器②；断开左后自动泊车传感器支架③，拆卸左后自动泊车传感器④。

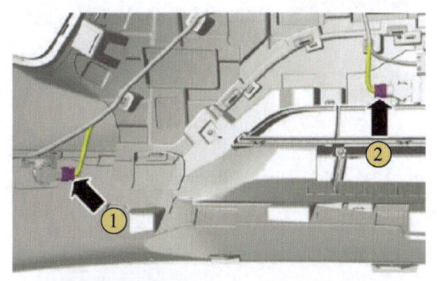

图 17-2-8　断开传感器线束插接器

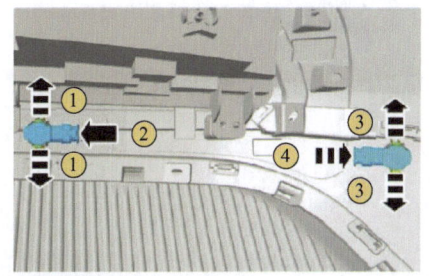

图 17-2-9　拆卸左后中央位置和左后传感器

4. 自动泊车侧传感器的更换（前保险杠侧）

提示：本次拆卸与安装以左侧为例，右侧的拆卸与安装参照左侧执行。

1）整车低压下电。
2）拆卸前保险杠本体及附件总成。
3）断开图 17-2-10 中的左前自动泊车侧传感器线束插接器。
4）脱开图 17-2-11 中的左前自动泊车侧传感器支架①，拆卸左前自动泊车侧传感器②。

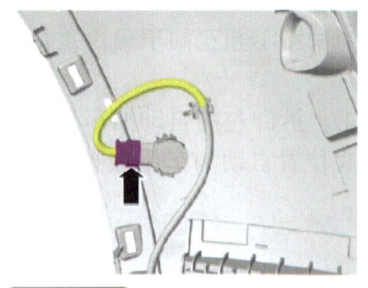

图 17-2-10　断开传感器线束插接器

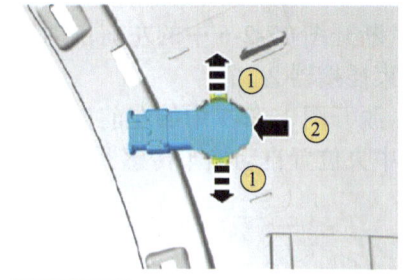

图 17-2-11　拆卸左前自动泊车侧传感器

5. 自动泊车侧传感器的更换（后保险杠侧）

提示：本次拆卸与安装以左侧为例，右侧的拆卸与安装参照左侧执行。

1）整车低压下电。
2）拆卸后保险杠本体及附件总成。
3）断开图 17-2-12 中的左后自动泊车侧传感器线束插接器。
4）脱开图 17-2-13 中的左后自动泊车侧传感器支架①，拆卸左后自动泊车侧传感器②。

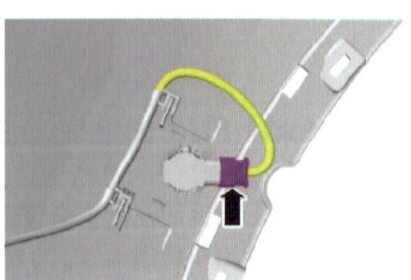

图 17-2-12　断开传感器线束插接器

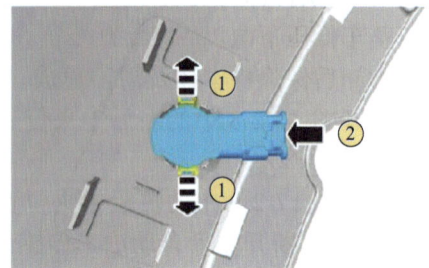

图 17-2-13　拆卸左后自动泊车侧传感器